中共中央党校（国家行政学院）马克思主义学院／主编

马克思主义研究前沿（全六卷）

第一卷
当代中国马克思主义研究

Frontiers of Research on

Marxism

Six Volumes

社会科学文献出版社
SOCIAL SCIENCES ACADEMIC PRESS (CHINA)

· 总　序 ·

马克思主义是我们立党立国的指导思想。中国共产党为什么能，中国特色社会主义为什么好，归根结底是马克思主义行，是中国化时代化的马克思主义行。马克思主义科学理论指导是我们党鲜明的政治品格和强大的政治优势。在任何时候，我们都要彰显这个鲜明的政治品格，都要发挥好这个强大的政治优势。中共中央党校（国家行政学院）马克思主义学院是党中央批准成立的，是全国唯一一家"党"字号、"国"字号马克思主义学院。2015 年 12 月 11 日，习近平总书记在全国党校工作会议上强调："中央批准中央党校成立马克思主义学院，就是坚持党校姓'马'姓'共'之举。"习近平总书记的重要讲话和中共中央党校（国家行政学院）"四个建成"目标的提出，为我们建设好马克思主义学院指明了方向。

2022 年是中国共产党第二十次全国代表大会召开之年。为了向党的二十大献礼，集中展示党的十八大以来中共中央党校（国家行政学院）马克思主义学院标志性研究成果，我们组织专门班子编辑出版"马克思主义研究前沿"（全六卷）学术丛书。

第一卷为《当代中国马克思主义研究》。该卷聚焦习近平新时代中国特色社会主义思想，从总论、以人民为中心、中国式现代化道路、人类文明新形态、国家治理、中国经济学六个专题展开，深度解读习近平新时代中国特色社会主义思想的科学内涵、思想精髓、原创性贡献，科学回答习近平新时代中国特色社会主义思想的若干重大理论问题，展示习近平新时代中国特色社会主义思想的真理力量、实践力量、思想力量。

第二卷为《马克思主义基本原理及经典著作研究》。该卷旨在论证正本清源、返本开新是新时代中国特色社会主义事业顺利发展的理论保障。该卷立足于马克思主义经典著作，着眼于马克思主义基本原理的创造性运用与创新性发展，对实践、劳动、自由、国家、暴力革命、社会主义等核心概念，进行了条分缕析的梳理和研究，有利于我们准确理解与传播马克思主义基本原理，彰显马克思主义真理力量。

第三卷为《马克思主义发展史研究》。该卷精选了马克思主义学院在马克思主义发展史、国外马克思主义等学科的代表性研究成果，这些成果体现了"正本清源、返本开新"的学术旨趣，既有围绕经典著作对"源头"的阐释，也有结合当代问题对"潮头"的探索，体现了对马克思主义发展史、国外马克思主义多角度的观照和多维度的研究，体现和凸显了马克思主义的科学原理和科学精神的历史发展和当代意义。

第四卷为《马克思主义中国化研究》。该卷立足中国特色社会主义新时代，从总论、国家治理与制度优势、意识形态与思想文化、发展道路与发展战略、中国式现代化与发展模式五个板块探究马克思主义中国化的理论逻辑、历史逻辑与实践逻辑，深入阐释中国共产党为什么能、马克思主义为什么行、中国特色社会主义为什么好等重大理论问题，力图为开启全面建设社会主义现代化国家新征程、实现第二个百年奋斗目标提供思想启迪。

第五卷为《中国特色社会主义政治经济学研究》。该卷立足中国特色社会主义新时代，以问题为经，以理论为纬，从总论、资本与劳动关系、经济思想史、新型城镇化与经济发展、减贫与农民工市民化等五个板块研究新时代中国特色社会主义政治经济学的创新发展和学科体系，分专题深入研究新时代中国特色社会主义政治经济学一系列重大理论和现实问题，具有较强的学术性和前沿性。

第六卷为《中国道路研究》。该卷立足中国特色社会主义新时代，以问题为纲，以史实为据，从总论、中国发展道路、中国话语、中国制度、党的建设、全球治理等六个板块探究"中国奇迹"背后的逻辑，阐明中国道路背后的道理、哲理、学理，阐明中国共产党始终以实现中华民族伟大复兴为己任，团结带领全国各族人民奋力推进革命、建设、改革事业，不仅取得了举世瞩目的伟大成就，也为全球发展提供了中国智慧和中国方案。

　　《马克思主义研究前沿》（全六卷）收入的作品只是马克思主义学院学者发表的部分研究成果，鉴于篇幅和选题所限，还有大量优质成果未能纳入。该套丛书的出版，既是对过去成绩的回望与检阅，更是新起点、新征程上向着更高目标进发的"动员令"。中共中央党校（国家行政学院）马克思主义学院是一所年轻的学院，马克思主义学院团队是一支特别能攻坚、特别能创造、特别能奉献的队伍，我们有信心担负起推动马克思主义学院高质量发展的历史使命，以更优异成绩建功新时代，为党的理论创新创造做出更大贡献。

丛书编委会

2022 年 11 月 1 日

·目 录·

第一编　总　论

习近平新时代中国特色社会主义思想的原创性贡献和历史地位[*]

韩庆祥

习近平新时代中国特色社会主义思想究竟具有什么样的原创性贡献和历史地位？这是一个十分重要的政治和学理问题。《中共中央关于党的百年奋斗重大成就和历史经验的决议》（以下简称《决议》）指出，"以习近平同志为主要代表的中国共产党人，坚持把马克思主义基本原理同中国具体实际相结合、同中华优秀传统文化相结合，坚持毛泽东思想、邓小平理论、'三个代表'重要思想、科学发展观，深刻总结并充分运用党成立以来的历史经验，从新的实际出发，创立了习近平新时代中国特色社会主义思想"①，习近平总书记"提出一系列原创性的治国理政新理念新思想新战略"②。在对《决议》进行说明时，习近平总书记又进一步强调，《决议》第四部分"重点总结九年来的原创性思想、变革性实践、突破性进展、标志性成果"③。上文所说的"原创性的治国理政新理念新思想新战略""重点总结九年来的原创性思想"充分表

---

* 2021 年度国家社科基金重大项目"中国式现代化新道路与人类文明新形态研究"（21&ZD011）的阶段性成果。本文原载于《中共中央党校（国家行政学院）学报》2022 年第 2 期，收入本书时有改动。

① 《中国共产党第十九届中央委员会第六次全体会议文件汇编》，人民出版社，2021，第 45~46 页。

② 《中国共产党第十九届中央委员会第六次全体会议文件汇编》，人民出版社，2021，第 48 页。

③ 《中国共产党第十九届中央委员会第六次全体会议文件汇编》，人民出版社，2021，第 121 页。

明：习近平总书记治国理政提出了一系列原创性思想，习近平新时代中国特色社会主义思想具有原创性贡献。那么，究竟如何理解和把握习近平新时代中国特色社会主义思想的原创性贡献和历史地位及所实现的新的飞跃？这可以从"何以可能""哲学范式""具体阐释"三个层面入手。

一 习近平新时代中国特色社会主义思想原创性贡献何以可能：四大根据

习近平新时代中国特色社会主义思想具有原创性贡献之所以可能并成为"实在"，有四方面根据。

（一）新历史方位：逻辑起点

理解和把握习近平新时代中国特色社会主义思想的原创性贡献，首先要理解和把握这一思想所处的新的历史方位。这是逻辑起点，也是基础和前提。离开新的历史方位，一切都无从谈起。

《决议》第四部分阐释了中国特色社会主义新时代这一我国发展新的历史方位。这一历史方位，实际上也是习近平新时代中国特色社会主义思想所处的历史方位。《决议》从"夺取中国特色社会主义伟大胜利""全面建设社会主义现代化强国""创造美好生活、逐步实现全体人民共同富裕""实现中华民族伟大复兴""为人类作出更大贡献"① 五个方面，阐述了新的历史方位的内涵。这五个方面分别涉及"改革开放以来党的全部理论和实践的主题""党的两个一百年奋斗目标""党的执政理念""新时代的历史使命""人类担当"，分别指向中国特色社会主义、国家、人民、民族、人类五大主体，体现的是"一主四基"结构，即中国特色社会主义是"主题"，其他四个方面属于夺取中国特色社会主义伟大胜利的"四大基石"。因为民族复兴的本质内涵，就是国家富强、

---

① 《中国共产党第十九届中央委员会第六次全体会议文件汇编》，人民出版社，2021，第45页。

民族振兴、人民幸福，它把国家、民族、人民都包括进来。如果从世界维度谈论实现中华民族伟大复兴，还应谈到实现中华民族伟大复兴对人类进步作出的重要贡献。

基于上述简要分析，新历史方位的核心，就是谱写新时代中国特色社会主义新篇章，实现中华民族伟大复兴，夺取中国特色社会主义伟大胜利。概而言之，新历史方位，就是实现中华民族伟大复兴即实现强起来的历史方位。在这一历史方位，夺取中国特色社会主义伟大胜利，目标就是为中国人民谋幸福、为中华民族谋复兴、为国家谋富强、为人类谋进步（为世界谋大同）。

确定新历史方位，找到习近平新时代中国特色社会主义思想的逻辑起点与立论基础，就是一种原创性贡献。

（二）新时代背景：战略全局和百年变局

习近平新时代中国特色社会主义思想所创立的时代背景，就是习近平总书记常讲的"胸怀两个大局"，一是实现中华民族伟大复兴战略全局，二是世界百年未有之大变局。

任何事物都在一定的时间和空间存在，这是事物的存在方式。习近平新时代中国特色社会主义思想的创立，同样需要考虑它所创立与立论的时间和空间。"两个大局"以凝练方式，概括了新时代中国的战略全局与当今世界的本质特征。实现中华民族伟大复兴，是新时代中国发展的"战略全局"，全国各个地区、各个单位、各个部门、各个领域、各项工作等，都要服务服从于这个战略全局，紧紧围绕这一战略全局展开工作。这就以实现中华民族伟大复兴这一战略全局，把新时代中国的方方面面统领起来。习近平新时代中国特色社会主义思想，就是在迎来从富起来到强起来伟大飞跃的时代背景中创立的，也是"全党全国人民为实现中华民族伟大复兴而奋斗的行动指南"[①]。世界百年未有之大变局实际上讲的是以下两点。第一，"进入新时代，国际力量对比深刻调整，单边主义、保护主义、霸权主义、强权政治对世界和平与发展威胁上升，

---

① 《习近平谈治国理政》第3卷，外文出版社，2020，第16页。

逆全球化思潮上升，世界进入动荡变革期"①。第二，实现中华民族伟大复兴是影响世界百年未有之大变局的一个重要变量，会加速推进世界大发展大变革大调整，深刻影响世界历史进程，深刻改变世界发展的趋向和格局②。以习近平同志为核心的党中央面对复杂严峻的国际形势和前所未有的外部风险挑战，强调必须统筹国内国际两个大局，"健全党对外事工作领导体制机制，加强对外工作顶层设计，对中国特色大国外交作出战略谋划，推动建设新型国际关系，推动构建人类命运共同体，弘扬和平、发展、公平、正义、民主、自由的全人类共同价值，引领人类进步潮流"③。习近平新时代中国特色社会主义思想，也是在世界百年未有之大变局的时代背景下创立的，是做好我国外交工作的行动指南。

习近平新时代中国特色社会主义思想创立的时代背景，与我国发展新历史方位有关。我国发展新历史方位，就是实现中华民族伟大复兴即实现强起来的历史方位。在这一历史方位，夺取中国特色社会主义伟大胜利，目标就是为中国人民谋幸福、为中华民族谋复兴、为国家谋富强、为人类谋进步（为世界谋大同）。"两个大局"的核心，就是实现中华民族伟大复兴，积极推动构建人类命运共同体。

明确习近平新时代中国特色社会主义思想的时代背景，为理解和把握习近平新时代中国特色社会主义思想的原创性贡献，提供了重要根据。

（三）新时代课题：核心论题

新时代课题，源于新历史方位和新时代背景，是从新历史方位和新时代背景中内生且提炼出来的，它扎根于新历史方位和新时代背景之中。新的历史条件下，我们把继续夺取中国特色社会主义伟大胜利作为新时代的首要内涵，把全面建设社会主义现代化强国作为中国特色社会主义

---

① 《中国共产党第十九届中央委员会第六次全体会议文件汇编》，人民出版社，2021，第88页。

② 《中国共产党第十九届中央委员会第六次全体会议文件汇编》，人民出版社，2021，第93页。

③ 《中国共产党第十九届中央委员会第六次全体会议文件汇编》，人民出版社，2021，第88页。

进入新时代的主要任务和奋斗目标，这自然应成为新的时代课题；全面建设社会主义现代化强国、实现中华民族伟大复兴，应对世界百年未有之大变局，是难打的坚硬的"铁"，中国共产党人是打"铁"的核心主体。打铁必须自身硬，这就向中国共产党治国理政提出更高要求。由此，应把建设长期执政的马克思主义政党作为新的时代课题。

新时代课题，实质上是习近平新时代中国特色社会主义思想需要破解的核心论题。习近平新时代中国特色社会主义思想需要破解的论题很多，但从根本上所解决的是新历史方位、新时代背景面临的核心论题。新时代坚持和发展中国特色社会主义属于"根本主题"，自然应成为核心论题之一；新历史方位之实质、核心，是大国成为强国即实现强起来，所以应把全面建设社会主义现代化强国作为一个核心论题；统筹好国内国际两个大局，必须把中国共产党建设得更加坚强有力，所以应把建设长期执政的马克思主义政党作为一个核心论题。

这样，新时代课题可凝练表述为"新时代坚持和发展什么样的中国特色社会主义、怎样坚持和发展中国特色社会主义，建设什么样的社会主义现代化强国、怎样建设社会主义现代化强国，建设什么样的长期执政的马克思主义政党、怎样建设长期执政的马克思主义政党"①。由此可以看到，新时代课题是基于"打铁必须自身硬"这一"主客体关系"的总思路而提炼概括出来的。新时代坚持和发展什么样的中国特色社会主义、怎样坚持和发展中国特色社会主义，建设什么样的社会主义现代化强国、怎样建设社会主义现代化强国，属于"打铁"的"客体"；建设什么样的长期执政的马克思主义政党、怎样建设长期执政的马克思主义政党，属于"打铁"的"主体"。其实质，就是把"三个时代课题"看作彼此联系的一个有机整体：中国共产党要紧紧围绕建设社会主义现代化强国，谱写新时代中国特色社会主义新篇章，以夺取中国特色社会主义伟大胜利；中国共产党要坚持中国特色社会主义道路，全面建设社会主义现代化强国；只有坚持和发展中国特色社会主义，夺取中国特色社

① 《中国共产党第十九届中央委员会第六次全体会议文件汇编》，人民出版社，2021，第48页。

会主义伟大胜利，全面建成社会主义现代化强国，才有助于中国共产党长期执政。

习近平同志对关系新时代党和国家事业发展的一系列重大理论和实践问题进行了深邃思考和科学判断，就新时代"三大时代课题"，"提出一系列原创性的治国理政新理念新思想新战略，是习近平新时代中国特色社会主义思想的主要创立者"①。

（四）新社会主要矛盾：根本问题

社会主要矛盾，实质上蕴含着习近平新时代中国特色社会主义思想所解决的根本问题。它源自新历史方位、新时代背景、新时代课题。

新时代坚持和发展中国特色社会主义，要求中国共产党在治国理政实践中，把人民对美好生活的向往作为奋斗目标。然而，当今我们国家还不够强大，总体上说是"富而不强""大而不强"。这就蕴含着人民日益增长的美好生活需要和不平衡不充分的发展之间的矛盾。全面建成社会主义现代化强国，需要破解的根本问题，就是解决"富而不强""大而不强"问题，使中国人民过上幸福美好生活。创造人民美好生活，是新历史方位的主要目标之一，是新时代中国共产党执政的核心目标。新时代实现中华民族伟大复兴这一战略全局，其本质内涵，就是国家富强、民族振兴、人民幸福，但发展不平衡不充分制约着人民美好幸福生活的实现。所以，在新历史方位、新时代背景、新时代课题中，就蕴含新的社会主要矛盾，即人民日益增长的美好生活需要和不平衡不充分的发展之间的矛盾。不仅如此，在新时代新历史方位，中国共产党立党为公、执政为民，首先要把人民对美好生活的向往作为奋斗目标，这是中国共产党的本质、立场、宗旨决定的，属于"需求方"；然而，解决这一问题的根本性制约，就是"供给方"跟不上，存在着发展不平衡不充分问题。这也决定必须把人民日益增长的美好生活需要和不平衡不充分的发展之间的矛盾，看作新时代的社会主要矛盾。

---

① 《中国共产党第十九届中央委员会第六次全体会议文件汇编》，人民出版社，2021，第48页。

当今世界面临的突出且鲜明的总问题，是世界人民日益增长的和平发展、合作共赢诉求与霸权主义、单边主义的矛盾。新时代中国共产党治国理政，坚持和发展中国特色社会主义，全面建成社会主义现代化强国，实现中华民族伟大复兴，迫切需要一个和平发展、合作共赢的国际环境。然而，目前国际上存在的霸权主义、单边主义却成为严重障碍。因此，就必须破解这种矛盾。

从新历史方位、新时代背景、新时代课题，尤其是从新的社会主要矛盾和世界总问题中，可以归纳概括出习近平新时代中国特色社会主义思想所要集中解决的四大"根本问题"：人民生活"好不好"；国家"强不强"；世界"和平不和平"；政党"硬不硬"。换一种表述，就是为中国人民谋幸福，为中华民族谋复兴，为世界谋大同，为政党谋强大。满足人民日益增长的美好生活需要，实质上就是解决人民生活"好不好"的问题。习近平总书记强调："以前我们要解决'有没有'的问题，现在则要解决'好不好'的问题。"① 这里的"好不好"的问题，其核心内涵就是人民生活"好不好"的问题。发展不平衡不充分，实质上意味着要着力解决国家"强不强"的问题。世界总问题，意味着要着力解决世界"和平不和平"的问题。解决这三大根本问题，首先要把中国共产党建设得更加坚强有力，即解决政党"硬不硬"的问题。解决这四大"根本问题"，就成为习近平新时代中国特色社会主义思想创立的动力和源泉，也构成习近平新时代中国特色社会主义思想的四大基石。习近平总书记指出："一种理论的产生，源泉只能是丰富生动的现实生活，动力只能是解决社会矛盾和问题的现实要求。"②

二 理解习近平新时代中国特色社会主义思想原创性
贡献的哲学范式：系统为基的战略辩证法

理解习近平新时代中国特色社会主义思想的原创性贡献和历史地位，

---

① 《习近平谈治国理政》第3卷，外文出版社，2020，第133页。
② 《习近平谈治国理政》第3卷，外文出版社，2020，第63页。

最为彻底或根本的，就是要理解其中蕴含的哲学范式。这一哲学范式，就是系统为基的战略辩证法，它既是理解习近平新时代中国特色社会主义思想原创性贡献和历史地位的哲学基础，也是习近平新时代中国特色社会主义思想对马克思主义哲学的一种创新。

第一，它面对的是一个"哲学问题"，属于哲学问题上的创新性贡献。它反映和体现了改革开放以来我国经济社会发展所呈现的"重点突破—全面发展—系统谋划"这一具有哲学意蕴的演进逻辑。在改革开放和社会主义现代化建设之初，由于我国所要解决的主要矛盾是人民日益增长的物质文化需要同落后的社会生产之间的矛盾，我国经济社会发展在实践上相对注重"重点突破"，即相对注重解放和发展社会生产力，以经济建设为中心。在 2007 年前后，我国经济社会发展把"全面协调可持续""统筹兼顾"① 突出出来，即注重"全面发展"。中国特色社会主义进入新时代，在注重经济社会全面发展的基础上，以习近平同志为核心的党中央进一步强调并注重"系统谋划"，即以系统为基础作出战略谋划。这一以系统为基础作出的战略谋划是哲学上的谋划，是哲学问题，具有哲学意蕴：首先要抓住影响新时代我国发展起来以后使大国成为强国的所有根本要素；再对所有根本要素进行系统性、整体性顶层设计；在顶层设计基础上，进一步对这些根本要素的系统性、整体性进行战略谋划，使之形成合理结构并能发挥合力作用，以解决好"中国向何处去"这一根本性、系统性、全局性、战略性问题。习近平新时代中国特色社会主义思想就是在解答上述问题过程中形成发展起来，进而作出原创性贡献的。

第二，它形成了解决上述问题新的哲学范式，属于哲学范式（哲学观）上的创新性贡献。解决上述问题需要从哲学维度进行，即以系统为基础作出战略谋划，由此便形成了系统为基的战略辩证法或哲学观。学哲学、用哲学是我们党的一个好传统，也是我们党不断取得成功的一条经验，从中可以汲取哲学智慧的滋养，提高领导干部做好工作的看家本

---

① 习近平：《在学习〈胡锦涛文选〉报告会上的讲话》，人民出版社，2016，第6页。

领。习近平新时代中国特色社会主义思想蕴含的哲学范式，实质上就是系统为基的战略辩证法，或者说习近平新时代中国特色社会主义思想就是基于系统为基的战略辩证法形成发展起来的。一是新的历史方位和时代背景具有战略意蕴。我国发展新的历史方位，核心是指我国发展起来以后使大国成为强国即实现中华民族伟大复兴，时代背景即面临实现中华民族伟大复兴战略全局和世界百年未有之大变局。实现中华民族伟大复兴是"战略全局"，世界百年未有之大变局是具有"战略意蕴"的大变局。习近平新时代中国特色社会主义思想就是在这样的历史方位和时代背景下形成发展起来的。二是解答的时代课题具有战略意义。习近平新时代中国特色社会主义思想解答的时代课题，是围绕新时代坚持和发展中国特色社会主义、建设社会主义现代化强国、建设长期执政的马克思主义政党展开的。这三大时代课题都属于战略性课题，具有战略性，要着力从系统上战略上破解。三是解决的根本问题属于战略性问题。如前所述，习近平新时代中国特色社会主义思想主要解决人民生活"好不好"、国家"强不强"、世界"和平不和平"、政党"硬不硬"等四大根本问题，解决这些问题都要从系统上进行战略谋划。四是习近平总书记思考、谋划、解决治国理政中的系统性战略性问题，运用的主要是系统为基的战略辩证法。他强调："战略问题是一个政党、一个国家的根本性问题。战略上判断得准确，战略上谋划得科学，战略上赢得主动，党和人民事业就大有希望。"① "我们是一个大党，领导的是一个大国，进行的是伟大的事业，要善于进行战略思维，善于从战略上看问题、想问题。"② 其实，越是在历史重要关头，越要注重战略思维。习近平总书记强调新时代治国理政更需要运用战略思维，在讲到"战略思维、创新思维、辩证思维、法治思维、底线思维"③ 时，他把战略思维放在首位，并强调大历史观，这是有深意的。五是习近平新时代中国特色社会主义

① 《习近平谈治国理政》第 2 卷，外文出版社，2017，第 10 页。
② 《习近平在省部级主要领导干部学习贯彻党的十九届六中全会精神专题研讨班开班式上发表重要讲话强调　继续把党史总结学习教育宣传引向深入　更好把握和运用党的百年奋斗历史经验》，《人民日报》2022 年 1 月 22 日。
③ 《习近平谈治国理政》第 3 卷，外文出版社，2020，第 61 页。

思想具有系统性战略性特质。其中关于新发展理念、"五位一体"总体布局、"四个全面"战略布局、"两步走"战略谋划、总体国家安全观、推进国家治理体系和治理能力现代化、构建人类命运共同体等重要论述，其经济思想、法治思想、生态文明思想、强军思想、外交思想等，都坚持系统观念，都体现战略思维。六是习近平新时代中国特色社会主义思想蕴含的系统为基的战略辩证法具有鲜活生动的体现。以习近平同志为核心的党中央统筹把握实现中华民族伟大复兴战略全局和世界百年未有之大变局，对关系新时代党和国家事业发展一系列具有重大战略意义的时代课题和根本问题进行深邃思考和科学判断，提出了一系列治国理政新战略。其中，统筹中华民族伟大复兴战略全局和世界百年未有之大变局，构建以国内大循环为主体、国内国际双循环相互促进的新发展格局，推进国家治理体系和治理能力现代化，打赢脱贫攻坚战、全面建成小康社会，打好关键核心技术攻坚战、提高创新链整体效能，实施区域协调发展战略，注重军队组织构架和力量体系重塑等，都是系统为基的战略辩证法的具体体现[1]。七是习近平总书记治国理政具有战略眼光、战略定力，并注重战略应对，强调绝不能在根本性问题上出现颠覆性错误。在新时代，对实现中华民族伟大复兴战略全局和世界百年未有之大变局等，都需要战略应对。上述所讲的"三大时代课题"，关乎全局、长远、根本，破解时代课题也需要战略定力。

总体来讲，系统为基的战略辩证法之哲学范式是一种全新的哲学范式，它以"系统""战略""质量"为核心理念。在历史时间和事物外延上，它由重点走向全面、由部分走向整体、由发展不平衡走向协调平衡，注重系统性；在发展空间和格局上，它由局部走向全局、由中国走向世界，注重战略性；在发展内涵上，它由外延式增长走向内涵式发展、由快速发展走向高质量发展，注重质量性。

展开来说，系统为基的战略辩证法之哲学范式，指的是把辩证法运用于系统性实践和战略性谋划中，在战略中有系统辩证法，在系统辩证

---

① 参见沈湘平主编《读懂"坚持系统观念"》，党建读物出版社，2021，"目录"第4~7页。

法中有战略。它有五层含义。①在时间上，它跳出眼前，以长远眼光看眼前，这是长远视野，涉及眼前和长远的辩证关系。"中华文明5000年""百年奋斗""战略全局""百年变局"等概念的提出，就是如此。②在空间上，它跳出局部，把局部放在全局中来谋划，这是宽广视野，涉及局部和全局的辩证关系。"两个大局""构建人类命运共同体""建设'一带一路'""参与全球治理""和平发展、合作共赢""创造中国式现代化新道路、创造人类文明新形态"等概念和论断的提出，便是如此。③在事物上，它跳出现象，从事物的本质分析现象，这是纵深视野，涉及现象和本质的辩证关系。"三大规律""站在历史正确一边""掌握历史主动"等，都是如此。④在系统上，它跳出部分，把部分置于整体框架中进行思考，这是整体视野，涉及部分和整体的辩证关系。"夺取中国特色社会主义伟大胜利""全面建成社会主义现代化强国""实现中华民族伟大复兴""贯彻新发展理念""统筹推进'五位一体'总体布局、协调推进'四个全面'战略布局""总体国家安全观""推进国家治理体系和治理能力现代化"等，即是如此。⑤在发展水平和格局上，它跳出粗放和外延，从发展质量和效益方面讲发展。"立足新发展阶段、贯彻新发展理念、构建新发展格局""推动高质量发展"，就是如此。

第三，习近平新时代中国特色社会主义思想蕴含的系统为基的战略辩证法，创新发展了马克思主义的具有总体性的辩证"哲学方法"，属于辩证法史上的创新性贡献，体现了马克思主义哲学辩证法历史演进的逻辑。唯物主义辩证法具有总体性，贯穿整个马克思主义哲学发展的历史进程，这是共性。然而，这种辩证法在马克思主义哲学发展进程中，呈现出不同形态。在马克思恩格斯那里，辩证法主要是"历史辩证法"，因为他们最注重在历史领域实现哲学变革，由"上半截子"唯物主义发展到"下半截子"唯物主义，确立唯物主义在历史领域的权威，这只有借助唯物主义辩证法才有可能。这种辩证法直接走向现实世界和历史领域，揭示其内在普遍联系、矛盾运动和发展过程及其一般规律。在列宁那里，辩证法主要呈现为"认识辩证法"。列宁着力思考的是经济文化落后的俄国如何向社会主义过渡，这首先需要认识完全不同于近代西欧社会的具有独特性的俄国国情。要做到这一点，首先要确定唯物主义认识路线，从客观实际出发认识俄国国情。这就把唯物主义认识论突出出来，他的《唯物主义与经验批判主义》就是唯物主义认识论的代表作。从俄国特殊国情出发建设社会主义，需要把马克思主义基本原理同俄国特殊实际相结合。这就要处理好一般和个别、普遍和特殊、共性和个性之间的辩证关系，需要辩证法，他的《哲学笔记》就是辩证法的代表作。所以，列宁把辩证法看作马克思主义的认识论，把辩证法、认识论和逻辑学看作同一的。在毛泽东那里，辩证法呈现为"实践辩证法"。解决农民占大多数的落后中国如何建设社会主义的问题，首先要把马克思主义基本原理同中国具体实际相结合。这也涉及一般和个别、普遍和特殊、共性和个性之间的辩证关系，需要辩证法。毛泽东把马克思主义基本原理同中国具体实际相结合，产生了马克思主义中国化的理论创新成果，我们党用这种理论创新成果武装全党、教育人民、指导实践，这就涉及理论和实践的辩证关系。由此便有了毛泽东的《实践论》《矛盾论》两部哲学代表作。前者讲实践论，后者讲辩证法，二者有机统一，就是"实践辩证法"。邓小平、江泽民、胡锦涛治国理政也特别注重辩证法，同时在总体上也注重实践，由此也可以把他们的哲学思想归为实践辩证法。习近平新时代中国特色社会主义思想也坚持历史辩证法、认识辩证法、实践辩证法，但更为鲜明的本质特征，就是注重系统为基的战略辩证法，这是对马克思主义哲学辩证法的一种具有总体性的创新性发展或原创性贡献。

第四，习近平新时代中国特色社会主义思想蕴含的系统为基的战略辩证法内在要求确立治国理政新的哲学思维，属于哲学思维方式上的创新性贡献，即确立历史辩证法、实践辩证法、创新辩证法、系统辩证法和底线辩证法，或树立系统思维、战略思维、辩证思维与历史思维、创新思维、法治思维和底线思维。系统为基的战略辩证法本身就体现了系统思维、战略思维、辩证思维，习近平总书记关于"新发展理念""全面深化改革"的重要论述，关于"战略策略""两大布局""新发展格局""构建人类命运共同体"的重要论述，关于"社会主要矛盾和中心任务的关系""自我革命和社会革命关系"的重要论述，就分别体现了系统思维、战略思维、辩证思维。同时，系统为基的战略辩证法也要求树立历史思维、创新思维、法治思维和底线思维。历史思维，就是要树立大历史观，把"系统""战略""辩证法"置于大历史观中进行思考，系统为基的战略辩证法就是大历史观中的辩证法，它既要求尊重历史发展的客观性及其本质，又要求符合历史发展逻辑、历史必然性和历史发展规律，还要求有效化解历史发展进程中的种种矛盾和关系，违背历史思维的系统为基的战略辩证法是空洞的。习近平总书记关于"新的历史方位""新发展阶段""中华民族伟大复兴战略全局、世界百年未有之大变局""坚持以人民为中心的发展思想""走在时代前列的中国共产党"等重要论述，都体现了历史思维。如他关于"以中国式现代化推进中华民族伟大复兴"的思想，就是关注中国历史发展的"过去、现在和未来"，在战略上进行辩证思考且辩证处理各种矛盾关系的基础上提出来的。系统为基的战略辩证法要求树立创新思维。辩证法在本质上是批判的、革命的，它内在要求推进创新，它是在创新中逐步实现的，对系统作出新的战略谋划也是创新，缺乏创新就无法实现战略目标。习近平总书记关于"新发展理念""总体国家安全观""国家治理体系和治理能力现代化"等重要论述，就体现了创新思维。系统为基的战略辩证法要求树立法治思维，需要法治思维保证一种系统有规范地运行，保证战略有规范地实施。习近平总书记关于"法治""全面深化改革""推进国家治理体系和治理能力现代化"等重要论述，就体现了法治思维。系统为基的战略辩证法也要求树立底线思维，即积极主动有效应对各种挑战、风险和困难。凡属系统性的战略思维和辩证思维，都要求凡事从坏处准备，积极主动应对，努力争取最好结果，它要求树立问题意识、危机意识、效果意识和边界意识，遇事从容应对，牢牢掌握主动权。习近平总书记关于"防范风险""伟大斗争""总体国家安全观""国家治理"等重要论述，就体现了底线思维。

第五，习近平新时代中国特色社会主义思想及其系统为基的战略辩证法蕴含丰富的治国理政哲学智慧，属于哲学智慧上的创新性贡献。

一是坚持"实事求是、人民中心、知行合一"相统一。实事求是侧重于"客观""历史"维度，人民中心侧重于"主体""价值"维度，知行合一侧重于"实践"维度，三者有机统一，构成习近平新时代中国特色社会主义思想的哲学智慧。对我国发展起来以后使大国成为强国进行系统性战略谋划，本质上就是实事求是坚持历史思维的必然要求。在大国成为强国即实现强起来的历史征程中，不走改旗易帜的邪路，也不走封闭僵化的老路，要坚定不移走中国特色社会主义道路，这是坚持实事求是，从客观实际出发认识中国国情，把马克思主义基本原理与中国具体实际相结合、同中华优秀传统文化相结合必然得出的结论。这条道路是创造人民美好生活之路，是逐步实现全体人民共同富裕、不断促进人的全面发展之路，这是坚持以人民为中心。实事求是是中国道路的精髓和灵魂，以人民为中心是中国道路的立场和取向。只有坚持实事求是和以人民为中心有机统一，才能达到对事物真正的"知"，而"知"的目的在于"行"。道路选择正确了，就要付诸实际行动，坚定不移走下去。所以，走中国特色社会主义道路，是坚持知行合一的结果。

二是坚持"定位、定标、定法"相统一。夺取中国特色社会主义伟大胜利，全面建成社会主义现代化强国，实现中华民族伟大复兴，首先要明确"定位"，搞清楚"我在哪里"或"从何出发"，就是确定我国发展的历史方位；历史方位确定之后，需要进一步确定特定历史方位中的奋斗目标，这是"定标"；目标确定之后，就要进一步选择实现目标的路径和方法，这是"定法"。习近平总书记指出中国特色社会主义进入了新时代，这是我国发展新的历史方位，这就是对我国发展起来以后的历史方位进行"定位"；新时代中国共产党的历史使命是实现中华民族伟大复兴，这实际上是"定标"；要实现中华民族伟大复兴，在理论上必须以习近平新时代中国特色社会主义思想为行动指南，在实践上要在全面建成小康社会的基础上，分两步走在本世纪中叶建成富强民主文明和谐美丽的社会主义现代化强国，这就是"定法"。

三是坚持"主要矛盾、根本问题、工作重点"相统一。社会主要矛盾，是判断社会整体状况的主要依据，是判断国情的主要依据之一，是我们党制定路线方针政策的主要依据之一，是治国理政的基本遵循。社会主要矛盾蕴含习近平新时代中国特色社会主义思想所要解决的根本问题，解决这一根本问题就成为习近平新时代中国特色社会主义思想在实践上的工作重点。习近平总书记既注重把握新时代我国社会主要矛盾，即人民日益增长的美好生活需要和不平衡不充分的发展之间的矛盾，又注重从中确定治国理政所要解决的根本问题，并把解决这一根本问题作为治国理政的工作重点。习近平总书记强调："党的百年奋斗历程告诉我们，党和人民事业能不能沿着正确方向前进，取决于我们能否准确认识和把握社会主要矛盾、确定中心任务。什么时候社会主要矛盾和中心任务判断准确，党和人民事业就顺利发展，否则党和人民事业就会遭受挫折。"①

四是坚持"动力、平衡、治理"相统一。习近平新时代中国特色社会主义思想蕴含"动力、平衡、治理"三种机制。习近平新时代中国特色社会主义思想强调坚持中国共产党领导。中国共产党既注重使中国经济社会发展具有动力与活力（解决发展不充分问题），又注重使中国经济社会发展达到平衡与和谐（解决发展不平衡问题），还注重通过自身治理、国家治理、社会治理（解决国家治理现代化问题）等解决动能不足、发展失衡问题。习近平新时代中国特色社会主义思想坚持以解放和发展社会生产力、逐步实现全体人民共同富裕、不断促进人的全面发展，来实现社会主义现代化、实现中华民族伟大复兴。这一战略目标之深层，主要是从我国经济社会发展的动力、平衡、治理三个根本要素着眼的。解放和发展社会生产力，内在要求解决好经济社会发展的动力问题。逐步实现全体人民共同富裕，内在要求解决好经济社会发展的平衡问题。促进人的全面发展，包括促进人的需要、人的能力、人的关系、人的个性的全面发展，而人的能力和人的个性的全面发展，要求一个国家、一个社会建立健全良好的动力机制，人的需要、人的关系的全面发展，要求一个国家、一个社会建立健全良好的平衡机制。当一个国家、一个社会的动力机制和平衡机制出问题时，就必须加强治理机制建设，提升国家和社会的治理能力。新发展理念中的创新发展、开放发展相对注重解

---

① 《习近平在省部级主要领导干部学习贯彻党的十九届六中全会精神专题研讨班开班式上发表重要讲话强调　继续把党史总结学习教育宣传引向深入　更好把握和运用党的百年奋斗历史经验》，《人民日报》2022年1月22日。

决发展动力问题；协调发展、绿色发展、共享发展则相对注重解决发展平衡问题。

五是坚持"发挥比较优势、补齐发展短板、打牢根本支点"相统一。在改革开放初期，我们党相对注重发挥经济社会发展中的比较优势。我国发展起来以后，要使大国成为强国即实现强起来，既要补齐发展短板，也要打牢大国成为强国的根本支点。习近平总书记强调的打好三大攻坚战、推进国家治理体系和治理能力现代化、推动全体人民共同富裕、促进人与自然和谐共生等，就是致力于补齐发展短板而提出的新的发展理念，就是致力于为大国成为强国提供根本支点。

三　习近平新时代中国特色社会主义思想原创性贡献的具体阐释：理论和历史维度的呈现

基于新历史方位、新时代背景、新时代课题、新社会主要矛盾（根本问题）尤其是新哲学范式，便可具体阐释习近平新时代中国特色社会主义思想的原创性贡献和历史地位。这些原创性贡献和历史地位，是紧紧围绕实现中华民族伟大复兴这一战略全局与根本主线展开的，可从理论和历史两个维度加以具体阐释。

（一）理论维度

这实际上是基于实践创新所实现的理论创新。二者直接相关，实践创新走到哪里，理论创新就跟进到哪里。

可以按着"条条"的思路，来理解和把握习近平新时代中国特色社会主义思想的原创性贡献。

对于习近平总书记治国理政创立的原创性思想，最早称为"习近平总书记系列重要讲话"；其后，便称为"习近平总书记治国理政新理念新思想新战略"；之后，党的十九大进一步称为"习近平新时代中国特色社会主义思想"，主要包括"八个明确""十四个坚持"等基本观点和基本方略；党的十九届六中全会按照"纲举目张"的思路，从"八个明确""十四个坚持"中，进一步提炼概括出"十个明确"，即习近平新时代中国特色社会主义思想的"十个明确"。其中蕴含着原创性思想和原创性贡献。

领导力量是强大的中国共产党。其原创性贡献可概括为"由大党成为强党",即为中国共产党谋强大,解决政党"硬不硬"的问题,构建党的领导的完整理论并实现政治生态明显好转。过去,许多领域存在严重削弱党的领导的状况,党内政治生态出现某种恶化。党的十八大以来,习近平总书记围绕使大党成为强党作出了原创性贡献。①第一次强调把大党建设成为强党。党的十八大之前,我们党已是世界上大党。习近平总书记围绕"打铁必须自身硬",提出大党就要有大的样子,力求把大党建设成为强党。他强调要把中国共产党建设得更加坚强有力,建设成世界上最强大的政党。②第一次在"四个伟大"框架中阐述中国共产党领导,将其置于"进行伟大斗争、推进伟大事业、实现伟大梦想"① 的框架中加以认识,实现党的领导与奋斗目标、精神状态和正确道路有机统一,突出了党在实现伟大梦想中的决定性意义,这在过去未曾提及。③第一次把坚持党的集中统一领导确定为"根本制度",要求全党增强"四个意识",坚定"四个自信",做到"两个维护"。④第一次把党的领导地位和作用提到前所未有的认识高度。强调中国共产党领导是中国特色社会主义最本质的特征,是中国特色社会主义制度的最大优势,是党和国家的根本所在、命脉所在,是全国各族人民的利益所系、命运所系,党是最高政治领导力量。⑤第一次把坚持党的全面领导和全面从严治党统一起来,强调党对自身建设的领导,突出自我革命,这在过去提及不多。⑥第一次就党的政治建设进行系统阐述。从政治领导、政治能力、政治意识、政治生活、政治文化、政治生态等方面,全方位加强党的政治建设②。

总体任务是实现社会主义现代化和中华民族伟大复兴。其原创性贡献可概括为"由大国成为强国",即为中华民族谋复兴,解决国家"强

---

① 《习近平谈治国理政》第3卷,外文出版社,2020,第47~48页。
② 《中国共产党第十九届中央委员会第六次全体会议文件汇编》,人民出版社,2021,第46~55页。

不强"的问题，实现从富起来到强起来的伟大飞跃，夺取中国特色社会主义伟大胜利。党的十八大以前，中国共产党领导全国人民致力于建设中国特色社会主义，推进中国特色社会主义伟大事业，以实现从温饱不足到总体小康的历史性跨越，使中国人民富起来。进入新时代，我们党紧紧围绕新时代坚持和发展中国特色社会主义，谱写新时代中国特色社会主义新篇章，向着全面建成社会主义现代化强国迈进，以中国式现代化推进中华民族伟大复兴，夺取中国特色社会主义伟大胜利，使中华民族强起来。正因如此，习近平总书记强调新时代的历史使命，就是实现中华民族伟大复兴，这是近代以来中华民族最伟大的梦想，今天我们比历史上任何时期都更接近中华民族伟大复兴的目标，比历史上任何时期都更有信心、有能力实现这个目标。

价值取向是坚持以人民为中心。其原创性贡献可概括为"从解决基本需求和落后生产到注重解决美好生活和不平衡不充分发展的历史性转化"，即为中国人民谋幸福，解决人民生活"好不好"的问题。党的十九大报告指出，中国特色社会主义进入新时代，我国社会主要矛盾发生了历史性转化，即转化为人民日益增长的美好生活需要和不平衡不充分的发展之间的矛盾。其中的美好生活包括推进"民主法治"，发展全过程人民民主，这是我国在民主问题上的原创性思想、原创性贡献。过去，我们相对注重解决人民群众的物质生活富裕的问题，"物本身"的问题相对突出。当今在解决物质生活富裕问题的基础上，我们进一步解决人民生活美好和人自身发展的问题，把"人自身"的发展问题推到了历史前台。习近平总书记强调："以前我们要解决'有没有'的问题，现在则要解决'好不好'的问题。"① 这意味着我国正在实现从注重经济增长、先富带后富到推动人的全面发展、全体人民共同富裕（包括精神生活共同富裕）取得更为明显实质性进展的跨越，以人民为中心的发展思想得到前所未有的彰显。我国不仅在理论上提出"以人民为中心"，而且更为重要的是在实践上正在把"以人民为中心"变为现实。即把人民当作主体，一切依靠人民；把人民当作目的，一切为了人民；把人民当

① 《习近平谈治国理政》第 3 卷，外文出版社，2020，第 133 页。

作尺度，坚持人民至上。

战略谋划是统筹推进"五位一体"总体布局、协调推进"四个全面"战略布局①。其原创性贡献可概括为"从重点突破到系统性整体推进和战略性谋划"，解决实现奋斗目标的总体方略问题。过去，由于历史发展的必然性，我国许多地方相对注重经济建设，单向度突破的特点较为鲜明；其后也开始强调文化建设的重要性；之后，我国在注重经济建设、文化建设的同时，又进一步注重政治建设和社会建设；在此基础上，党的十八大进行系统性的战略谋划，第一次把包括生态文明建设在内的"五位一体"总体布局的系统性总框架提了出来。为统筹推进总体布局，2014年底，习近平总书记又进一步原创性地提出协调推进"四个全面"战略布局，把它作为统筹推进"五位一体"总体布局的"牛鼻子"，这都是注重战略谋划的结果。

根本抓手是推进国家治理体系和治理能力现代化。其原创性贡献可概括为"由社会主义实践前半程向社会主义实践后半程的历史性转变"，解决如何用制度治理好国家的问题，在改革问题上实现了具有划时代意义的历史性变革。改革开放初期，其首要目标是解放和发展社会生产力。在生产力得到解放和发展的基础上，新时代全面深化改革的总目标进行了整体转型升级，突出制度建设，注重改革关联性和耦合性，强调国家自身建设，这就是完善和发展中国特色社会主义制度，推进国家治理体系和治理能力现代化。2014年2月17日，习近平总书记在省部级主要领导干部学习贯彻十八届三中全会精神全面深化改革专题研讨班开班式上的讲话中指出，从形成更加成熟更加定型的制度看，我国社会主义实践分为"前半程"和"后半程"。"前半程"的主要历史任务，是建立社会主义基本制度，并在这个基础上进行改革，我们已经走过了，现在已经有了很好的基础。"后半程"的主要历史任务，就是用中国特色社会主义制度全面治理、有效治理社会主义国家②。这实际上与全面深化改革

---

① 《中国共产党第十九届中央委员会第六次全体会议文件汇编》，人民出版社，2021，第46~47页。

② 《习近平关于社会主义政治建设论述摘编》，中央文献出版社，2017，第6~7页。

的总目标是一致的。1978年，我们党开启了改革开放新时期。党的十八大以后，习近平总书记强调，我们党又进一步开启了全面深化改革新时代，在改革问题上实现了新的质的飞跃，即从局部探索到系统集成，从破冰突围到全面深化，从立柱架梁到全面推进，进而在许多领域实现了具有划时代意义的历史性变革、系统性重塑、整体性重构①。

治国方略是全面推进依法治国。其原创性贡献可概括为"从法治不彰到建设社会主义法治体系、社会主义法治国家，实行国家治理的深刻革命"，解决党治理国家的基本方略问题。过去，我国社会确实存在法治不彰即有法不依、执法不严、司法不公、违法不究的问题，有的地方还很严重。党的十八大以后，习近平总书记在"四个全面"战略布局中，提出了全面依法治国；党的十八届四中全会的主题，就是全面推进依法治国，把全面依法治国看作治国理政的基本方略，并从理论和实践上建设社会主义法治体系、社会主义法治国家，实行了国家治理的深刻革命。习近平总书记强调，新时代，"党运用法治方式领导和治理国家的能力显著增强"②。其中可以提炼出的原创性思想，就是"习近平法治思想"。

新发展阶段的目标是推动高质量发展。其原创性贡献可概括为"由高速增长阶段转向高质量发展阶段"，解决发展不平衡不充分问题，正在实行关系我国发展全局的深刻变革。过去，我国一些地方和部门存在片面追求速度规模、发展方式粗放、发展不平衡不充分等问题。党的十八大以后，习近平总书记站在我国发展新的历史方位这一新的历史起点上，为解决新的社会主要矛盾，助推全面建设社会主义现代化强国和实现中华民族伟大复兴，坚持和完善社会主义基本经济制度，提出了新发展理念，用贯彻新发展理念实现高质量发展，用高质量发展助推供给侧结构性改革，把实施高质量发展当作主题，把供给侧结构性改革作为主线，致力于构建新发展格局，正在实行关系我国发展全局的深刻变革，

① 《中国共产党第十九届中央委员会第六次全体会议文件汇编》，人民出版社，2021，第62页。
② 《中国共产党第十九届中央委员会第六次全体会议文件汇编》，人民出版社，2021，第68~69页。

即推动经济发展质量变革、效率变革、动力变革，从而使"经济迈上更高质量、更有效率、更加公平、更可持续、更为安全的发展之路"①。其中可以提炼出的原创性思想，即"习近平经济思想"。

强军目标是把人民军队建设成为世界一流军队。原创性贡献可概括为"从军队党的领导弱化到军队整体性革命性重塑"，解决人民军队由弱变强的问题。党的十八大以后，习近平主席提出新时代的强军目标，力求从基本实现国防和军队现代化到全面建成世界一流军队，推进政治建军、改革强军、科技强军、人才强军、依法治军，领导开展了新中国成立以来最为广泛、最为深刻的国防和军队改革，形成军委管总、战区主战、军种主建新格局，军队实现了整体性革命性重塑②。其中可以提炼出的原创性思想，就是"习近平强军思想"，这与"总体国家安全观"直接相关。

大国外交的目标是推动建设新型国际关系，推动构建人类命运共同体。其原创性贡献可概括为"超越西方'主—客'外交范式走向'主—主'外交范式"，即为世界谋大同，解决世界"和平不和平"的问题，从面临前所未有的世界动荡变革、外部风险挑战到引领时代潮流和人类前进方向，推动国际秩序"由变到治"。西方国家的外交是"主—客"范式，西方国家为"主"，其他国家为"客"，"主"支配"客"。"主—客"范式的外交是霸权外交。党的十八大以后，习近平总书记首次对中国特色大国外交作出战略谋划，推进和完善全方位、多层次、立体化外交布局，推动建设新型国际关系，推动构建人类命运共同体，弘扬和平、发展、公平、正义、民主、自由的全人类共同价值，引领人类进步；首次强调积极参与全球治理体系改革和建设，开创中国外交新局面，在世界大变局中开创新局，我国国际影响力、感召力、塑造力显著提升，构建人类命运共同体成为引领时代潮流和人类前进方向的鲜明旗帜③。其

① 《中国共产党第十九届中央委员会第六次全体会议文件汇编》，人民出版社，2021，第 61 页。

② 《中国共产党第十九届中央委员会第六次全体会议文件汇编》，人民出版社，2021，第 80~81 页。

③ 《中国共产党第十九届中央委员会第六次全体会议文件汇编》，人民出版社，2021，第 88~90 页。

中蕴含"主主平等"的哲学理念。其中可以提炼出的原创性思想，就是"习近平外交思想"。

政治保障是全面从严治党，以伟大自我革命引领伟大社会革命。其原创性贡献可概括为"从管党治党宽松软到管党治党宽松软状况得到根本扭转"。过去，我们党内管党治党确实存在宽松软现象，一些党员干部身上存在"精神懈怠、能力不足、脱离群众、消极腐败"四种危险，党内腐败现象较为严重，严重损害党的形象，削弱党执政的群众基础和执政根基，削弱党中央权威和集中统一领导。党的十八大以后，习近平总书记多次强调大党应该有大党的样子，"打铁必须自身硬"，要硬在政治、硬在信念、硬在精神、硬在能力、硬在作风、硬在纯洁、硬在担当，全面推进党的政治建设、思想建设、组织建设、作风建设、纪律建设，勇于自我革命，以伟大自我革命引领伟大社会革命，致力于把中国共产党建设得更加坚强有力，把中国共产党建设成世界上最强大的政党[1]。

（二）历史维度

如果说"理论维度"主要是从"条条"思路来讲习近平新时代中国特色社会主义思想的原创性贡献，那么"历史维度"则主要是从"块块"思路来谈习近平新时代中国特色社会主义思想的原创性贡献。这就是从人类社会发展史、世界社会主义发展史亦即马克思主义发展史、马克思主义中国化发展史、中华民族发展史等方面讲习近平新时代中国特色社会主义思想的原创性贡献及其实现的马克思主义中国化新的飞跃，这实际上也是讲习近平新时代中国特色社会主义思想的历史地位。

1. 在人类社会发展史上的原创性贡献

在人类社会发展史上，习近平新时代中国特色社会主义思想的原创性贡献和历史地位，主要聚焦于以人民至上理论掌握解释世界的理论话语权。

马克思曾经提出人类历史发展的"三形态"理论，即从"人的依赖"到"物的依赖"，再到生产力高度发展和人的全面发展基础上的

---

[1] 《中国共产党第十九届中央委员会第六次全体会议文件汇编》，人民出版社，2021，第47~48页。

"自由个性"。"人的依赖"主要是前资本主义社会人的发展形态,表现为人对血缘、权力及由此构成的共同体的依赖。"物的依赖"主要是商品经济社会人的发展形态,体现为人对货币、资本、金钱与物质财富的依赖,即物对人的统治。"自由个性"是后商品经济社会人的发展的历史形态,体现为人的全面发展与人的创新能力的自由充分发挥。马克思在他那个时代,致力于破解资本逻辑并向人本逻辑跨越,但在实践上并未真正完成或实现。经济文化落后国家建设社会主义,由于历史发展的必然性,面临的首要问题是解放和发展社会生产力,相对注重解决建设社会主义的物质基础即"物"的问题。党的十八大以来,我国社会主要矛盾发生了历史性转化,由人民日益增长的物质文化需要同落后的社会生产之间的矛盾,转化为人民日益增长的美好生活需要和不平衡不充分的发展之间的矛盾。这意味着在现实和实践上,我国总体上已经解决了人的基本需要满足问题,进入不断创造人民美好生活的新时代。这一时代是超越了"物的依赖"和"资本逻辑",走向不断推进人本身全面发展的时代,是人民成为国家、社会和自己命运的主人的时代,是在实践上坚持以人民为中心的时代,即人民至上并彰显民本逻辑的时代。基于这样的时代,习近平总书记不仅在实践上坚持"人民至上",而且从哲学上构建起了"人民至上"理论。这一理论的框架性、核心性内容就是:把人民当作主体,一切依靠人民;把人民当作目的,一切为了人民;让全体人民共享发展成果,在推进全体人民共同富裕上迈出实质性一步,不断推进人的全面发展;把人民当作尺度,坚持人民至上。习近平总书记又把哲学上的"人民至上"理论运用于政治经济学,超越资本主导逻辑,构建起以人民为中心、以共同富裕为目的的政治经济学;还把"人民至上"理论运用于科学社会主义,破除了"社会主义失败论",使科学社会主义在 21 世纪的中国焕发出强大生机活力,在世界上高高举起中国特色社会主义伟大旗帜。坚持"人民至上"是创造人类文明新形态的核心理念,为世界人民所拥护,具有强大生命力,会逐步取代自由主义,进而掌握解释世界的理论话语权。

2. 在世界社会主义发展史亦即马克思主义发展史上的原创性贡献

在世界社会主义发展史亦即马克思主义发展史上,习近平新时代中国特色社会主义思想的原创性贡献和历史地位,主要体现在"创新发展

21 世纪马克思主义"。

党的十九大报告所讲的"三个意味着"充分表明：世界社会主义运动的中心已转移到当代中国。世界社会主义运动中心转移到哪里，马克思主义的主要生长点、发展源与中心就在哪里。当代中国已经成为发展 21 世纪马克思主义的主要生长点、发展源与中心。因而，习近平总书记强调，当代中国共产党人应肩负起"发展 21 世纪马克思主义"① 的神圣职责。总的来说，21 世纪马克思主义，就是既"牢固坚守"马克思主义根本立场、价值取向、理想信念、基本原理、方法原则，又"反思重构"中国和世界现代化的马克思主义；是推动世界社会主义运动中心历史性地转移到当代中国，并致力于把马克思主义发展到 21 世纪时代和实践所需要的新境界的马克思主义；是立足中国、走向世界，直面中华民族伟大复兴战略全局和世界百年未有之大变局，以长远视野、宽广视野、纵深视野和整体视野观察时代、把握时代、引领时代，为解决人类问题并为解释和引领 21 世纪世界社会主义运动、马克思主义发展贡献科学理论的马克思主义。用这样的马克思主义观察时代、把握时代、引领时代，是对马克思主义与时俱进地创新性发展，是"中国理论"走向世界的标志性符号。

3. 在马克思主义中国化发展史上的原创性贡献

在马克思主义中国化发展史上，习近平新时代中国特色社会主义思想的原创性贡献和历史地位，主要体现在它"真正解决了落后国家建成社会主义的问题"。

落后国家如何建设社会主义，是马克思晚年集中探究的一个重大理论与实践问题②。他虽然提出一些相关重要思想，然而在实践上并没有

---

① 习近平：《在全国党校工作会议上的讲话》，人民出版社，2016，第 20 页。

② 1881 年，俄国革命民主主义者查苏利奇致信马克思，希望马克思能说明"对我国农村公社可能的命运以及关于世界各国由于历史的必然性都应经过资本主义生产各阶段的理论的看法"。马克思指出，在俄国，"一方面，土地公有制使它有可能直接地、逐步地把小地块个体耕作转化为集体耕作……另一方面，和控制着世界市场的西方生产同时存在，就使俄国可以不通过资本主义制度的卡夫丁峡谷，而把资本主义制度所创造的一切积极的成果用到公社中来"。《马克思恩格斯文集》第 3 卷，人民出版社，2009，第 703、574~575 页。

真正解决这一问题。毛泽东与邓小平、江泽民、胡锦涛也在不同程度上探索过这一重大问题，并且为解决这一问题创造了根本社会条件，奠定了根本政治前提和制度基础，提供了充满新的活力的体制保证和快速发展的物质基础，但在实践上也没有彻底解决这一问题。中国特色社会主义进入新时代，意味着久经磨难的中华民族迎来了从站起来、富起来到强起来的伟大飞跃，现在正意气风发地向全面建成社会主义现代化强国迈进，实现中华民族伟大复兴的历史进程不可逆转。在习近平新时代中国特色社会主义思想指引下，我国已经超越了资本占有劳动并控制社会的逻辑；我国利用显著的制度优势解放和发展了社会生产力，增强了综合国力，提高了人民生活水平，实现了跨越式发展，仅用几十年时间就走完发达国家几百年走过的工业化历程，创造了经济快速发展奇迹和社会长期稳定奇迹，也使中国大踏步地赶上了时代；现在，在推进实现全体人民共同富裕上正迈出实质性一步。这充分意味着，今天我们比历史上任何时期都更接近中华民族伟大复兴的目标，比历史上任何时期都更有信心、有能力实现这个目标，全面建成社会主义现代化强国、实现中华民族伟大复兴指日可待、目标可期。由此可以说，习近平新时代中国特色社会主义思想在马克思主义中国化发展史上，也具有原创性贡献。

4. 在中华民族发展史上的原创性贡献

在中华民族发展史上，习近平新时代中国特色社会主义思想的原创性贡献和历史地位，主要体现在它使中国人民由自卑走向充满自信，使中华民族从可能被"开除球籍"到创造"中国奇迹"，实现了从"积贫积弱"到"繁荣富强"的历史性飞跃，使中国在世界上从"世界失我"到"世界有我"再到"世界向我"，使马克思主义实现了从"过时论"到"生机论"的伟大飞跃，也使中国共产党成为走在世界和时代前列的坚强有力的伟大政党。

曾经，中国人在世界上显得有些自卑，一些人总认为"西方的月亮比中国圆"。改革开放以后，尤其是中国特色社会主义进入新时代、我国发展步入新的历史方位后，在以习近平同志为核心的党中央坚强领导下，随着中国成为世界第二大经济体，综合国力不断增强，人民生活水平不断提高，今天的中国人民以更加理性的自信姿态站在世界面前。

1978 年改革开放以前，中国落后于世界发展先进水平，落后于世界现代化潮流，正像毛泽东所讲的，有被"开除球籍"的危险。今天，在习近平新时代中国特色社会主义思想指引下，中国创造了世所罕见的中国奇迹，正在日益走近世界舞台中央，实现从"积贫积弱"到"繁荣富强"的历史性飞跃。改革开放以前那种被"开除球籍"的危险，意味着"世界失我"。改革开放以后，在向西方学习的过程中，有些人完全失去了自我，成了西方的附庸，这更呈现出"世界失我"的情境。中国共产党人保持战略清醒和战略定力，积极主动"找寻自我"，坚定不移走自己的路，建设中国特色社会主义，创造中国式现代化新道路，从而显示"世界有我"。中国特色社会主义进入新时代，中华民族迎来了从站起来、富起来到强起来的伟大飞跃，中国特色社会主义道路、理论、制度、文化不断发展，为发展中国家走向现代化拓展了新的途径，为世界上那些既希望加快发展而又希望保持自身独立性的国家和民族提供了全新选择，为解决人类问题贡献了中国智慧、中国方案、中国力量，也创造了中国式现代化新道路和人类文明新形态，为人类进步展现了光明前景。这意味着"世界向我"，即向有利于中国发展的方向发展，世界上一些国家和民族也注重向中国学习。就政党而言，在一定时期，我们党确实遭遇了一个个难题，党中央权威和集中统一领导受到严重影响。党的十八大以后，以习近平同志为核心的党中央坚持党的全面领导和全面从严治党相统一，把中国共产党建设成为世界上最强大的、走在世界和时代前列的伟大政党。上述这些，也必然展示出马克思主义的强大生机活力，实现由过去的马克思主义"过时论"到新时代马克思主义"生机论"的伟大转变。

新发展阶段如何深化习近平新时代
中国特色社会主义思想研究*

韩庆祥

党的十八大以来，我国理论界在研究习近平新时代中国特色社会主义思想（党的十九大之前称为"习近平总书记治国理政新理念新思想新战略"）方面取得了丰硕成果，值得充分肯定。在新发展阶段，我们需要进一步提出"如何深化习近平新时代中国特色社会主义思想研究"这一重大问题。笔者认为，可以从以下三个层面进一步深化对习近平新时代中国特色社会主义思想的研究，即"理论定位层面""研究内容层面""研究方法层面"。

一 理论定位层面：可以把习近平新时代中国特色社会主义思想看作引领"两个大局"并为解释当今世界贡献中国理论的 21 世纪马克思主义

在理论定位上，当今我国把习近平新时代中国特色社会主义思想看作我们党的指导思想，看作实现中华民族伟大复兴的行动指南。但仅仅如此还不够。根据党的十九大报告，从学理上看，习近平新时代中国特色社会主义思想的理论定位还需要"三个提升"：一是把习近平新时代中国特色社会主义思想看作关于我国发展起来以后使大国成为强国即实

---

* 本文原载于《中共中央党校（国家行政学院）学报》2021 年第 2 期，收入本书时有改动。

现强起来的"强国理论"；二是把习近平新时代中国特色社会主义思想理解为当代中国为解释 21 世纪世界所提供的解释世界的理论或中国理论，这一理论就是 21 世纪马克思主义；三是真正把习近平新时代中国特色社会主义思想看作马克思主义中国化的新飞跃，理解为中国特色社会主义理论体系的新飞跃。

第一，要把习近平新时代中国特色社会主义思想看作关于我国发展起来以后使大国成为强国即实现强起来的"强国理论"。党的十九大报告第一个部分所讲的"三个意味着"[1]，思想含量、学术含量都很高。其中第一个"意味着"指出，"中国特色社会主义进入新时代，意味着近代以来久经磨难的中华民族迎来了从站起来、富起来到强起来的伟大飞跃"[2]。这就是说，新时代的历史使命、根本任务，是从富起来到强起来的伟大飞跃，即相对于富起来，更加致力于实现强起来。它充分表明：习近平新时代中国特色社会主义思想，就是从富起来到强起来伟大飞跃的理论，就是使大国成为强国即实现强起来的"强国理论"。然而，当今一些相关理论研究成果并没有真正从"实现强起来"的高度来整体理解和把握习近平新时代中国特色社会主义思想，没有把实现强起来看作习近平新时代中国特色社会主义思想的实质；虽然有些成果在一定意义上作出了这样的理解，但没有自觉把"实现强起来"运用到习近平新时代中国特色社会主义思想研究的各个方面，即没有贯彻到底。这就需要从理论定位的理解上加以深化。

第二，要把习近平新时代中国特色社会主义思想理解为当代中国为解释 21 世纪世界所提供的解释世界的理论或中国理论，这一理论就是 21 世纪马克思主义。党的十九大报告在讲第一个"意味着"之后，接着就讲第一个"意味着"的世界意义，这就是它所讲的第二个、第三个"意味着"："意味着科学社会主义在二十一世纪的中国焕发出强大生机活力，在世界上高高举起了中国特色社会主义伟大旗帜；意味着中国特色社会主义道路、理论、制度、文化不断发展，拓展了发展中国家走向

---

① 参见《习近平谈治国理政》第 3 卷，外文出版社，2020，第 8~9 页。

② 《习近平谈治国理政》第 3 卷，外文出版社，2020，第 8 页。

现代化的途径，给世界上那些既希望加快发展又希望保持自身独立性的国家和民族提供了全新选择，为解决人类问题贡献了中国智慧和中国方案。"① 这充分且鲜明地表明：在 21 世纪，世界社会主义运动的中心已经转移到当代中国。这里存在一个实践和理论发展的规律，即世界社会主义运动的中心在哪里，马克思主义的生长点、发展源与中心就主要在哪里。显然，在 21 世纪，世界社会主义运动的中心在当代中国，马克思主义理论研究与创新发展的中心也在当代中国。正是在这个意义上，习近平总书记强调，"发展 21 世纪马克思主义、当代中国马克思主义，是当代中国共产党人责无旁贷的历史责任"②。习近平新时代中国特色社会主义思想是 21 世纪马克思主义③。对此，我国理论界与专家学者重视得还不够，认识、理解和阐释得也不够透彻。这里，我们可以进一步追问：应当在何种意义上来理解习近平新时代中国特色社会主义思想是 21 世纪马克思主义？其中的内涵需要深入挖掘。其中一个内涵就是：可把习近平新时代中国特色社会主义思想理解为当代中国为解释 21 世纪世界所提供的解释世界的理论或中国理论，这一理论就是 21 世纪马克思主义。根据马克思《关于费尔巴哈的提纲》第十一条④以及马克思墓碑上的墓志铭可知，马克思主义的本质功能，首先是解释世界，尤其要改变世界。在 21 世纪面对处于动荡变革期的不确定的整个世界，首要在于解释世界，然后去致力于改变世界，这叫作"先把脉，后开方"。如果"脉"把得不准，开的方就会是错的，何谈去有效地改变世界。种种迹象、事实和实践表明：面对 21 世纪不确定的整个世界，新自由主义已经出现了解释危机；甚至当今世界出现的种种问题与困境，本质上就与新自由主义有关。"这是一个需要理论而且一定能够产生理论的时代，这是一个需要思想而且一定能够产生思想的时代。"⑤ 面对这样的时代，当

---

① 《习近平谈治国理政》第 3 卷，外文出版社，2020，第 8~9 页。
② 《习近平谈治国理政》第 3 卷，外文出版社，2020，第 183 页。
③ 何毅亭：《习近平新时代中国特色社会主义思想是 21 世纪马克思主义》，《学习时报》2020 年 6 月 15 日。
④ 参见《马克思恩格斯选集》第 1 卷，人民出版社，2012，第 140 页。
⑤ 习近平：《在哲学社会科学工作座谈会上的讲话》，人民出版社，2016，第 8 页。

代中国要致力于构建"理论中国"或"中国理论"，为解释当今不确定的整个世界贡献中国理论。习近平新时代中国特色社会主义思想不仅是实现中华民族伟大复兴的行动指南，而且具有重大的世界意义，它也是解释并应对"两个大局"的理论。这一理论，由于 21 世纪世界社会主义运动的中心在当代中国，就是 21 世纪马克思主义。作为 21 世纪马克思主义，它就是为解释 21 世纪世界提供的解释世界的理论。当今我国理论界还没有真正从创新发展 21 世纪马克思主义的高度来理解和把握习近平新时代中国特色社会主义思想的世界意义，没有把这一思想看作为解释 21 世纪世界提供的中国理论。

第三，真正把习近平新时代中国特色社会主义思想看作马克思主义中国化的新飞跃，理解为中国特色社会主义理论体系的新飞跃。党的十九大报告第一个部分提出一个意味深长、内涵丰富的重大论断："经过长期努力，中国特色社会主义进入了新时代，这是我国发展新的历史方位。"[1] 这里有两个关键词，即"新时代"和"新的历史方位"。"新时代"，指的是中国特色社会主义进入了新时代，它是相对于 1978 年至 2012 年的改革开放新时期而言的。这里的"新"，新在哪里？新在历史方位，它是社会主要矛盾发生历史性转化的新的历史方位[2]；新在历史使命，它要在实现"两个一百年"奋斗目标的基础上，把实现中华民族伟大复兴即实现伟大梦想，作为新时代中国共产党新的历史使命[3]；新在根本任务和奋斗目标，它要迎来从富起来到强起来的伟大飞跃，实现强起来[4]；新在高质量发展，它要实现从高速度发展向高质量发展的飞跃[5]；新在总体方略，它要把新发展理念与新发展格局、统筹推进"五位一体"总体布局和协调推进"四个全面"战略布局，作为实现中华民族伟大复兴即实现强起来的总体方略；新在谱写新时代中国特色社会主

---

① 《习近平谈治国理政》第 3 卷，外文出版社，2020，第 8 页。

② 参见《习近平谈治国理政》第 3 卷，外文出版社，2020，第 9 页。

③ 参见《习近平谈治国理政》第 3 卷，外文出版社，2020，第 11 页。

④ 参见《习近平谈治国理政》第 3 卷，外文出版社，2020，第 8 页。

⑤ 参见《习近平谈治国理政》第 3 卷，外文出版社，2020，第 23 页。

义新篇章①。这里，新的社会主要矛盾、新的历史使命、新的根本任务或奋斗目标、新的发展目标、新的总体方略、新篇章，都既具有连续性和继承性，也具有阶段性和创新性，具有实现质的飞跃的本质特征。基于此，我们完全可以把习近平新时代中国特色社会主义思想理解为马克思主义中国化的新飞跃和中国特色社会主义理论体系的新飞跃。当然，这只是一种学理、学术上的探究，还需要进一步从政治上作出全面而深入的理解和把握。

由此看来，当今我国理论界对"三个意味着"的丰富内涵、精神实质及其伟大意义，在理解上还需要继续深入。

二　研究内容层面：要全面深入理解与挖掘习近平新时代中国特色社会主义思想的丰富内涵

习近平新时代中国特色社会主义思想博大精深、内涵丰富，需要系统深入理解把握，需要全面深入挖掘。当今我国理论界在这方面的研究取得许多成果，值得肯定。然而，在这种相关研究中，还存在着研究不够系统、理解不够深入、挖掘不够深刻等问题。所以，系统深入理解习近平新时代中国特色社会主义思想，深入挖掘其丰富内涵，是深化研究习近平新时代中国特色社会主义思想的一个重要方面。

第一，在研究的系统性上，需要进一步从历史维度、治国理政方略维度加以深化研究。过去，我国理论界从理论与实践方面研究习近平新时代中国特色社会主义思想较为深入，但对习近平新时代中国特色社会主义思想的历史维度与治国理政方略维度，研究得还不够深入。从历史维度看，习近平新时代中国特色社会主义思想到底是如何继承和发展马克思主义的？究竟是如何进一步创新性地推进马克思主义中国化的？究竟是如何坚持守正和创新发展中国特色社会主义理论体系的？在这些问题上，学术界、理论界还没有拿出真正令人信服的研究成果。从治国理政方略维度看，对习近平总书记治国理政的总思路、总框架、总方略

---

① 参见《习近平谈治国理政》第 3 卷，外文出版社，2020，第 59~79 页。

究竟如何提炼概括与理解把握？这些都是我国理论界没有完全搞清楚的重大问题。从系统性上深化习近平新时代中国特色社会主义思想研究，就需要进一步从历史维度、治国理政方略维度加以深化，并全面研究上述问题。

第二，在研究的深入性上，需要对以下重大问题进行深入研究。集中来说就是：习近平新时代中国特色社会主义思想的历史逻辑、实践逻辑、理论逻辑和世界逻辑；习近平新时代中国特色社会主义思想的核心要义或根本观点（纲）；习近平新时代中国特色社会主义思想的哲学内核（窃以为是"系统辩证法"）；人民日益增长的美好生活需要和不平衡不充分的发展之间的矛盾之实质及其深远意义（它涉及习近平总书记所讲的当今要解决"好不好"的问题①，而"好不好"的问题与"强不强"即发展不平衡不充分的问题直接相关，这又涉及需求和供给的关系问题）；新的历史方位及其伟大意义（如"由何而来""现在何处""走向何方"，社会主义初级阶段、新时代、新发展阶段及三者之间的关系）；新发展阶段、新发展理念、新发展格局的丰富内涵、精神实质、逻辑关系、伟大意义；"三个意味着"的丰富内涵与伟大意义（它涉及世界社会主义运动中心转移与 21 世纪马克思主义的关系问题）；从 2020 年到本世纪中叶 30 年历史发展区间需要解决的根本问题，或大国成为强国即实现强起来的强国逻辑（对此需要作深入分析与战略谋划）；中国特色社会主义的根本制度、基本制度和重要制度及其内在逻辑关系；人类命运共同体的哲学基础；有效应对当今不确定的世界带来的重大风险的战略和方略；等等。虽然理论界对上述重大问题进行了研究，但不够深入。

第三，在研究的核心性上，需要对以下核心问题进行深入研究。深化研究习近平新时代中国特色社会主义思想，较为关键的就是深入理解和把握其核心性问题。这些核心性问题，可以用几个关键词来概括，即"精髓""实质""特征""原创"。习近平新时代中国特色社会主义思想的理论精髓究竟是什么？如何理解和把握习近平新时代中国特色社会主

---

① 《习近平谈治国理政》第 3 卷，外文出版社，2020，第 133 页。

义思想的精神实质？如何提炼概括习近平新时代中国特色社会主义思想的本质特征？究竟如何理解和把握习近平新时代中国特色社会主义思想的原创性贡献？即它对马克思恩格斯所创立的马克思主义的原创性贡献在哪里？（它超越了资本逻辑走向了人本逻辑）它对列宁主义的原创性贡献是什么？（解决了落后国家建成社会主义的问题）它对推进马克思主义中国化作出了哪些原创性贡献？（彰显了马克思主义中国化理论成果的世界意义）它对中国特色社会主义理论体系的原创性贡献究竟是什么？（迎来了从富起来到强起来的伟大飞跃，谱写了新时代中国特色社会主义新篇章，致力于再创中国之治奇迹）针对上述核心性问题，我们理论界研究得还不够深入。

第四，在挖掘、提炼和提升上，需要进一步在下述几个重要方面下大功夫。①习近平新时代中国特色社会主义思想与习近平治国理政实践的思想方法和工作方法，亦即哲学智慧。在我们已有的研究成果中，多把历史思维、战略思维、辩证思维、系统思维、创新思维、法治思维、底线思维看作习近平新时代中国特色社会主义思想与习近平治国理政实践的思想方法，把坚持稳中求进的总基调看作习近平新时代中国特色社会主义思想与习近平治国理政实践的工作方法。而这些都是《习近平谈治国理政》文本中直接呈现出来的思想方法与工作方法。现在还需要进一步深入挖掘、揭示其中所蕴含的其他思想方法和工作方法，如"定位、定标、定法"，"主要矛盾、根本问题、工作重点"，"动力、平衡、治理"，"发挥比较优势、补齐发展短板、打牢根本支点"，"总框架、路线图、牛鼻子"，"党的领导力量、市场配置力量、人民主体力量"等，都是习近平新时代中国特色社会主义思想与习近平治国理政实践所蕴含的思想方法与工作方法，需要理论界深入挖掘。这种挖掘本身，就是一种深化研究。②中国社会主义建设实践的"前半程"和"后半程"。习近平总书记在省部级主要领导干部学习贯彻十八届三中全会精神全面深化改革专题研讨班上的讲话中，特别提出并阐述了中国社会主义建设实践的"前半程"和"后半程"问题。他强调指出："从形成更加成熟更加定型的制度看，我国社会主义实践的前半程已经走过了，前半程我们的主要历史任务是建立社会主义基本制度，并在这个基础上进行改革，现在已经有了很好的基础。后半程，我们的主要历史任务是完善和发展中国特色社会主义制度，为党和国家事业发展、为人民幸福安康、为社会和谐稳定、为国家长治久安提供一整套更完备、更稳定、更管用的制度体系。"① 对这一重要论述加以深入挖掘可以看出，这是以习近平同志为核心的党中央要致力于再创中国之治奇迹。对此，应当说，我国理论界的认识与挖掘还不够。③中国道路及其本源意义。习近平总书记反复强调：无论搞革命、搞建设、搞改革，道路问题都是最根本的问题②；道路问题是关系党的事业兴衰成败第一位的问题，道路就是党的生命，道路决定命运③；中国社会主义现代化建设之所以取得巨大成就，从根本上讲就是因为我们选择了一条正确的道路，即中国特色社会主义道路④。这意味着中国道路具有本源意义，即只有读懂中国道路，才能真正读懂近代以来中国所面临的根本问题，才能真正读懂中国共产党的历史，才能真正读懂中国共产党所领导的伟大事业，才能真正回答好"马克思主义为什么行""中国特色社会主义为什么好""中国共产党为什么能"，才能真正读懂中国奇迹。由此，中国道路是近代以来中国一切根本问题的发源地与实践基础，是理解近代以来中国一切根本问题的一把钥匙。我们要用中国道路解释好中国奇迹，用中国理论阐释好中国道路，用中国话语表达好中国理论，牢牢掌握解释中国奇迹、中国道路、中国理论、中国话语的话语权，真正基于中国奇迹、中国道路、中国理论、中国话语，深化研究习近平新时代中国特色社会主义思想。然而，关于中国道路及其本源意义，我国理论界从政治上进行研究相对较多，而从学术、学理上挖掘、提炼、提升，还不够深入。

---

① 《习近平关于全面深化改革论述摘编》，中央文献出版社，2014，第27页。
② 《习近平在中共中央政治局第七次集体学习时强调　在对历史的深入思考中更好走向未来　交出发展中国特色社会主义合格答卷》，《人民日报》2013年6月27日。
③ 习近平：《关于坚持和发展中国特色社会主义的几个问题》，《求是》2019年第7期。
④ 《习近平谈治国理政》第3卷，外文出版社，2020，第11~12页。

三 研究方法层面：要"上得去"和"下得来"，真正做到"顶天立地"

研究方法也决定着研究深度。也就是说，也可以从研究方法上深化习近平新时代中国特色社会主义思想研究。以往，在研究方法上，我们对习近平新时代中国特色社会主义思想的研究存在三大不足：较为注重从政治维度进行研究，学理化研究和大众化研究不足，既"上不去"，也"下不来"；较为注重政治宣传，逻辑规范性研究和精准实证性研究不足；较为注重从不同方面、侧面、角度进行研究，系统性整体性研究不足。由此，要深化习近平新时代中国特色社会主义思想研究，就必须坚持政治、学理和大众相统一，既"上得去"，又"下得来"，真正做到"顶天立地"；坚持逻辑规范性研究和精准实证性研究相结合；坚持用系统辩证法进行研究。

第一，坚持政治、学理和大众相统一。注重从政治高度研究习近平新时代中国特色社会主义思想暂且不多说，因为这一思想首先就是从政治高度来谈论问题的，具有很高的政治站位，理论界也比较关注。问题是，要进一步深化习近平新时代中国特色社会主义思想研究，既要从学理上深入研究其立论基础、根本观点、内在逻辑、理论精髓、精神实质、本质特征、哲学内核、原创性贡献，使我们的研究"上得去"；也要从大众化维度，从学习内容、学习形式、语言表述、生动案例等方面，注重感性化、生活化、日常化、微观化、简明化、生动化，且走进大众利益，走进大众心灵，从而使习近平新时代中国特色社会主义思想成为大众容易接受的理论，使我们的研究"下得来"。

第二，坚持逻辑规范性研究和精准实证性研究相结合。习近平新时代中国特色社会主义思想是一种政治性很强的科学理论体系。要使这一科学理论体系真正呈现出来，研究的逻辑规范性至关重要。一些相关研究缺乏逻辑规范，前后矛盾，难以自洽，或者说逻辑不严密。由此，我们应进一步加强对习近平新时代中国特色社会主义思想的逻辑规范性研究，既注重研究其内在逻辑，又注重研究的逻辑性。不仅如此，要使这一科学理论体系真正呈现出来，精准性、实证性也至关重要。一些相关研究过于注重"宏大叙事"，缺乏精准性、实证性，在理解、阐释、表述等方面存在不具体、不精准的情况。比如，新时代的时间起点和逻辑起点到底如何确定？习近平新时代中国特色社会主义思想的"主题"与"主线"是不是一回事？是否可以等同？"历史方位"究竟是什么样的历史方位？其实质到底是什么？如何全面准确深入理解"四个伟大"及其中的某一个伟大？新发展理念究竟是在什么样的时代背景和历史方位中提出来的？能否把新发展理念仅仅限于经济领域来理解和把握？其实质到底是什么？如何深入理解习近平总书记关于国家治理体系和治理能力现代化重要论述的伟大意义？习近平总书记关于党的建设的重要论述之精神实质、本质特征到底是什么？可否理解为就是"强党建设"？把"精准"作为一种基本研究方法，用精准方法来理解和把握上述问题，就可以看出许多相关研究显得不够精准，缺乏实证，没有用具体事实、精确数据、定量分析说话。这也会影响这一科学理论体系的科学性，使其科学性无法充分彰显出来。由此，我们要进一步加强对习近平新时代中国特色社会主义思想的精准实证性研究，注重研究其精准性、实证性。

第三，注重用系统辩证法研究习近平新时代中国特色社会主义思想。方法取决于问题的本性。必须坚持系统辩证法，既是由全面建设社会主义现代化国家的系统本性决定的，也是由习近平总书记治国理政实践所面对的问题具有系统性、总体性决定的。"十四五"规划建议强调坚持系统观念是有深意的。全面建设社会主义现代化国家本身就是一个系统，具有系统性特征。其目标是全面建成富强民主文明和谐美丽的社会主义现代化国家，这是目标系统；要全面建设社会主义现代化国家，需要运用新发展理念集中解决好人民日益增长的美好生活需要和不平衡不充分的发展之间的矛盾，它涉及发展方向、发展思路、发展方式、发展动力、发展质量、发展环境、发展基础、发展空间、发展着力点、发展目的等，这是导引系统；需要统筹推进"五位一体"总体布局、协调推进"四个全面"战略布局，这是方略系统；需要把树立总体国家安全观与携手构建人类命运共同体结合起来，这是保障系统；需要既激发经济创新活力，又保持社会平衡和谐稳定，还要推进国家治理体系和治理能力现代化，这是治理系统；需要整合党的领导力量、市场配置力量和人民主体力量，这是动力系统；需要全面解决并处理好方方面面的矛盾关系，这是解决问题的系统；全面建设社会主义现代化国家，最为关键的，是在新发展阶段，贯彻落实新发展理念，构建新发展格局，而构建新发展格局，需要发展、质量、结构、规模、速度、效益和安全相统一，需要把创新发展、协调发展、绿色发展、开放发展、共享发展统一起来，需要解决好需求与供给之间的关系，需要打通生产、分配、流通、消费之间的良性循环，需要"加强前瞻性思考、全局性谋划、战略性布局、整体性推进，统筹国内国际两个大局，办好发展安全两件大事，坚持全国一盘棋，更好发挥中央、地方和各方面积极性"①，这是应对系统。这些系统彰显出来的是"全面性""总体性"，即系统性。为此，就必须坚持系统辩证法。

尤其需要强调的是，在世界多样、复杂、多变的大背景下，全面建设社会主义现代化国家，实现中华民族伟大复兴，需要超越线性一元决定论思维方式，确立非线性多元交互作用的系统论思维方式，即系统辩证法。邓小平强调指出，"发展起来以后的问题不比不发展时少"②。中国特色社会主义进入了新时代，我国发展步入了新的历史方位。这一新的历史方位，就是我国发展起来以后使大国成为强国的历史方位。在这一新的历史方位，我们不仅遭遇许许多多复杂性问题，而且所遭遇的大都是总体性、系统性问题。如坚持和发展中国特色社会主义是改革开放以来我党全部理论与实践的主题，在新时代，要谱写坚持和发展中国特色社会主义新篇章，显然，这样的主题具有总体性、系统性，需要系统性解答；实现中华民族伟大复兴，是我国发展的战略全局，作为战略全局，需要系统性应对；人民对美好生活的向往是我们党的奋斗目标，要实现这一目标，需要全党全国各族人民共同努力，需要作出全方位、整体性的系统性努力；我国发展起来以后使大国成为强国即实现强起来，

① 《中共中央关于制定国民经济和社会发展第十四个五年规划和二〇三五年远景目标的建议》，人民出版社，2020，第7页。

② 《邓小平年谱（1975—1997）》（下），中央文献出版社，2004，第1364页。

需要对新的历史方位实现强起来的发展作出系统性谋划；统筹推进"五位一体"总体布局、协调推进"四个全面"战略布局，本身就是一种具有总体性的系统，更需要系统性推进；要真正构建好、落实好新发展格局与"两步走"战略安排，必须坚持系统观念、系统思维，作系统性安排；树立和落实好总体国家安全观，更需要具有高度自觉的系统观念、系统思维，进行系统性贯彻；携手构建人类命运共同体，需要世界各国共同努力、携手共建，这就内在要求树立系统观念、系统思维，进行系统性共建；全面加强和改进党的建设是一项系统工程，系统工程需要系统性建设。显然，回应体现时代精神的总体性、系统性问题，需要坚持系统观念，其哲学基础，就是系统辩证法。习近平新时代中国特色社会主义思想的一个重要特征，就是系列重要论述与思想都是"组团式"出现的。如发展理念论（五大新发展理念）、"两大布局论"（统筹推进"五位一体"总体布局、协调推进"四个全面"战略布局）、总体国家安全观、国家治理论、强党建设论等，都是"组团式"呈现的，本身就构成一个有机系统，它们之间相互贯通、相互作用，构成一个严密有机的系统整体，需要运用系统辩证法加以理解和把握。正是在上述意义上，我们可以说，习近平新时代中国特色社会主义思想的哲学基础、哲学内核，就是系统辩证法。

论共产党人理想信念的理论基础[*]

牛先锋

中国共产党历来都非常重视共产主义理想信念教育，无论在革命、建设时期，还是改革开放以来的新时期，都反复强调并采取许多措施来增强党员的共产主义理想信念。党的十八大以来，以习近平同志为核心的党中央更为深刻地把共产主义理想信念看作共产党人"精神上的'钙'"、"共产党人的精神支柱和政治灵魂"。那么，人为何要有理想信念？确立共产主义理想信念的依据是什么？人类发展方向是趋向共产主义吗？中国特色社会主义实践与共产主义理想相一致吗？头脑中的问题，只能通过理论来解决，而如果理论不彻底，总是躲躲闪闪、含糊其词、模棱两可，即使再强调理想信念教育，也只能是形式主义地走过场，教育只会苍白无力甚至惹人厌烦。本文试图从理论上来探究和回答这些问题。

一 人的属性与理想信念的根源

人为什么要有理想信念？首先需要回答人是什么，了解人的本质、人的历史与社会生活，这是探究理想信念的逻辑起点。

第一，作为动物性存在的人，是没有理想信念可言的。就其存在形式而言，"人是肉体的、有自然力的、有生命的、现实的、感性的、对象性的存在物"①，是自然界长期进化的结果，只不过是一种动物而已。

---

* 本文原载于《中共中央党校学报》2017年第6期，收入本书时有改动。

① 《马克思恩格斯全集》第42卷，人民出版社，1979，第168页。

既然是动物，就必然要表现出动物的属性。恩格斯指出："人来源于动物界这一事实已经决定人永远不能完全摆脱兽性，所以问题永远只能在于摆脱得多些或少些，在于兽性或人性的程度上的差异。"① 动物的本能，即生命的存续，在于吃、喝、睡、生殖和繁衍。动物的生存基础来自直接的自然界，它从自然界中直接获取生命的需要物，从自然界中收集吃、喝的食物，自然界为其提供庇身的场所。这样看来，作为动物性存在的人，是没有理想信念可谈的。

第二，作为个体生命的人，有其独立的意识和信念。人毕竟不是动物，"动物和自己的生命活动是直接同一的。动物不把自己同自己的生命活动区别开来。它就是自己的生命活动。人则使自己的生命活动本身变成自己意志的和自己意识的对象。……有意识的生命活动把人同动物的生命活动直接区别开来"②。有生命的个体，根据外在世界在头脑中的反映来感知和认识客观事物，首先形成客观事物空间上的联系，以此来把握客观事物；进而把客观事物之间的联系推向现实的生活，形成主体与客体之间的关系图景，以主体的实践活动来改造客体；然后把对空间联系的认知经验推向时间领域，以现在的生活来谋划未来。当生命个体建立起了事物之间普遍联系的观念，并能够从现实出发来谋划未来时，人就成为追求着自己目的的人，就走出了纯粹的动物界，成了真正的人。正如马克思所讲的，"人是能思想的存在物"③。

第三，作为社会关系总和的人，具有共同的社会意识。人要生存，首先要进行物质资料的生产，而这种生产劳动一开始就不是孤立的单个人进行的，在生产中人与人之间形成的关系构成生产关系，生产关系的总和就构成了特定的社会关系。因此，人天生就存在于一定的社会关系之中，是社会关系的总和。"意识到必须和周围的个人来往，也就是开始意识到人总是生活在社会中的。"④ 人生活在特定的社会之中，特定的社会关系决定着、制约着、反映着人的天性，人"只能在社会中发展自

① 《马克思恩格斯选集》第3卷，人民出版社，1995，第442页。
② 《马克思恩格斯文集》第1卷，人民出版社，2009，第162页。
③ 《马克思恩格斯全集》第1卷，人民出版社，1956，第409页。
④ 《马克思恩格斯文集》第1卷，人民出版社，2009，第534页。

己的真正的天性；不应当根据单个个人的力量，而应当根据社会的力量来衡量人的天性的力量"①。特定的社会关系决定并反映着人的天性，生活在一定社会中的个人单单是为了实现"真正的天性"这一点，就决定了作为社会关系总和的人必须有共同的社会意识，这个共同的社会意识首先指向于维护和发展共同生存的社会关系。

第四，作为类存在的人，有共同的、终极的价值追求，即人自身的解放，实现全面而自由的发展。恩格斯指出："一切人，作为人来说，都有某些共同点，在这些共同点所及的范围内，他们是平等的，这样的观念自然是非常古老的。但是现代的平等要求与此完全不同；这种平等要求更应当是从人的这种共同特性中，从人就他们是人而言的这种平等中引申出这样的要求：一切人，或至少是一个国家的一切公民，或一个社会的一切成员，都应当有平等的政治地位和社会地位。要从这种相对平等的原始观念中得出国家和社会中的平等权利的结论，要使这个结论甚至能够成为某种自然而然的、不言而喻的东西，必然要经过而且确实已经经过几千年。"② 如同平等是人类共同的要求，全面地发展自己，自由地展现自己的个性，这些都是作为类存在的人的共同的价值追求。

基于对人的本质的分析，我们可以清晰地发现，作为与动物相区别的生命个体活动着的人，是社会关系中的人，是有个体意识的人。当他们意识到个体只有在社会中才能独立、才能自由发展自己的时候，当他们意识到人不是空幻的、孤立的、离群索居的存在，他们的需要只有在社会的普遍交往中才能实现的时候，当他们有意识、有目的地通过改变自然和社会来更好地满足自身需要的时候，哪怕就只是为了使个体的生命得以安全和持续地存在下去，单个人的个体意识也会自然形成共同的社会意识，单个人的个体追求在一定范围内也会自然汇合为共同的追求，单个人的个体理想在一定程度上也会逐渐趋向于共同的理想，即实现人的本质，促进人的自由个性发展。所以，每一个现实生活中的人，都有个体意识、个体信念和个体理想，而人是社会关系总和这一本质也决定

---

① 《马克思恩格斯文集》第 1 卷，人民出版社，2009，第 335 页。
② 《马克思恩格斯文集》第 9 卷，人民出版社，2009，第 109 页。

了，人同样有通过塑造社会关系来实现人的本质的社会意识、社会信念和社会理想。

二 共产主义体现了人的本质要求

2012 年 11 月 17 日，习近平总书记在十八届中共中央政治局第一次集体学习时强调指出："坚定理想信念，坚守共产党人精神追求，始终是共产党人安身立命的根本。对马克思主义的信仰，对社会主义和共产主义的信念，是共产党人的政治灵魂，是共产党人经受住任何考验的精神支柱。"[1] 共产党人对马克思主义有坚定的信仰，对社会主义和共产主义理想有坚定的信念，绝不是固执和盲从，而是对人类历史发展在理论上的高度清醒和在实践上的高度自觉。因为，共产主义揭示的是人类文明发展的大道，坚定共产主义理想信念，就是坚持解放人、实现人的自由个性。共产主义是大道之行，体现的是共产党人对每一个人全面而自由发展的关怀。

第一，马克思主义科学回答了"人是什么、人从哪里来、人向哪里去？"这一哲学追问。人是什么？人是自然属性和社会属性的统一体，就其现实性来说，人是社会关系的总和。人从哪里来？人是自然界长期进化演变的结果，源自动物界而又超越了动物界。人向哪里去？人向实现每个人的全面而自由发展的社会去。为了回答"人向哪里去"这一问题，马克思立足于经济社会发展的现实而将目光投向历史的深处，把人的发展的历史与社会发展的历史结合起来进行考察，历史地划分了人的发展的三大阶段。一是"人的依赖关系"占统治地位的阶段，即"人的依赖"阶段；二是"以物的依赖性为基础的人的独立性"阶段，即"物的依赖"阶段；三是"自由个性"阶段。与这三大发展阶段相对应的物质生产方式和经济社会形态也有不同的特征。第一个阶段是自然经济状

---

[1] 习近平：《紧紧围绕坚持和发展中国特色社会主义 学习宣传贯彻党的十八大精神——在十八届中共中央政治局第一次集体学习时的讲话》，人民出版社，2012，第 11 页。

态下的前资本主义阶段，这一时期人的生产能力只是在狭窄的范围内和孤立的地点上发展着，作为生产者的人或依附于家庭、部落等自然共同体，或依附于奴隶主和封建主，人身依附关系成为各种社会关系和社会生活领域的主要特点。第二个阶段是市场关系普遍发展的资本主义阶段，个人是普遍发展了的商品市场和交换关系中的相对独立的主体，但是每一个人都只是资本和商品的依附者，在人的表面上的独立性背后起作用的是物的支配和统治，在这个阶段，人的独立性实际上是以对物的依赖性为基础的。第三个阶段是未来共产主义社会，在那里，无论是生产能力还是社会关系都不再作为异己的力量支配人，而是置于人的共同控制之下，人将在自觉、丰富和全面的社会关系中获得全面而自由的发展，成为自由个性的人。这一探索将人的未来发展从宗教的天国彼岸拉回到人间此岸，从虚无缥缈的来世拉回到生活的现世。把人的发展奠定在现实的社会基础之上，是对人的真正的关心，揭示的是人类文明发展的正道。中国共产党人坚持对马克思主义的信仰、对共产主义的信念，就是坚持人类文明发展的大道，就是坚持对现实的人的真正关心和关怀。

第二，共产主义要实现每个人的全面而自由的发展，实现全人类的解放。在《共产党宣言》中马克思恩格斯宣布："代替那存在着阶级和阶级对立的资产阶级旧社会的，将是这样一个联合体，在那里，每个人的自由发展是一切人的自由发展的条件。"① 在《资本论》中马克思指出，共产主义社会是"以每一个个人的全面而自由的发展为基本原则的社会形式"②。这些论述表明以下三点。首先，共产主义不是要泯灭人的个性，磨平个人的特点，达到千人一面，整体划一。恰恰相反，共产主义的着眼点既不是一群人、一类人，更不是虚幻的集体，而是有血有肉的生命个体，正是有了每个人的自由发展，才能有所有人的自由发展，才能有共产主义实现的条件。其次，共产主义不是每个人的自由妨碍他人的自由，相反，每个人的自由发展是一切人自由发展的条件。在这里，

① 《马克思恩格斯文集》第 2 卷，人民出版社，2009，第 53 页。
② 《马克思恩格斯文集》第 5 卷，人民出版社，2009，第 683 页。

"自由"是对必然性的认识和把握，每一个人都认识和把握了必然性，就摆脱了盲目性，整个社会就实现了从必然王国向自由王国的飞跃。最后，共产主义社会的人不是片面而畸形发展的人，由于劳动生产率的提高，这时劳动不再是谋生的手段，而成为实现人本质的需要；同时，社会必要劳动时间大大缩短而剩余劳动时间大大延长，每个人有充足的时间根据自己的兴趣来发展各方面的才能，当人的智力、体力及各方面能力全面发展起来之后，人就成了"全面发展的人"，奴隶般的固定分工条件就不复存在，劳动就成为真正的自由活动，"任何人都没有特殊的活动范围，而是都可以在任何部门内发展，社会调节着整个生产，因而使我有可能随自己的兴趣今天干这事，明天干那事"①。总而言之，共产主义社会要实现每一个人对自己本质的真正占有，是更高程度上人的丰富性的真正复归，是人作为人的历史的真正开始。

第三，共产主义要通过消灭使人异化的一切关系，实现向"合乎人性的人的复归"②。共产主义并不虚无缥缈，它是对现实社会条件下现实生活着的人的异化状态的消除，是要通过"推翻使人成为被侮辱、被奴役、被遗弃和被蔑视的东西的一切关系"③来拯救人、解放人。唯物史观认为人的解放程度是与经济社会发展的程度紧密联系的，因此，要实现人的解放就需要从经济社会发展长过程中探索人的解放的条件、性质和一般目的。顺着这条线索来观察人的发展历史，马克思发现机器大生产条件下的私有财产以及与此相联系的固定分工是人异化的元凶，正是这个元凶导致了人与自己的劳动产品相异化、人与自己的劳动过程相异化，以及人与人的关系相异化。因此，要把人从异化的状态下解放出来，就要进行人道的复归。基于这样的逻辑分析，马克思指出："共产主义是对私有财产即人的自我异化的积极的扬弃，因而是通过人并且为了人而对人的本质的真正占有；因此，它是人向自身、也就是向社会的即合乎人性的人的复归，这种复归是完全的复归，是自觉实现并在以往发展

---

① 《马克思恩格斯文集》第 1 卷，人民出版社，2009，第 537 页。
② 《马克思恩格斯文集》第 1 卷，人民出版社，2009，第 185 页。
③ 《马克思恩格斯文集》第 1 卷，人民出版社，2009，第 11 页。

的全部财富的范围内实现的复归。这种共产主义，作为完成了的自然主义，等于人道主义，而作为完成了的人道主义，等于自然主义，它是人和自然界之间、人和人之间的矛盾的真正解决，是存在和本质、对象化和自我确证、自由和必然、个体和类之间的斗争的真正解决。"① 也就是说，共产党人追求的共产主义社会不是用一个阶级代替另一个阶级，不是用一些人的压迫代替另一些人的压迫，而是要使每一个人都能从自然、社会和人自身的束缚中解放出来，实现对自己本质的真正占有，使人真正成为人，即共产主义社会是符合人的本性的社会。

正因为共产主义体现的是深切的人文关怀——关心一切人的现在和未来，揭示的是人的解放和发展的一般规律，所以，共产党人信仰马克思主义并终身为共产主义而奋斗，体现的是高尚的人类情怀，遵循的是人类文明发展大道。中国共产党人信仰共产主义，不仅因为共产主义是科学的理论，而且因为共产主义社会是符合人性的社会。

三　理论清醒才能信念坚定

早在 19 世纪中期，马克思恩格斯在《共产党宣言》中就宣布："资产阶级的灭亡和无产阶级的胜利是同样不可避免的。"② 然而，直到今天，资本主义还在发展而共产主义还没有成为现实。面对资本主义出现的新变化，面对中国特色社会主义事业发展的新情况，一些党员干部的共产主义信仰出现了动摇。他们怀疑马克思主义过时了，怀疑两个"不可避免"不正确了，怀疑中国特色社会主义没有社会主义性质了。如果不从理论上解决这些疑惑，共产主义理想信念是没办法坚定起来的。

首先，马克思主义没有过时，它所批判的社会问题即使在今天依然没有得到根本解决，它揭示的社会发展规律在反复地得到验证，每个人的全面而自由的发展仍然是一切人的追求与向往。关于马克思主义过时论、无用论的声音长期以来一直存在着，苏东剧变之后这种声音甚嚣尘

---

① 《马克思恩格斯文集》第 1 卷，人民出版社，2009，第 185 页。
② 《马克思恩格斯文集》第 2 卷，人民出版社，2009，第 43 页。

上，认为苏东剧变标志着马克思主义无用了、共产主义破产了，声称 20 世纪初出现的社会主义将会终结于 20 世纪末，人类将永远告别马克思的共产主义。还有人认为，马克思主义诞生于 19 世纪的欧洲，核心内容是鼓动无产阶级革命，只对欧洲有用、在革命年代有用，对于中国、在和平与发展的时代已经失去了理论指导的作用。这种过时论、无用论要么罔顾事实，要么人云亦云，更有甚者是别有用心。苏东剧变并不是因为坚持了马克思主义、社会主义，恰恰是因为违背了"人的解放"这一马克思主义的主题。贫穷不是社会主义，人民连吃饭都成了问题，生存需要都得不到稳定的保障，这能叫社会主义吗？所以，绝不能把苏联模式的破产等同于社会主义的失败，更不能因之而得出马克思主义过时了、无用了的结论。

苏东剧变发生不久，邓小平就坚定而清醒地指出："一些国家出现严重曲折，社会主义好像被削弱了，但人民经受锻炼，从中吸收教训，将促使社会主义向着更加健康的方向发展。因此，不要惊慌失措，不要认为马克思主义就消失了，没用了，失败了。哪有这回事！""我坚信，世界上赞成马克思主义的人会多起来的，因为马克思主义是科学。"① 诚如邓小平所预判的那样，经历了苏东剧变的冲击波之后，社会主义不仅没有从世界上消失，相反，其复苏和发展的征象更为鲜明：中国特色社会主义道路越走越坚定和自信，其世界影响越来越大；为了使西方发达资本主义国家走出全球经济危机，更多的思想家又把目光不约而同地转向了马克思主义；一些发展中国家在寻找自己的发展方向时，也尝试着把社会主义作为选择的方案。

其次，当代资本主义的新变化，并不能否定社会主义代替资本主义的历史必然性，共产主义依然代表着人类未来的发展方向。客观地讲，从马克思主义创立之初直到今天，资本主义一直处于加速度变化发展之中，无论从经济生产能力、社会结构状况还是从国家治理方式、精神文化方面来考察，当代发达资本主义都发生了惊人的变化。如果不加理论分析单从表面现象看，就会轻而易举地得出结论，认为资本主义不仅没

---

① 《邓小平文选》第 3 卷，人民出版社，1993，第 383、382 页。

有灭亡，而且生命力非常充沛旺盛，根本不可能被社会主义代替。但是，只要进行冷静思考，就会发现一个诡异现象：当代资本主义确实发生了许多新变化，但它不是变得越来越像马克思所批判的资本主义了。这一现象说明了什么？说明了社会主义代替资本主义的历史必然性。这是对马克思的关于社会发展理论的证明，而不是证伪。

其实，马克思早在 1859 年就从历史发展的趋势方面揭开了这一诡异现象的秘密："无论哪一个社会形态，在它所能容纳的全部生产力发挥出来以前，是决不会灭亡的；而新的更高的生产关系，在它的物质存在条件在旧社会的胎胞里成熟以前，是决不会出现的。"[①] 人们的注意力时常集中在"决不会灭亡"和"决不会出现"这两个"决不会"上，而没有重视新社会"出现"的物质条件是"在旧社会的胎胞里成熟"起来的。也就是说，社会主义不是在空地上产生的，它的物质存在条件需要在资本主义旧社会中逐渐孕育产生，没有资本主义的充分发展，也就不会有社会主义产生的物质条件。资本主义越是发展变化，其胎胞里孕育的共产主义因素就越多，当然也就越像共产主义了，这没有什么值得奇怪的地方。当共产主义的新因素在资本主义旧社会的胎胞里完全成熟之时，资本主义也就不能容纳其自身所创造的全部生产力了，这时资本主义的灭亡和共产主义的胜利就不可避免地到来了。马克思如是说过："我们从来没有断言，为了达到这一目的，到处都应该采取同样的手段。……工人可能用和平手段达到自己的目的。"[②] 可见，暴力抑或和平，只是实现共产主义的手段而已。过去我们非常重视对马克思列宁主义关于暴力革命的研究与宣传，强调城市和农村武装起义，强调"枪杆子里面出政权"，而对于和平手段重视不够。如果我们真正以马克思主义的历史观来观察现实、对待当代资本主义的新变化，就会发现共产主义代替资本主义的过程从来就没有停止过，并且这个过程在今天正以加速度的方式在发达资本主义国家进行着。有了这样的认识，共产党人的理想信念就会有更加坚实的实践基石。

---

① 《马克思恩格斯文集》第 2 卷，人民出版社，2009，第 592 页。
② 《马克思恩格斯全集》第 18 卷，人民出版社，1964，第 179 页。

最后，中国特色社会主义是社会主义而不是其他什么主义，这是当代中国共产党人的共同理想和信念，决不能在这个问题上摇摆不定、含糊其词。马克思认为，在资本主义和共产主义之间有一个从前者到后者的革命转变时期，称过渡时期；过渡时期结束之后，人类就进入了共产主义；共产主义根据发展程度不同可以划分为两个阶段，即共产主义第一阶段、共产主义高级阶段。后来，列宁明确把马克思所讲的共产主义第一阶段称为社会主义，共产主义高级阶段称为共产主义。在对我国社会主义初级阶段定位时，邓小平指出，"社会主义本身是共产主义的初级阶段，而我们中国又处在社会主义的初级阶段"①。根据马克思对社会发展阶段的论述，"我国正处于并将长期处于社会主义初级阶段"这个判断表明：我国正处于共产主义第一阶段的初始阶段，在这个阶段，坚持和发展中国特色社会主义就是在实践共产主义理想。

当然，中国特色社会主义是在经济文化比较落后的基础上建立起来的，就其发展过程来讲，中国特色社会主义不同于马克思所讲的建立在资本主义充分发展基础上的共产主义；从生产力发展水平来讲，我国需要补上工业化、城市化、社会化的现代化课程之后，方能充分展示出社会主义的优越性。但是，补现代化的课，并不等于补资本主义的课，工业化、城市化、社会化是实现现代化必经的阶段，本身不具有社会性质，不能因为发达资本主义国家先发生和完成了这个任务，就说它是资本主义性质的，就说我们今天做这些事情是在走资本主义道路，更不能由此得出中国特色社会主义就是资本主义的荒谬结论。习近平总书记指出："中国特色社会主义，是科学社会主义理论逻辑和中国社会发展历史逻辑的辩证统一，是根植于中国大地、反映中国人民意愿、适应中国和时代发展进步要求的科学社会主义，是全面建成小康社会、加快推进社会主义现代化、实现中华民族伟大复兴的必由之路。"② 在当代中国，坚持和发展中国特色社会主义，就是真正坚持马克思主义，就是在向共产主义方向前进，就是在脚踏实地地推进人的全面而自由的发展。

---

① 《邓小平文选》第 3 卷，人民出版社，1993，第 252 页。
② 《习近平谈治国理政》，外文出版社，2014，第 21 页。

四 做有崇高理想、人格完美的共产党人

马克思在其中学毕业论文《青年在选择职业时的考虑》一文中写道："人类的天性本来就是这样的：人们只有为同时代人的完美、为他们的幸福而工作，才能使自己也达到完美。""如果我们选择了最能为人类福利而劳动的职业，那么，重担就不能把我们压倒，因为这是为大家而献身；那时我们所感到的就不是可怜的、有限的、自私的乐趣，我们的幸福将属于千百万人，我们的事业将默默地、但是永恒发挥作用地存在下去，而面对我们的骨灰，高尚的人们将洒下热泪。"① 马克思把做一个人格完美的人看作人的天性，当作青年职业选择的标准，而唯有为人类的幸福而献身才符合这个标准。马克思在青年时代是这样说的，其终生也是这样做的，他在为共产主义理想奋斗的生命历程中塑造了令人尊敬的、完美的人生。

"不忘初心，方得始终。"中国共产党以共产主义为初心而成立，在为中国人民谋幸福、为中华民族谋复兴的进程中发展壮大。习近平总书记在庆祝中国共产党成立 95 周年大会上就明确指出："中国共产党之所以叫共产党，就是因为从成立之日起我们党就把共产主义确立为远大理想。"② 追求共产主义是共产党员的天经地义。面对复杂多变的当今时代，面对我国繁重的改革发展稳定任务，每一位共产党员都必须坚定而清醒地牢记"姓马""姓共"的责任与使命，只有自觉地把个人的发展与祖国的发展、与一切人的发展共命运，才能在推进中国特色社会主义伟大事业中锻造高尚的人格，实现完美的人生。

首先，要弄清楚共产主义理想的标准和要求，并经常用这个标准来衡量自己的行为。共产党人主张的就是共产主义，如果丢了共产主义理想，就根本不配谈什么完美人格了。有人认为，在革命战争年代可以把

---

① 《马克思恩格斯全集》第 40 卷，人民出版社，1982，第 7 页。
② 习近平：《在庆祝中国共产党成立 95 周年大会上的讲话》，人民出版社，2016，第 10 页。

冲锋陷阵、宁死不屈作为衡量共产主义理想信念坚定与否的直接标准，但是，到了和平发展时期、改革开放年代，衡量标准就变得模糊不清了，甚至就没有了。其实，这个标准始终都存在，只是在不同时期表现形式不同而已。习近平总书记指出："衡量一名共产党员、一名领导干部是否具有共产主义远大理想，是有客观标准的，那就要看他能否坚持全心全意为人民服务的根本宗旨，能否吃苦在前、享受在后，能否勤奋工作、廉洁奉公，能否为理想而奋不顾身去拼搏、去奋斗、去献出自己的全部精力乃至生命。一切迷惘迟疑的观点，一切及时行乐的思想，一切贪图私利的行为，一切无所作为的作风，都是与此格格不入的。"① 要而言之，就是"忠诚、干净、担当"，无论在革命战争年代还是和平发展时期，这六个字都是衡量共产党员有无共产主义理想信念的标准。忠诚，就是对党绝对忠诚，既然在党旗面前信誓旦旦地许下承诺，加入了党组织，就不能自食其言，做出卖灵魂、背叛组织的事情。干净，就是要公私分明，入党为公，做事为民，在阳光下做事，做经得起人民和历史检验的事，相信"举头三尺有神明，不畏人知畏己知"，不以公权谋取个人私利和小圈子利益。担当，就是敢于"为天地立心，为生民立命"，"不唯上、不唯书、只唯实"，既然党和人民把权力赋予了自己，就不能无所作为、无所事事。权力也意味着责任，只要是对人民、对国家有利的事，看准了就大胆地去做、大胆地去试，树立积极开拓的改革精神和创新意识，绝不做"老好人""和事佬"这种对党和人民不负责任的"懒官、庸官"。"忠诚、干净、担当"这六个字，体现的实质就是"为人民服务"这一党的宗旨，也是衡量共产党员有无共产主义理想信念的标准。

其次，要清醒地认识到实现共产主义是一个长期的过程，共产党员要在这个过程中不断付出艰辛的努力。马克思恩格斯在《德意志意识形态》中指出："共产主义对我们来说不是应当确立的状况，不是现实应当与之相适应的理想。我们所称为共产主义的是那种消灭现存状况的现

---

① 《习近平谈治国理政》，外文出版社，2014，第23~24页。

实的运动。这个运动的条件是由现有的前提产生的。"① 马克思主义这一观点对于今天的中国共产党至少有两点现实的启示意义。第一，共产主义实现的时间需要用历史尺度来衡量，不能急于求成。共产主义是共产党人的奋斗目标，但认识到了这个目标并不等于马上就能达到这个目标，邓小平清醒地指出过，社会主义的巩固和完善还需要几代人、十几代人甚至几十代人的努力，而社会主义只是共产主义的初级阶段。因此，跑步进入共产主义的做法及共产主义在某个时间、某个地域很快就能建成的想法，都是不切实际的。马克思主义从来不是从一时一地的角度来认识共产主义的，共产主义的目标是解放全人类，离开历史的、全人类的视野，就会产生急躁冒进情绪，而这种情绪会把共产主义引入两个方向，要么神秘主义，要么悲观主义。第二，共产主义是现实的运动，在现实的运动中趋向于最高理想。共产主义理想变为现实需要生产力的普遍提高和与此相联系的社会交往的普遍扩大，而这些条件只能在现有的经济社会中产生和创造出来，共产党人的历史使命就是要立足现实，以坚强的毅力与阻碍历史进步的因素进行伟大的斗争，不断消灭那些使人被奴役、被污辱、被蔑视、被遗弃的各种关系，为每一个人全面而自由发展的共产主义理想的实现积累条件。中国共产党人以为人民服务为宗旨所做的一切，都是在为共产主义崇高理想的实现而奋斗，都是为共产主义而奋斗的现实表现。

最后，要以饱满热情投身到建设中国特色社会主义伟大事业之中。在当代中国，坚持和发展中国特色社会主义，就是在扎扎实实地为实现共产主义最高理想而奋斗。习近平总书记指出，"没有远大理想，不是合格的共产党员"②。革命理想高于天，在我们党九十多年的历史中，一代又一代共产党人为了追求民族独立和人民解放，不惜流血牺牲，靠的就是一种信仰，为的就是一个理想。我们不能因为实现共产主义理想是一个漫长的过程，就认为那是虚无缥缈的海市蜃楼，就不去做一个忠诚的共产党员。实现共产主义是我们共产党人的最高理想，而这个最高理

① 《马克思恩格斯文集》第 1 卷，人民出版社，2009，第 539 页。
② 《习近平谈治国理政》，外文出版社，2014，第 23 页。

想是需要一代又一代人接力奋斗的。如果大家都觉得这是看不见摸不着的东西，没有必要为之奋斗和牺牲，那共产主义就真的永远实现不了了。同样，离开现实工作而空谈远大理想，也不是合格的共产党员，人类的美好理想都不可能唾手可得，都离不开筚路蓝缕、手胼足胝的艰苦奋斗。中国共产党正是立足于中国的实际，一切从实际出发，坚持把马克思主义的普遍真理与中国革命、建设和改革开放的实际相结合，才取得了新民主主义革命的胜利、成立了新中国，才开辟了中国特色社会主义道路，才使中国如此接近世界舞台中心、如此接近中华民族伟大复兴的目标。今天，我们正处于中华民族伟大复兴的最有利时机，每一位共产党员都应该面向全面建成小康社会、全面深化改革、全面推进依法治国、全面从严治党的实际，以习近平新时代中国特色社会主义思想为精神武装，信心百倍地投入中国特色社会主义伟大事业之中，在建设伟大事业的实践中升华精彩的人生、塑造伟大的人格。

中国样本与 21 世纪马克思主义[*]

陈曙光

2008 年金融危机以来，中国与世界的关系发生了历史性的翻转，中国从世界体系边缘开始走向世界舞台中央，这是前所未有之大变局。时代的变迁、历史的洪流将中国推到了引领世界马克思主义发展的前沿位置。发展 21 世纪马克思主义，离不开中国，绕开了中国样本，21 世纪马克思主义只能游走于世界学术的边缘地带。

一　21 世纪马克思主义：中国学术走向世界的标志性事件

马克思主义诞生于 19 世纪中叶，诞生于资本主义心脏地带。"19 世纪马克思主义"如果作为一个学术概念提出来，那么，它的创立主体、体系内涵和空间定位都是非常清楚的，就是马克思恩格斯创立的经典马克思主义。20 世纪，马克思主义走出欧洲，在全世界开枝散叶，呈现一派繁荣景象。苏联马克思主义（列宁主义等）、中国马克思主义（毛泽东思想、中国特色社会主义理论体系等），以及形形色色的国家的马克思主义流派相继出场，但显然，它们中的任何一支都无法独享"20 世纪马克思主义"的荣光。21 世纪以来，伴随中国特色社会主义进入新

* 本文原载于《马克思主义研究》2018 年第 11 期，收入本书时有改动。

时代，中国率先提出了"21世纪马克思主义"①的科学概念，中国共产党人"在世界上高高举起了中国特色社会主义伟大旗帜"②的同时，高高擎起了"21世纪马克思主义"的思想旗帜。

"21世纪马克思主义"是一个具有明确内涵与外延的规范性概念，它不仅仅关乎时代，代表着一种面向未来的"时间意识"与"历史意识"，而且有其确定所指。这种确定性在于，21世纪马克思主义不是泛指播撒在世界每一个角落的马克思主义，而是特指中国走向世界舞台中央、中国特色社会主义进入新时代以来，发端和成长于中国的马克思主义，代表着中国学术的和引领世界的理论主张。可以说，21世纪中国的马克思主义是21世纪世界马克思主义的主流、主体和主干。

这里需要特别指出的是，21世纪马克思主义的创立和实践的主体定位于中国，绝不是要垄断马克思主义的未来发展，也不是要否定世界马克思主义"一源多流"的现实，更不是要剥夺其他国家发展马克思主义的权利。从"21世纪中国的马克思主义"到"21世纪马克思主义"概念的提出，其意义在于，它是中国走向世界舞台中央的理论符号，是中国学术走向和引领世界的历史性起点，是中国学术彻底摆脱学徒状态、形成"自我主张"③的标志性事件，也是东西方思想在长期非均势的较量中迎来新的平衡态的重要拐点。

---

① 2015年1月23日，习近平总书记在中共中央政治局第二十次集体学习时第一次明确提出"21世纪中国的马克思主义"这一概念。此后，在全国党校工作会议上的讲话、"5·17讲话"、"7·1讲话"以及中共中央政治局第四十三次集体学习中，习近平总书记都不再使用"21世纪中国的马克思主义"，而是代之以"21世纪马克思主义"这一概念，并且将"21世纪马克思主义"与"当代中国马克思主义"在同一意义上使用。

② 习近平：《决胜全面建成小康社会　夺取新时代中国特色社会主义伟大胜利——在中国共产党第十九次全国代表大会上的报告》，人民出版社，2017，第10页。

③ 学术发展往往经历一个从"学徒"状态到"自我主张"的过程。参见吴晓明《论中国学术的自我主张》，《学术月刊》2012年第7期。

二 21 世纪马克思主义的出场语境： 中国国际方位的新变化

历史向世界历史转变，是每一个民族国家都绕不开的历史宿命。在世界历史的舞台上，民族国家的历史方位往往是变动不居的，由此导致国家学术方位也始终处在变动之中。晚明直至 1840 年，中国由于奉行了相当长时期的闭关锁国的政策，与世界的交往只是零星的。这期间，中国一直在相对孤立的地缘政治环境中发展，中国与西方的关系是"我—他"的非对象性关系，尚未构成彼此的"对象性存在"。中国扮演着"国际机制的非参与国"① 的角色，中国历史表现为民族历史，或者说还只是世界历史之东方的组成部分。这时期，中国学术自成一统，落后于世界学术发展的新潮流，在历史形成的传统学术轨道上独自发展。中国的思想大家们囿于前现代的学术主题，基本上沉溺于小格局、经院式的文本解读，纠结于"六经注我"与"我注六经"之间，习惯于从自身的学术框架中提出问题，沉湎于东方的研究范式。1840 年，鸦片战争爆发，西方列强侵略的炮火轰开了大清国的国门，使中国封建性的自然经济逐步解体，也使中国沦为半殖民地半封建社会，从而也将中国推向了资本主义世界体系的边缘。从那时开始，中国才被迫进行世界性的交往，中国与世界才构成了彼此的"对象"，具有了对象性关系。也是从那时开始，中国历史才成为世界历史的有机构成部分。

中国将世界对象化的过程，也是世界将中国对象化的过程。中国和世界作为矛盾着的两个方面，其角色和方位是发展变化的。根据中国与世界关系的变迁，以及中国角色和方位的转换，我们可以将其划分为三个具体的阶段。

第一阶段，1840～1949 年，中国被迫走向世界，处于世界体系的边缘；中国的传统学术一步步迷失自我，沦为西方学术的"跑马场"；同时由于马克思列宁主义的传入，也产生了新民主主义的革命新文化。这一

---

① 门洪华：《国际机制与中国的战略选择》，《中国社会科学》2001 年第 2 期。

阶段是中国被动走向世界的过程。鸦片战争将中国强行置入资本主义世界体系，中国成为国际体系的被动参与者。中国与西方的关系是主客体关系，是"我—你"的对象性关系，西方为主，中国为客，西方主导，中国服从，由此激起了新文化的启蒙和民族觉醒。西方按照自己的形象、依靠自己的观念来塑造中国，使中国旧文化成为西方的某一个"他者"；但是，这也促进了中国革命思想、革命文化和革命传统的形成。

在这一阶段，由于西方成功崛起的优势地位，以及西方建立的世界霸权，中国统治集团在思想理论上失去了主心骨，在文化主张上失去了定力，在发展道路上失去了选择的空间，不知道何去何从，只能扮演跟随者、模仿者的角色。其前期，中国走向世界实质上是"单向度"的西方化，只能依附和从属西方，缺乏自主选择的空间和机会。西方列强通过炮舰开路，圈定势力范围，迫使中国设立租界，开放通商口岸，割让领土，让渡主权。西方列强侵入东方文明国家，完全是单方面的行动，但却是具有世界历史意义的行动——西方列强以野蛮的方式开路，展现的却是现代文明的前景。因为大炮一方面破坏了宁静、和平的古老国家，破坏了皇帝的权威，但另一方面却"迫使天朝帝国与地上的世界接触"①，迫使东方古国并入资本主义世界体系，成为全球化链条上的一环。

当封建中国开始解体时，对于中国如何建构，人们没有主张，只能按照西方方案来改造中国。在此情境下，古典中国的图像渐次模糊，现代中国又不知在何处安放。剩下的问题仅仅在于，中国究竟应该在多大程度上西方化。当时大致有两种主张。一是"中体西用"，"师夷长技以制夷"，意在保留"中国魂"的前提下以西学之术塑造外在的中国，使中国看起来像西方。这套主张以北洋水师全军覆灭宣告失败。没有"道"的变革，"器"是无关紧要的。二是"全盘西化"，即深度西方化，抛弃古典中国的一切方面，全盘照搬西方的发展方案、制度框架和价值体系，以西学为体改造中国，使中国不仅从外在看起来像西方，而且内在的灵魂深处也完全西方化。这套主张以袁世凯称帝、张勋复辟宣告破

---

① 《马克思恩格斯选集》第 1 卷，人民出版社，2012，第 780 页。

产。没有一场改造国民性的文化变革和启蒙，不可能推动中国社会的真正进步。这一时期，由于缺乏独立性和自主性，"依附西方"就是不可避免的结局。尽管辛亥革命推翻了帝制，建立了名义是共和制的"中华民国"，但是并未摆脱半殖民地半封建社会的落后面貌，反而由于国民党反动派背叛孙中山的三民主义，中国积贫积弱的程度变得更深。这时期，中国学术存在严重的思想赤字，国外的各种思想、流派、主义潮水般地涌入中国，中国成为西方学术主张的试验地，中国学术在光怪陆离的学术幻象中一步步迷失自我，忘记了本来，丢失了未来。这时期，马克思主义传入中国，并成功实现中国化，使中国人民在毛泽东思想的指引下，推翻了三座大山，开天辟地，建立了新中国，使晦暗的中国学术舞台上升起了无产阶级革命思想的亮光。

第二阶段，1949~2008 年，走上了社会主义道路的中国自主融入世界，中国学术逐渐形成自我主张，但中国学术的世界历史向度尚未全方位开启，中国社会主义文化在国际无产阶级的思想界是革命思想亮色，但是在整个世界文化中依然处于世界学术舞台的边缘地带。这一阶段是中国自主融入世界的过程。这时期的中国是一个独立自主的社会主义大国，在思想理论上有马克思主义的"主心骨"，在发展道路上有强大的定力，在文化选择上有自己的坚守，而不至于在世界化的过程中忘记了"我是谁"、在与"他者"的互动中丢失了自己、在吸收外来的途中忘记了本来。

前三十年（1949~1978）是中国局部融入世界的时期。新中国成立到改革开放前，由于西方世界对新中国奉行经济封锁和政治孤立的政策，中国与西方世界泾渭分明，彼此对立，是相互外在的关系。中国置身于西方体系之外，但并没有置身于世界之外，中国自主融入以苏联为首的社会主义阵营。新中国成立前夕，毛泽东提出"另起炉灶"、"打扫干净屋子再请客"和"一边倒"的外交方针，彻底结束了旧中国依附西方的历史，结束了中国人民"为奴隶，为牛马，为犬羊，听人驱使，听人宰割"① 的历史。后三十年（1978~2008）是中国全方位融入世界的时期。

---

① 转引自《复兴之路》（上），中国民主法制出版社，2008，第 308 页。

改革开放以来，中国主动跨越"楚河汉界"，逐步形成全方位开放格局，主动与包括西方在内的整个世界对接，承接西方的产业转移，吸收西方的资金、技术、人才和先进管理经验，深度融入西方国家主导的世界体系，全面参与西方大国主导的全球化进程。特别是2001年加入世界贸易组织以来，中国融入世界的步伐空前提速，迎来了发展的黄金期，从万亿（美元计）级经济体量跃升为十万亿级经济体量，中国与西方之间倾斜的实力天平发生变动，呈现出有利于我方的趋势。

不管是前三十年向社会主义阵营和发展中国家开放，还是后三十年向全世界开放，"自主"始终是中国的第一原则。我们不依附于任何国家和集团，能够根据自己的判断决定自己的事情、参与国际事务，能够自主决定融入世界的深度和范围。习近平总书记指出："任何外国不要指望我们会拿自己的核心利益做交易，不要指望我们会吞下损害我国主权、安全、发展利益的苦果。"① 中国是一个大国，什么时候开放，开放到什么程度，哪些领域先开放，哪些领域后开放，哪些领域一步到位，哪些领域慢慢开放，哪些方面与世界接轨，哪些方面必须坚守中国特色，我们有主张、有原则、有定力、有节奏，没有犯颠覆性的错误。这时期，中国学术开始形成自己的独立主张，但尚未建构起能够唱响世界的中国学派。中国学术在总体上依然行走于世界学术舞台的边缘地带，无法有效参与世界全局性问题的筹划与讨论，无力为解决人类面临的发展赤字、治理赤字、和平赤字提供中国方案。

第三阶段，2008年特别是2016年以来，中国从世界体系边缘开始走向世界舞台中央，中国学术开始在世界舞台中央绽放，为人类面临的共同难题提供中国方案。2008年以来，中国从跟随经济全球化转向促进经济全球化，从融入经济全球化转向引领经济全球化，从输入型现代化转向辐射型现代化，中国国际方位发生了历史性翻转，这是前所未有之大变局。中国与西方世界不再是单向度的从属关系，第一次升级为"我们"的关系，这是主体间的关系，是相互影响、相互塑造的双向互动关系。

---

① 《习近平谈治国理政》，外文出版社，2014，第249页。

中国与世界关系的翻转始于 2008 年美国金融危机，中国在缺乏足够心理预期、理论准备的情况下被推到了"负责任大国"的前台位置上，扮演起全球经济发动机的角色。受美国金融危机和欧洲债务危机的双重影响，西方世界保守主义、民粹主义、孤立主义抬头，各类区域性的贸易投资协定碎片化，美欧的移民政策、边境政策、投资政策、产业政策、财税政策、金融监管政策等朝着去全球化方向发展，全球化运动第一次走到了十字路口，何去何从考验着中国智慧。西方某些大国的逆全球化运动将中国推上了全球化旗手的位置。习近平总书记指出："20 年前甚至 15 年前，经济全球化的主要推手是美国等西方国家，今天反而是我们被认为是世界上推动贸易和投资自由化便利化的最大旗手，积极主动同西方国家形形色色的保护主义作斗争。"① 美国学者罗斯·特里尔也认为，"历史发生了转折。两个世纪来，影响力总是指向一个方向：西方对中国施加影响。但是，一个新的时代开始了：中国也开始影响西方"②。

经济全球化无法选择、无从抗拒，也无法逆转。经济全球化是生产力发展的客观要求和科技进步的必然结果，是民族历史向世界历史转化的基本样态，是历史发展的必然趋势，是人类通往未来理想社会的必经之路。2016 年 8 月 17 日，习近平在推进"一带一路"建设工作座谈会上的讲话指出，中国"欢迎各方搭乘中国发展的'快车'、'便车'"③。习近平主席 2017 年 1 月出席达沃斯论坛时向全世界公开宣示，"中国的大门对世界始终是打开的，不会关上"，中国"旗帜鲜明反对保护主义"④。从这时开始，中国从跟随经济全球化转向了引领经济全球化，世界秩序重建第一次赋予了中国话语权，这是前所未有之大变局。

中国引领的经济全球化是一场以造就国际合作、世界共赢、全球正义为目标的社会运动，是与工业化时期的资本主义世界化有完全不同的性质和目标的新型全球化。它的发展方向是消解而不是延续西方少数大

---

① 《习近平谈治国理政》第 2 卷，外文出版社，2017，第 212 页。
② 《罗斯·特里尔：我与中国》，《文汇读书周报》2010 年 9 月 3 日。
③ 《习近平谈治国理政》第 2 卷，外文出版社，2017，第 504 页。
④ 《习近平谈治国理政》第 2 卷，外文出版社，2017，第 486、481 页。

国主导的全球化，是要打破而不是固化依附型的"中心—边缘"结构，是终结而不是捍卫西方世界的霸权秩序，是要在去中心化的追求中建构起一个更加多样化的世界。新型全球化是全球化运动中一个较高级的阶段，旨在对资本主义全球化的超越，"资本主义全球化是全球化的一种历史形式，而不是唯一可能的可行形式"①。今天，我们正处于人类变革的高级阶段——"国际化进程发展成了当代的全球化"②。这是中国参与推动的全球化。

今天，中国国际方位的变迁决定了中国马克思主义应该有新的作为，21世纪马克思主义的理论目光应当与中国的国际方位、大国责任相一致，应当在立足中国的基础上关怀世界，应当为世界的进步，为解决全球发展赤字、治理赤字、和平赤字提供中国方案，这是21世纪马克思主义出场的宏观背景。

三 21世纪马克思主义的首要任务：解码中国样本

马克思主义自诞生以来，走过了三个世纪。每个世纪，马克思主义的中心地带不同，分析的基础样本不同，解决的时代课题不同，因而马克思主义的呈现样态也不同。19世纪，欧洲工业文明进入上升期，现代化进入加速期，欧洲自然成为哲学社会科学关注的中心地带。在欧洲，英国率先完成了工业化的任务，成就了霸业，英国自然成了马克思恩格斯研究的基础样本。在英国，伦敦又处于心脏地带，这里理所当然成了马克思主义的诞生地，也成为19世纪马克思主义研究的中心。这一时期，马克思主义解决的时代课题是如何认识资本主义，如何终结资本主义，什么是共产主义，以及如何实现共产主义的问题。经典马克思主义是这一时期的理论形态。20世纪，十月革命的胜利是世界历史大事件，以苏联为首的社会主义阵营的出现成为当时震撼全球的世界现象，

① 莱斯利·斯克莱尔：《资本主义全球化及其替代方案》，梁光严等译，社会科学文献出版社，2012，第5页。

② 特奥托尼奥·多斯桑托斯：《新自由主义的兴衰》，郝名玮译，社会科学文献出版社，2012，第212页。

苏联自然成为马克思主义研究聚焦的基础样本，也成为 20 世纪马克思主义创新发展的中心。这一时期，马克思主义解决的时代课题是在经济文化落后的东方国家是否可以进行社会主义革命，如何进行社会主义革命，如何建设社会主义的问题，马克思主义的呈现形态主要表现为列宁主义。中国马克思主义在 20 世纪也取得了丰硕的成果，但客观地说，不管是毛泽东思想还是中国特色社会主义理论体系，首先聚焦和解决的都是中国问题，首要的贡献都在中国，相对于马克思列宁主义的世界历史意义来说，还称不上一种普遍性的世界理论。21 世纪最为重要的世界历史事件发生在哪里，哪里就是马克思主义最钟情的研究样本。21 世纪，中国上升为世界马克思主义聚焦的首要样本，马克思主义的中心转移到中国，有其历史的必然性。

伟大的理论背后总是有一个伟大的实践样本。进入 21 世纪以来，中国与世界的关系已经发生历史性的翻转，中国与美国已经进入时空切换周期，中国代表的时代趋势正在缓缓开启，中国从融入世界经济交往体系转向推动全球治理体系变革，这是前所未有之大变局。中国的历史性实践必将成为滋养整个哲学社会科学的丰腴沃土。习近平总书记指出："当代中国正经历着我国历史上最为广泛而深刻的社会变革，也正在进行着人类历史上最为宏大而独特的实践创新。这种前无古人的伟大实践，必将给理论创造、学术繁荣提供强大动力和广阔空间。"[1] 因此，展望未来，随着世界经济中心的逐渐东移，世界文化中心特别是马克思主义的中心也将东移，中国将成为 21 世纪马克思主义的中心，中国故事将成为 21 世纪马克思主义分析的基础样本，这是由中国的国际方位、大国责任以及历史使命决定的，这是不以人们的主观喜好为转移的客观事实。21 世纪马克思主义的首要任务是"解码中国"。中国崛起对于世界来说依然是一个未解之"谜"。中国崛起是 21 世纪最为重要的世界历史事件，中国道路是人类历史上最伟大的实践成果之一，但我们的理论创造尚不能有效总结中国的经验，我们尚未生产出与中国实践成果相

---

[1]　习近平：《在哲学社会科学工作座谈会上的讲话》，人民出版社，2016，第 8 页。

匹配的系统理论成果。当代中国的历史性实践构成了发展 21 世纪马克思主义的源头活水，解码中国就成了 21 世纪马克思主义的首要任务。绕开中国样本，21 世纪马克思主义就只能游走于世界学术的边缘地带，而难以上升为世界历史性的理论，难以参与世界历史的理性升华。

21 世纪马克思主义，从根本上说，是由实践建构起来的，而不是由概念建构起来的。21 世纪马克思主义的逻辑起点是"中国问题"，研究的主要对象是"中国样本"，中国故事、中国奇迹构成了 21 世纪马克思主义最深刻的基础、最有力的根据。"21 世纪马克思主义"的诸多概念及理论本身都是历史的产物，正是我们"运用这些概念所分析的那个历史，实质上发明创造了这些概念"①，而不是相反。

解码中国样本，关键是捕捉"中国样本"的特殊性。中国的历史性实践是超大人口规模参与的，是在陆地面积 960 万平方公里的大国中展开的，是在拥有 5000 年文明的古老国度中进行的，是以马列主义、毛泽东思想为理论前提，在中国特色社会主义制度框架中展开的，有别于西方的制度架构、政治体制、发展模式和观念体系，有别于西式现代化道路和经典现代性逻辑，有别于资本主义与市场经济天然契合的观念逻辑，这在当代世界是独一无二的，也是前无古人的历史性事件。中国模式本身无论在何种意义上都是一个世界级的样本，它与以英美为代表的盎格鲁-撒克逊模式、以德国为代表的莱茵模式、以苏联为代表的传统社会主义模式，都有很大不同。

"中国"是世界级的样本，中国问题是世界级的难题，通过解码中国所作出的理论创造——21 世纪马克思主义必定是世界级的成果，21 世纪马克思主义的出场也必定是世界级的贡献。具体来说，由于中国现实国情、文化传统和历史命运的特殊性，中国面临的改革发展问题、资源环境问题、贫富差距问题、政治腐败问题、民主政治问题、伦理道德问题、教育医疗问题等，每一项都是世界级的重大课题，解

---

① 皮埃尔·布迪厄、华康德：《实践与反思》，李猛、李康译，中央编译出版社，1998，第 131 页。

决任何一项课题都没有现成的经验，更不存在预先为中国量身打造的理论方案，因而破解这些课题本身就具有世界性的示范意义。以经济学为例，进入 21 世纪，中国毫无疑问已经成为世界上最为重要的经济体之一，发生在中国的经济现象无疑将是世界上最值得关注的经济景观，解释这道景观的理论无疑将成为令全球瞩目的经济理论，破解中国经济奥秘的成果也将是世界级的成果。可以预见，中国特色社会主义政治经济学将成为 21 世纪马克思主义的重要内容。习近平总书记指出："这是一个需要理论而且一定能够产生理论的时代，这是一个需要思想而且一定能够产生思想的时代。"① 当代中国正在进行的伟大实践，必将成为滋养 21 世纪马克思主义的深厚沃土，必将为发展繁荣 21 世纪马克思主义提供广阔空间，从而推动世界社会主义运动的发展和进步。

四 21 世纪马克思主义的本质内涵：
现代性的中国版本

中国道路是马克思主义"改造中国"的最重要成果。中国道路的成功代表了一种新现代性的出场，21 世纪马克思主义正是从本质论的高度揭示中国道路背后现代性秘密的学说。

21 世纪马克思主义的科学内涵，从本质上来说，就是要超越西方的启蒙现代性、经典现代性、后现代性以及"反思的现代性"话语，在解码中国样本的基础上，运用马克思主义的立场、观点和方法，来书写现代性的中国版本；在规避"现代性之痛"的基础上，实现现代性的救赎；在摆脱西方话语路径依赖的条件下，形成原创性的中国现代性话语。现代化是由西方率先发起的，现代性是由西方首先书写的。西方享受了现代化运动的巨大成果，但同时也承受了现代化无序发展的后果；西方书写了现代性的经典版本，但同时也遭遇了"现代性之殇"。现代性是

---

① 习近平：《在哲学社会科学工作座谈会上的讲话》，人民出版社，2016，第8页。

"一项未完成的设计"①。西方现代性的失势，标志着新现代性的出场。中国自 1840 年就开始探寻现代化道路，区别仅仅在于通过何种方式、谁来领导、选择何种路径实现现代化。实践证明，资本主义现代化道路不适合中国的国情，中国特色社会主义是实现社会主义现代化的必由之路。当代中国正在走向"更现代"的未来，我们不能放弃现代性，而是要反思现代性，拯救现代性，立足中国本土，造就具有中国特色的、社会主义性质的现代性社会，重建中国式的新现代性。

中国自主开辟的现代化道路，是完全不同于人类过往实践的伟大创举。今天的中国正自信地向世界提供"另一种现代性"版本。习近平总书记指出："当代中国的伟大社会变革，不是简单延续我国历史文化的母版，不是简单套用马克思主义经典作家设想的模板，不是其他国家社会主义实践的再版，也不是国外现代化发展的翻版，不可能找到现成的教科书。"② 这条中国式的现代性之路，第一次摆脱了资本主宰劳动的历史逻辑，第一次摆脱了西方的制度框架、政治模式和文明体系，第一次摆脱了殖民、扩张、掠夺的发展逻辑，第一次摆脱了依附发展、梯度进化的历史宿命，第一次抛弃了零和博弈、"我赢你输"的丛林法则，第一次通过"走自己的路"实现了从世界边缘到中心的华丽转身，第一次在吸纳西方经典现代性的精华之后开启了更为壮丽的现代化之路。21 世纪马克思主义只能通过解答中国的现代化实践问题而出场。

中国新现代性肇始于新文化运动，在共产党主导的以发展改革为主题、以社会主义为性质定向的现代化运动中逐渐生成，在以实现社会主义现代化和中华民族伟大复兴为目标的历史性实践中走向成熟。中国新现代性，源于马克思主义的价值立场，源于社会主义的价值追求，源于中国传统文化的优质基因，源于对西式现代性的积极扬弃，归根结底，

---

① 于尔根·哈贝马斯：《现代性的哲学话语》，曹卫东等译，译林出版社，2004，"作者前言"第 1 页。

② 习近平：《在哲学社会科学工作座谈会上的讲话》，人民出版社，2016，第 21 页。

源于当代中国的历史性实践和前现代、现代、后现代共时性在场的历史语境，正是多重因素合力孕育了中国特色的新现代性。中国共产党的领导是中国新现代性的首要特征，中国现代工业文明是中国新现代性的物质内容，中国特色的社会制度体系是中国新现代性的社会形式，中国道路是中国新现代性的实践成果，中国化马克思主义是中国新现代性的理论居所。21 世纪马克思主义的出场代表着这种新现代性日渐成熟，正在发展为比肩乃至超越西方现代性的人类新文明。

中国的新现代性是辩证的，它有须臾不可分开的两面，每一面都不能离开另外一面而单独存在。西式现代性之误在于，彰显一面而忽略了另外一面。我们无意全盘抛弃西式现代性的一切方面，但将竭力避开西式现代性的负面效应，开辟更为壮丽的现代性前景。在这里，现代性之"两面都很好地、协调地依附在同一实体之上"[1]。比如，个性与共性互为补充，边缘与中心相互包容，物质丰富与精神富足正向匹配，感性幸福与道德信仰相互支撑，科学精神与人文精神共同成长，工具理性与价值理性相得益彰，个体价值与整体价值相互尊重，人与自然和谐共生。在这里，经济增长中心论升级为强调社会全面进步，工业化升级为新型工业化，市场化升级为市场决定与政府作用兼顾，程序民主化升级为社会主义政治文明，个人自由升级为人的全面而自由发展，市民社会原子化升级为社会主义和谐社会，城市化升级为统筹城乡发展，国际化升级为统筹国际国内两个市场，单线发展观升级为整体发展观，效率优先升级为兼顾公平与效率，人类中心主义升级为环境友好型社会，等等。概而言之，中国新现代性，凝结为中国道路背后的哲学逻辑和哲学原则，外化为中国特色社会主义道路、理论体系、制度和文化，具体化为党的基本理论、基本路线、基本方略。21 世纪马克思主义，作为现代性的中国版本的灵魂，为人类的未来发展开辟了新的愿景，为广大发展中国家走好现代化道路提供了理论借鉴，为非西方国家摆脱"西方中心论"的牵引注入了信心和底气。

---

[1] 齐格蒙·鲍曼：《现代性与大屠杀》，杨渝东、史建华译，译林出版社，2002，第 10 页。

五 21世纪马克思主义的双重使命：
改变中国与改变世界

21世纪中国与世界关系的翻转，在改变全球经济地理、政治地理、人文地理的同时，也在改变着世界马克思主义的宏观语境。历史的洪流将中国推到了引领世界马克思主义发展创新的前沿位置。推进发展21世纪马克思主义，中国是最合适的承担者。

我们知道，20世纪中国马克思主义（包括从马克思列宁主义中发展出来的毛泽东思想和中国特色社会主义理论体系）主要还是"单向度"的理论，我们的理论角色主要停留在"马克思主义中国化"，即侧重于"中国向度"，研究对象为"中国一域"，重点发掘"中国特色"，主要目的是解决"中国问题"，注重以马克思列宁主义来改造中国。比如，毛泽东思想主要解决民族独立和人民解放的问题，从社会形态变革、制度变革的角度改造中国；中国特色社会主义理论体系主要解决国家富强和人民富裕的问题，从社会发展、制度变革和体制转型的角度改造中国。不管是毛泽东思想，还是中国特色社会主义理论体系，"改变世界"都是其尚未实质性开启的意义维度。到了21世纪，鉴于中国崛起的历史事实和中国样本的传奇性，21世纪马克思主义的理论目光理应聚焦中国，体现"中国向度"；同时，鉴于中国的国际方位、大国责任和历史使命，21世纪马克思主义又必须同时开启"世界向度"——这是21世纪马克思主义最大的特殊性。

21世纪马克思主义具有明显的"双重向度"特征，承载着双重理论使命。21世纪马克思主义的"双重向度"，在理论视野上体现为"中国向度"和"世界向度"的统一，在建构逻辑上体现为"马克思主义中国化"与"马克思主义世界化"的统一，在理论使命上体现为中国人民的实践与世界人民的实践、"改变中国"与"改变世界"的统一。也就是说，21世纪马克思主义针对的不仅是中国这一极，还是世界的全域，我们的理论角色要适应"中国走向世界"这一宏观历史语境。具体来说，21世纪马克思主义既要着眼于中国问题，也要观照人类面临的共同难题；既要指引中国的现代化进程，也要引领世界的发展方向；既要坚守中国立场，也要具有"人类命运共同体"观念；既要代表中国最广大人民的根本利益，也要为增进世界人民的共同福祉贡献中国力量；既要推进国家治理体系和治理能力现代化，也要为完善全球治理提供中国主张；既要为中国的制度成熟和制度定型搞好顶层设计，也要为人类探索更美好的社会制度提供中国方案；既要创造中国文明的新形态，也要为建构人类新文明提供中国价值。60 多年前，毛泽东认为"中国应当对于人类有较大的贡献"①。可以说，21 世纪马克思主义正是中国对于人类文明的重大贡献。

与"双重使命"相呼应，21 世纪马克思主义承载着"双重意义"，即"民族意义"与"世界意义"。20 世纪，中国在世界的边缘奋争，这一时期，主要把握的是世界对于中国的意义，而非中国对于世界的意义。比如，20 世纪上半叶中国的新民主主义革命，主要特点是世界民主革命的普遍规律向中国特色的转化，形成了中国特色的民主革命道路和新民主主义理论；20 世纪下半叶中国的社会主义建设和改革，主要特点是世界现代化建设的普遍规律向中国特色的转化，形成了中国特色的社会主义现代化道路和理论体系。进入新时代，中国与世界的方位发生了历史性的翻转，中国主动走向世界，全方位地参与世界秩序的理性建构，参与人类共同性问题的解决，作为世界经济发动机推动全球经济的发展。这一时期，中国的问题与世界的问题纠缠在一起，中国的发展与世界的发展高度关联。21 世纪马克思主义的主要特点是将中国问题、中国视阈、中国话语与世界问题、世界视阈、世界话语有效对接，将民族复兴的伟大梦想与世界各国人民的共同梦想有效联通，充分释放中国理论的世界历史意义，最终实现中国人民与世界人民的团结奋斗，实现"改变中国"与"改变世界"的统一。基于 21 世纪马克思主义具有的双重向度、双重逻辑、双重使命、双重意义，它应该被看作马克思主义发展史上的重大历史事件，看作中国马克思主义与世界各国马克思主义实现对接和统一的又一个重要里程碑。

---

① 《毛泽东文集》第 7 卷，人民出版社，1999，第 157 页。

如今，21 世纪的历史序幕刚刚拉开，中国特色社会主义新时代已经开启，但世界范围内的"新时代"尚处在喷薄而出的黎明之际，还是一场尚未完全展开的历史运动。21 世纪马克思主义注定还是一项未完成的事业，远没有成熟和定型，未来的发展具有无限的可能性。21 世纪马克思主义是一个理论整体，将经历若干发展阶段，每一阶段都将诞生反映其阶段性特征的理论成果。党的十八大以来，我们党的理论创新成果——习近平新时代中国特色社会主义思想，不仅是当代中国的马克思主义，也是 21 世纪马克思主义的第一个标志性成果。绕开中国样本的 21 世纪马克思主义是空洞的，缺乏世界向度的 21 世纪马克思主义是狭隘的。

第二编　以人民为中心

以人民为中心的唯物史观基础*

牛先锋

党的十八大以来，以习近平同志为核心的党中央，立足于坚持和发展新时代中国特色社会主义的实际，强调在实现中华民族伟大复兴的新征程中，要始终坚持人民是历史的创造者，尊重人民的历史主体地位，紧紧依靠人民创造历史伟业，逐步形成了以人民为中心的治国理政的根本理念。以人民为中心，是习近平新时代中国特色社会主义思想的基本内容，是党的群众路线的根本要求，是党的全心全意为人民服务的根本宗旨在新时代条件下的创新表达。从唯物史观高度探讨以人民为中心的思想来源和理论依据，对于理论上的清醒和认同、实践中的自觉和坚持，有重要的现实意义。

一 以人民为中心是对"人们自己创造
自己历史"思想的坚持

唯物史观认为，现实的人及其活动是社会历史存在和发展的前提。但是，现实的人并不是以抽象的、离群索居的、虚幻的方式而存在，实践活动使个体的人始终处于一定的社会联系中。就其现实性来说，人是社会关系的总和，正是处于社会联系中的单个的个体形成了集体意义上的人民群众。"人类史同自然史的区别在于，人类史是我们自己创造的，而自然史不是我们自己创造的。"① 人民群众绵延不绝的实践活动，构成

---

* 本文原载于《探求》2019年第4期，收入本书时有改动。
① 《马克思恩格斯文集》第5卷，人民出版社，2009，第429页。

人类社会的全部历史。在整个人类历史进程中，人民群众是历史活动的主体，他们以自己的能动性在创造自己生活的同时也创造着历史，形成了灿烂的物质文明和精神文明，推动社会由低级向高级不断发展。

（一）人民群众是物质文明的创造者

人民群众创造历史的活动，是从物质资料的生产开始的。"人们为了能够'创造历史'，必须能够生活。但是为了生活，首先就需要吃喝住穿以及其他一些东西。因此第一个历史活动就是生产满足这些需要的资料，即生产物质生活本身，而且，这是人们从几千年前直到今天单是为了维持生活就必须每日每时从事的历史活动，是一切历史的基本条件。"[①] 唯物史观从人的生命存续出发，客观揭示了人民群众创造历史的内涵。第一，物质资料的生产是人的生命存在和种的延续的第一个前提，也是人类历史发展进步的基础。第二，物质生产活动，直接生产出自身生存和发展的必需品，同时也创造了石器、青铜制品、铁器、蒸汽机等生产工具，创造了更为丰富的劳动对象，从而使社会生产力不断提升，物质文明发展持续走向辉煌。第三，物质资料是历史发展的最深厚基础，没有生产力的发展和物质财富的丰富，不仅不会有古代耸立的金字塔、辉煌的宫殿、雄伟的万里长城，更不会有今天的高速火车、航天飞船、人工智能。第四，物质资料生产促进了分工协作的发展，分工协作中相互联系的个体形成了人民群众，物质资料的生产是人民群众共同进行的。因此，人自身的发展，进而全部人类历史，都是建立在人民所创造的物质文明基础之上的，离开了这个基础，也就没有了人类、没有了人类历史。

（二）人民群众是精神文明的创造者

创造物质财富与创造精神财富是一个过程的两个方面，不可分割地统一于人民群众的实践活动之中。从物质财富创造的角度来看，人民生产出了粮食，修建了雕梁画栋的宫殿，发明了蒸汽机、火车、飞机、计

[①] 《马克思恩格斯文集》第 1 卷，人民出版社，2009，第 531 页。

算机等；从精神财富创造的角度来看，生产衣食住行这些物质财富的同时也发展出了农牧学、艺术、物理学、数学、化学等科学。从这个视角来看，精神财富的创造，离不开物质财富的创造，每一件物质产品也都是精神产品，是精神创造活动的物质凝结。

物质财富创造与精神财富创造的相融合，决定了物质财富创造者与精神财富创造者统一于一体。在劳动分工还不充分的时期，物质财富的创造者本身也是精神财富的创造者。许多从事物质生产的劳动群众在总结生产经验的基础上，成为富有才学的农学家、药学家、工程师、艺术家等。随着生产力的发展，脑力劳动与体力劳动逐渐分离，当脑力劳动成为一些人员专司的职业时，精神财富的生产似乎成了脑力劳动者的专利，知识分子成了系统的精神产品的创造者，像作家、艺术家以及各种各样的专家、科学家，他们似乎不从事物质资料的生产，而专司精神产品的创造。但是，毫无疑问他们创作的文艺作品、表演的声乐舞蹈、写出的专业著作、申请的专利技术等，没有一样不是源于人民物质生产实践，无一不是对人民物质生产实践的经验总结。丰富的物质生产活动是精神产品创造的源泉，正如马克思所讲的："沃康松、阿克莱、瓦特等人的发明之所以能够实现，只是因为这些发明家找到了相当数量的、在工场手工业时期就已准备好了的熟练的机械工人。"①

在科学技术成为第一生产力，知识对社会贡献越来越大，创新成为社会发展重要推动力的时代，在人民群众物质生活得到保障而文化生活日益增进的社会主义现代化强国建设过程中，我们既要承认脑力劳动者在创造精神财富方面的巨大作用，同时也必须承认体力劳动者所直接创造的物质财富、所提供的实践经验对脑力劳动者生活和创造精神财富的基础作用，树立起包括知识分子在内的脑力劳动者和体力劳动者都属于人民群众范畴的正确观念。

（三）人民群众是推动社会变革的决定力量

唯心史观颠倒历史与人民的关系，认为历史是有独立生命的主体，

---

① 《马克思恩格斯文集》第 5 卷，人民出版社，2009，第 439 页。

而人只是实现历史目的的手段。马克思恩格斯批驳道："历史什么事情也没有做，它'不拥有任何惊人的丰富性'，它'没有进行任何战斗'！其实，正是人，现实的、活生生的人在创造这一切，拥有这一切并且进行战斗。并不是'历史'把人当做手段来达到自己——仿佛历史是一个独具魅力的人——的目的。历史不过是追求着自己目的的人的活动而已。"① 生产力与生产关系、经济基础与上层建筑的矛盾运动推动着社会向前发展，这是社会发展的客观规律。但是，社会基本矛盾的解决并不是一个自然的过程，人民群众在其中发挥着能动性的作用。

人民群众本身就是社会生产力中起决定作用的因素，人民群众的劳动经验、技能、科技素质和对生产的态度，直接影响着生产力的发展水平。劳动工具、劳动对象也只有与劳动者相结合才有真正的生产实践，才能创造出丰裕的物质财富，并在生产过程中使劳动工具进一步改进、劳动对象进一步扩展、劳动协作进一步完善，不断促进社会生产力的提高。同时，生产关系本身就是生产中人与人之间形成的关系，它的变革同样不是自发实现的，采取什么样的所有制形式，生产中人们处于什么样的地位，怎么样分配生产成果，这些基本问题的解决没有一个能离开人民群众的能动作用。在上层建筑的变革及社会形态的更替过程中，人民更是革命的主力军，正是他们的革命斗争为社会变革开辟了道路，为旧社会的灭亡和新社会的建立提供了直接的力量。正如毛泽东在党的七大上总结的："人民，只有人民，才是创造世界历史的动力。"②

（四）人民群众是谱写新时代中国特色社会主义新篇章的根本力量

改革开放40余年来，中国经济总量已经稳居世界第二，人民群众的物质文化生活水平也有了显著的提高，这是人民群众积极性、创造性作用充分发挥的结果。今天，我国全面深化改革正处于攻坚期、深水区，

---

① 《马克思恩格斯文集》第1卷，人民出版社，2009，第295页。
② 《毛泽东选集》第3卷，人民出版社，1991，第1031页。

要克服体制机制的障碍，打破利益固化的樊篱，要解决发展不平衡不充分问题，实现高质量发展，如果没有人民群众的广泛而积极的参与是不可能完成的。

历史发展是合力作用的结果，尽管最后出现的结果"是谁都没有希望过的事物"，"然而从这一事实中决不应作出结论说，这些意志等于零。相反，每个意志都对合力有所贡献，因而是包括在这个合力里面的"①。历史是人民群众集体意志作用的结果，绝不能否定人民群众历史创造者的地位。党的十九大报告指出："人民是历史的创造者，是决定党和国家前途命运的根本力量。"② 这是对唯物史观关于"人们自己创造自己历史"思想的具体运用和时代表达。

二 以人民为中心是共产党人"为绝大多数人谋利益"思想的运用

既然人民群众是历史的创造者，是真正的英雄，那么，在历史活动中就要坚持人民群众的主体地位，尊重人民群众的历史作用。这是唯物史观的基本要求，也是中国共产党的宗旨所在。站在我国发展新的历史方位上，坚持群众史观就是要坚持以人民为中心，把"一切为了群众，一切依靠群众"的群众路线落到实处，让人民群众共享发展的成果，不断提高人民群众的安全感、获得感、幸福感。

（一）一切为了群众是马克思主义政党的根本价值追求

共产党就是为人民利益而产生的政党，共产党第一个纲领性文献《共产党宣言》就明确规定共产党人"没有任何同整个无产阶级的利益不同的利益"③。中国共产党人自诞生之日起就把自己的宗旨概括为"为

---

① 《马克思恩格斯文集》第 10 卷，人民出版社，2009，第 593 页。

② 习近平：《决胜全面建成小康社会　夺取新时代中国特色社会主义伟大胜利——在中国共产党第十九次全国代表大会上的报告》，人民出版社，2017，第 21 页。

③ 《马克思恩格斯文集》第 2 卷，人民出版社，2009，第 44 页。

人民服务"，毛泽东同志早就指出："应该使每个同志明了，共产党人的一切言论行动，必须以合乎最广大人民群众的最大利益，为最广大人民群众所拥护为最高标准。"① 邓小平同志在 1956 年指出："中国共产党员的含意或任务，如果用概括的语言来说，只有两句话：全心全意为人民服务，一切以人民利益作为每一个党员的最高准绳。"② 面对改革开放、发展社会主义市场经济和长期执政的考验，江泽民同志曾语重心长地讲："不论社会怎么发展，对共产党员来说，全心全意为人民服务这个宗旨不能变，吃苦在前、享受在后这个原则不能变。"③ "不断发展先进生产力和先进文化，归根到底都是为了满足人民群众日益增长的物质文化生活需要，不断实现最广大人民的根本利益。"④ 进入 21 世纪，以胡锦涛同志为总书记的党中央从中国经济社会发展的新形势出发，提出坚持"以人为本"的科学发展观，要求党员干部"坚持立党为公、执政为民，把实现好、维护好、发展好最广大人民根本利益作为自己思考问题和开展工作的根本出发点和落脚点，忠实贯彻执行党的群众路线，当好人民公仆，做到权为民所用、情为民所系、利为民所谋"⑤。

　　中国特色社会主义进入新时代，以习近平同志为核心的党中央从人民日益增长的美好生活需要出发，提出以人民为中心的根本政治理念。习近平2012 年在河北阜平考察时讲："我们党就是为人民服务的。中央的考虑，是要为人民做事。各级干部也不能眼睛总是向上。任何事情都要向上看看，向下看看。要经常问问自己，我们是不是在忙着与党的根本宗旨毫不相关的事情？有没有一心一意在为老百姓做事情？……多想想我们干的事情是不是党和人民需要我们干的？要一心一意为老百姓做事，心里装着困难群众，多做雪中送炭的工作，常去贫困地区走一走，常到贫困户家里坐一坐，常同困难群众聊一聊，多了解困难群众的期盼，

---

① 《毛泽东选集》第 3 卷，人民出版社，1991，第 1096 页。
② 《邓小平文选》第 1 卷，人民出版社，1994，第 257 页。
③ 《江泽民文选》第 3 卷，人民出版社，2006，第 184 页。
④ 《江泽民文选》第 3 卷，人民出版社，2006，第 281 页。
⑤ 《胡锦涛文选》第 2 卷，人民出版社，2016，第 106 页。

多解决困难群众的问题，满怀热情为困难群众办事。"① 习近平总书记从党的宗旨方面高度阐释了什么是一切为了群众，如何做到一切为了群众。

中国共产党的百年发展的历史证明，无论是革命、建设时期，还是改革开放时期，我们党都始终如一地牢记党的宗旨，也正是由于坚持了以人民的需要为需要，以人民的追求为追求，以人民的幸福为幸福，我们党的阶级基础才不断巩固，群众基础才不断扩大，凝聚力才不断增强。

（二）一切依靠群众是马克思主义政党力量之源

共产党来自人民群众。对第一个世界性的无产阶级政党——共产主义者同盟诞生以来的历史进行考察可知，任何一个马克思主义政党的建立都有两个不可缺少的条件：一是马克思主义的指导，二是群众（工人）运动的兴起。马克思主义是革命导师理论思维的结晶，而其来源是人民群众丰富的实践。正如马克思恩格斯所讲的："共产党人的理论原理，决不是以这个或那个世界改革家所发明或发现的思想、原则为根据的。这些原理不过是现存的阶级斗争、我们眼前的历史运动的真实关系的一般表述。"② 马克思主义本身就是对人民群众实践活动的反映，对人民群众实践活动的经验总结。离开了人民群众的实践活动，就不可能有马克思主义，也就没有马克思主义政党。

党的事业发展离不开人民群众。共产党是领导人民推翻资本主义、建设社会主义、实现共产主义的核心力量，在实现社会历史变革中起着领导作用，但是历史发展的最后动力还是蕴含在亿万人民群众之中。"构成历史的真正的最后动力的动力"，"与其说是个别人物，即使是非常杰出的人物的动机，不如说是使广大群众、使整个整个的民族，并且在每一民族中间又是使整个整个阶级行动起来的动机"③。共产党人的事业是为人民群众谋福利、为人类求解放的事业，完成这个事业一刻也不

---

① 《论群众路线——重要论述摘编》，中央文献出版社、党建读物出版社，2013，第128~129页。
② 《马克思恩格斯文集》第2卷，人民出版社，2009，第44~45页。
③ 《马克思恩格斯文集》第4卷，人民出版社，2009，第304页。

能离开人民群众。列宁指出："社会主义不是少数人，不是一个党所能实施的。只有千百万人学会亲自做这件事的时候，他们才能实施社会主义。"① 2021 年，中国共产党已经有 9000 多万名党员，这个数量比世界上大多数国家的人口还多，但与 14 亿多的中国人口相比仍然是少数，如果没有广大人民群众的积极参与，中国特色社会主义建设伟大事业也难以成功。我们始终维护和坚持党在中国特色社会主义建设中的领导地位，但我们也必须始终如一地坚持全心全意地依靠人民群众。

中国共产党是中国工人阶级的先锋队，同时也是中国人民和中华民族的先锋队，党的成员来自人民群众，正是人民群众中具有坚定共产主义信仰的先进分子才形成了中国共产党。人民群众是共产党员的生成基础，共产党员是党的细胞，离开了人民群众，也就没有共产党。在革命战争年代，离开了人民群众，不仅不能取得革命的胜利，而且连生存的可能性也没有；在社会主义建设和改革开放的年代，离开了人民群众，就不可能有轰轰烈烈的社会主义现代化建设事业。无论什么年代，共产党只有依靠人民群众，才能永远立于不败之地。党的根基在人民，党的力量在人民。正如习近平总书记指出的："党只有始终与人民心连心、同呼吸、共命运，始终依靠人民推动历史前进，才能做到哪怕'黑云压城城欲摧'，'我自岿然不动'，安如泰山、坚如磐石。"②

（三）让人民群众共享发展成果是党的宗旨的根本体现

人的需要是历史发展动力的动力，需要的满足和对新需要的追求，推动着经济社会的接续向前发展。不断满足人民群众的需要，让人民群众共享发展成果，这是共产党领导人民干革命、搞建设、促发展的出发点和落脚点。人民是否真正得到了实惠，人民生活是否真正得到了改善，这是检验党的一切工作成效的最终标准。

人民的需要从来都是具体的、历史的。近代以来中国人民最紧迫的需要，是推翻帝国主义、封建主义和官僚资本主义"三座大山"，实现

---

① 《列宁选集》第 3 卷，人民出版社，2012，第 464 页。
② 《习近平谈治国理政》，外文出版社，2014，第 368 页。

民族独立、人民解放。以毛泽东同志为代表的中国共产党人带领全国各族人民经历 28 年浴血奋战，1949 年成立了新中国，使人民真正成了国家的主人。新中国成立之后，人民群众最紧迫的需要是通过建设迅速改变国家一穷二白的面貌，不断提升人民的生活水平。经过全党和全国各族人民的艰苦努力，我们用了近 30 年的时间建立起了独立而完整的国民经济体系，人民群众的物质文化生活得到了改善。改革开放以来，人民群众对物质文化生活的需要日益增长，我们党以解放和发展社会生产力为突破口，坚持"一个中心，两个基本点"基本路线，用了短短 30 余年的时间使我国发展成为世界第二大经济体，人民群众的生活实现了从贫困到温饱再到全面小康的飞跃。中国特色社会主义进入新时代，以习近平同志为核心的党中央，紧紧抓住人民日益增长的美好生活需要和不平衡不充分的发展之间的矛盾，通过解决不平衡不充分发展这一矛盾主要方面，在不断发展进步的基础上，使人民不断获得切实的经济、政治、文化利益，不断提高人民的安全感、获得感、幸福感。

"我们的人民热爱生活，期盼有更好的教育、更稳定的工作、更满意的收入、更可靠的社会保障、更高水平的医疗卫生服务、更舒适的居住条件、更优美的环境，期盼孩子们能成长得更好、工作得更好、生活得更好。"从人民群众对美好生活的期盼出发，习近平总书记在十八届中共中央政治局常委同中外记者见面时庄严承诺："人民对美好生活的向往，就是我们的奋斗目标。"① 针对当前人民群众的新需要，党的十九大对民生建设作出了重大部署，强调要优先发展教育事业，办好人民满意的教育；提高就业质量和人民收入水平，实现更高质量和更充分就业，缩小收入分配差距；加强社会保障体系建设，全面建成覆盖全民、城乡统筹、权责清晰、保障适度、可持续的多层次社会保障体系；坚决打赢脱贫攻坚战，让贫困人口和贫困地区同全国一道进入全面小康社会；实施健康中国战略，为人民群众提供全方位全周期健康服务；打造共建共治共享的社会治理格局，提高社会治理社会化、法治化、智能化、专业化水平；有效维护国家安全，坚决维护国家政治安全，统筹推进各项安

---

① 《习近平谈治国理政》，外文出版社，2014，第 4 页。

全工作。习近平总书记要求全党紧紧"抓住人民最关心最直接最现实的利益问题，既尽力而为，又量力而行，一件事情接着一件事情办，一年接着一年干。……不断满足人民日益增长的美好生活需要，不断促进社会公平正义，形成有效的社会治理、良好的社会秩序，使人民获得感、幸福感、安全感更加充实、更有保障、更可持续"①。只有锲而不舍地把人民需要的事情一件一件地办好，党的宗旨才能真正落到实处。

三　以人民为中心是对"历史活动是群众的活动"思想的发展

马克思恩格斯指出："历史活动是群众的活动，随着历史活动的深入，必将是群众队伍的扩大。"② 经过长期努力，中国特色社会主义进入新时代，人民是新时代中国特色社会主义事业兴旺发达的力量之源。习近平新时代中国特色社会主义思想始终坚持以人民为中心的政治立场，强调要充分发挥人民在坚持和发展新时代中国特色社会主义事业中的积极作用，运用人民的聪明才智和勤劳的双手实现中华民族伟大复兴的梦想，坚持依靠人民创造历史伟业。

（一）依靠人民创造历史伟业，必须相信人民的智慧和创造力，通过积聚民智制定改革发展的大政方针

依靠人民创造历史伟业，是马克思主义政党取得胜利的重要法宝。社会主义革命的伟大胜利离不开人民的创造性参与，还在建党时期列宁就指出："没有千百万觉悟群众的革命行动，没有群众汹涌澎湃的英勇气概，没有马克思在谈到巴黎工人在公社时期的表现时所说的那种'冲天'的决心和本领，是不可能消灭专制制度的。"③ 早在战争年代，

---

① 习近平：《决胜全面建成小康社会　夺取新时代中国特色社会主义伟大胜利——在中国共产党第十九次全国代表大会上的报告》，人民出版社，2017，第45页。
② 《马克思恩格斯文集》第1卷，人民出版社，2009，第287页。
③ 《列宁全集》第17卷，人民出版社，1988，第151页。

毛泽东同志就说过:"中国人民中间,实在有成千成万的'诸葛亮',每个乡村,每个市镇,都有那里的'诸葛亮'。我们应该走到群众中间去,向群众学习,把他们的经验综合起来,成为更好的有条理的道理和办法,然后再告诉群众(宣传),并号召群众实行起来,解决群众的问题,使群众得到解放和幸福。"① 他在《抗战十五个月的总结》一文中讲道:"依靠民众则一切困难能够克服,任何强敌能够战胜,离开民众则将一事无成。"② 人民群众之所以是推动革命取得胜利的力量之源,是因为人民受的苦难最深,对美好社会最为期盼,对革命斗争的具体环境、手段也了解得最为透彻,最能为革命斗争提供有成效的实践经验。

革命离不开人民群众,改革开放同样离不开人民群众。农村的土地承包制、乡镇企业、个体经营等都是人民群众首先创造出来的,这些创造也正是因为极大地改善了人民群众的生活,才不胫而走,在全国各地迅速发展开来。人们尊称邓小平为改革开放的总设计师,邓小平谦虚地讲:"改革开放中许许多多的东西,都是群众在实践中提出来的。……这是群众的智慧,集体的智慧。我的功劳是把这些新事物概括起来,加以提倡。"③ 20 世纪 80 年代末 90 年代初,国际局势发生剧变,我国改革发展稳定大局面临巨大的考验。江泽民同志号召:"在全党范围内进行马克思主义唯物史观的教育,批判各种否定、贬低人民群众在社会发展中的地位和作用的历史唯心主义观点,牢固树立推动历史前进的决定性力量是人民群众的科学观点。我们要在全党形成坚决相信群众,紧紧依靠群众,一切以人民群众的利益为重,事事向人民负责,老老实实向人民群众学习的良好风尚。"④ 只有不断汲取人民群众的大智慧,党才能经得起各种风险的考验,党的事业才能蓬勃发展。

"知屋漏者在宇下,知政失者在草野。"党的十八大以来,习近平总书记多次强调"顶层设计"不是要否定人民先行、先试的实践,只有集

① 《毛泽东选集》第 3 卷,人民出版社,1991,第 933 页。
② 《毛泽东军事文集》第 2 卷,军事科学出版社、中央文献出版社,1993,第 381 页。
③ 《邓小平年谱(1975—1997)》(下),中央文献出版社,2004,第 1350 页。
④ 《江泽民文选》第 1 卷,人民出版社,2006,第 98~99 页。

中人民群众在实践中创造的新鲜经验，"顶层设计"才会有可靠的材料。"摸着石头过河"与"顶层设计"是辩证统一的关系，要不断鼓励各个地方积极探索，"当好全国改革开放排头兵、创新发展先行者"①。他告诫全党要清醒地认识到："在人民面前，我们永远是小学生，必须自觉拜人民为师，向能者求教，向智者问策；必须充分尊重人民所表达的意愿、所创造的经验、所拥有的权利、所发挥的作用。"② "领导不是百事通，不是万能的。要做群众的先生，先做群众的学生。领导干部要放下架子，甘当小学生，多同群众交朋友，多向群众请教。要真正悟透群众是真正的英雄。"③ 40 多年改革开放的历程昭示我们：改革开放在认识和实践上的每一次突破和飞跃，改革开放中每一个新生事物的产生和发展，改革开放每一个方面经验的创造和积累，无不来自亿万人民的实践和智慧。只有始终把群众作为智慧和力量的源泉，始终把政治智慧的增长、执政本领的增强深深扎根于人民的创造性实践之中，党的事业才能从胜利走向胜利。

（二）依靠人民创造历史伟业，必须依法保障人民群众享有的各项权利

我国是工人阶级领导的、以工农联盟为基础的人民民主专政的社会主义国家，国家一切权力属于人民；我国是社会主义国家，社会主义民主是维护人民根本利益的最广泛、最真实、最管用的民主。发展社会主义民主就是要体现人民意志、保障人民权益、激发人民创造活力，用制度体系保证人民依法通过各种途径和形式管理国家事务，管理经济文化事业，管理社会事务，巩固和发展生动活泼、安定团结的政治局面。坚持依靠人民创造历史伟业，就要使人民利益、人民愿望、人民权益、人民福祉都得到制

---

① 《习近平：当好改革开放排头兵创新发展先行者　为构建开放型经济新体制探索新路》，中国政府网，2015 年 3 月 5 日，http://www.gov.cn/xinwen/2015-03/05/content_ 2828385. htm。

② 《习近平谈治国理政》，外文出版社，2014，第 27 页。

③ 《论群众路线——重要论述摘编》，中央文献出版社、党建读物出版社，2013，第 126 页。

度上的保证。只有人民的主人翁地位得到了合法的、制度化的保证，人民群众心里才能踏实，才能更加放心大胆地去创造历史伟业。

改革开放以来，随着我国经济社会的发展，我国的社会结构发生了新的变化，出现了科技企业的创业人员和技术人员、受聘于外资企业的管理技术人员、个体户、私营企业主、中介组织的从业人员、自由职业者等社会阶层，他们以自己的诚实劳动和经营为发展社会生产力和满足人民群众的生活作出了贡献，也是中国特色社会主义事业的建设者。我们不能以是否有财产、财产的多少，在什么样所有制性质的单位工作，来判断人的政治身份。正如习近平总书记 2018 年在民营企业座谈会上讲话所指出的，"民营经济是我国经济制度的内在要素，民营企业和民营企业家是我们自己人"①，他们同广大的工人、农民、知识分子一样，属于人民范畴，是国家的主人，他们的一切合法权利应该同样受到宪法和法律的保护。

面对我国社会阶级阶层结构的深刻变化，为了做到坚持依靠人民创造历史伟业，最广泛地凝聚起社会主义现代化建设的力量，习近平总书记指出："我们要依法保障全体公民享有广泛的权利，保障公民的人身权、财产权、基本政治权利等各项权利不受侵犯，保证公民的经济、文化、社会等各方面权利得到落实，努力维护最广大人民根本利益，保障人民群众对美好生活的向往和追求。"② 在全面推进依法治国进程中，必须树立起人民在全面推进依法治国中的主体地位，坚持法治为了人民、依靠人民、造福人民、保护人民的理念，任何组织和个人都不得有超越宪法和法律的特权，社会主义法律平等、公平地保护国家的一切公民。

（三）依靠人民创造历史伟业，必须从体制机制上激励人民干事业、保障人民干成事业

唯物史观认为，"人们总是通过每一个人追求他自己的、自觉预期

---

① 习近平：《在民营企业座谈会上的讲话》，人民出版社，2018，第 7 页。
② 习近平：《在首都各界纪念现行宪法公布施行 30 周年大会上的讲话》，人民出版社，2012，第 10 页。

的目的来创造他们的历史"①。人民的预期目的和利益需求，不是外力强加的，也不是什么人和组织强行安排的。人民需要什么，自己最为清楚，尊重人民的意愿和选择就是尊重历史。中国共产党要始终代表最广大人民群众的根本利益，就要始终做到政从民出，政顺民意。

中国梦归根结底是人民的梦，必须紧紧依靠人民来实现。党的各项战略部署和政策趋向，都是为了保护、鼓励、支持人民群众为实现梦想而自我奋斗。全面建成小康社会，就是要把"扶贫"与"自助"结合起来，鼓励亿万人民群众用自己勤劳的双手创造美好新生活，在"共建""共享"的过程中，逐步实现共同富裕。全面深化改革，就是要清除各种体制和机制上的障碍，打破利益固化的樊篱，"把以人民为中心的发展思想体现在经济社会发展各个环节，做到老百姓关心什么、期盼什么，改革就要抓住什么、推进什么，通过改革给人民群众带来更多获得感"②。全面推进依法治国，就是要创造公平正义的法治环境，从法律制度上保障人民群众干事创业的积极性。全面从严治党，最根本的就是要牢固树立全心全意为人民服务的宗旨，牢记为人民谋幸福的历史使命，团结和带领全国各族人民为实现中华民族伟大复兴而奋斗。

中国特色社会主义进入新时代，全党要进一步解放思想、解放和发展生产力、解放和增强社会活力，要积极"营造鼓励人们干事业、支持人们干成事业的社会氛围，放手让一切劳动、知识、技术、管理和资本的活力竞相迸发，让一切创造社会财富的源泉充分涌流，以造福于人民"③。衡量党的路线方针政策是否正确的标准，只能是人民答应不答应、高兴不高兴、拥护不拥护、赞成不赞成。中国梦是民族的梦，也是每个中国人的梦，只有把亿万人民群众的积极性充分调动起来，才能梦想成真。

---

① 《马克思恩格斯文集》第4卷，人民出版社，2009，第302页。
② 《习近平谈治国理政》第2卷，外文出版社，2017，第103页。
③ 《论群众路线——重要论述摘编》，中央文献出版社、党建读物出版社，2013，第135页。

新时代"人民中心论"五题[*]

王虎学

　　中国共产党是什么、要干什么？这是新时代中国共产党人必须时刻牢记的一个"根本问题"。坚持以人民为中心，是中国共产党百年奋斗一以贯之的根本政治立场，也是贯穿于习近平新时代中国特色社会主义思想的一条红线。习近平强调指出，"我们要始终把人民立场作为根本立场，把为人民谋幸福作为根本使命，坚持全心全意为人民服务的根本宗旨"[①]。实事求是地讲，习近平关于坚持以人民为中心的一系列重要论述及其所蕴含的新理念、新思想、新战略，深刻回答了"我是谁，为了谁，依靠谁"等基础性、原则性、根本性的问题。一言以蔽之，"人民中心论"从根本上深刻揭示了中国共产党过去能够成功的根本原因和奥秘所在，科学回答并指明了中国共产党未来继续成功的根本遵循和要求所在。从理论上讲，"人民中心论"是马克思主义人学的时代自觉和集中表达，堪称新时代的马克思主义人学。作为马克思主义政党，中国共产党的百年奋斗充分展示了马克思主义的蓬勃朝气和强大生命力，也充分彰显了马克思主义人学的思想伟力和时代魅力。

　　以史为鉴，开创未来，新时代继续坚持和发展中国特色社会主义，必须牢牢坚持以人民为中心的根本政治立场，特别是悟透以人民为中心的发展思想，这就要求我们必须从理论上深刻领悟新时代"人民中心

---

　　[*]　本文原载于《河北学刊》2022年第2期，收入本书时有改动。

　　[①]　习近平：《在纪念马克思诞辰200周年大会上的讲话》，人民出版社，2018，第17页。

论"所蕴含的五个重要议题：人民至上论，强调要牢牢站稳人民立场，始终把人民放在心中最高的位置；人民主体论，强调人民是历史的创造者，发展依靠人民，必须紧紧依靠人民创造历史伟业；人民共享论，强调发展为了人民，扎实推动全体人民共同富裕，不断促进人的全面发展；人民标准论，强调人民是"阅卷人"、人民"说了算"，人民是党的工作和执政成效的最高裁决者与最终评判者；人心向背论，强调"江山就是人民、人民就是江山"，必须始终密切联系群众，永远与人民同呼吸、共命运、心连心。

一　人民至上论

中国共产党为什么能？中国特色社会主义为什么好？归根结底，是因为马克思主义行。中国共产党是用马克思主义武装起来的政党，坚持和发展马克思主义，就必须坚持人民至上，这是中国共产党百年奋斗的一条十分宝贵的历史经验。

马克思主义是人民的理论，人民性是马克思主义最鲜明的品格。在人类历史上，马克思主义第一次站在人民的立场探求人类自由解放的道路。在《共产党宣言》中，马克思恩格斯指出，"过去的一切运动都是少数人的，或者为少数人谋利益的运动。无产阶级的运动是绝大多数人的，为绝大多数人谋利益的独立的运动"①，并强调共产党人"没有任何同整个无产阶级的利益不同的利益"②。代表无产阶级利益、为人民群众立说代言，是马克思主义、马克思主义政党与生俱来的政治立场。因为说到底，马克思主义是人民的理论，是为了改变人民历史命运而创立的，是在人民求解放的实践中形成的，也是在人民求解放的实践中丰富和发展的，为人民认识世界、改造世界提供了强大的精神力量。中国共产党作为马克思主义政党，作为马克思主义的坚定信仰者和忠实实践者，必须坚持人民至上，"始终要把人民放在心中最

---

① 《马克思恩格斯选集》第 1 卷，人民出版社，2012，第 411 页。
② 《马克思恩格斯选集》第 1 卷，人民出版社，2012，第 413 页。

高的位置，始终全心全意为人民服务，始终为人民利益和幸福而努力工作"①。

人民立场是中国共产党的根本政治立场，是马克思主义政党区别于其他政党的显著标志。学习马克思，就要学习和实践马克思主义关于坚守人民立场的思想。立场问题是关乎为什么人、站在谁一边的原则性、根本性问题。当今时代，与"人民至上"形成鲜明对照和巨大反差的是"资本至上"。从根本上讲，资本主义社会是以"资"为"本"的社会，也可以说是以"物"为本的社会。马克思在《资本论》中指出，"资本家对工人的统治，就是物对人的统治，死劳动对活劳动的统治，产品对生产者的统治"②。在《1844年经济学哲学手稿》中，马克思指出，"工人创造的商品越多，他就越变成廉价的商品。物的世界的增值同人的世界的贬值成正比"③。换言之，在资本主义社会，"资本"是真正的主人，资本逻辑是社会发展的主导逻辑，权力听命于、受制于、服务于资本，这就决定了资产阶级政党所代表的只是"资本"的利益。反之，社会主义社会是以"人"为"本"的社会，在社会主义的中国，"人民"是国家真正的主人，权为民所赋、权为民所用，代表人民利益是中国共产党的最高利益所在，始终站在人民一边是中国共产党的崇高使命所系。坚持人民至上，把人民放在心中最高的位置，首先要站稳人民立场，核心也是要始终站稳人民立场。离开了这一条，就从根本上背离了马克思主义，背叛了共产党人的宗旨和事业。事实上，"人民"已经深深地融入党的血脉。党领导人民建立的国家称为"中华人民共和国"，各级政府称为"人民政府"，党缔造的军队称为"人民解放军"，党的干部称为"人民公仆"等，无不彰显"人民"沉甸甸的分量和至高无上的地位。习近平更是将人民比作天地，"老百姓是天，老百姓是地"④；将人民关

---

① 习近平：《在第十三届全国人民代表大会第一次会议上的讲话》，人民出版社，2018，第2页。
② 《马克思恩格斯全集》第49卷，人民出版社，1982，第48页。
③ 马克思：《1844年经济学哲学手稿》，人民出版社，2000，第51页。
④ 《习近平谈治国理政》第2卷，外文出版社，2017，第53页。

联江山，"江山就是人民、人民就是江山"①；将人民比作父母，"永远铭记人民是共产党人的衣食父母"②；将人民视为老师，"在人民面前，我们永远是小学生，必须自觉拜人民为师"③；等等。这些都生动地表达了"人民至上"的根本政治立场，展现了深沉真挚的人民情怀。

中国共产党是全心全意为人民服务的党。"为什么人的问题，是一个根本的问题，原则的问题。"④ 2014年2月，习近平在接受俄罗斯电视台专访时曾明确表达："我的执政理念，概括起来说就是：为人民服务，担当起该担当的责任。"⑤ 全心全意为人民服务是中国共产党的根本宗旨。毛泽东强调："共产党就是要奋斗，就是要全心全意为人民服务，不要半心半意或者三分之二的心三分之二的意为人民服务。"⑥ 一部中国共产党的奋斗史，就是一部全心全意为人民服务、为人民根本利益而斗争的历史。党领导人民打土豪、分田地，是为人民根本利益而斗争；党领导人民开展抗日战争、赶走日本侵略者，是为人民根本利益而斗争；党领导人民推翻"三座大山"、建立新中国，是为人民根本利益而斗争；党领导人民开展社会主义革命和建设、改变一穷二白的国家面貌，是为人民根本利益而斗争；党领导人民实行改革开放、推进社会主义现代化、实现中华民族伟大复兴，同样是为人民根本利益而斗争。中国共产党来自人民、植根人民、服务人民，除了国家、民族、人民的利益，没有任何自己的特殊利益。习近平强调："中国共产党始终代表最广大人民根本利益，与人民休戚与共、生死相依，没有任何自己特殊的利益，从来不代表任何利益集团、任何权势团体、任何特权阶层的利益。"⑦

---

① 习近平：《在庆祝中国共产党成立100周年大会上的讲话》，人民出版社，2021，第11页。
② 《习近平谈治国理政》第3卷，外文出版社，2020，第523页。
③ 《习近平谈治国理政》，外文出版社，2014，第27页。
④ 《毛泽东选集》第3卷，人民出版社，1991，第857页。
⑤ 《习近平谈治国理政》，外文出版社，2014，第101页。
⑥ 《毛泽东文集》第7卷，人民出版社，1999，第285页。
⑦ 习近平：《在庆祝中国共产党成立100周年大会上的讲话》，人民出版社，2021，第11~12页。

中国共产党是为人民谋幸福的党。为人民谋幸福，是中国共产党人的初心，也是中国共产党的根本使命。不忘初心、牢记使命，说到底是为什么人、靠什么人的问题。习近平曾郑重宣誓："人民对美好生活的向往，就是我们的奋斗目标。"① 这就要求我们必须永远保持共产党人的奋斗精神，永远保持对人民的赤子之心，自觉坚持以人民为中心，为实现人民对美好生活的向往不懈奋斗。党的十八大以来，习近平身体力行、率先垂范，从黄土高坡到青藏高原，从太行山区到乌蒙山区，足迹遍布大江南北，无论是脱贫攻坚战还是疫情防控阻击战，习近平"最牵挂的还是困难群众"②，强调"保护人民生命安全和身体健康可以不惜一切代价"③，以"我将无我，不负人民"④ 的责任担当和奉献精神，为全党示范践行"人民至上、生命至上"⑤ 的价值理念。

二　人民主体论

马克思主义唯物史观认为，人民是历史的主体，必须依靠人民推动历史前进。实际上，在人类思想史上，长期以来存在着两种截然对立的历史观：一种是唯心主义的英雄史观（如所谓的"帝王将相"史、"超人"史等）；一种是唯物主义的群众史观。唯物史观认为，社会发展、历史变迁，"与其说是个别人物，即使是非常杰出的人物的动机，不如说是使广大群众、使整个整个的民族，并且在每一民族中间又是使整个整个阶级行动起来的动机"⑥ 推动的。质言之，是否尊重人

① 《习近平关于社会主义社会建设论述摘编》，中央文献出版社，2017，第4页。
② 《习近平谈治国理政》第2卷，外文出版社，2017，第368页。
③ 《习近平：保护人民生命安全和身体健康可以不惜一切代价》，中国政府网，2020 年 5 月 22 日，http://www.gov.cn/xinwen/2020 - 05/22/content _ 5513924. htm。
④ 《习近平谈治国理政》第3卷，外文出版社，2020，第144页。
⑤ 习近平：《在全国抗击新冠肺炎疫情表彰大会上的讲话》，人民出版社，2020，第3页。
⑥ 《马克思恩格斯选集》第4卷，人民出版社，2012，第255~256页。

民的主体地位，是否承认人民群众创造历史的主体作用，是区别唯物史观与唯心史观的根本标志。就唯物史观来说，马克思主义认为，人民是社会物质财富和精神财富的创造者，是社会变革的推动者，在推动历史发展过程中起着决定性作用，从而第一次从根本上科学回答了人类历史的主体和动力问题。在《1844 年经济学哲学手稿》中，马克思指出，在历史发展的无限过程中，"人始终是主体"[1]，"整个所谓世界历史不外是人通过人的劳动而诞生的过程"[2]；在《神圣家族》中，马克思恩格斯认为："历史不过是追求着自己目的的人的活动而已。"[3] 唯物史观所揭示的基本原理就在于，人民是历史的主体，是创造并推动历史前进的动力。毛泽东指出，"人民，只有人民，才是创造世界历史的动力"[4]，并充满感情地发出"人民万岁"的历史最强音。习近平强调，"马克思主义之所以具有跨越国度、跨越时代的影响力，就是因为它植根人民之中，指明了依靠人民推动历史前进的人间正道"[5]，并多次强调，中国共产党人任何时候都不要忘记人民是创造历史的动力这个历史唯物主义最基本的道理。

历史唯物主义的基本道理告诉我们，必须坚持人民主体地位，只有紧紧依靠人民才能创造历史伟业。习近平强调："人民是历史的创造者，是决定党和国家前途命运的根本力量。"[6] 并进一步指出："人民是历史的创造者，人民是真正的英雄。波澜壮阔的中华民族发展史是中国人民书写的！博大精深的中华文明是中国人民创造的！历久弥新的中华民族精神是中国人民培育的！中华民族迎来了从站起来、富起来到强起来的

---

① 马克思：《1844 年经济学哲学手稿》，人民出版社，2000，第 91 页。
② 马克思：《1844 年经济学哲学手稿》，人民出版社，2000，第 92 页。
③ 《马克思恩格斯文集》第 1 卷，人民出版社，2009，第 295 页。
④ 《毛泽东选集》第 3 卷，人民出版社，1991，第 1031 页。
⑤ 习近平：《在纪念马克思诞辰 200 周年大会上的讲话》，人民出版社，2018，第 8 页。
⑥ 习近平：《决胜全面建成小康社会　夺取新时代中国特色社会主义伟大胜利——在中国共产党第十九次全国代表大会上的报告》，人民出版社，2017，第 21 页。

伟大飞跃是中国人民奋斗出来的!"① 中国共产党的根基在人民、血脉在人民、力量在人民。毛泽东指出:"依靠民众则一切困难能够克服,任何强敌能够战胜,离开民众则将一事无成。"② 在纪念毛泽东诞辰 120 周年座谈会上的讲话中,习近平指出:"坚持人民主体地位,充分调动人民积极性,始终是我们党立于不败之地的强大根基。"③ 他还反复强调:"忘记了人民,脱离了人民,我们就会成为无源之水、无本之木,就会一事无成。"④

中国共产党的百年奋斗史,就是团结、带领和依靠中国人民创造伟业的历史。在中国共产党以农村包围城市夺取政权的革命斗争中,人民始终是力量之源。毛泽东指出:"战争的伟力之最深厚的根源,存在于民众之中。"⑤ 在土地革命战争中,广大人民群众的积极支持,使我们突破了敌人的围剿封锁;在抗日战争中,广大人民群众的充分发动,使日本侵略者陷入人民战争的汪洋大海;在解放战争中,老百姓用小车推出了淮海战役的胜利,用小船划出了渡江战役的胜利。在中国共产党保持和巩固政权的过程中,人民始终是执政之基。新中国成立后,人民群众在一穷二白的基础上描绘出最新最美的图画,展现出"无限的创造力"⑥。改革开放中,人民始终是"改革的主体",是"推动改革开放的强大力量"⑦。从小岗破冰、深圳兴涛到海南弄潮、浦东逐浪,从实行家庭联产承包责任制到乡镇企业的异军突起,新生事物层出不穷。邓小平说,"改革开放中许许多多的东西,都是群众在实践中提出来的。⋯⋯

① 习近平:《在第十三届全国人民代表大会第一次会议上的讲话》,人民出版社,2018,第 2 页。
② 《毛泽东军事文集》第 2 卷,军事科学出版社、中央文献出版社,1993,第381 页。
③ 习近平:《在纪念毛泽东同志诞辰 120 周年座谈会上的讲话》,人民出版社,2013,第 18 页。
④ 《习近平谈治国理政》第 2 卷,外文出版社,2017,第 53 页。
⑤ 《毛泽东选集》第 2 卷,人民出版社,1991,第 511 页。
⑥ 《毛泽东文集》第 6 卷,人民出版社,1999,第 457 页。
⑦ 习近平:《在庆祝海南建省办经济特区 30 周年大会上的讲话》,人民出版社,2018,第 5 页。

这是群众的智慧，集体的智慧"①，"没有一项不是依靠广大人民的艰苦努力来完成的"②。

"人民是共和国的坚实根基，人民是我们执政的最大底气。"③ 新时代，党和国家事业取得历史性成就、发生历史性变革，这是以习近平同志为核心的党中央团结、带领、依靠全国各族人民汇聚的磅礴的"中国力量"共同砥砺奋进的结果。在新冠肺炎疫情防控中，全民参与、群防群治，构筑起最为严密的防控体系，打赢了新时代的人民战争。习近平深谙依靠人民、因人民而兴的道理，在多年的新年贺词中都将过去一年所取得的成就归功于人民，"我为中国人民迸发出来的创造伟力喝彩"④；"这些成就是全国各族人民撸起袖子干出来的，是新时代奋斗者挥洒汗水拼出来的"⑤；"平凡铸就伟大，英雄来自人民。每个人都了不起"⑥。因此，在坚持和发展中国特色社会主义的伟大实践中，只要坚持人民主体地位，充分相信人民、充分尊重群众的首创精神，紧紧依靠人民，不断向人民群众汲取力量和智慧，我们就一定能够披荆斩棘，战胜一切艰难险阻，经受住一切风险考验，书写新时代中国特色社会主义新篇章。

三　人民共享论

古人云："治国有常，而利民为本。"从根本上说，"以人民为中心的发展思想，不是一个抽象的、玄奥的概念，不能只停留在口头上、止步于

---

① 《邓小平年谱（1975—1997）》（下），中央文献出版社，2004，第1350页。
② 《邓小平文选》第3卷，人民出版社，1993，第4页。
③ 《国家主席习近平发表二〇一九年新年贺词》，《人民日报》2019年1月1日。
④ 《国家主席习近平发表二〇一八年新年贺词》，《人民日报》2018年1月1日。
⑤ 《国家主席习近平发表二〇一九年新年贺词》，《人民日报》2019年1月1日。
⑥ 《国家主席习近平发表二〇二一年新年贺词》，《人民日报》2021年1月1日。

思想环节,而要体现在经济社会发展各个环节"①。习近平就此作出了一系列重要论述。比如,关于实现中华民族伟大复兴的中国梦,强调"中国梦归根到底是人民的梦"②;关于全面建成小康社会,强调"小康不小康,关键看老乡"③,"小康路上一个都不能掉队"④;关于全面深化改革,强调"紧紧依靠人民推动改革"⑤,"改革发展成果更多更公平惠及全体人民"⑥;关于全面依法治国,强调"努力让人民群众在每一个司法案件中都能感受到公平正义"⑦;关于全面从严治党,强调"核心问题是保持党同人民群众的血肉联系"⑧;关于精准扶贫精准脱贫,强调"决不能落下一个贫困地区、一个贫困群众"⑨。这些是坚持以人民为中心更具现实感和针对性的重要要求,并已转化为党和人民卓有成效的具体行动。

人民共享论强调,必须悟透以人民为中心的发展思想。具体而言,坚持以人民为中心,体现在发展中,就是坚持发展为了人民、发展依靠人民,发展成果由人民共享,逐步实现全体人民共同富裕。习近平指出:"国家建设是全体人民共同的事业,国家发展过程也是全体人民共享成果的过程。"⑩"让改革发展成果更多更公平惠及全体人民,朝着实现全体人民共同富裕不断迈进。"⑪事实上,逐步实现全体人民共同富裕,是

---

① 《习近平谈治国理政》第 2 卷,外文出版社,2017,第 213~214 页。
② 《习近平关于社会主义社会建设论述摘编》,中央文献出版社,2017,第 4 页。
③ 《习近平关于全面建成小康社会论述摘编》,中央文献出版社,2016,第 21 页。
④ 《国家主席习近平发表二○一七年新年贺词》,《人民日报》2017 年 1 月 1 日。
⑤ 《十八大以来重要文献选编》(上),中央文献出版社,2014,第 554 页。
⑥ 《十八大以来重要文献选编》(上),中央文献出版社,2014,第 552 页。
⑦ 《十八大以来重要文献选编》(上),中央文献出版社,2014,第 91 页。
⑧ 《习近平关于党的群众路线教育实践活动论述摘编》,党建读物出版社、中央文献出版社,2014,第 2 页。
⑨ 《十八大以来重要文献选编》(下),中央文献出版社,2018,第 34 页。
⑩ 习近平:《在庆祝"五一"国际劳动节暨表彰全国劳动模范和先进工作者大会上的讲话》,人民出版社,2015,第 7 页。
⑪ 习近平:《决胜全面建成小康社会 夺取新时代中国特色社会主义伟大胜利——在中国共产党第十九次全国代表大会上的报告》,人民出版社,2017,第 45 页。

中国共产党自觉肩负的重要使命。新中国成立初期，毛泽东就提出了"富""强"的要求，他指出，"这个富，是共同的富，这个强，是共同的强，大家都有份"①。改革开放新时期，邓小平明确指出："社会主义不是少数人富起来、大多数人穷，不是那个样子。社会主义最大的优越性就是共同富裕，这是体现社会主义本质的一个东西。"② 江泽民强调："实现共同富裕是社会主义的根本原则和本质特征，绝不能动摇。"③ 胡锦涛提出："使全体人民共享改革发展成果，使全体人民朝着共同富裕的方向稳步前进。"④ 经过长期努力，中国从"不发展""欠发展"阶段进入了"发展起来以后"的阶段，中国人民迎来了从"温饱"到"小康"的历史性飞跃，人民生活水平大幅提升，生活品质显著提高，这是了不起的成就。

党的十八大以来，习近平高度重视共同富裕问题，强调实现共同富裕是社会主义的本质要求，是中国式现代化的重要特征。"消除贫困、改善民生、实现共同富裕，是社会主义的本质要求。"⑤ 社会主义社会区别于资本主义社会的一个重要方面就在于，其深刻批判资本主义社会两极分化和经济社会的巨大不平等，强调坚持以人民为中心，致力于实现全体人民的共同富裕和人的全面而自由的发展。针对发展不平衡尤其是收入差距拉大的问题，习近平特别强调要树立"共享"理念，实现共享发展，绝不能出现"富者累巨万，而贫者食糟糠"的现象。"共享理念实质就是坚持以人民为中心的发展思想，体现的是逐步实现共同富裕的要求。"⑥ 坚持共享发展，就要毫不动摇地坚持"发展是硬道理"，不断把"蛋糕"做大做好，同时也要深刻领悟发展应该是科学发展和高质量发展，不断把做大的"蛋糕"切好、分好，逐步实现全体人民共同富

---

① 《毛泽东文集》第 6 卷，人民出版社，1999，第 495 页。
② 《邓小平文选》第 3 卷，人民出版社，1993，第 364 页。
③ 《江泽民文选》第 1 卷，人民出版社，2006，第 466 页。
④ 《胡锦涛文选》第 2 卷，人民出版社，2016，第 291 页。
⑤ 《习近平关于社会主义社会建设论述摘编》，中央文献出版社，2017，第 79 页。
⑥ 《习近平谈治国理政》第 2 卷，外文出版社，2017，第 214 页。

裕，充分彰显社会主义制度的优越性。习近平指出："我们追求的发展是造福人民的发展，我们追求的富裕是全体人民共同富裕。"① 党的十九大把"全体人民共同富裕基本实现"作为建成社会主义现代化强国的重要内容之一。党的十九届五中全会提出要"坚持共同富裕方向"，"扎实推动共同富裕"，并提出到 2035 年基本实现社会主义现代化，实现"全体人民共同富裕取得更为明显的实质性进展"②。2021 年 8 月，习近平专门研究部署扎实推动共同富裕等重大问题，强调共同富裕是社会主义的本质要求，是中国式现代化的重要特征。可见，中国式现代化一定是全体人民共享改革发展成果的现代化，一定是全体人民共同富裕的现代化。

新时代，坚持以人民为中心的发展思想，还要在扎实推动共同富裕的过程中不断促进人的全面发展。共同富裕是人民群众物质生活和精神生活都富裕，让人民生活幸福是"国之大者"，促进人的全面发展是社会主义社会的价值追求。习近平曾从人的本质规定性出发揭示人的全面发展，他指出："人，本质上就是文化的人，而不是'物化'的人；是能动的、全面的人，而不是僵化的、'单向度'的人。人类不仅追求物质条件、经济指标，还要追求'幸福指数'；不仅追求自然生态的和谐，还要追求'精神生态'的和谐；不仅追求效率和公平，还要追求人际关系的和谐与精神生活的充实，追求生命的意义。"③ 在党的十九大报告中，习近平明确提出，"保证全体人民在共建共享发展中有更多获得感，不断促进人的全面发展"④。同时强调，在实现中华民族伟大复兴的历史进程中要推动构建"人类命运共同体"，"为人类不断作出新的更大的贡

---

① 《习近平关于社会主义社会建设论述摘编》，中央文献出版社，2017，第35 页。

② 《中国共产党第十九届中央委员会第五次全体会议文件汇编》，人民出版社，2020，第 84 页。

③ 习近平：《之江新语》，浙江人民出版社，2007，第 150 页。

④ 习近平：《决胜全面建成小康社会 夺取新时代中国特色社会主义伟大胜利——在中国共产党第十九次全国代表大会上的报告》，人民出版社，2017，第 23 页。

献"①。所有这些，充分彰显了中国共产党人始终坚持把促进人的全面发展写在中国特色社会主义伟大旗帜上，体现在中国特色社会主义现代化建设伟大实践中，落实在为中国人民乃至世界人民造福祉的实际行动中。

四　人民标准论

人民标准论强调，人民是检验中国共产党一切工作得失成败的尺度与标准，而且是最高标准和最终标准。"时代是出卷人，我们是答卷人，人民是阅卷人。"② 中国共产党是代表最广大人民根本利益的党，是全心全意为人民服务的党，是为人民谋幸福、为民族谋复兴的党，因此党的一切工作的得失成败必然而且只能由人民来检验、由人民来评判，要把"人民拥护不拥护、赞成不赞成、高兴不高兴、答应不答应"作为"根本标准"③。实际上，以什么为标准、用什么来衡量，回答的是对谁负责、让谁满意、谁说了算的问题。坚持以人民为中心，就必须坚持人民标准、人民衡量、人民说了算。习近平指出："我们党的执政水平和执政成效都不是由自己说了算，必须而且只能由人民来评判。人民是我们党的工作的最高裁决者和最终评判者。"④ 把人民作为"最高裁决者"和"最终评判者"，从根本上为全党明确了检验党的一切工作、衡量党的执政水平和执政成效的"人民标准"，这一"根本标准"既是最高标准，也是最终标准。

坚持人民标准，就是坚持群众标准，注重人民群众评价，让人民群众满意。"知屋漏者在宇下，知政失者在草野。"人民群众的意见是一把最好的尺子——人民群众的反应、态度、心声和意见，最能衡量

---

① 《习近平谈治国理政》第 2 卷，外文出版社，2017，第 41 页。
② 《习近平谈治国理政》第 3 卷，外文出版社，2020，第 70 页。
③ 《习近平谈治国理政》第 3 卷，外文出版社，2020，第 142 页。
④ 习近平：《在纪念毛泽东同志诞辰 120 周年座谈会上的讲话》，人民出版社，2013，第 20 页。

党的路线方针政策以及党的各级领导干部工作的长短优劣。对此，习近平有最为敏锐的体认和最为深刻的洞见。比如，对于城市建设来讲，"金杯银杯不如百姓口碑，老百姓说好才是真的好"①。对于农业农村农民来说，"党中央的政策好不好，要看乡亲们是笑还是哭。如果乡亲们笑，这就是好政策，要坚持；如果有人哭，说明政策还要完善和调整"②。对于党风廉政建设来说，干部"作风是否确实好转"，也"要以人民满意为标准"，"群众不满意的地方就要及时整改"③；要"发挥人民监督作用"，"开启全天候探照灯，各级党组织和党员、干部的表现都要交给群众评判"④。总之，党的执政水平和执政成效如何，绝不能关起门来自说自话、自我评价，更不能自我陶醉、自吹自擂，而必须由人民群众来评判，也只能由人民群众来评判。正如习近平所强调的，治国理政的成效如何，"最终都要看人民是否真正得到了实惠，人民生活是否真正得到了改善，人民权益是否真正得到了保障"⑤。也就是说，我们做什么、怎么做、做得怎么样，都要坚持群众标准，"人民群众反对什么、痛恨什么，我们就要坚决防范和纠正什么"⑥。

坚持人民标准，就要坚决反对形式主义、官僚主义，树立正确的政绩观。从根本上而言，形式主义的实质是主观主义、功利主义，根源是政绩观错位、责任心缺失，用轰轰烈烈的形式代替了扎扎实实的落实，

---

① 《开创富民兴陇新局面——习近平总书记甘肃考察纪实》，《人民日报》2019年8月24日。

② 《习近平在贵州调研时强调　看清形势适应趋势发挥优势　善于运用辩证思维谋划发展》，《人民日报》2015年6月19日。

③ 《习近平关于党的群众路线教育实践活动论述摘编》，党建读物出版社、中央文献出版社，2014，第58页。

④ 《习近平在党的群众路线教育实践活动总结大会上强调　历史使命越光荣奋斗目标越宏伟　越要增强忧患意识越要从严治党》，《人民日报》2014年10月9日。

⑤ 习近平：《在纪念毛泽东同志诞辰120周年座谈会上的讲话》，人民出版社，2013，第19页。

⑥ 习近平：《决胜全面建成小康社会　夺取新时代中国特色社会主义伟大胜利——在中国共产党第十九次全国代表大会上的报告》，人民出版社，2017，第61页。

用光鲜亮丽的外表掩盖了真实的矛盾和问题。官僚主义的实质是封建残余思想作祟，根源是权力观扭曲、官本位思想严重，当官做老爷，高高在上，脱离群众，脱离实际。如果不能坚决反对形式主义、官僚主义，就必然会导致脱离人民群众，脱离人民群众就难成大业。鉴于此，习近平反复强调，领导干部"干事创业一定要树立正确政绩观，做到'民之所好好之，民之所恶恶之'"，"决不能为了树立个人形象，搞华而不实、劳民伤财的'形象工程'、'政绩工程'"①，要"把干部干了什么事、干了多少事、干的事群众认不认可作为选拔干部的根本依据"②，决不能简单唯票、唯分、唯 GDP、唯年龄。他强调，要改进干部干事创业的考核方法手段，"既看发展又看基础，既看显绩又看潜绩，把民生改善、社会进步、生态效益等指标和实绩作为重要考核内容，再也不能简单以国内生产总值增长率来论英雄了"③。总之，"中国共产党把为民办事、为民造福作为最重要的政绩，把为老百姓做了多少好事实事作为检验政绩的重要标准"④。

新时代新征程，中国共产党人又踏上了"新的赶考之路"，绝不能有丝毫的懈怠和自满，必须始终坚持人民标准，坚持人民群众说了算。这就要求，必须以人民群众利益为重，以人民群众期盼为念，真诚倾听群众呼声，真实反映群众愿望，真情关心群众疾苦；必须扑下身子，深入群众，调查研究，"向能者求教，向智者问策"⑤，做到知民情、解民忧、纾民怨、暖民心。与此同时，要坚持刀刃向内，勇于自我革命，坚决反对形式主义、官僚主义，永远以"人民的公仆""人民的勤务员"的身份真抓实干、埋头苦干，勇毅前行，时刻接受人民群众的评判和检验，努力向人民交出一份新的更加优异的答卷，不断赢得社会主义现代化强国建设征程上更伟大的胜利和荣光。

---

① 习近平：《做焦裕禄式的县委书记》，中央文献出版社，2015，第 7 页。
② 习近平：《在全国组织工作会议上的讲话》，人民出版社，2018，第 23 页。
③ 《习近平谈治国理政》，外文出版社，2014，第 419 页。
④ 《习近平在山西考察时强调　全面建成小康社会　乘势而上书写新时代中国特色社会主义新篇章》，《人民日报》2020 年 5 月 13 日。
⑤ 《习近平谈治国理政》，外文出版社，2014，第 27 页。

五 人心向背论

"江山就是人民、人民就是江山"①,这一经典论断一语道出了人心向背之于政党、国家治乱兴衰的决定性意义。从狭义上讲,江山是指政权;从广义上讲,江山是指事业。中国共产党团结带领全国各族人民进行的一切奋斗、一切牺牲、一切创造,归结起来就是一个主题:实现中华民族伟大复兴。为了实现中华民族伟大复兴,中国共产党团结带领全国各族人民浴血奋战、百折不挠,创造了新民主主义革命的伟大成就;自力更生、发愤图强,创造了社会主义革命和建设的伟大成就;解放思想、锐意进取,创造了改革开放和社会主义现代化建设的伟大成就;自信自强、守正创新,统揽伟大斗争、伟大工程、伟大事业、伟大梦想,创造了新时代中国特色社会主义的伟大成就。中国共产党为什么能够团结带领全国各族人民不断取得革命、建设、改革的伟大成就,为什么始终得到人民的信任、拥护和爱戴,归根结底,是因为赢得了"民心"。"民心是最大的政治"②,中国共产党人"打江山、守江山,守的是人民的心"③。打江山,争夺的是民心;守江山,坚守的也是民心。习近平指出,"得民心者得天下,失民心者失天下,人民拥护和支持是党执政的最牢固根基"④。"政之所兴在顺民心,政之所废在逆民心。"⑤"得民心""顺民心"是中国共产党从小到大、由弱到强、长盛不衰的法宝。

"人心向背"关系党的生死存亡,这是人心的力量,也是决定性的

---

① 习近平:《在庆祝中国共产党成立100周年大会上的讲话》,人民出版社,2021,第11页。

② 《习近平谈治国理政》第3卷,外文出版社,2020,第137页。

③ 习近平:《在庆祝中国共产党成立100周年大会上的讲话》,人民出版社,2021,第11页。

④ 《习近平关于党的群众路线教育实践活动论述摘编》,党建读物出版社、中央文献出版社,2014,第4页。

⑤ 《习近平关于党的群众路线教育实践活动论述摘编》,党建读物出版社、中央文献出版社,2014,第8页。

力量，"人心就是力量"①。客观地讲，中国共产党的党员人数"放在人民中间还是少数"②，所以只要存在人民群众这个"绝大多数"与党员人数这个"相对少数"的关系，就有争取"人心"、争取"绝大多数"支持和拥护的问题。坚持以人民为中心，坚持人民至上、人民主体、人民共享、人民标准，坚持得怎么样，成效如何，归结起来，最终都要反映、落实、体现在"人心向背"这个关乎党生死存亡的"风向标""晴雨表"③上。习近平指出："任何政党的前途和命运最终都取决于人心向背。"④历史是最好的教科书，以史为鉴，就会看得更清楚。为什么曾经强大的苏共一夜之间"就作鸟兽散了"，"苏联偌大一个社会主义国家就分崩离析了"⑤？归根结底是因为失去了"民心"。中国国民党为什么在大陆丢失政权？归根结底也是因为失去了"民心"。美国哈佛大学教授费正清在《伟大的中国革命》一书中曾提出这样一个发人深省的问题："1928 年中国的希望似乎在国民党一边，为什么 20 年后形势颠倒了呢？"他的回答是，"国民党的领导变得陈腐了"，"因而失掉民心"。作为一个资产阶级学者，十分难得的是他看到了"民心所向"问题，而这也确实道出了中国革命胜利的根本原因——中国共产党与广大人民群众存在的血肉联系⑥。什么是共产党？那就是自己只有一条被子，也要剪下半条给老百姓的人。历史已经充分证明："赢得人民信任，得到人民支持，党就能够克服任何困难，就能够无往而不胜。"⑦

---

① 习近平：《在纪念毛泽东同志诞辰 120 周年座谈会上的讲话》，人民出版社，2013，第 20 页。

② 习近平：《在纪念毛泽东同志诞辰 120 周年座谈会上的讲话》，人民出版社，2013，第 20 页。

③ 《习近平关于全面从严治党论述摘编》，中央文献出版社，2016，第 142、170 页。

④ 习近平：《在纪念毛泽东同志诞辰 120 周年座谈会上的讲话》，人民出版社，2013，第 19~20 页。

⑤ 《十八大以来重要文献选编》（上），中央文献出版社，2014，第 113 页。

⑥ 参见习近平《摆脱贫困》，福建人民出版社，1992，第 11 页。

⑦ 习近平：《在党史学习教育动员大会上的讲话》，人民出版社，2021，第 15 页。

　　坚持群众路线这一"传家宝",永葆密切联系群众这一"最大政治优势"。习近平深刻指出:"我们党的最大政治优势是密切联系群众,党执政后的最大危险是脱离群众。"① 因此,"党只有始终与人民心连心、同呼吸、共命运,始终依靠人民推动历史前进,才能做到哪怕'黑云压城城欲摧','我自岿然不动',安如泰山、坚如磐石"②。而要赢得人心,与人民心连心,就必须坚持群众路线,始终保持同人民群众的血肉联系。党的群众路线,就是"一切为了群众,一切依靠群众,从群众中来,到群众中去,把党的正确主张变为群众的自觉行动",集中体现了坚持以人民为中心的根本要求和根本方法。党的群众路线"是我们党的生命线和根本工作路线,是我们党永葆青春活力和战斗力的重要传家宝"③,其实质就是以"群众"为中心也就是以"人民"为中心的路线。坚持以人民为中心,就必须始终把群众路线贯彻到治国理政的全部活动之中。习近平明确要求,党员领导干部要"与人民心心相印、与人民同甘共苦、与人民团结奋斗"④,要"让人民群众有更多获得感、幸福感、安全感"⑤。当然,坚持和践行群众路线是一个永无止境的过程,因为争取人心、赢得人心、守住人心本身就是一个永无止境的过程。

　　"其作始也简,其将毕也必巨。"从嘉兴南湖的"小小红船"到领航中国行稳致远的"巍巍巨轮",中国共产党为什么能?中国共产党成功的原因和奥秘何在?"人民中心论"就是经得起考验与检验的最铿锵的回应、最响亮的答案。为人民而生,因人民而兴,这就是根本原因,这就是经得起考验与检验的历史经验和历史结论。习近平强调指出:"以百姓心为心,与人民同呼吸、共命运、心连心,是党的初心,也是党的恒心。"⑥ 不忘初心,方得始终;初心易得,始终难守。新时代新征程

---

① 习近平:《在纪念毛泽东同志诞辰 120 周年座谈会上的讲话》,人民出版社,2013,第 19 页。

② 《习近平谈治国理政》,外文出版社,2014,第 368 页。

③ 《十八大以来重要文献选编》(上),中央文献出版社,2014,第 697 页。

④ 《十八大以来重要文献选编》(上),中央文献出版社,2014,第 71 页。

⑤ 《习近平谈治国理政》第 3 卷,外文出版社,2020,第 346 页。

⑥ 《习近平谈治国理政》第 3 卷,外文出版社,2020,第 138 页。

上，勿忘昨天的苦难辉煌，无愧今天的使命担当，不负明天的伟大梦想，必须牢记始终坚持以人民为中心，"任何时候都不能忘记为了谁、依靠谁、我是谁，真正同人民结合起来"①，始终同人民想在一起、干在一起，风雨同舟、同甘共苦，就一定能够为实现第二个百年奋斗目标、实现中华民族伟大复兴的中国梦而凝聚起众志成城、气势磅礴、不可战胜的人民伟力！

---

① 《习近平在中央党校（国家行政学院）中青年干部培训班开班式上发表重要讲话强调 在常学常新中加强理论修养 在知行合一中主动担当作为》，《人民日报》2019年3月2日。

"人民至上"的三重价值意蕴[*]

王虎学　何锟伦

"人民至上"是新时代中国共产党高扬的价值理念，是解读中国共产党治国理政的价值密码。中国共产党始终高举人民旗帜，践行以人民为中心的发展理念。"人民至上"论作为对人民主体地位和价值的肯定，有着深刻的理论渊源和丰富的现实内涵。从古至今，"人民"的含义凸显了"人"在不同历史阶段的时代特征：在几千年历史长河中，人民是辛勤劳作、进行发明创造的每个人；在革命建设时期，人民是创造历史、决定党和国家前途命运的每个人；在新时代，人民是具有伟大创造精神、奋斗精神、团结精神、梦想精神并成为党执政的最大底气的每个人：但无论如何，人民都是最关心直接现实的利益的每个人①。因此，新时代强调"人民至上"，就要深刻把握"人"作为尺度、主体和目的的深层价值意蕴，将人民利益置于首要位置、把人民立场作为根本立场、以不负人民印证初心使命，真正实现"紧紧依靠人民、不断造福人民、牢牢植根人民"，一切为了人民②。历史地看，人民与"人"的角色定位关系密切，"人民"的含义更是从"人"的概念中衍生而出的，因此，只有对"人"进行深刻认知和科学定位，才能全面揭示"人民至上"应有的深层价值意蕴。

* 2015 年度国家社会科学基金青年项目"马克思主义价值观研究"（15CKS032）的阶段性成果。本文原载于《当代世界与社会主义》2020 年第 6 期，收入本书时有改动。

① 参见《习近平谈治国理政》第 3 卷，外文出版社，2020，第 135~141 页。

② 《福建代表团认真学习贯彻习近平总书记在参加十三届全国人大三次会议内蒙古代表团审议时的重要讲话精神》，中国共产党新闻网，2020 年 5 月 24 日，http://cpc.people.com.cn/n1/2020/0524/c117005-31721348.html。

一 "人是尺度"蕴含着"尊重人"

人，作为宇宙万物中处于统治和支配地位的最高存在，在哲学传统中历来被置于最高位置。早在古希腊智者运动时期，普罗泰戈拉就喊出了"人是万物的尺度"的口号，将人作为世界的中心。根据柏拉图的解释，人作为尺度，"对我来说，事物就是对我所呈现的样子，对你来说，事物又是对你所呈现的样子，而你和我都是人……因而可以说，对于每个感知者来说，事物就是他所感知的那个样子"①。这一命题所强调的"人"体现了对个人的观照，"尺度"也是指主观感觉而并非理性判断，既然不存在一个普遍确定的标准，人人都以自我为准则，那么就自然允许存在关于同一事物的相互对立的不同观点，这就不免会陷入怀疑主义和相对主义。

尽管如此，"以人为尺度"作为哲学史上的一场变革，率先确立了赋予人观照和尊重的哲学传统。其一，"以人为尺度"在认识论上赋予人尊重。正如西塞罗所言，智者"把哲学从上天下降到人间，使注意力从外界自然转向人本身，而且认为专门研究人类就是研究个人。他们却没有认识到人的普遍因素，见树不见林，只见个人而不见人类。他们夸大人类判断中的分歧，忽略其意见一致处。他们过分强调感官的虚幻"②。但是，早期哲学家都单纯而执着地追求绝对普遍真理，一心穷尽对"世界本源"的探索却莫衷一是，如泰勒斯将水作为本源，赫拉克利特把火作为本源，终究无法认识事物之本性，而智者开始懂得人的主观思维是认识事物的重要因素，意识到事物对认识主体的依赖，从而否定了知识的普遍确定性，引领哲学形成对主体的关注，把人视为一切事物的决定性尺度。其二，"以人为尺度"将哲学研究从自然转向人与社会。尽管仍带有怀疑主义和相对主义倾向，但智者运动加速了自然哲学的衰落，实现了由对自然的观照向对人自身的观照的转变，在批判宗教、抨

---

① 黄颂杰、章雪富：《古希腊哲学》，人民出版社，2009，第265页。
② 梯利：《西方哲学史》，葛力译，商务印书馆，1995，第48页。

击权威、解放思想和社会启蒙的过程中高扬人的个性，在哲学史上确立了人的主体地位，体现了对人的价值的捍卫和尊重，致使一切自然主义、确定真理和神性原则土崩瓦解，被黑格尔称为"一个伟大的命题"。

其实，人能够成为万物的"尺度"，正是社会传统赋予人尊重的结果。智者学派是古希腊民主制度的产物，每个自由人都生来具有参与城邦民主政治的权利，这就导致两个必然结果：一方面，为了实现和捍卫人的权利，就必须对传统宗教、道德、哲学加以否定，使人从束缚中解放出来而成为一切物的尺度；另一方面，人的独立思考、言论与行动自由成为可能，具有了衡量与评价一切物的主观能力。因此，民主自由的社会传统给人以足够的尊重，帮助个人摆脱权威的束缚而实现自我思考、自我解脱、自我奋斗。

在"以人为尺度"的哲学传统下，一切物质和精神性存在都必须通过人来证明自身的合法性及意义，"属人"的哲学世界得以生成与延续。在文艺复兴时期，人文主义成为时代主题，人的价值随着神权统治的覆灭而得到恢复；近代哲学家笛卡儿提出"我思故我在"的论断，对一切存在和真理表示怀疑。总之，"人是万物的尺度"确立起人在宇宙和自然中的崇高地位，给予人自身无限尊重。毫无疑问，"以人为尺度"的哲学传统充分体现了自古以来对人的价值的肯定与尊重，尽管遭到了来自怀疑主义与相对主义的诘难，但如果结合先进性政党理论对其进行合理阐发，仍能够在时代精神的召唤下结出丰硕成果。

"人民至上"内在蕴含着"尊重人"。由古及今，抚今追昔，中国共产党一以贯之的"人民至上"精神正是基于对人的主体性的尊重和发挥，将人民作为一切工作得失成败的标准和尺度。历史地看，在资本主义社会，人人皆臣服于"资本"的尺度，人仅作为劳动力存在而听从于"物"的支配。商品、货币、资本被视为仿佛具有生命并操控着人的"拜物教"就是真实写照，资本主义社会"颂扬金的圣杯是自己最根本的生活原则的光辉体现"①，这种原则首先使劳动产品作为不依赖于人的力量而与劳动者相对立、相异化，"钱是从人异化出来的人的劳动和存

---

① 《马克思恩格斯文集》第 5 卷，人民出版社，2009，第 156 页。

在的本质；这个外在本质却统治了人，人却向它膜拜"①；不断积累资本是资本主义的本质要求和评价尺度，"资本家只有作为人格化的资本，他才有历史的价值"②。与之形成鲜明对照的是，社会主义由于实现了生产资料公有制而消灭了劳动的异己性，抛弃了资本的剥削性，将人从物的束缚下和资本的奴役下彻底解放出来，给予人足够的关心、爱护和尊重。正如邓小平所说，要把人民高兴不高兴、赞成不赞成、答应不答应、拥护不拥护作为检验党的一切工作的标准③。事实上，中国共产党从诞生之日起就坚持与人民群众心连心，始终将群众利益放在第一位，坚持人民标准，以人民满意作为改革、工作、政治标准，体现了对"人"的真正尊重，筑牢了为民的坚实根基。

"人民至上"要体现对人的尊重，就必须以人民满意作为改革标准。中国共产党始终坚持在推进国家治理体系和治理能力现代化中，为了人民而深化改革，把人民满意作为改革成功的根本标准。党的十六届六中全会立足于尊重人民平等参与、平等发展的权利，作出了在"健全社会舆情汇集和分析机制""拓宽社情民意表达渠道"④ 的基础上完善深入了解民情、充分反映民意、广泛集中民智、切实珍惜民力的决策机制的重大决定；在社会主义市场经济条件下，党中央在深化经济体制改革中始终尊重民营企业的市场角色，强调"民营企业和民营企业家是我们自己人"⑤。党在切实发挥民力民智的过程中，以人民为尺度推进改革、促进发展，以人民带动人民，是对人民群众的真正尊重。

"人民至上"要体现对人的尊重，就必须以人民满意为工作标准。中国共产党始终坚持体察民情、倾听民意、深入群众、问需于民。党的十八大以来，以习近平同志为核心的党中央"把人民拥护不拥护、赞成

---

① 《马克思恩格斯全集》第 1 卷，人民出版社，1956，第 448 页。

② 《马克思恩格斯文集》第 5 卷，人民出版社，2009，第 683 页。

③ 参见《"三个代表"重要思想概论》，人民出版社、党建读物出版社，2006，第 111 页。

④ 《中共中央关于构建社会主义和谐社会若干重大问题的决定》，中发〔2006〕19 号。

⑤ 习近平：《在民营企业座谈会上的讲话》，人民出版社，2018，第 7 页。

不赞成、高兴不高兴、答应不答应作为制定方针政策和作出决断的出发点和归宿"①，找到体现全社会、全体人民的意志的"最大公约数"，察民情、听民声、问民需、解民忧。只有在工作中筑牢为民务实根基、密切与群众的血肉联系，才能将人民满意作为一切工作的标准，在尊重人民地位的同时保持党的无产阶级性质。

"人民至上"要体现对人的尊重，就必须以人民满意为政治标准。中国特色社会主义民主政治是孕育"人民至上"理论的摇篮。在人民当家作主的社会主义国家，党的权力来自人民，必须坚持人民至上，充分尊重人民，只有这样才能实现党的领导与人民当家作主的有机统一。坚持"人民至上"对人的尊重，可以充分调动人民群众的积极性和创造活力，为坚持走中国特色社会主义道路提供根本政治保证和内生动力；本着"人民至上"对人的尊重，党为群众奉献自我、牺牲一切，得到了人民的高度认同与支持，获得了最坚实的合法性基础。因此，只有把人民满意当作政治标准，得到人民群众的爱戴和拥护，才能坚定不移地发挥党在社会主义事业中总揽全局、协调各方的作用。

综上，"人"作为万物的尺度，是哲学传统中的一种逻辑上先于其他存在的最高存在；中国共产党的"人民至上"，并没有让个人主义流于自私自利，没有让主观能动性陷于思想上、道德上的无政府状态，而是把其所体现出的对人的尊重之义进行了现实性转化。

二 "人是主体"强调要"依靠人"

马克思主义首次在哲学意义上将"人"确立为历史的主体，"人"被赋予了科学的内涵。从前的哲学传统虽然关注人，但忽视了人在历史进程中的主体作用和核心价值：康德在思想史上首次让外部世界为主体所掌握，人的理性为道德立法，但将理想的"应有"与实际的"现有"对立，在二律背反中陷入了理性的绝望；黑格尔试图在概念的矛盾运动中让人理解自身，但重新为神学作了理性论证，人也成为精神性存在；

---

① 《习近平谈治国理政》第 2 卷，外文出版社，2017，第 5~6 页。

费尔巴哈恢复了人的自然属性和唯物主义权威，但把人的本质理解为抽象的类存在，企图建立一种"爱"的宗教来巩固这个"类"而推动历史进程。总之，旧哲学无法真正实现人的主体价值。

马克思实现了对传统哲学的颠覆，将"现实的人"确立为历史的主体。在《1844年经济学哲学手稿》中，马克思作出了科学的论断：不管历史怎样变换，都"应该紧紧盯住这个无限过程中的那个可以通过感觉直观的循环运动，由于这个运动，人通过生儿育女使自身重复出现，因而人始终是主体。……整个所谓世界历史不外是人通过人的劳动而诞生的过程，是自然界对人来说的生成过程"①。正是人的劳动活动和人口的不断产生推动了历史进程。在马克思看来，人的主体性体现为两方面，即改造自然中的主体性和完成历史活动的主体性，人在改造自然的同时生成了人类历史，而正是劳动完成了二者的统一。人的活动及其对象都以外部自然为基础，只有作为与动物相区分的能够自由自觉活动的人类才拥有改造自然的主体力量；但同时，"历史本身是自然史的即自然界生成为人这一过程的一个现实部分"②，人类历史作为自然史的一部分，在人对自然界发挥主体性作用的过程中演变为"人化自然"的历史，同样也只能通过作为历史主体的人的现实活动而显现，通过人的不断繁衍而延续。因此，自然是通过人得以生成的自然，历史是人在改造自然的活动中得以人化的历史。这样，马克思主义与黑格尔将历史看作精神发展史的唯心主义划清界限，又与费尔巴哈把自然理解为直观而非改造对象的旧唯物主义具有明显区别，确立了"人"在历史上的主体地位。

在"人"的主体性确立的过程中，马克思深入物质实践，立足人民生活，形成了一种全新的科学世界观。在《莱茵报》工作期间，马克思目睹了底层群众受到奴役和压迫的悲惨状况，批判黑格尔的抽象虚伪的法哲学，指出市民社会决定政治国家③；在流亡巴黎时期，马克思通过

---

① 《马克思恩格斯文集》第1卷，人民出版社，2009，第195~196页。
② 《马克思恩格斯全集》第3卷，人民出版社，2002，第308页。
③ 参见《马克思恩格斯全集》第3卷，人民出版社，2002，第14页。

对工人受到剥削的现实的深入研究，意识到资本主义制度下的"异化劳动"是人民苦难的根源，发现了人的"自由自觉活动"本质；随着新世界观的问世，马克思恩格斯创立了历史唯物主义，广大劳动人民群众作为社会历史中至高无上的主体，被置于一个历史的、价值论的范畴，这样，马克思主义把对"人"的关注具体化为"人民群众"的历史主体地位。

马克思主义深刻回答了历史由谁创造和主导的问题。唯物史观认为，历史并非为神或者精神、意识所创造，也不是由少数精英和英雄而创造，而是作为社会主体的人民群众，通过物质生产实践创造了历史。马克思经典作品明确强调："我们的出发点是从事实际活动的人……发展着自己的物质生产和物质交往的人们，在改变自己的这个现实的同时也改变着自己的思维和思维的产物。"① 在马克思主义视域下，"人民"作为历史的结果而存在，在量上就是占绝大多数的劳动人民群众，在质上是现实的、进行着物质和精神生产的活生生的人，人的全面自由发展、人的解放就是要"把人的世界和人的关系还给人自己"②。生产力是历史发展的基础和决定因素，而人民群众的生产活动直接推动着生产力的发展，保障着社会生活的正常运行，所以，社会历史就是由每一个劳动者个体所组成的"人民"集体所创造和推动的。此外，社会基本矛盾推动历史进程，必须靠反抗整个旧社会制度的人民群众的革命才能实现。正如列宁所说："生气勃勃的创造性的社会主义是由人民群众自己创立的。"③因此，马克思主义新世界观完成了对"人"的具体化和现实化，人民群众作为生产实践的实际活动者、历史发展的实际推动者与人类命运的实际承担者，是物质和精神财富的创造者，是实现社会变革的依靠力量。

"人民至上"强调"依靠人"。历史地看，资本主义将资产阶级美化为历史创造者的英雄形象。资产阶级往往将历史活动归结为英雄领袖的

---

① 《马克思恩格斯文集》第 1 卷，人民出版社，2009，第 525 页。
② 《马克思恩格斯文集》第 1 卷，人民出版社，1956，第 443 页。
③ 《列宁全集》第 33 卷，人民出版社，2017，第 57 页。

丰功伟绩而看不清背后的物质动因，"人民"的范畴被视作少数资产阶级而与广大劳动群众对立起来，将资产阶级的力量作为革命的依靠力量、将资产阶级的利益作为革命的原则，注定无法取得真正的成功。相反，社会主义坚持以人为本，尊重人民主体地位，紧紧依靠人民群众的力量推进革命、建设和改革事业，代表的是最广大劳动人民群众的根本利益。从根本上讲，无产阶级运动作为依靠绝大多数人、为绝大多数人谋利益的运动，"同每个个人的发展相一致"①。马克思主义将"人"作为历史的主体，充分彰显了人民群众在推进历史进程和革命建设事业中的伟大力量。返本开新，人在历史中的主体性，是依靠人民群众推进事业的题中应有之义，中国共产党始终坚持马克思主义的理论传统，充分重视人的主体地位，紧紧依靠人民取得革命的伟大胜利，完成社会主义现代化建设的伟大事业，实现中华民族复兴的伟大梦想。

"人民至上"要实现对人的依靠，就要依靠人民取得革命的伟大胜利。毛泽东说"兵民是胜利之本"②，因此，党应该始终依靠群众、领导群众、发动群众，坚持群众路线。历史表明，人民群众的总体意愿和行动代表了历史的发展方向，所有革命运动都是人民的斗争，一切革命成果都源于群众的实践。党在领导革命的过程中，始终发挥人民的主体作用，凭借一整套人民战争的战略战术成功抵御帝国主义入侵，推翻封建主义和国民党反动统治，真正依靠人民取得了革命成功。新中国成立以后，党又紧紧依靠人民推进社会主义改造，在"一化三改"中消灭剥削制度，完成了中华民族有史以来最广泛而深刻的社会变革。党的实际成功经验表明，坚持人民至上，一切依靠人民，才能无往而不胜。

"人民至上"要实现对人的依靠，就要依靠人民完成社会主义现代化建设的伟大事业。古人云："知屋漏者在宇下，知政失者在草野。"人民群众具有无穷的智慧和巨大的潜能。党紧紧依靠人民推进改革开放新的伟大革命，在解放和发展生产力的同时，激发了人民群众的创造力和社会发展活力，加快推进社会主义现代化建设，使人民生活显著改善、

---

① 《马克思恩格斯全集》第 34 卷，人民出版社，2008，第 127 页。
② 《毛泽东选集》第 2 卷，人民出版社，1991，第 477 页。

综合国力显著增强、国际地位显著提高。面对来自各方面的严峻挑战，党坚持依靠人民的力量迎难直上，在肆虐全球的新冠肺炎疫情面前，习近平总书记反复强调，人民是真正的英雄，要"紧紧依靠人民群众坚决打赢疫情防控阻击战"①。党依靠人民、团聚群众、汇聚民力，形成推动伟大事业的磅礴力量。

"人民至上"要实现对人的依靠，就要依靠人民实现中华民族复兴的伟大梦想。中华民族的伟大复兴需要党带领人民、依靠人民力量实现。中国梦归根结底是人民的梦、百姓的梦，对中国梦的自信正是源自党对群众的自信以及群众对中国特色社会主义道路、理论、制度和文化的自信。中国共产党不忘初心、牢记使命，坚持为中国人民谋幸福、为中华民族谋复兴，让人民的梦想照进现实、变成现实，这也是中国梦的最终诉求和题中应有之义。因此，只有将"人民至上"作为崇高的价值追求，始终坚持以人民为中心的发展思想，坚持发展为了人民、发展依靠人民的价值取向和工作原则，才能真正汇聚起人民的智慧和力量，真正实现中华民族的伟大复兴。

综上，马克思主义确立了"人"的主体地位，唯物史观将"人民群众"视作历史的根本主体和创造者，不仅揭示了人类历史发展的一般规律，回归了社会生活的普遍本质，还在认识论意义上促进了人民群众的自我觉醒，深化了人的主体地位，对于实现"人民至上"的价值追求和坚持"以人民为中心"的发展思想有重大意义。

三　"人是目的"彰显了"为了人"

"人是目的"有深厚的哲学基础。客观地讲，在哲学史上，康德的"哥白尼式的革命"开创了"人是目的"的哲学传统。康德明确指出："人生活在目的的王国中，人是自身目的，不是工具。人是自己立法自

---

① 习近平：《紧紧依靠人民群众坚决打赢疫情防控阻击战》，人民网，2020 年 1 月 27 日，http：//politics. people. com. cn/BIG5/n1/2020/0127/c1024-31563298. html。

己遵守的自由人。人也是自然的立法者。"① 在他看来，具有自由意志的人作为绝对的价值存在和道德法则的主宰，其自身就是目的而不仅仅是实现目的的手段，这意味着以一种"以人为本""从人出发到人中去"的态度，拒斥一切"把人当成工具"的看法和做法，深刻地揭示了人与人之间的关系是平等的和目的性的而非工具性的和手段性的。应该讲，康德从抽象伦理的道德理性出发，以"目的性的人"划清了人与自然、人的动物性与道德性之间的界限。其一，康德提出人是自然的最终目的，这就使人从自然中解放出来，自然完全成为实现人的目的的手段和工具，为实现人的自由意志提供了外在基础；其二，人不仅是自然的目的和自身的目的，还是先验道德法则的目的，以"理性为道德立法"的方式对道德进行合乎目的的设定，于是就"摆脱了动物性而单凭理性法则决定自己的意志"②，让经验和理性跟着主体行走，实现了对人的尊严和价值的绝对服从，确立起德国古典哲学的精神主义核心。

马克思实现了对康德的根本超越，在主客体的辩证关系中将"现实的人"确立为"目的"。马克思哲学在存在论的意义上确立起人的优先性，将"人"理解为逻辑上先于客体的主体性存在，又在认识论意义上将"人"看作能够认识并改造客体的"一切社会关系的总和"。在马克思看来："凡是有某种关系存在的地方，这种关系都是为我而存在的……对于动物来说，它对他物的关系不是作为关系存在的。"③ 首先，客体是与主体发生关联并接受主体的认识和改造的客观存在；其次，客体是"为我而存在"的满足作为一切活动的中心的主体及其需要的客体，主体在认识和改造客体的过程中"不仅使自然物发生形式变化，同时他还在自然物中实现自己的目的"④，主体和客体都是主体活动的结果；最后，主体与客体互为中介使自身二重化，客体是独立自在的客体，又是合乎人性的、经过人为的客体，主体是具有独立思维和主观能动性

---

① 康德：《实践理性批判》，韩水法译，商务印书馆，1999，第95页。
② 康德：《实践理性批判》，韩水法译，商务印书馆，1999，第134页。
③ 《马克思恩格斯文集》第1卷，人民出版社，2009，第533页。
④ 《马克思恩格斯文集》第5卷，人民出版社，2009，第208页。

的主体，又是需要通过客体发挥主观能动性并将人性表现出来，同时需要接受外部世界制约的主体。正是实践让主体与客体产生这种联系，但实践不是单个人改造客体的实践，而是每个人在活动中创造社会关系共同作为主体改造客体的、在历史上不断发展的实践。客体是自在的客体和属人的客体，人是自然的人和社会历史的人，实践也表现为人与自然和人与人的关系，作为实践的目的的人一定处于某种社会关系中，因此，"每个人是手段同时又是目的，而且只有成为他人的手段才能达到自己的目的，并且只有达到自己的目的才能成为他人的手段"①。更进一步，马克思从物质生产层面论证了以人为目的的思想。他指出，"动物也生产。……动物只是在直接的肉体需要的支配下生产，而人甚至不受肉体需要的影响也进行生产，并且只有不受这种需要的影响才进行真正的生产"②。动物的生产是在本能的驱使下片面地生产直接需要，而人的生产体现了人有目的地改造自然，使自然合乎人的目的的全面的生产。人把自然当作手段、把自身当作目的，在生产中创造出符合目的的物质资料。

"人是目的"体现的是作为人类社会发展的本质意义和终极目标的社会价值论，彰显了"人民至上"论的深层哲学价值论意蕴。历史地看，资本主义条件下的人仅仅作为劳动生产的手段和工具而存在。资本的唯一目的是占有劳动力去创造剩余价值，劳动只能作为发财致富的手段而不能自由自觉地发挥主观能动性，人也沦为生产产品的工具性存在而备受折磨，积累资本的动因成为主导资本主义经济发展的历史规律。因此，真正的"人"无法成为社会活动的目的，而是被异化为机器，人的劳动无法对人的本质进行自我确证，而是下降为维持肉体生存的手段。只有为共产主义目标而奋斗的社会主义，才可能将人从劳动的异己力量中拯救出来，将人本身作为目的确立起来，使人实现"建立在个人全面发展和他们共同的、社会的生产能力成为从属于他们的社会财富这一基础上的自由个性"③。中国共产党作为马克思主义政党，始终坚持马克思

---

① 《马克思恩格斯全集》第 31 卷，人民出版社，1998，第 357~358 页。
② 《马克思恩格斯文集》第 1 卷，人民出版社，2009，第 162 页。
③ 《马克思恩格斯文集》第 8 卷，人民出版社，2009，第 52 页。

主义中国化、时代化和大众化，坚持人的主体作用和以人民为中心的价值立场，把人的全面自由发展确立为根本价值原则，在革命、建设和改革的伟大实践中不仅深化而且精彩演绎了将人作为目的的为民思想。

毛泽东首次在中国正确地提出了无产阶级政党关于"人"的为民思想。此前，孙中山的三民主义也体现出对民生的重视，但由于其资产阶级本质而无法真正实现对多数人的关注。中国共产党所讲的"人"，是全国各族人民，是最广大的人民群众。中国共产党作为无产阶级政党，在干革命、搞建设的过程中，本质上代表人民利益，关心群众生活，推行"打土豪分田地""减租减息"等一系列政策，使人民的实际利益得到满足，从而以历史主体的合力推动革命战争。毛泽东强调，"要联系群众，就要按照群众的需要和自愿。一切为群众的工作都要从群众的需要出发"[①]。政之所兴在顺民心，政之所废在逆民心，得民心者得天下。正是这种以一切人民和人民的一切为中心的工作方法，使中国共产党取得了革命的胜利和社会主义建设的伟大成果，真正实现了人民当家作主，使人民得到了实实在在的利益。

中国特色社会主义理论体系是对为民思想的进一步深化和现实化。邓小平理论将人民作为实行改革的目的，在改革开放时期立足于为人民谋利益的价值理念，扬弃了计划经济体制，建立起社会主义市场经济体制，确立起家庭联产承包责任制和企业自主经营管理体制，最大化地满足人民群众的物质文化需求，将提高人民生活水平作为改革开放与经济建设的根本目的；"三个代表"重要思想将为民思想与党的建设结合，明确了中国共产党代表最广大人民的根本利益的政党属性；"以人为本"的科学发展观从发展的高度完善了为民思想，优化了"以人民为中心"的发展路径，为"全面建设小康社会"的奋斗目标提供了科学的思想指导；中国特色社会主义进入新时代，以习近平同志为核心的党中央向全党提出"不忘初心、牢记使命"的要求，习近平新时代中国特色社会主义思想用"八个明确"和"十四个坚持"深刻诠释了新时代中国共产党以人民为中心的根本价值取向。

---

① 《毛泽东选集》第3卷，人民出版社，1991，第1012页。

"人民至上"彰显了"为了人"。在当代中国，"人民至上"不仅是中国共产党的具有深层价值意蕴的执政理念，更是老百姓看得见的党的实实在在的行动。以人为目的，是中国共产党以人民为中心的发展思想的本质要求，归根结底，党的为民思想就转化为"人民至上"的根本落脚点，以人的利益为党的价值追求，让社会发展满足人的需要、发展成果由人民共享。

坚持"人民至上"，实现以人为目的，就必须将人的利益作为党的价值追求。中国共产党坚持人民利益高于一切，始终贯彻全心全意为人民服务、为人民担当、对人民负责的宗旨和原则，是一个没有一己私利而将人民利益作为全部利益、置于最高位置的政党。"我将无我，不负人民"①，党的十八大以来，习近平总书记着眼于社会的全面发展和人的全面发展，提出了"五位一体"总体布局、"四个全面"战略布局和五大新发展理念，带领人民全面建成小康社会，决战决胜脱贫攻坚战，找到了正确处理社会基本矛盾的钥匙，推动了新时代中国特色社会主义的现代化建设。新冠肺炎疫情突袭而至以来，习近平总书记反复强调，要不惜一切代价，保护人民群众的生命安全和身体健康，这充分体现了党与人民群众生死与共、始终坚持人民利益高于一切的原则和价值追求。实践证明，中国共产党之所以能战胜重大挑战、凝聚社会共识、实现稳步发展，根本原因就在于始终把增进人民福祉作为党的价值追求，把发展成果由人民共享作为党的美好愿景。

坚持"人民至上"，实现"为了人"的价值目标，就必须让社会发展满足人的需要、发展成果由人民共享。正如马克思所设想的那样，共产主义基于生产力的高度发展、物质财富的极大丰富、人类交往的普遍化等，最终会实现人的解放和人的全面而自由发展。当前，我国正处于并将长期处于社会主义初级阶段，社会的主要矛盾已经转化为人民日益增长的美好生活需要和不平衡不充分的发展之间的矛盾，人民群众对美好生活的需要是多领域、多层次的，在新时代的"两个没有变"的条件下，我国城乡与区域、产业与行业、人与人之间都存在发展不平衡、贫

---

① 《习近平谈治国理政》第 3 卷，外文出版社，2020，第 144 页。

富悬殊等突出问题，为了实现最广大人民群众的利益，党不断深化改革，以改革促发展，为人民谋幸福，积极回应人民对经济发展的新期待、对社会公平的新向往、对美好生活的新追求。新时代，只有把满足人民日益增长的美好生活需要作为目的，使社会发展符合人民的现实利益，始终把人民对美好生活的向往作为党的奋斗目标，才能有针对性地加快经济、政治、文化、社会、生态等领域的全面改革和发展，只有坚持更高起点上的改革开放，才能真正实现人民对发展成果的充分享有，切实推进社会主义"为了人"的价值目标。

第三编　中国式现代化道路

全面建设社会主义现代化国家的
逻辑进路、内涵特征与实现路径[*]

张占斌

习近平总书记在庆祝中国共产党成立 100 周年大会的重要讲话中庄严宣告，"经过全党全国各族人民持续奋斗，我们实现了第一个百年奋斗目标，在中华大地上全面建成了小康社会，历史性地解决了绝对贫困问题"[①]。那么，全面建成小康社会以后怎么办？习近平总书记指出："正在意气风发向着全面建成社会主义现代化强国的第二个百年奋斗目标迈进。"[②] 在全面建成小康社会之后，乘势而上开启全面建设社会主义现代化国家新征程，标志着我国站在了一个新的历史方位和历史起点，进入了全面建设社会主义现代化国家的发展新阶段，迎来了创造中国式现代化新道路和人类文明新形态的伟大时代。如何正确认识全面建设社会主义现代化国家的科学内涵、基本特征和时代意义，创新性探索全面建设社会主义现代化国家的实现路径，既是时代提出的重大课题，也是迫切而现实的问题。

---

[*] 2021 年度国家社会科学基金重大项目"开启全面建设社会主义现代化国家新征程研究"（21ZDA001）、2021 年度国家社会科学基金重点项目"新时代中国特色社会主义政治经济学创新发展研究"（21AKS014）的阶段性成果。本文原载于《东南学术》2022 年第 2 期，收入本书时有改动。
[①] 习近平：《在庆祝中国共产党成立 100 周年大会上的讲话》，人民出版社，2021，第 2 页。
[②] 习近平：《在庆祝中国共产党成立 100 周年大会上的讲话》，人民出版社，2021，第 2 页。

一 全面建设社会主义现代化国家的形成逻辑

全面建设社会主义现代化国家有着内在的逻辑理路，是理论逻辑、历史逻辑与价值逻辑的辩证统一，内在统摄着中国式现代化道路的理论、历史、现实与价值，必须从多个维度进行透视与解析。

（一）全面建设社会主义现代化国家形成的理论逻辑

全面建设社会主义现代化国家的形成植根于深厚的理论逻辑，不仅表现为对马克思主义理论的充分认识，还表现为以中国实际、中国问题为中心对马克思主义理论的创新运用。一方面，从理论认识角度而言，全面建设社会主义现代化国家是对马克思主义国家理论的坚持与发展。全面建设社会主义现代化国家体现了鲜明的中国特色，是我国走向现代化的重要阶段。马克思研究东方社会的结构、发展道路和规律时，得出了东方社会可以实现不同于西方社会发展道路的重要结论。马克思在《给〈祖国纪事〉杂志编辑部的信》中指出，不可以将其关于西欧资本主义起源的历史概述为一切发展道路的历史哲学理论，强调不仅俄国社会发展具有特殊的可能性，每个民族的发展都可能有特殊的道路。更进一步，马克思在回答俄国女革命家维·伊·查苏利奇对俄国农村公社发展前途的询问时，提出了"跨越资本主义卡夫丁峡谷"的重要理论。晚年马克思恩格斯提出了经济文化落后的东方国家有可能不经过资本主义的发展阶段而走上社会主义道路的重要设想，为东方国家摆脱落后局面提供了重要理论支撑。全面建设社会主义现代化国家正是我们党借助马克思的历史唯物主义进行道路探索的重要成果，集中体现了我们党对于发展现代化国家的充分认识。另一方面，从理论发展角度而言，全面建设社会主义现代化国家植根于马克思主义中国化理论创新创造的最新成果，突出了以中国实际、中国问题为中心。在1938年党的六届六中全会上，毛泽东就提出了"马克思主义中国化"的重要概念与命题。新中国成立后，在探索社会主义现代化道路时，以毛泽东同志为主要代表的中国共产党人得出了"最重要的是要独立思考，把马列主义的基本原理同中国革命和建设的具体实际相结合"① 即进行"第二次结合"的深刻感悟。党的十八大以来，中国现代化事业进入新阶段，习近平新时代中国特色社会主义思想以一系列新思想、新理念、新判断实现了马克思主义中国化的又一次飞跃，成为全面建设社会主义现代化国家的科学指引与理论指南。

（二）全面建设社会主义现代化国家形成的历史逻辑

全面建设社会主义现代化国家发端于中国共产党百年来对现代化的探索，其历史逻辑源于中国共产党领导现代化建设的四个历史时期。

新民主主义革命时期，中国共产党人的探索为现代化国家的建设创造了根本的社会条件。为了改变中国积贫积弱的状况，以毛泽东同志为主要代表的中国共产党人，明确地指出中国革命的主要对象就是帝国主义和封建主义，即帝国主义国家的资产阶级和本国的地主阶级，而且必须通过革命的方式推翻压在中国人民头上的"三座大山"才能实现彻底的社会革命。基于明确的革命对象，中国共产党带领中国人民进行"土地革命"，开创了农村包围城市的革命道路，走上了一条符合中国国情的新民主主义革命道路，成功夺取了新民主主义革命伟大胜利，建立了新民主主义社会，不仅从生产关系调整角度促进了国计民生的恢复，而且在政治、经济、社会动员方面为现代化的发展，特别是向社会主义社会的过渡做好了充分的准备。

社会主义革命和建设时期，以毛泽东同志为主要代表的中国共产党人，通过社会主义改造实现了从新民主主义到社会主义的转变，继而通过推进社会主义建设来探索中国现代化道路。为了巩固新民主主义革命的成果，党确立了在过渡时期"一化三改""一体两翼"的总路线，实现了从新民主主义社会到社会主义社会的重要转变。1955年，毛泽东强调通过社会主义改造，"实行这么一种制度，这么一种计划，是可以一年一年走向更富更强的，一年一年可以看到更富更强些。而这个富，是

---

① 《毛泽东年谱（1949—1976）》第 2 卷，中央文献出版社，2013，第 557 页。

共同的富，这个强，是共同的强"①。正是社会主义革命和建设时期的不懈奋斗和探索，为建设社会主义现代化国家奠定了根本政治前提和制度基础。

改革开放和社会主义现代化建设时期，以邓小平同志为主要代表的中国共产党人领导开辟了中国特色社会主义道路，极大地推进了社会主义现代化国家的建设事业。党的十一届三中全会之后，以邓小平同志为核心的党的第二代中央领导集体作出了把党和国家的工作重心转移到经济建设上来并进行改革开放的伟大决策，创造性使用"小康社会"描绘中国的现代化发展前景，并以此为中心进行社会主义国家的建设，不仅创造了"富起来"的物质条件，还建立起社会主义现代化国家充满新的活力的体制机制。

进入新时代，以习近平同志为核心的党中央统筹"两个大局"，引领实现第一个百年奋斗目标，不断深化和拓展中国特色社会主义道路，提出了一系列新理念、新思想、新战略、新举措，擘画全面建设社会主义现代化国家的远大图景，迎来了"强起来"的历史性飞跃，开启了实现第二个百年奋斗目标新征程，生动地展示了中国共产党领导中国式现代化新道路取得的伟大成果。

（三）全面建设社会主义现代化国家形成的价值逻辑

全面建设社会主义现代化国家，既彰显了以人民为中心的根本立场，又突出了独立自主的精神实质，在其形成过程中深刻体现了鲜明的马克思主义属性与中国特色的价值规定。一方面，全面建设社会主义现代化国家坚持以促进人的全面发展为核心要义。马克思主义所追求的价值目标在于人的全面自由发展，认为"代替那存在着阶级和阶级对立的资产阶级旧社会的，将是这样一个联合体，在那里，每个人的自由发展是一切人的自由发展的条件"②。由此可见，人的全面自由发展的目标正是国家与社会构建的核心原则。与此一脉相承的是，全面建设社会主义

---

① 《毛泽东文集》第6卷，人民出版社，1999，第495页。
② 《马克思恩格斯文集》第2卷，人民出版社，2009，第53页。

现代化国家全面贯彻以人民为中心的根本立场，在全面建成小康社会基础上，突出了实现全体人民共同富裕的重要位置，强调必须"把增进人民福祉、促进人的全面发展、朝着共同富裕方向稳步前进作为经济发展的出发点和落脚点"①，以扎实推动共同富裕的历史阶段深刻体现作为根本奋斗目标的人民对于美好生活的向往，实现了以依靠人民、为了人民的方式推动中国式现代化新道路更上一层楼。另一方面，全面建设社会主义现代化国家彰显独立自主的精神实质。中华民族通过彻底的革命实现了民族的独立与解放，将经济自主权牢牢掌握在自己手中，坚持走自己的路，独立自主探索现代化道路。在选择不同道路发展经济、推进现代化建设之时，毛泽东便认为中国走不得资本主义道路。与此相对应的是，党中央得出了"在现代中国的条件下，只有建立社会主义制度，才能真正解决我国的工业化问题"② 这一重要结论，并以此为依据历史性地探索了社会主义基本原则的实现形式，将社会主义基本原则与中国实际相结合，成功地走出了符合中国国情的独立自主的现代化道路。只有走独立自主的道路，才能真正创造世所罕见的经济发展奇迹，真切实现国家富强与人民共同富裕，推动中国的现代化发展迈上新的台阶。

二　全面建设社会主义现代化国家的科学内涵与重要特征

在全面建成小康社会的基础上，我们进入了"转型转段"的新征程。全面建设社会主义现代化国家内涵丰富，我们要深刻把握其科学内涵与重要特征。

一是从发展方位看，是大国向强国迈进的现代化国家。全面建设社会主义现代化国家是在全面建成小康社会的基础上，对以往现代化建设的全面总结和提升。新中国成立特别是改革开放以来，我国坚持

---

① 习近平：《不断开拓当代中国马克思主义政治经济学新境界》，《求是》2020年第 16 期。

② 《建国以来重要文献选编》第 9 册，中央文献出版社，1994，第 341 页。

以现代化为发展目标，经过 70 多年的艰苦奋斗，取得了举世瞩目的发展成就，创造了经济持续几十年高速增长的人间奇迹。时至今日，我们在过往现代化辉煌成就上续写全面建设社会主义现代化国家新的篇章。全面建设社会主义现代化国家标志着社会主义现代化建设进入新的历史方位，是对以往现代化建设的继承、发展和超越，是在中国共产党领导下，努力实现 14 亿人口和经济规模巨大的现代化、全体人民共同富裕的现代化、物质文明和精神文明相协调的现代化、传承中华文化和光耀中华文明的现代化、国家治理体系和治理能力的现代化、人与自然和谐共生的现代化和走和平发展道路的现代化，全面建设社会主义现代化国家成为时代发展最鲜明的标识。由此可见，全面建设社会主义现代化国家开启了从"富起来"走向"强起来"、从大国迈向强国的伟大新征程。从"富起来"走向"强起来"，到 2035 年基本实现现代化，到本世纪中叶建成社会主义现代化强国等战略安排，是基于世情、国情、党情变化的科学判断而提出的，是中国最新和最重要的战略安排。

二是从发展过程看，是"并联式"发展的现代化国家。与西方发达国家的"串联式"现代化相比，我国的现代化是"并联式"的现代化。西方发达国家在几百年的时间内完成的现代化，表现为工业化、城镇化、农业现代化、信息化等顺序的发展过程。在此过程中，西方国家有充分的发展时间处理消化各种接踵而至的难题与任务。我国用一百年左右的时间走完西方几百年走的路，决定了我国的现代化必然是一个"并联式"的过程，直接表现为工业化、信息化、城镇化、农业现代化等任务叠加发展的时空压缩过程，而这就决定了中国的现代化将在更短的时间内面临更大的挑战，即在同一时间内直面多重任务、风险与挑战。我国现代化进程是政治、经济、社会、文化以及生态环境等的急剧变革，在西方发达国家几分之一的时间内消化工业化、信息化、城镇化、农业现代化等快速发展带来的矛盾和冲突，这就对我国治理水平和治理能力现代化，特别是应对各种风险挑战的能力提出了更高的要求。

三是从发展阶段看，是后发赶超型的现代化国家。作为后发的发展中国家，我国现代化是在西方发达国家基本实现现代化后才开始的，因而是赶超型的现代化。赶超型现代化使我国面临的国际国内环境与西方发达国家有很大的不同，将更加复杂，挑战也更加艰巨。综合而言，全面建设社会主义现代化国家面临着新机遇、新挑战，"两个大局"构成了我国开启全面建设社会主义现代化国家新征程的时代背景，同时面临跨越"中等收入陷阱"和"第二大经济体陷阱"的巨大考验。一方面，全面建设社会主义现代化国家新征程的时期，仍然是我国发展的重要战略机遇期，但所直面的机遇与条件在新形势下具有了新的内涵与特征。随着对西方国家的不断赶超，我国发展面临的来自国际旧格局和发达国家的阻挠和挑战将越来越大，特别是美国等守成大国的遏制和打压将越来越露骨。近些年来，随着世界经济格局的"东升西降"，以美国为首的部分西方国家加大了对中国的封锁和遏制，中国发展面临的国际环境挑战前所未有。特别是当今世界正经历百年未有之大变局，国际环境日趋复杂，不稳定性不确定性明显增加，经济全球化遭遇逆风，新冠肺炎疫情加剧逆全球化趋势，各国内顾倾向明显。世界进入动荡变革期，单边主义、保护主义、霸权主义对世界和平与发展构成威胁。另一方面，赶超型的现代化发展道路将现代化进程压缩在较短的时间段内，发展时间急剧缩短、发展任务相互叠加，造成社会矛盾和风险的集聚，形成现代化进程中的"矛盾凸显期"。其主要原因在于新时代我国社会主要矛盾转换所带来的对发展的新要求，以及当前发展仍然存在不平衡不充分问题。这些问题具体表现为创新能力无法与高质量发展要求相适应，改革任务仍然艰巨，城乡差距、地区差距、收入分配差距仍然较大等。面对更多变数，机遇和挑战之大都前所未有，但我们有独特的政治优势、制度优势、发展优势和机遇优势，总体上机遇大于挑战。只要我们增强忧患意识，坚持底线思维，保持战略定力，全面做强自己，就一定能够有效应对复杂的国内外发展形势，在危机中育先机、于变局中开新局，创造新的更大奇迹，续写"两大奇迹"新篇章。

四是从发展领域看，是"五位一体"的现代化国家。囿于经济社会发展基本规律和客观条件，我国社会主义现代化建设虽然取得了举世瞩目的伟大成就，但还存在不少短板和弱项，各地区、各领域的发展还存在不平衡、不充分、不协调等问题。在党领导开启的把我国建设为富强民主文明和谐美丽的社会主义现代化强国的新征程中，既要实现对历史上现代化建设的继承和超越，又要对现代化建设新目标进行全面设定和追求，全方位、多领域、高水平地建设社会主义现代化国家。这个新目标要求我们紧紧抓住我国社会主要矛盾新变化，统筹推进经济建设、政治建设、文化建设、社会建设、生态文明建设的总体布局，协调推进全面建设社会主义现代化国家、全面深化改革、全面依法治国、全面从严治党的战略布局，以高质量发展为主题，坚持系统观念，全面贯彻新发展理念，统筹发展和安全，加快建设现代化经济体系，全面建设社会主义现代化国家。要言之，建设社会主义现代化强国是"五位一体"、人的全面发展的现代化，是从数量向质量、从效率向公平、从硬实力向软实力、从经济现代化向全面现代化、从器物现代化向制度现代化的全面提升。"五位一体"的现代化是一个有机整体。其中，经济建设是根本，要以高质量发展为主题，实现高水平的自立自强；政治建设是保证，要以加强党的领导为根本，把制度建设摆在突出位置，推进国家治理能力和治理体系现代化；文化建设是灵魂，要坚持把社会效益放在首位，实现社会效益和经济效益相统一；社会建设是条件，要切实解决好人民群众最关心最直接最现实的利益问题，加快形成与新发展阶段相适应的社会治理体系，建立健全党和政府主导的维护群众权益机制；生态文明建设是基础，要加快绿色发展，推进美丽中国建设。只有坚持"五位一体"建设全面推进，才能形成经济富裕、政治民主、文化繁荣、社会公平、生态良好的发展格局。

五是从发展属性看，是社会主义性质的现代化国家。全面建设社会主义现代化国家的根本性质在于社会主义属性，这也是与西方资本主义国家最显著、最根本的区别。首先，从领导主体来看，我国现代化是在中国共产党领导下的社会主义属性的现代化。中国共产党领导是中国特色社会主义最本质的特征，是中国特色社会主义制度的最大优势，党是最高政治领导力量，必须坚持把党的领导落实到社会主义现代化建设的各领域各方面各环节。其次，从奋斗目标来看，我国的现代化是实现全体人民共同富裕的现代化。我国的现代化致力于消除贫困、缩小"三大差距"，不断改善民生，最终实现共同富裕，是坚持以人民为中心，实现发展成果共享的社会主义的现代化。最后，从发展道路来看，我国的现代化是走和平发展道路的现代化。社会主义属性决定了我国社会主义现代化不能走西方发达国家对内压迫剥削、对外侵略掠夺的现代化道路，而要走国内坚持以人民为中心，国际上构建人类命运共同体，以实现人类最大多数群体共同发展、让更多的人享受到现代生活水平的和平发展道路。

六是从发展方向看，是高水平自立自强的现代化国家。改革开放 40 多年的历史和现实深刻表明，关键核心技术是要不来、买不来、讨不来的，关键核心技术等受制于人和依附于人是不可能实现高质量可持续的健康发展的。全面建设社会主义现代化强国，必须重塑我国竞争新优势，把握未来发展的主动权。加快科技自立自强，确保国家经济安全、国防安全和其他安全，才能真正掌握发展主动权，培育以及增强竞争新优势。加快构建以国内大循环为主体、国内国际双循环相互促进的新发展格局，是全面建设社会主义现代化国家的发展路径，也是实现高水平自立自强的必然选择，必须把加强科技自主创新放到首位，将自主创新放在能不能生存和发展的高度加以认识，集合优势资源，打好"卡脖子"关键核心技术攻坚战。

七是从发展目标看，是实现人的全面发展的现代化国家。全面建设社会主义现代化国家根本上服务于实现人的全面发展这一终极目的。中国社会主义现代化的发展目标在于实现人的全面发展，现代化发展始终坚持以人民为中心，为了人民、依靠人民、成果由人民共享。从中国现代化发展历史进程看，增进人民福祉、实现人的全面发展是中国共产党立党治党的本质要求，是推进人从传统向现代转型的必然要求。不仅如此，人的全面发展也是社会主义现代化的内在条件，没有人们自主创造精神的发挥和科学文化素质的提高，没有社会结构向现代化的转变和人的发展，也就难以推进整个社会的全面现代化。同时，人的发展水平对社会主义现代化具有决定性的影响。现代化的各项制度、举措等必须以人为载体，需要通过全面发展的人来完成。社会主义性质和党的领导决定了中国的现代化必然以人的全面发展为目标，在促进人的能力、人的社会关系的全面发展，促进人的个性、人的需要的充分满足等多方面着眼落实。因此，凝聚人心、完善人格、开发人力、培育人才、造福人民，不断提高人的思想道德和科学文化素质，培养德智体美劳全面发展的社会主义建设者和接班人，既是确保我国现代化建设事业行稳致远的根本依托，也是我国现代化建设的终极目的。总而言之，全面建设社会主义现代化国家是对西方现代化国家建设的全面扬弃，它更加强调以人民为中心的发展思想、扎实推进共同富裕、追求人的全面自由发展和构建人类命运共同体的国际关系理念，以此实现对西方现代化国家建设的全面超越。

三 全面建设社会主义现代化国家的时代意义

其一，全面建设社会主义现代化国家，是如期实现"两个一百年"奋斗目标和中华民族伟大复兴的必由之路。建设社会主义现代化国家是近代以来中国社会发展的一条主线，也是实现中华民族伟大复兴的必然路径。回顾近期以来探索现代化的艰辛历程，在中国共产党的领导下，经过几代人的接续奋斗，终于通过社会主义建设找到了实现中华民族伟大复兴的正确道路，并通过中国特色社会主义道路取得了举世瞩目的成就。第一个百年奋斗目标的实现即全面建成小康社会取得决定性胜利，意味着我国社会主义现代化国家建设事业达到了新高度、新台阶，标志着中华民族伟大复兴又向前迈出了决定性的关键一大步。在此基础上，乘势而上开启全面建设社会主义现代化国家新征程，全面推进社会主义现代化国家建设，推动了中华民族伟大复兴中国梦的升华，构筑了中华民族伟大复兴历史进程跨越发展的现实基础，必将推动我国现代化建设走向世界前列、实现更大跨越。

其二，全面建设社会主义现代化国家，是坚持以人民为中心、实现全体人民共同富裕和社会全面进步、践行中国共产党人初心使命的必然要求。实现共同富裕是几代中国共产党人接续奋斗的动力源泉，也是中国共产党人持续探索的宏伟目标。党的十八大以来，以习近平同志为核心的党中央坚持以人民为中心的发展思想，把脱贫攻坚作为重中之重，持续实施精准扶贫，完成了消除绝对贫困的艰巨任务，为全体人民共同富裕和社会全面进步奠定了扎实的基础。在此历史发展基础上，全面建设社会主义现代化国家突出了全体人民共同富裕和社会全面进步的重要地位，强调要使推动全体人民共同富裕取得更为明显的实质性进展。正是践行初心使命的责任担当，深刻体现了中国共产党人的历史自觉，充分反映了社会主义制度的强大优势，必将推动中国式现代化道路行稳致远。

其三，全面建设社会主义现代化国家，是为发展中国家现代化建设提供的中国方案，为推动世界和平与发展、构建人类命运共同体作出的中国贡献。中国共产党创造性地把马克思主义基本原理同本国实际相结合，坚持和发展中国特色社会主义，走出了一条与西方资本主义迥异的社会主义现代化之路。这是在主要资本主义国家已经完成现代化进程的基础上开辟的一条现代化新路，打破了对于西方式现代化的选择惯性，破解了现代化等同于西方资本主义道路的思维定式，将世界现代化道路和现代化模式由单数变为复数。中国社会主义现代化国家建设的成功实践，为发展中国家现代化建设提供了中国范式与中国样本，将极大拓展发展中国家走向现代化的途径，为谋求进步的发展中国家提供了实现现代化的重要启示与全新选择。中国现代化建设将不仅实现自身的繁荣发展，还会继续在全球经济发展中发挥"压舱石""稳定器"的重要作用，推动世界格局和力量对比向更有利于维护和平安全与稳定的方向发展，从而加快构建人类命运共同体，以历史实践回答"时代之问"。

其四，全面推进社会主义现代化国家建设，是坚持和发展马克思主义国家学说、加强马克思主义政党建设、推动社会主义从低潮走向复兴的伟大战略。在马克思主义国家学说中，共产党是推翻旧制度、建设新社会的领导力量。中国共产党自成立以来，在不同时期有针对性地设定现代化建设目标，不断进行自我革命，持续推动现代化建设，取得了举世瞩目的现代化国家建设成就。世界社会主义运动在东欧剧变与苏联解体后一度走向低潮，甚至陷入低谷。中国的奇迹式的发展为社会主义事业带来了曙光和希望，既是当今世界社会主义运动的重要典范，更指明了未来社会主义运动的方向。作为当今世界上最大的社会主义国家，中国道路的发展直接影响着世界社会主义的走向：中国建设社会主义现代化国家的壮丽篇章，将引领世界社会主义运动发展方向，推动世界社会主义事业从低潮走向复兴，必将在 21 世纪世界社会主义运动中绽放光彩。

四 全面建设社会主义现代化国家的实现路径

当前，我们面临更加复杂多变的国内外环境，自我发展与外部遏制并存，发展机遇与风险挑战同在，必须以高质量发展和高品质生活为时代主题，深入贯彻落实新发展理念，加快构建新发展格局，全面深化改革开放，着力提升国家治理效能。

（一）以高质量发展和高品质生活为时代主题

社会主义现代化建设要始终坚持人民满意标准和人民主体地位，努力实现人民对美好生活的向往，不断提升人民群众的幸福感、获得感。一是要围绕高质量发展要求切实转变发展方式，全面准确贯彻新发展理念，全面推进"五位一体"的质量变革、效率变革、动力变革，推进经济社会发展更有效率、更加公平、更为安全、更可持续。二是要构建和完善与国家战略、人民需求、资源禀赋、环境条件、人口布局、产业形态相适应的现代化经济体系、社会治理体系和社会福利体系，提高人民群众的生活品质，使发展成果更多更好地惠及全体人民。三是要坚定实施创新驱动发展战略，把科技自立自强作为社会主义现代化国家建设的战略支撑。创新是引领发展的第一动力，是提升国家竞争力的关键所在。当前，新一代信息技术飞速发展，带动新一轮科技革命和产业革命的加快孕育和发展，世界竞争格局也发生了新的变化。要聚焦解决"卡脖子问题"、补链强链、产业赋能等现实发展要求，加快实现科技成果向现实生产力的转化。

（二）以深入贯彻落实新发展理念为指导原则

全面建设社会主义现代化国家，要以新发展理念作为指导原则，用创新、协调、绿色、开放、共享发展解决发展动力问题、发展不平衡问题、人与自然和谐问题、发展内外联动问题和社会公平正义问题。一是要以人民为中心发展思想贯彻落实新发展理念。习近平总书记指出："为人民谋幸福、为民族谋复兴，这既是我们党领导现代化建设的出发点和落脚点，也是新发展理念的'根'和'魂'。"① 贯彻新发展理念要紧紧围绕"人民"两个字，做到各项发展人民推动、发展成果人民受益、发展好坏人民评判，始终把党和国家的工作重点放在群众关心的关系社会公平正义的问题上。二是要以问题为导向贯彻落实新发展理念。直面现实问题、解决现实困境，是新发展理念的科学性所在。新发展理念要求我们必须坚持问题导向，切实转变固有思维方式，在有针对性地破解改革发展难题中抓好落实、抓出成效。三是要以增强忧患意识把握新发展理念。要深刻认识复杂的国际局势对我国的影响，心怀"国之大者"，增强忧患意识，坚持底线思维，保持战略定力，坚持系统观念，统筹发展和安全，做好应对各种"黑天鹅""灰犀牛"事件的预案，不断增强发展的安全性。既要集中精力办好自己的事，又要积极参与全球治理，为国内发展创造良好环境。四是要以改革思维贯彻落实新发展理念。即不仅要以新发展理念指导引领全面深化改革，也要以全面深化改革为完整准确全面地贯彻新发展理念提供体制机制保障，围绕实现科技自立自强、推动经济平稳发展、改善自然生态环境、提高对外开放水平、促进人民共同富裕等重点领域和关键环节，继续把改革推向深入。

（三）以加快构建新发展格局为基本路径

加快构建新发展格局是全面建设社会主义现代化国家的战略选择，既有助于积极应对复杂多变的国内国际环境，也有助于发挥我国超大市场规模经济体的优势。一是推动形成国内循环高质量发展新格局。经济内循环主要包括生产、流通、分配和消费等环节，从生产端看，加强内循环就是要提高生产端的效率、降低生产成本；从流通环节看，就是要提高流通效率、降低流通成本；从分配环节看，就是要提高分配效率、推进共同富裕；从消费端看，就是要做强内需市场，刺激居民消费，加

---

① 习近平：《把握新发展阶段，贯彻新发展理念，构建新发展格局》，《求是》2021年第9期。

快构建以内需为主的消费结构。二是加快构建高水平开放型经济新体系。新发展格局不是封闭的内循环，也不是低水平的对外开放，而是要在保障经济安全和经济质量的前提下，实现高水平的对外开放。一方面，要提高科技创新能力，确保产业链自主可控，这是开放发展的前提和底线；另一方面，要不断提高产业层级和产业质量，推动产业向"微笑曲线"两端发展，积极向发达国家出口高质量产品和服务，积极拓展新的外需市场。三是推动国内国际双循环相互促进、融合发展。要主动适应全球化变局，坚持有所不为、有所必为，强化国内外产业链的关联和互动，防止两个循环生态体系脱钩，推动关键领域的进口替代，消除和打通国内国外循环的痛点和堵点，畅通国内国际双循环。

（四）以全面深化改革开放为强大动力

改革开放为社会主义现代化国家的经济建设、政治建设、文化建设、社会建设和生态文明建设提供了直接动力，是完善和发展中国特色社会主义制度、推进国家治理体系和治理能力现代化的必然路径，是主动参与和推动经济全球化进程、发展更高层次的开放型经济的必然要求。全面深化改革开放，一是要坚持社会主义市场化改革方向，持续深化"放管服"改革，全面实施市场准入负面清单制度，进一步畅通物流、资金流、人员流和信息流，推动深化土地、劳动力、资本、技术、数据等要素市场化配置改革，为各行业、产业、企业发展营造良好环境，充分激发各类市场主体活力；二是要进一步提升对外开放水平，推进贸易和投资自由化、便利化，深度融入全球产业链、价值链、供应链、创新链，依托共建"一带一路"推动建立产业链国际合作机制，构筑互利共赢的全球产业链供应链利益共同体；三是要统筹推进重要领域和关键环节的改革，破除制约高质量发展、高品质生活的体制机制障碍，强化有利于提高资源配置效率、有利于调动社会积极性的重大改革开放举措，持续增强发展动力和活力。

（五）以扎实推进共同富裕为前进方向

全体人民共同富裕深刻体现了中国特色社会主义的本质要求。当前，我国迈入人均国民生产总值1.2万美元的关口，具备了实现共同富裕的基本物质基础和条件。建设社会主义现代化国家既要国强也要民富，因此必须把扎实推进共同富裕作为建设社会主义现代化国家的前进方向。一是要推动经济高质量发展。高质量发展与高速发展既有区别又有联系。区别是高质量发展更关注经济发展的质量、经济发展的可持续性、经济结构的可竞争性，质量是第一位的；联系是高质量发展不是只要质量、不要速度的发展，而是要求经济增速达到预期范围，实现一定速度的增长。实现高质量发展，既要坚持新发展理念、构建新发展格局，提高经济发展的质量和效益，又要不断改革创新、释放经济活力，挖掘经济发展潜力。二是要坚持以人民为中心的发展思想。建立健全社会保障体系，完善国民收入分配体系，发挥好慈善捐助对于政府再分配的有益补充作用。要着力提高居民收入水平，增加劳动者特别是一线劳动者的报酬，着力扩大中等收入群体规模。要优化收入分配结构，不断完善有利于再分配调节的税收制度，重视发挥第三次分配作用。三是要全面推进乡村振兴战略。要加强乡村振兴战略与巩固脱贫攻坚成果有序衔接，提升脱贫地区整体发展水平。要提升农村供水、道路、能源建设质量和保障水平，大力实施农村人居环境整治提升行动，推动农村面貌全面改善，努力使脱贫地区实现产业兴旺、生态宜居、乡风文明、治理有效、生活富裕。

（六）以提升国家治理效能为制度重点

国家治理效能是检验一个国家治理能力的重要标尺。一方面，治理效能的提升有赖于治理主体的培育，治理主体贯彻执行制度，取得相应治理效果，达到既定治理目标，展现治理效能。另一方面，治理效能的提升有利于制度的建设，而制度是治理主体履行职责、施行治理的重要保障。具体路径和措施如下。一是要健全社会主义民主法治。要坚持党的领导、人民当家作主和依法治国的有机统一，着力推进科学立法、严格执法、公正司法、全民守法，建设一支德才兼备的高素质法治队伍。二是要完善国家行政体系。深化党和国家机构改革，加快转变政府职能，建设治理更高效、职责更明确的法治政府。进一步推动"放管服"改革，降低全社会运行成本。三是要提高社会治理水平。社会治理与人民群众的生产生活关系最紧密，因此，要提高社会治理特别是基层治理水平，推动社会治理重心下移，实现社会治理的敏捷高效。四是要提高防范化解重大风险的能力水平。一方面，要提高精准识别政治领域、经济领域、社会领域重大风险的能力，建立风险甄别和应对机制，稳妥处理各类事件；另一方面，要提高自然灾害、公共卫生等突发事件的应对能力，确保人民群众生命财产安全。

（七）以加强党的领导为根本保证

加强党对社会主义现代化国家建设的全面领导，需要在不断深化对共产党执政规律、社会主义建设规律、人类社会发展规律的认识中，持续探索和创新党的全面领导理论，以健全党的全面领导制度等为重要方式，确保全面建设社会主义现代化国家沿着正确方向前行。一是要发挥党对中国特色社会主义道路和方向的领导和引领作用。全面建设社会主义现代化国家必须沿着中国特色社会主义道路前进，而中国共产党是中国特色社会主义事业的领导核心，因此确保党始终处在总揽全局、协调各方的地位是建设社会主义现代化国家的必然选择。必须坚持党对各个领域、各个方面的领导，并将其贯彻到治国理政特别是社会主义现代化国家建设的全过程，确保党把方向、谋大局、定政策。二是要推进全面从严治党。把强化党内监督作为党的建设的重要基础性工程，完善监督制度，健全国家监察组织架构，做好监督体系顶层设计，全面落实党内监督责任。要增强管党治党意识，落实好全面从严治党的主体责任，把党的领导体现到日常管理监督中，使全面从严治党成为常态。三是要健全党的全面领导制度，强化制度保障。要按照党的十九届四中全会要求坚持和完善十三个方面的制度优势，坚定维护党中央权威和集中统一领导的各项制度，落实和完善"两个维护"的制度机制体系。

中国式现代化的共同富裕：
内涵、理论与路径[*]

张占斌

历经百年探索，中国共产党走出了一条中国式现代化新道路，创造了人类文明新形态。中国式现代化是中国共产党领导的社会主义现代化，习近平在中央财经委员会第十次会议上强调，"共同富裕是社会主义的本质要求，是中国式现代化的重要特征"①。全面理解中国式现代化的共同富裕的科学内涵，揭示蕴含在其中的马克思主义基本原理，梳理中国共产党的实践路径，对在"2035 年远景目标"下推动全体人民共同富裕取得更为明显的实质性进展、到本世纪中叶全体人民共同富裕基本实现，具有极其重要的意义。

一　中国式现代化的共同富裕内涵

中国式现代化既有现代化的一般含义，又有中国式的特殊含义，是有别于西方国家的现代化。共同富裕作为中国式现代化的重要特征，其内涵也兼具一般性和特殊性。

---

* 2021 年度国家社会科学基金重大项目"开启全面建设社会主义现代化国家新征程研究"（21ZDA001）和 2021 年度国家社会科学基金重点项目"新时代中国特色社会主义政治经济学创新发展研究"（21AKS014）的阶段性成果。本文原载于《当代世界与社会主义》2021 年第 6 期，收入本书时有改动。

① 《习近平主持召开中央财经委员会第十次会议强调　在高质量发展中促进共同富裕　统筹做好重大金融风险防范化解工作》，《人民日报》2021 年 8 月 18 日。

（一）共同富裕的一般内涵

从中国古代的"大同"，到近代西方的"乌托邦"，再到马克思恩格斯设想的共产主义社会，都包含着实现共同富裕的梦想。习近平强调，"我们说的共同富裕是全体人民共同富裕，是人民群众物质生活和精神生活都富裕"①。从一般内涵看，共同富裕至少包含物质文明和精神文明两个方面的含义。

一方面，共同富裕指物质文明更加丰富。美国社会学家亚历克斯·英克尔斯（Alex Inkeles）提出了现代化的衡量指标，具体包括"人均GDP、农业产值占比、非农就业占比、服务业占比、城镇化率、大学普及率、平均寿命、成人识字率、医生情况和人口自然增长率等"②，这些指标都共同指向物质文明的更加丰富。中国式现代化作为世界现代化的重要组成部分，共同富裕至少需要满足现代化的衡量指标，即通过大力发展生产力，在物质上实现富足。新中国成立以来，我国进行了积极的社会主义建设和改革探索，为现代化的实现奠定了根本政治前提和制度基础。改革开放以来，我国国内生产总值年均增速为 9.5%，国内生产总值占世界生产总值比重为 15.2%，成为世界第二大经济体、制造业第一大国、货物贸易第一大国、商品消费第二大国、外资流入第二大国③，实现了"国富"；2020 年我国人均国内生产总值超过 1 万美元，全国居民人均可支配收入从 1978 年的 171 元增长至 2020 年的 32189元④，人均财产净收入占可支配收入的比重为 8.7%⑤，人民生活条件不

---

① 习近平：《扎实推动共同富裕》，《求是》2021 年第 20 期。

② 张占斌、王学凯：《中国式现代化：理论基础、思想演进与实践逻辑》，《行政管理改革》2021 年第 8 期。

③ 习近平：《在庆祝改革开放 40 周年大会上的讲话》，《求是》2018 年第 24 期。

④ 《中华人民共和国 2020 年国民经济和社会发展统计公报》，国家统计局网站，2021 年 2 月 28 日，http：//www. stats. gov. cn/tjsj/zxfb/202102/t20210227_1814154. html。

⑤ 《2020 年居民收入和消费支出情况》，国家统计局网站，2021 年 1 月 18 日，http：//www. stats. gov. cn/tjsj/zxfb/202101/t20210118_1812425. html。

断改善，初步实现了"富起来"。特别是在中国共产党成立 100 周年的重要时刻，我国脱贫攻坚战取得了全面胜利，完成了消除绝对贫困的艰巨任务，如期完成全面建成小康社会的目标。在此基础上，党团结带领全国各族人民开启了第二个百年奋斗的目标，提出到 2035 年全体人民共同富裕取得更为明显的实质性进展，到本世纪中叶全体人民共同富裕基本实现。这两个阶段性目标的实现需要以物质文明的更加丰富为基础。之所以提到"更加丰富"，是因为考虑到在将来的社会主义更高阶段共同富裕可能会上一个更大的台阶。如果到了马克思恩格斯设想的共产主义社会，那"将是物质财富极大丰富，人民精神境界极大提高"①。所以，我们说现阶段讲的共同富裕应当是指物质文明更加丰富。

另一方面，共同富裕还指精神文明的更大发展。共同富裕并非简单的物质占有，物质文明更加丰富只是重要的一方面，共同富裕理应还包含精神文明更大发展，是物质文明和精神文明的有机结合和同步发展②。马克思主义追求"人的全面而自由的发展"，其中"全面"就包含了物质和精神、人与自然和谐共生的内在统一。物质文明是精神文明的基础，但仅仅有物质文明的进步是不够的，还需要有精神文明的发展，两者是同步进行、互相促进、相互协调的关系。不论是物质文明发展滞后于精神文明发展，还是精神文明发展滞后于物质文明发展，都不是真正意义上的共同富裕。

（二）共同富裕的特殊内涵

共同富裕不是少数人、少数地区的富裕，而是全体人民的富裕。除了一般内涵，共同富裕在中国式现代化的语境下，还有一些特殊的内涵，具体表现为以下几点。

从时间维度看，共同富裕具有非同步性，需要在动态发展中分阶段实现。由于各地区的地理位置、资源禀赋等外在条件，以及不同主体的能力禀赋、努力程度等内在条件都存在差异，所有地区、所有主体无法

---

① 《改革开放三十年重要文献选编》（下），中央文献出版社，2008，第1182 页。

② 参见丛玉翠《论实现"共同富裕"中的精神文明思想》，《理论学刊》1996年第 1 期。

同步实现富裕。换言之，共同富裕不是"齐步走"的同时富裕，时间上会有先有后，具有非同步性。历史经验教训表明，如果一味追求同步富裕，人的主观能动性将不复存在，人将失去劳动、学习和创新的积极性。正因为如此，需要"让一部分人、一部分地区先富起来"①，充分激发广大人民群众的积极性和创造性，然后先富裕起来的人和地区需要"带动和帮助落后的地区……根本目标是实现共同富裕"②。"先富带后富，从而达到共同富裕"思想对中国式现代化的共同富裕起着指引作用。在实践中，从区域看，我国首先鼓励东部沿海地区快速发展，然后实施西部大开发、促进中部崛起、振兴东北等区域发展战略，鼓励和引导东部地区带动中西部地区、东北地区共同发展；从城乡看，改革开放初期，我国优先发展城市工业，然后逐步打破城乡二元结构，推进"以工促农、以城带乡、工农互惠、城乡一体"的新型城乡关系，并大力实施乡村振兴战略。从点到线、从线到面、从面到体，共同富裕的非同步性符合事物变化规律，也符合经济社会发展规律。习近平强调："我们要实现 14 亿人共同富裕，必须脚踏实地、久久为功，不是所有人都同时富裕……时间上也会有先有后……这是一个在动态中向前发展的过程，要持续推动，不断取得成效。"③ 我们对实现共同富裕的长期性、艰巨性、复杂性要有正确的认识。

从程度维度看，共同富裕具有非同等性，承认合理的差距。共同富裕指的是贫富差距较小，但并不意味着不存在任何差距。共同富裕绝不是搞"同等化""平均主义"，不同地区富裕程度还会存在一定差异，不同人群富裕程度有高有低。历史上，共同富裕带有不同程度的同等化、平均主义倾向。中国古代思想家对共同富裕提出了诸多思想，如孔子的"不患寡而患不均"，韩非子的"论其税赋以均贫富"，历代农民起义也喊出了类似共同富裕的口号，如"等贵贱、均贫富"，等等。这些思想和实践都带有一定程度的平均主义色彩。新民主主义革命时期，"打土豪、分田地"的土

---

① 《邓小平文选》第 3 卷，人民出版社，1993，第 166 页。
② 《邓小平文选》第 3 卷，人民出版社，1993，第 155 页。
③ 习近平：《扎实推动共同富裕》，《求是》2021 年第 20 期。

地革命是共同富裕思想的典型，新中国成立初期的供给制也带有平均主义的特点。新中国成立到改革开放前，由于受到长期的"等贵贱、均贫富"思想影响，叠加意识形态束缚和发展经验不足，我国对共同富裕的认识同样具有平均主义色彩①。城市地区取消计件工资和奖金，农村地区实行农业合作化运动，忽视了经济规律，影响了中国式现代化的发展进程和共同富裕的实现进程。改革开放以后，我国对共同富裕的认识越来越科学，不再将共同富裕视为同等富裕，而是允许一定差距的存在，这也是促进效率的一个重要方式。习近平强调："也不是所有地区同时达到一个富裕水准，不同人群不仅实现富裕的程度有高有低……不同地区富裕程度还会存在一定差异，不可能齐头并进。"②

从实现手段看，共同富裕具有非剥夺性，其实现须依托制度安排。资本主义以生产资料私人占有制为特点，资产阶级处于剥削地位，无产阶级处于被剥削地位，二者在阶级属性上有天然的矛盾。换言之，资产阶级剥夺了无产阶级的富裕权利，资产阶级和无产阶级走向两极分化，资本主义无法实现共同富裕。"共产主义并不剥夺任何人占有社会产品的权力，它只剥夺利用这种占有去奴役他人劳动的权力。"③ 社会主义以公有制为特征，巧妙地弱化、转化了阶级矛盾，将重心放在发展生产力、调整生产关系上面，最终目标是实现共同富裕。新中国成立后，我们逐步探索形成了社会主义初级阶段的基本路线、基本方略、基本政策。党的十九大对我国社会主要矛盾作出新的判断，即社会主要矛盾已经转化为人民日益增长的美好生活需要和不平衡不充分的发展之间的矛盾。为了破解这个矛盾，我们必须基于社会主义初级阶段的基本国情和发展实际，不断完善社会主义基本经济制度，坚持"两个毫不动摇"，鼓励"勤劳创新致富"，"保护产权和知识产权，保护合法致富"④。我国宪法第十三条明确规定："公民的合法的私有财产不受侵犯。"不断完善分配制度，强调初次分配、再分配和三次分配的作用，并不是搞"杀富济

---

① 参见张琦《传承中发展的共同富裕思想》，《群言》2021 年第 5 期。

② 习近平：《扎实推动共同富裕》，《求是》2021 年第 20 期。

③ 《马克思恩格斯文集》第 2 卷，人民出版社，2009，第 47 页。

④ 习近平：《扎实推动共同富裕》，《求是》2021 年第 20 期。

贫""劫富济贫"，并不是剥夺先富群体、先富地区的财富，而是通过构建初次分配、再分配、三次分配协调配套的基础性制度安排，更好地鼓励和引导先富群体、先富地区带动后富群体、后富地区共同发展，正确处理效率和公平的关系。

从来源维度看，共同富裕具有非享受性，依靠共同奋斗。为了缓解资产阶级和无产阶级的矛盾，以瑞典为代表的部分西方资本主义国家实行"从摇篮到坟墓"的高水平福利制度，但该制度下"养懒汉"现象频发，政府很快就无法承担巨额支出①。高福利制度降低了市场配置资源的效率，拖累了经济社会发展，福利刚性已经成为福利国家的"阿喀琉斯之踵"②。长期推行新自由主义的美国通过宣传自由贸易对经济、社会和政治的积极作用，引导人们相信可以从参与中获得好处，宣扬股票资本的盈利是衡量企业的唯一标准，形成新资本主义。这种方式在短期起到过显著作用，但长期来看，掩盖了资产阶级对无产阶级的剥削，摧毁了社会凝聚力，理想化了投资盈利和奢侈消费③。最终，人民仍需面对债务、贸易赤字、暴力犯罪等问题。中国式现代化的共同富裕鼓励勤劳创新致富，不"养懒汉"。恩格斯设想在未来社会"所有人共同享受大家创造出来的福利"④，列宁提出"共同劳动的成果不应该归一小撮富人享受，应该归全体劳动者享受"⑤，都明确强调了创造或劳动的地位。进入共产主义社会，劳动不再是谋生的手段，而成为生活的第一需要。习近平强调："幸福生活都是奋斗出来的，共同富裕要靠勤劳智慧来创造。……要防止社会阶层固化，畅通向上流动通道，给更多人创造致富

---

① K. O. Feldt, What Happened to the Swedish Welfare Paradise? The Report SOMFY International Symposium Enlightenment in Stockholm 15-19, May 1996, pp. 66-72.

② 刘保中、李春玲：《高福利制度下的"懒人现象"》，《人民论坛》2018 年第 14 期。

③ 参见 H. 屈恩格《福利社会的危机》，张庆熊译，《国外社会科学》2000 年第 2 期。

④ 《马克思恩格斯文集》第 1 卷，人民出版社，2009，第 689 页。

⑤ 《列宁全集》第 7 卷，人民出版社，2013，第 112 页。

机会，形成人人参与的发展环境，避免'内卷'、'躺平'。"① 中国式现代化的共同富裕并非享受型，而是需要共同劳动、共同创造，在人人参与、人人尽力的基础上实现人人享有。

二 中国式现代化的共同富裕理论

从某种意义上来说，马克思主义就是关于人类共同富裕的理论②。中国式现代化的共同富裕理论源于马克思主义对共同富裕的探讨，中国共产党将马克思主义基本原理与中国实践相结合，继承并发展了共同富裕理论。

（一）马克思主义视域下的共同富裕理论

马克思主义对资本主义条件下的"两极分化"进行了深刻批判，进而衍生出对新的社会制度的构想："社会生产力的发展将如此迅速……生产将以所有的人富裕为目的。"③

首先，马克思主义阐明了共同富裕的演变规律。历史唯物主义将人类社会分为原始社会、奴隶社会、封建社会、资本主义社会和共产主义社会五个阶段。原始社会生产力水平极为低下，满足基本的生存需求都很困难，达到富裕更是遥不可及；奴隶社会和封建社会以生产资料私有制为特征，或是奴隶完全被奴隶主占有，或是农民对地主存在依附关系，充满压迫和剥削，也无法达到共同富裕；资本主义社会生产力水平极大提高，"资产阶级在它的不到一百年的阶级统治中所创造的生产力，比过去一切世代创造的全部生产力还要多，还要大"④，但由于其生产资料私有制的固有矛盾，同样无法达到共同富裕。共产主义社会以生产资料公有制为基础，从根本上解决了阶级对立，为最终达到共同富裕奠定了

---

① 习近平：《扎实推动共同富裕》，《求是》2021年第20期。
② 参见邱海平《马克思主义关于共同富裕的理论及其现实意义》，《思想理论教育导刊》2016年第7期。
③ 《马克思恩格斯文集》第8卷，人民出版社，2009，第200页。
④ 《马克思恩格斯文集》第2卷，人民出版社，2009，第36页。

基础。

其次，马克思主义揭示了共同富裕的阶段性和必然性。共同富裕具有阶段性，马克思将共产主义社会分为第一阶段和高级阶段。在共产主义社会的第一阶段，实行生产资料公有制基础上的按劳分配制度，保证劳动者权利平等；在共产主义社会的高级阶段，劳动成为生活的第一需要，实行按需分配制度，达到完全意义上的全社会所有成员共同富裕。共同富裕具有必然性，在充分研究资本主义社会经济运动规律后，马克思主义揭示了资本主义社会无法实现共同富裕的现实，肯定了资本主义发展为实现共产主义社会的共同富裕创造了物质基础和前提，但是"资产阶级的灭亡和无产阶级的胜利是同样不可避免的"①，共同富裕必然实现。

最后，马克思主义论证了共同富裕的实现方法。一方面，建立无产阶级政权。资产阶级政权具有压迫性和剥削性，"无产阶级将利用自己的政治统治，一步一步地夺取资产阶级的全部资本，把一切生产工具集中在国家即组织成为统治阶级的无产阶级手里"②。另一方面，大力发展生产力。夺取资产阶级的资本和生产工具不是目的，而是一种发展生产力的手段，要想实现共同富裕，必须"尽可能快地增加生产力的总量"③，既要求在数量上有所增加，又要求在时间上尽量缩短，只有快速、大幅发展生产力，才能更好地体现无产阶级政权的优越性。

（二）中国式现代化的共同富裕理论核心

中国式现代化的共同富裕理论与马克思主义的共同富裕理论一脉相承，其中最为核心的是关于"人的全面而自由的发展"，这也是中国共产党"以人民为中心"思想的重要源泉。

其一，人的全面发展。在资本主义社会，大工业发展所采取的分工机制将人割裂开来，一条流水线上的工人只能类似机器的某个零部件，

---

① 《马克思恩格斯文集》第 2 卷，人民出版社，2009，第 43 页。
② 《马克思恩格斯文集》第 2 卷，人民出版社，2009，第 52 页。
③ 《马克思恩格斯文集》第 2 卷，人民出版社，2009，第 52 页。

从事简单重复劳动，这是一种片面的畸形的人的发展。中国式现代化的共同富裕所追求的人的发展，是社会主义制度下的人的全面发展，"人以一种全面的方式，就是说，作为一个完整的人，占有自己的全面的本质"①，是人的身心发展、需求满足、能力发展的有机统一，是人与自然和谐共生的有机统一。在不同发展阶段，人民对物质文化、精神文化的需要，对美好生活的需要，都是为了满足人的全面发展。

其二，人的自由发展。在资本主义社会，工人劳动创造出了商品这种物，但是这种物并不被工人占有，而是通过剩余价值的方式被资本家无偿占有。工人要想获得和使用这种物，就不得不参与资本家组织的生产劳动，通过劳动获得工资才能换取物的所有权和使用权。"过去表现为个人对个人的统治的东西，现在则是物对个人、产品对生产者的普遍统治"②，这使得劳动变成非自愿的选择。进一步地，借助工人的抽象劳动，物获得了除了使用价值之外的价值，这种价值逐渐演化为社会财富的象征，驱使劳动者崇拜、追求，"劳动产品一旦作为商品来生产，就带上拜物教性质，因此拜物教是同商品生产分不开的"③。中国式现代化的共同富裕，追求社会主义制度下人的自由发展。在此基础上，不断满足人的需要，将来还要构建更高社会形态的"自由人联合体"，每个人作为社会的个人，实现人的自由与社会自由的高度统一。

其三，人的主观能动性和创造性的发挥。物质决定意识，但意识对物质具有能动的反作用。在资本主义社会，资本家通过一些物质激励，试图调动人的主观能动性和创造性，但是这种外生性的方法效果并不显著，因为受限于生产资料私人占有制，劳动者深知其创造的剩余价值将被资本家无偿占有。中国式现代化追求的共同富裕，得益于生产资料公有制，劳动者可以内生性地发挥主观能动性和创造性，随着发展水平不断提高，劳动者会将劳动视作生活的第一需要，从而更加主动积极地发挥主观能动性和创造性。

---

① 《马克思恩格斯文集》第 1 卷，人民出版社，2009，第 189 页。
② 《马克思恩格斯全集》第 42 卷，人民出版社，1979，第 30 页。
③ 《马克思恩格斯全集》第 42 卷，人民出版社，2016，第 817 页。

（三）中国式现代化的共同富裕理论演进

中国式现代化的共同富裕理论并非一蹴而就，而是根据发展阶段、发展水平的变化而不断变化。新民主主义革命时期，由于推翻"三座大山"是主要任务，中国共产党当时对于共同富裕的认识并不是很多。新中国成立之后，中国共产党对共同富裕的认识，总体上经历了从片面简单到全面科学的演进过程。

新中国成立之后到改革开放，中国共产党对共同富裕的认识在实践中不断深化。毛泽东率先提出共同富裕的主张。1953 年 12 月 16 日发布的《中共中央关于发展农业生产合作社的决议》提出："为着进一步地提高农业生产力……并使农民能够逐步完全摆脱贫困的状况而取得共同富裕和普遍繁荣的生活。"① 1955 年，毛泽东再次强调，"在农村中消灭富农经济制度和个体经济制度，使全体农村人民共同富裕起来"②，并提出建立社会主义制度，"现在我们实行这么一种制度，这么一种计划，是可以一年一年走向更富更强的，一年一年可以看到更富更强些。而这个富，是共同的富，这个强，是共同的强"③。这个阶段提出的共同富裕大多限于物质文明，即从物质生活上使人民富裕起来，并且带有一定的平均主义色彩，片面强调共同富裕过程公平和分配上绝对平等，压抑了劳动者积极性，损害了生产效率④。

从改革开放至党的十八大，中国共产党对共同富裕的认识更加丰富全面。邓小平将共同富裕视作社会主义的本质属性："社会主义的本质，是解放生产力，发展生产力，消灭剥削，消除两极分化，最终达到共同富裕。"⑤ 并且，他深刻认识到共同富裕包括物质文明和精神文明，认识

---

① 《中共中央文件选集（1949 年 10 月—1966 年 5 月）》第 14 册，人民出版社，2013，第 443~444 页。

② 《毛泽东文集》第 6 卷，人民出版社，1999，第 437 页。

③ 《毛泽东文集》第 6 卷，人民出版社，1999，第 495 页。

④ 参见邱海平《共同富裕的科学内涵与实现途径》，《政治经济学评论》2016 年第 4 期。

⑤ 《邓小平文选》第 3 卷，人民出版社，1993，第 373 页。

到"先富带动后富"的科学性，认识到改革开放的重要性。"三个代表"重要思想、科学发展观也进一步阐释了共同富裕的内涵、目标、路径等。这个阶段对共同富裕的认识不仅限于物质文明，更包含精神文明，并且不再强调同步、同等富裕，而是让一部分人先富起来，通过"先富带动后富"，充分激发人民的积极性、主动性、创造性，使得共同富裕理论更加丰富全面。

党的十八大以来，中国共产党进一步强调了共同富裕的时代意蕴和重要特征。这个阶段，中国共产党对共同富裕的认识更加全面、细致，幼有所育、学有所教、劳有所得、病有所医、老有所养、住有所居、弱有所扶等任务细化了共同富裕的内容。同时，对实现共同富裕的复杂性和必然性有科学的认识。党的十八大以来，"以人民为中心"的思想成为阐释和落实共同富裕的新时代意蕴。习近平提出新发展理念，其核心在于使人民能够共同享受经济、政治、文化、社会、生态等实实在在的发展成果，也能够从中体会到获得感、幸福感、安全感，还能实现和捍卫人的尊严、价值、追求等①，强调共同富裕是社会主义的本质要求，是中国式现代化的重要特征。当然，我们也要认识到促进全体人民共同富裕是一项长期任务、现实任务，对共同富裕的长期性、艰巨性、复杂性要有充分的估计，对实现共同富裕要有坚定的信心。

三　中国式现代化的共同富裕路径

中国共产党就如何实现中国式现代化的共同富裕的问题进行了积极的探索。以"蛋糕"类比共同富裕，可归纳出中国式现代化共同富裕的路径。

（一）"做大蛋糕"：牢牢把握和坚持社会主义初级阶段基本路线不动摇

人口多是我国的基本国情之一，要想实现中国式现代化的共同富裕，

---

① 参见蔡克文《从毛泽东到习近平：共享发展理念的演进》，《改革与战略》2017 年第 2 期。

需要从数量上"做大蛋糕"，这有赖于坚持发展是硬道理、发展是执政兴国的第一要务的理念，同时要坚持全面和高质量发展，坚持以经济建设为中心，走经济、政治、文化、社会、生态全面发展的中国式现代化新道路。

一方面，以经济建设为中心。中国式现代化的共同富裕首先要提高物质文明的程度，经济建设成为重中之重。党的十一届三中全会作出把全党工作重点转移到社会主义现代化建设上来和实行改革开放的战略决策，党的十三大正式确立了社会主义初级阶段基本路线，为此后中国式现代化的共同富裕指明了方向。邓小平指出："现在要横下心来，除了爆发大规模战争外，就要始终如一地、贯彻始终地搞这件事，一切围绕着这件事，不受任何干扰。就是爆发大规模战争，打仗以后也要继续干，或者重新干。"① 集中精力建设经济、建设现代化的社会主义强国，在数量上"做大蛋糕"，是通向共同富裕的核心路径。

另一方面，推动其他领域共同发展。中国式现代化的共同富裕是多方面的，经济、政治、文化、社会、生态等都包含在内，除了要以经济建设为中心，还要推动政治、文化、社会、生态等领域共同发展。"为了建设现代化的社会主义强国，任务很多，需要做的事情很多，各种任务之间又有相互依存的关系，如像经济与教育、科学，经济与政治、法律等等，都有相互依存的关系，不能顾此失彼。"② 从更加全面的视角"做大蛋糕"，是通向共同富裕的重要路径。

（二）"做实蛋糕"：完善公有制为主体、多种所有制经济共同发展的基本经济制度

中国式现代化的共同富裕依靠的是公有制为主体、多种所有制经济共同发展的基本经济制度。要通过调动和发挥公有制和多种所有制经济成分的力量来"做实蛋糕"。

一方面，毫不动摇地巩固和发展公有制经济。邓小平指出："我们

---

① 《邓小平文选》第 2 卷，人民出版社，1994，第 249 页。
② 《邓小平文选》第 2 卷，人民出版社，1994，第 249~250 页。

始终坚持两条根本原则，一是以社会主义公有制经济为主体，一是共同富裕。"① 社会主义公有制的确立，从根本上保证了人民对生产资料的所有权，在制度上消除了劳动力与生产资料相结合的障碍②。公有制为主体，并非要求公有制在经济社会中占据绝对统治地位，公有制的主体地位体现在公有资产在社会总资产中占优势，国有经济控制国民经济命脉并对经济发展起主导作用。在不同地区、不同行业，不要求公有资产必须完全超过非公有资产，国有经济的主导作用主要表现在控制力、带动力和影响力，而非简单的数量比例控制。坚持公有制经济为主体，是中国式现代化的共同富裕的坚实基础。

另一方面，毫不动摇地鼓励、支持、引导非公有制经济发展。非公有制经济是社会主义市场经济的重要组成部分，是我国经济社会发展的重要基础。习近平指出："民营经济具有'五六七八九'的特征，即贡献了50%以上的税收，60%以上的国内生产总值，70%以上的技术创新成果，80%以上的城镇劳动就业，90%以上的企业数量。"③ "民营经济离场论""新公私合营论""控制民营企业论"等论调完全错误，违背了中国共产党的大政方针。推进非公有制经济发展，是中国式现代化的共同富裕的强劲助力，忽视这个问题就动摇了社会主义基本经济制度。因此，要旗帜鲜明地维护社会主义基本经济制度，不能有一丝一毫的动摇。

（三）"做优蛋糕"：不断坚持、巩固和完善社会主义市场经济体制

中国式现代化的共同富裕不仅体现在数量上，更要体现在质量上，"做优蛋糕"是题中应有之义。只有通过不断完善社会主义市场经济体制，推动经济实现高质量发展，才能"做优蛋糕"，使共同富裕的含金

---

① 《邓小平文选》第3卷，人民出版社，1993，第142页。
② 参见程恩富、刘伟《社会主义共同富裕的理论解读与实践剖析》，《马克思主义研究》2012年第6期。
③ 习近平：《在民营企业座谈会上的讲话》，人民出版社，2018，第4~5页。

量更高。

一是夯实社会主义市场经济基础性制度。建立和完善社会主义市场经济体制是中国共产党和中国人民的伟大创造。作为市场经济的一种形态，社会主义市场经济需要不断夯实基础性制度，包括产权、市场准入和公平竞争等。清晰的产权制度有利于增强人民的获得感。在走向共同富裕的路上，产权制度的保护会使人民的预期更为明确、动力更为强大。公平的市场准入制度，有利于增强人民的参与感。在通向共同富裕的路上，人民会更愿意为了美好生活而不断奋斗。公平的竞争制度，有利于增强人民的安全感。在通向共同富裕的路上，人民会更踏实地在公平竞争的社会环境中持续奋斗。

二是推进要素市场化配置改革。经济体制改革的核心问题是处理好政府和市场的关系。要发挥好有效市场和有为政府的两个优势。政府和市场各有优点和局限性，"政府失灵"和"市场失灵"在一定条件下时有发生。要实现共同富裕，单纯依靠政府或市场，都是不现实的。过去很长一段时间，我们对市场作用的认识是有限的。从计划经济体制到市场在资源配置中起基础作用，再到市场在资源配置中起决定性作用，反映了认识、实践、再认识、再实践不断发展的过程。实现共同富裕，需要最大限度地激发市场活力，凡是能由市场决定的都交给市场。同时，要更好地发挥政府作用。政府在资源配置中起着保障、调控的作用。如果完全放任市场配置资源，必然出现不公平、不公正的现象。为了弥补市场的不足，就需要更好地发挥政府的作用，确保实现共同富裕的机会、条件大致平等。

三是完善法治和民生保障。社会主义市场经济体制需要具有权威性、稳定性、持续性的制度环境作前提和保障。不健全的法治体系会破坏"做优蛋糕"的基础，甚至破坏"做大蛋糕"的基础，只有不断完善社会主义市场经济法治体系，做到有法可依、有法必依、违法必究，才能保障共同富裕顺利实现。从民生保障层面看，不同步、不同等的富裕是共同富裕的特殊含义，但中国式现代化的共同富裕的优越性就体现在，通过坚持和完善民生保障制度，让改革发展成果更多更公平惠及全体人民。

（四）"分好蛋糕"：完善按劳分配为主体、多种分配方式并存的分配制度

"做大蛋糕""做实蛋糕""做优蛋糕"都是中国式现代化的共同富裕的必要条件，"分好蛋糕"则是实现共同富裕的充分条件。我们更需要在"分好蛋糕"上下功夫，坚持和完善按劳分配为主体、多种分配方式并存的分配制度。

一方面，坚持以按劳分配为主体。虽然马克思主义认为按劳分配原则未能实现实质上的平等，但至少实现了形式上的公平①。关于是否实行按劳分配为主体，有过多次理论争鸣，每一次争鸣都推动了以按劳分配为主体的分配制度改革②。分配方式要与一定的生产力和生产关系相适应。在社会主义初级阶段，以按劳分配为主体符合实际的生产力和生产关系。按劳分配的关键点在于坚持劳动是分配的基本依据。要形成尊重劳动、热爱劳动、崇尚劳动的社会风气。

另一方面，坚持多种分配方式并存。改革开放初期，除劳动外，对于资本、技术、土地、管理等生产要素能否参与分配，在理论认识和法律政策上有过争论。但是随着改革的推进，有必要在法律上认可其他生产要素的地位和作用。1999年宪法修正案增加了"坚持按劳分配为主体、多种分配方式并存的分配制度"条款。现在，生产要素已经不再局限于传统的劳动、资本、土地、技术、管理，还包括知识、数据等，未来还可能涌现出其他新的生产要素。这些生产要素由市场评价贡献、按贡献决定报酬，共同构成分配的依据。要形成"有钱的出钱（资本），有力的出力（劳动力），有知识的奉献知识（技术和管理），有资源的出资源（数据）"③的生产要素组合方式，共同出力、共享成果，推动共同富裕取得实质性进展。

---

① 参见张卓元等《新中国经济学史纲（1949—2011）》，中国社会科学出版社，2012，第94页。

② 参见魏众、王琼《按劳分配原则中国化的探索历程——经济思想史视角的分析》，《经济研究》2016年第11期。

③ 许安标：《分配制度：从"按劳分配"到"多种分配方式并存"》，《人民日报》2002年12月4日。

四　在高质量发展中促进共同富裕

伴随进入新发展阶段，中国式现代化的共同富裕有了新的要求，即在高质量发展中促进共同富裕。2021年，中共中央、国务院下发文件，把浙江省作为高质量发展建设共同富裕示范区。这对浙江省的发展给予了很高的评价和更多的期待。从全国来看，在高质量发展中促进共同富裕还需要在以下方面多做努力。

一是靠改革来解放、发展和保护生产力。共同富裕的一般内涵表明，物质文明和精神文明的富裕是最基本的要素，这离不开大力发展生产力，即"发展是硬道理"。从制度竞争的角度讲，社会主义将来要优于资本主义或战胜资本主义，必须要靠解放、发展和保护生产力才能够实现。改革是解放和发展社会生产力的关键，是推动国家发展的根本动力。要通过深化改革激发新动能，解放、发展和保护生产力，继续"做大蛋糕"；要坚定不移推进改革，加强国家治理体系和治理能力现代化建设，提高资源配置效率，调动全社会积极性，保持经济增速处于合理区间；要坚定不移扩大开放，依托我国大市场优势，在更大范围、更宽领域、更深层次实施对外开放。

二是持续"做优蛋糕"。站在新发展阶段来审视，尽管我国已经成为世界第二大经济体，但人均国内生产总值在世界仍属于中等水平，在继续"做大蛋糕"的同时，也需要从质量上"做优蛋糕"，从注重"有没有"到注重"好不好"或"优不优"转变，实现高质量发展。要以高质量发展为主题，紧密联系高质量发展与高品质生活，做强、做优、做好共同富裕的经济基础；要贯彻新发展理念，将"创新、协调、绿色、开放、共享"的新发展理念贯穿发展全过程和各领域，推动质量变革、效率变革、动力变革；要构建以国内大循环为主体、国内国际双循环相互促进的新发展格局，坚持扩大内需的战略基点。

三是完善收入分配格局。以共同富裕为目标导向，构建、完善初次分配、再分配、三次分配协调配套的基础性制度安排。初次分配聚焦效率，要提高劳动报酬在初次分配中的比重，推动居民收入增长和经济增长同步、劳动报酬提高和劳动生产率提高同步；同时注重多种分配方式并存，健全生产要素由市场评价贡献、按贡献决定报酬的机制。再分配注重公平，发挥税收、社会保障、转移支付等的调节作用。税收方面要落实税收法定原则，逐步提高直接税比重，不断完善个人所得税、消费税，适时推进房地产税、遗产税和赠与税的设立；转移支付方面要规范政府收支，提高民生支出比重①。三次分配强调责任，倡导高收入群体积极承担社会责任，带动更多群体走向共同富裕。要加强对慈善机构的管理，鼓励企业、社会团体和个人捐款，促进公益基金会和志愿者组织发展。

四是优化收入分配结构。共同富裕的健康形态不是整齐划一的平均主义，而是要形成中间大、两头小的"橄榄型"分配结构，这需要扩大中等收入群体比重。建议实施中等收入群体倍增行动，到 2035 年，中等收入群体争取达到 8 亿~9 亿人。如果能够实现的话，将强有力地支撑构建新发展格局，培育国内超大规模市场体系，稳住中国经济的基本盘。因此，要想方设法推动城乡居民收入普遍增长。要鼓励企业家创新创业，鼓励员工持股。需要增加低收入者收入，争取有更多的低收入者逐步上升到中等收入群体。尽管已经消灭了绝对贫困，但返贫的风险依然存在，要加大普惠性人力资本投入，促进基本公共服务均等化，提升低收入群体自我发展的能力，加强对少数低收入群体的"兜底"；需要合理调节高收入，依法保护合法收入，鼓励高收入人群和企业回报社会，完善慈善公益事业各项制度；坚决取缔非法收入，对于不合理收入要清理规范。

五是完善基本公共服务体系。基本公共服务体现着公共性、普惠性和社会公平性，是实现共同富裕的基础性工程。要重塑以人民对美好生活向往为导向的思维，让人民幸福成为"国之大者"。基本公共服务体系要突破人民对物质文化需要的传统思维，建立以人民对美好生活向往为导向的新思维。要增加高质量公共服务的供给，加快发展健康、养老、育儿、文化、旅游、体育、家政、物业等服务业，满足人民对高品质生

---

① 参见贾康、程瑜、于长革《优化收入分配的认知框架、思路、原则与建议》，《财贸经济》2018 年第 2 期。

活的需要。要推动基本公共服务均等化，实施城乡公共服务融合发展、区域公共服务联动发展，构建乡村、中西部地区的教育、健康、就业的长效机制，不断提升相对落后地区的基本公共服务能力和水平，实现基本公共服务均等化发展。这项工作更多体现的是政府的责任和担当，因此，各级政府都要在这个方面多创造条件，形成更好的经验，实现服务型政府的发展目标。

六是完善社会保障制度。社会保障制度是实现共同富裕的重要一环，要完善覆盖全民的社会保障体系。要健全基本的社会保障制度，实现社会保障、养老保险全国统筹。完善社会保险体系，大力发展企业年金、职业年金等，完善失业保险制度。建立社会保险转移接续机制，实施企业职工基本养老保险基金中央调剂制度，全面推开中央和地方划转部分国有资本充实社保基金工作。完善住房制度，改革住房公积金制度，完善统一的城乡居民医保和大病保险制度。统筹社会救助资源，完善基本民生保障兜底机制。这方面的工作，这些年有了长足的进步，但还有进一步完善和提升的空间。

中国式现代化道路的意义叙事[*]

唐爱军

"把中国式现代化道路带回到分析的中心"成为近些年学术界的显著现象。围绕"中国式现代化道路是什么",学术界已有诸多研究成果。但关于"中国式现代化道路的意义是什么",相关讨论较少。本文试图从中华民族、世界社会主义、人类社会三重意义叙事逻辑,阐述中国式现代化道路的重大意义。

一 中华民族的意义叙事

1840年以后,中华民族遭遇到严峻挑战和全面危机——国家蒙辱、人民蒙难、文明蒙尘。西方国家在资本拐杖中展开现代化进程,并在整个世界范围扩张开来,促使"民族历史"向"世界历史"转变,并且在这个过程中逐步构建了不平等的世界秩序:"使未开化和半开化的国家从属于文明的国家,使农民的民族从属于资产阶级的民族,使东方从属于西方。"[①] 中华民族被无情地抛入"三个从属于"的支配体系中。"中国向何处去?"为了寻求答案,无数仁人志士不屈不挠、前赴后继寻求救国救民的道路。十月革命一声炮响,给我们送来了马克思列宁主义。中国共产党应运而生,担负起寻求救国救民光明道路的历史使命,其所

---

[*] 2019年度国家社科基金项目"唯物史观视野中的中国道路研究"(19BKS131)的阶段性成果。本文原载于《北京大学学报》(哲学社会科学版)2022年第2期,收入本书时有改动。

① 《马克思恩格斯文集》第2卷,人民出版社,2009,第36页。

开创的中国革命道路特别是中国式现代化道路改变了中华民族的命运，使其迎来了从站起来、富起来到强起来的伟大飞跃，从世界体系边缘日益走近世界舞台中央。

（一）传统国家的现代化转型

近代以来，落后的东方社会在世界历史进程中"表现不出任何伟大的作为和历史首创精神"①。过去，永恒的"文明规律"是野蛮征服者被他们所征服的民族的较高文明所征服。但是，西方文明入侵东方社会，打破了这一规律。"不列颠人是第一批文明程度高于印度因而不受印度文明影响的征服者。"② 现代化在世界历史进程中取得了"绝对权利"，中国面临的现代化任务是历史的必然，正如马克思所说，"迫使一切民族——如果它们不想灭亡的话——采用资产阶级的生产方式；它迫使它们在自己那里推行所谓的文明"③。中国人自己也充分意识到："近百年的中华民族根本只有一个问题，那就是：中国人能近代化吗？能赶上西洋人吗？能利用科学和机械吗？能废除我们家族和家乡观念而组织一个近代的民族国家吗？能的话，我们民族的前途是光明的；不能的话，我们这个民族是没有前途的。"④

西方殖民扩张或资本全球化具有双重性，一方面是对落后国家的掠夺与榨取，即殖民化（主导性的、自觉的）；另一方面是传播先进生产方式，即资本主义化（第二位的、不自觉的）。殖民化反映的是民族国家之间的矛盾，资本主义化反映的则是社会形态之间的矛盾。近代中国面临着双重矛盾：民族国家矛盾与社会形态矛盾。并且，中国与西方国家之间的民族矛盾即帝国主义侵略是主要矛盾，近代中国要实现现代化的前提是解决这一矛盾，实现民族独立。"帝国主义列强侵入中国的目的，决不是要把封建的中国变成资本主义的中国。帝国主义列强的目的

---

① 《马克思恩格斯文集》第2卷，人民出版社，2009，第683页。
② 《马克思恩格斯文集》第2卷，人民出版社，2009，第686页。
③ 《马克思恩格斯文集》第2卷，人民出版社，2009，第35页。
④ 蒋廷黻：《中国近代史大纲》，江苏教育出版社，2006，第2页。

和这相反，它们是要把中国变成它们的半殖民地和殖民地。"① 正如当年英国资本主义在印度的"输入"，并没有带来印度资本主义化抑或现代化，"不仅没有对印度进行'现代化'，反而在英国政府的帮助下把印度退回到了更为古老的非资本主义的形态。这种对印度社会进行'传统化'的战略，被指责为通过牢固地确立甚至创造早已过时的地主—农民关系使得印度的经济与社会发生了倒退"② 历史的结论可以概括为一句话：民族国家矛盾是首要矛盾，解决民族独立问题是首要任务。

我们通过中国特色革命道路，成功实现了民族独立，实现了中华民族从东亚病夫到站起来的伟大飞跃。实现民族独立的革命道路同时也决定了现代化道路的基本定向：新民主主义—社会主义方向。中国式现代化道路建立在社会形态的跨越基础之上，将社会主义与现代化结合起来，"使中国这个古老的东方大国创造了人类历史上前所未有的发展奇迹"③。不管如何界定现代化，其核心一点始终都是从传统的农业社会向现代工业社会的大变革。中国仅用几十年时间就走完发达国家几百年走过的工业化历程，创造了"中国奇迹"——经济快速发展和社会长期稳定的奇迹。现代化关涉从传统文明向现代文明的"文明转型"，内含着文明进步逻辑。对于中华民族而言，中国式现代化道路的根本意义就在于，它是实现中华民族伟大复兴的正确道路，是使传统文明整体转型、进入现代文明的成功通道。

中华民族命运之改变，在很大程度上显现为中国与世界关系的变化。"现代化本身具有一种侵略的能力，而针对这一侵略力量能作的最有效的自卫，则是以其矛攻其盾，即尽快地实现现代化。"④ 中国通过极其快速、成功的现代化，使得自身从"三个从属于"的支配—依附关系摆脱出来，逐步从世界边缘走向中心；从落后时代、赶上时代，逐步走向引

① 《毛泽东选集》第2卷，人民出版社，1991，第628页。
② 埃伦·M.伍德：《资本的帝国》，王恒杰、宋兴无译，上海译文出版社，2006，第83页。
③ 《十九大以来重要文献选编》（上），中央文献出版社，2019，第427页。
④ 艾恺：《世界范围内的反现代化思潮——论文化守成主义》，贵州人民出版社，1991，"前言"第3页。

领时代的荣光时刻。中国式现代化道路的成功也全面瓦解了西方对中国的话语规制，即用"传统—现代""野蛮—文明""落后—先进"阐释中国的二元框架。

（二）中华文明在现代性文明中的接续发展

民族危机必然带来文化危机、文明危机，而后者是更为深刻的民族危机。"近代以后，创造了灿烂文明的中华民族遭遇到文明难以赓续的深重危机，呈现在世界面前的是一派衰败凋零的景象。"① 不管西方文明在殖民扩张进程中如何受极卑鄙的利益驱使，犯下多少罪行，也不管我们如何用诸如"君子不器"所蕴含的古典主义、人文主义攻击西方文明的工具理性，有两点是毋庸置疑的。一是西方现代性文明的先进性："资产阶级在它的不到一百年的阶级统治中所创造的生产力，比过去一切世代创造的全部生产力还要多，还要大。"② 二是它的反传统的解构性："一切等级的和固定的东西都烟消云散了，一切神圣的东西都被亵渎了。"③ 面对西方强势的现代性文明，古老的中华文明可以说是节节败退。中华文明面临着能否存续的根本问题。

近代以来，"师夷长技以制夷""中学为体、西学为用""全盘西化""中西文化分途""中西文明之外第三种文明崛起"等方案无不是为了拯救中华文明、保持中华民族主体性。如何救亡图存、赓续文明？十月革命一声炮响，给我们带来了答案："用无产阶级的宇宙观作为观察国家命运的工具，重新考虑自己的问题。走俄国人的路——这就是结论。"④ 中国共产党带领中国人民用社会革命的方式来解决民族危机、文明危机。中国革命并不只是解决救亡问题，它本身还意味着"启蒙"。正如亨廷顿所说："革命是现代化所特有的东西。它是一种使一个传统社会现代

---

① 《中共中央关于党的百年奋斗重大成就和历史经验的决议》，人民出版社，2021，第62~63页。
② 《马克思恩格斯文集》第2卷，人民出版社，2009，第36页。
③ 《马克思恩格斯文集》第2卷，人民出版社，2009，第34~35页。
④ 《毛泽东选集》第4卷，人民出版社，1991，第1471页。

化的手段。"① 中国要实现现代化，必须经历一场彻底的社会革命来为之奠基。中国革命并没有抛弃中华文明，而恰恰是其继承者。毛泽东说："我们不应当割断历史。从孔夫子到孙中山，我们应当给以总结，承继这一份珍贵的遗产。"② 中国革命实现了民族独立，让中华民族站起来，也让中华文明接续下来。但是中华文明在现代世界繁花盛开，是中国式现代化道路的"文明效应"，它"使具有五千多年文明历史的中华民族全面迈向现代化，让中华文明在现代化进程中焕发出新的蓬勃生机"③。中华文明并不像韦伯所说的是与现代文明格格不入的"传统主义"，而是可以与现代文明融合共生的。

其一，中国式现代化道路深刻改变了中国贫穷落后的状况，带来了中国奇迹，为中华文明在现代世界的存在提供了坚实的合法性基础。文明的果实是既得的生产力，生产力是文明的最核心本质。中国式现代化道路及其生产力效应是中华文明在现代社会得以繁荣最根本的前提，也是中华文明主体性最有力的显现。其二，中国式现代化超越了"传统—现代"二元对立模式，中华文明在"文明融合"中返本开新、枝繁叶茂。西方经典现代化理论认为，传统与现代是完全对立的、不相容的，现代化的过程就是彻底否定传统的过程。中国式现代化打破了这样的二元论，它是一种"液体模式"思维方式：传统与现代化类似于流动的、相互交融的液体。中国式现代化强调对传统的创造性转化、创新性发展，并且主张借鉴吸收人类文明成果，继承革命文化，发展社会主义先进文化，正是在这样的"文化的结合锻炼"中，中华文明再度青春化。其三，随着中国式现代化的成功，中华文明伴随着当代中国日益走近世界舞台中央而不断增强自身的影响力和吸引力。总而言之，"以中国式现代化推进中华民族伟大复兴"，这是我们的历史结论，这样的结论也非常明显地表达了一点：中华文明在现代性文明中得以接续与发展。

---

① 塞缪尔·P. 亨廷顿：《变化社会中的政治秩序》，王冠华、刘为等译，上海人民出版社，2008，第 220~221 页。
② 《毛泽东选集》第 2 卷，人民出版社，1991，第 534 页。
③ 《十八大以来重要文献选编》（下），中央文献出版社，2018，第 343 页。

（三）中华民族的精神自立

"东方从属于西方"既表现为中国沦为半殖民地，也表现为中华民族精神上陷入被动状态。西方资本主义文明无论从器物层面，还是从制度、知识层面，都实现了对中国封建农业文明的全面超越。韦伯更是直接指出，以儒家为核心的中华文明是消极的、保守的、传统的，与理性的、积极进取的现代文明背道而驰，因而它也是落后的，甚至是愚昧的。"儒教是要去适应这个世界及其秩序与习俗。"① 辛亥革命没有改变中国半殖民地半封建的社会性质，也没有改变中华民族被动的精神状态。"'外国势力的无所不在'是中国政治舞台上一件主要的事实：不仅是通商口岸和长江上的英美炮艇还在游弋，而且在通商口岸的租界和内地各省都有英、美、日本和欧洲的企业。这是一股无孔不入的势力。"② 与此相配套的文化现象便是西方各种社会思潮在中国粉墨登场。

中国人的精神自立始于马克思主义在中国的传播、中国共产党的诞生。"自从中国人学会了马克思列宁主义以后，中国人在精神上就由被动转入主动。从这时起，近代世界历史上那种看不起中国人，看不起中国文化的时代应当完结了。"③ 中国革命实现了民族独立，为精神自立创造了最根本前提。中国式现代化改变了中华民族落后状态，解决了中国人民贫困问题，为精神自立奠定了物质基础。由于工业上的落后、物质上的贫困，中国不可能有真正的精神自立。一穷二白的中华民族面临"被开除球籍的危险"。毛泽东说："现在我们能造什么？能造桌子椅子，能造茶碗茶壶，能种粮食，还能磨成面粉，还能造纸，但是，一辆汽车、一架飞机、一辆坦克、一辆拖拉机都不能造。"④ 从"毛泽东之问"，我们可以看出，自立或独立不仅是一个政治概念、文化概念，更是工业化

---

① 马克斯·韦伯：《中国的宗教：儒教与道教》，康乐、简惠美译，广西师范大学出版社，2010，第213页。

② 费正清：《美国与中国》，张理京译，世界知识出版社，1999，第200页。

③ 《毛泽东选集》第4卷，人民出版社，1991，第1516页。

④ 《毛泽东文集》第6卷，人民出版社，1999，第329页。

的问题。"要中国的民族独立有巩固的保障，就必需工业化。"① 工业化必然涉及发展道路选择的问题。"我们的国权，我们的国格，我们的民族自尊心，我们的民族独立，关键是道路、理论、制度的独立。"②

中国式工业化、现代化道路让落后的中华民族从"四个现代化"走向"小康式现代化"，正在迈向"全面现代化"；让14亿中国人民实现全面小康，解决了绝对贫困问题，使得中国人民对美好生活的向往不断变为现实。中国人民在现代化的接续奋斗中增强了志气、骨气、底气，在实践的历史主动创造中彰显了精神的自信、自立、自强。在近代，"中国人民的贫困和不自由的程度，是世界所少见的"③，这一现象随着中国式现代化道路的开辟与发展，将永远消失在历史陈列馆里。

二　世界社会主义的意义叙事

从根本性质来看，中国式现代化道路就是中国特色社会主义道路，是科学社会主义理论逻辑和中国社会发展历史逻辑的辩证统一。中国式现代化道路（抑或其他本质关联的对象）对世界社会主义运动意味着什么？我们可以从历史演进、道路探索、理论创新三个方面，把握其意义叙事。

（一）世界社会主义事业的振兴

20世纪世界社会主义运动经历了高潮—低潮—再次高潮—再次低潮—又一次高潮的历程④。第一次高潮以十月革命为标志，使社会主义实现了从理想到现实、从理论到制度的飞跃。第一次低潮发生在20年代中期，以中西欧国家武装起义失败和1927年中国大革命失败为主要表现。第二次高潮是指以中国为代表的许多第三世界国家取得革命胜利，

---

① 《毛泽东文集》第3卷，人民出版社，1996，第146页。
② 《习近平谈治国理政》第2卷，外文出版社，2017，第12页。
③ 《毛泽东选集》第2卷，人民出版社，1991，第631页。
④ 参见陈学明等《中国道路的世界意义》，天津人民出版社，2015，第219～225页。

走上社会主义道路，开始形成世界社会主义体系。第二次低潮发生在20世纪80年代末90年代初，以苏东剧变为主要表现，整个世界社会主义运动遭受空前挫折，陷入低谷。当时，各种"终结论"甚嚣尘上。福山在《历史的终结及最后之人》中宣告社会主义已经死亡。布热津斯基在《大失败——二十世纪共产主义的兴亡》中宣告，共产主义在21世纪将"不可逆转地在历史上衰亡"。中国改革开放和中国特色社会主义事业使世界社会主义运动从第二次低潮中走出来，中国特色社会主义道路的开创，是世界社会主义运动复兴的新起点；中国特色社会主义进入新时代，可以说是世界社会主义运动走向新的高潮的标志，因为它"意味着科学社会主义在二十一世纪的中国焕发出强大生机活力，在世界上高高举起了中国特色社会主义伟大旗帜"①。中国式现代化道路的开辟以及向全面建设社会主义现代化国家新征程的迈进，雄辩地说明了中国在世界上把科学社会主义旗帜举住了、举稳了，使世界范围内社会主义和资本主义两种意识形态、两种社会制度的历史演进及较量，发生了有利于社会主义的重大转变。概要说来，中国式现代化道路对世界社会主义运动的促进，可从三个角度加以考察。一是破除了对社会主义污蔑、攻击等西方话语。中国式现代化道路的成功意味着"历史终结论"终结了、"社会主义崩溃论"崩溃了。中国崛起为世界主要大国标志着西方"普世主义"的终结②。二是引导人们正确认识社会主义，坚定走社会主义道路的信心。中国特色社会主义事业的成功让人民更加意识到，苏东剧变绝不是社会主义的失败——只不过是传统社会主义模式的失败，社会主义只要与本国国情、时代特征结合好，就能走出一条通往社会公正、人类解放的现实道路。三是重塑了社会主义在世界人民心目中的形象。创造中国奇迹的中国特色社会主义向全世界人民说明，社会主义不仅善于破坏一个旧世界、搞革命，也善于建设一个新世界、促发展。社会主义能解决民族发展问题，能创造人民美好生活，也能促进人类进步事业发展。

---

① 《习近平谈治国理政》第3卷，外文出版社，2020，第8页。
② 参见马丁·雅克《当中国统治世界：中国的崛起和西方世界的衰落》，张莉、刘曲译，中信出版社，2010，第343页。

（二）"世界社会主义运动的难题"的破解

马克思恩格斯预测，社会主义革命首先在发达资本主义国家取得胜利。20 世纪世界社会主义运动的实践并未按照他们的设想展开，反而是在经济文化落后的国家爆发了革命，这些国家率先走上了社会主义道路。列宁曾说过："我们的革命是开始容易，继续比较困难，而西欧的革命是开始困难，继续比较容易。"① 所谓的"开始"指夺取政权，建立社会主义制度；"继续"则指巩固和发展社会主义。"继续比较困难"，实际上揭示了一个"世界社会主义运动的难题"：经济文化落后国家取得政权、建立社会主义制度之后，如何建设社会主义？如何巩固和发展社会主义？简言之，就是经济文化落后国家如何建设社会主义。也许表现形式不同，但是这一难题始终存在于 20 世纪世界社会主义运动的实践中。十月革命之后，第二国际以及俄国的孟什维克分子群起攻之："俄国生产力还没有发展到可以实行社会主义的高度。"针对此质疑，列宁反问："我们为什么不能首先用革命手段取得达到这个一定水平的前提，然后在工农政权和苏维埃制度的基础上赶上别国人民呢？"② 20 世纪 80 年代末 90 年代初，一些人将苏东剧变归结为"社会主义的原罪"：俄国等经济文化落后国家跨越"卡夫丁峡谷"，直接进入社会主义，违背了马克思的本意，抑或说，违背了人类社会发展的客观规律。

经济文化落后的东方国家跨越"卡夫丁峡谷"直接建立社会主义，并没有违背马克思本意，这一点，我们可以从马克思晚年关于东方社会的一系列论述中得到佐证；也没有违背人类社会发展的客观规律，这一点，学术界已有相关论证③。以苏联为代表的东方落后国家建立社会主义制度，尽管没有任何"原罪"或"不合理性"，但是同样不可否认的是，社会主义运动在这些国家遭受到极其严重的挫折。原因何在？就在于其始终没有找到一条经济文化落后国家建设社会主义的正确道路。这

---

① 《列宁全集》第 34 卷，人民出版社，2017，第 343 页。
② 《列宁选集》第 4 卷，人民出版社，2012，第 777 页。
③ 参见唐爱军《中国道路：超越资本现代性》，《北京大学学报》（哲学社会科学版）2020 年第 3 期。

一历史任务是由中国共产党带领中国人民来完成的。以毛泽东同志为主要代表的中国共产党人最早提出"以苏为鉴"，独立探索适合中国国情的社会主义建设道路。"现在是社会主义革命和建设时期，我们要进行第二次结合，找出在中国怎样建设社会主义的道路。"① 由于各种复杂的历史原因，在这一历史时期，"第二次结合"并没有成功。改革开放以后，我国才成功实现"第二次结合"，开创了中国特色社会主义道路。

从世界社会主义叙事看，中国式现代化道路的最重要意义在于，它破解了"世界社会主义运动的难题"，探索到一条经济文化落后国家建设社会主义的成功之路。如何建设社会主义？中国式现代化道路首先从区分两种社会主义概念出发，明确了中国建设社会主义的历史方位。一是"发达社会主义"。它是经典作家所设想的共产主义第一阶段，是生产力水平高于资本主义的"后资本主义社会"。二是"不发达社会主义"。它指生产力水平远低于发达资本主义的"前资本主义"（或与资本主义同一历史序列）的社会主义。中国共产党人借助于"不发达社会主义"，明确提出了社会主义初级阶段概念，确立了中国式现代化的历史方位，特别认识到，市场经济是不可逾越的历史阶段，实现现代化是建设社会主义不可或缺的历史主题。"我们必须经历一个很长的初级阶段，去实现别的许多国家在资本主义条件下实现的工业化和生产的商品化、社会化、现代化。"② 不承认中国可以跨越"卡夫丁峡谷"、不经过资本主义充分发展阶段而走上社会主义道路，是机械论。以为不经过生产力的巨大发展就可以越过社会主义初级阶段，是空想论。那些主张用马克思关于未来社会或发达社会主义基本特征的具体论述来指导落后国家社会主义建设的人都是空想论者。社会主义在苏联和东欧失败的根源在于，脱离本国生产力实际，按照"后资本主义"的社会主义模式搞建设。中国式现代化道路立足社会主义初级阶段历史方位，成功探索经济文化落后国家建设社会主义的新模式，其基本特征有立足本国国情的社会主义、不断解放和发展生产力的社会主义、改革开放的社会主义、实

---

① 《毛泽东年谱（1949—1976）》第 2 卷，中央文献出版社，2013，第 557 页。
② 《十三大以来重要文献选编》（上），中央文献出版社，1991，第 10 页。

行市场经济的社会主义、吸收资本主义一切积极成果的社会主义、主张和平的社会主义、与现代化目标有机结合的社会主义等。中国社会主义建设新模式"使具有五百年历史的社会主义主张在世界上人口最多的国家成功开辟出具有高度现实性和可行性的正确道路，让科学社会主义在二十一世纪焕发出新的蓬勃生机"①。

（三）科学社会主义理论的新发展

中国式现代化道路既坚持了科学社会主义基本原则，又根据时代条件赋予其鲜明的中国特色。中国式现代化道路及其蕴含的创新理论，以我们正在做的事情和将要做的事情为中心，以一系列具有原创性的新思想新观点新论断，写出了马克思主义新篇章、科学社会主义理论的新版本。中国式现代化道路实现了社会主义逻辑、现代化逻辑和民族复兴逻辑的统一，在把实现社会主义现代化、实现中华民族伟大复兴有机贯通的基础上，实现了对科学社会主义的创新性发展。一是提出了社会主义初级阶段理论，深化和发展了社会主义发展阶段理论。二是提出了社会主义本质理论，创造性回答了"什么是社会主义"这一社会主义发展史上的最基本问题。三是提出了社会主义改革开放理论，深化和发展了社会主义发展动力理论。四是提出了社会主义市场经济理论，实现了社会主义发展史上最伟大的理论创新，谱写了科学社会主义新篇章。五是提出了社会主义现代化强国理论，深化和发展了经济文化落后国家建设社会主义的新认识。作为中国式现代化道路的最新理论表达，习近平新时代中国特色社会主义思想"既书写了坚持和发展中国特色社会主义的崭新篇章，也推动中国特色社会主义成为21世纪科学社会主义发展的旗帜，成为振兴世界社会主义的中流砥柱，为科学社会主义新发展作出了重大贡献"②。

① 《十八大以来重要文献选编》（下），中央文献出版社，2018，第343页。
② 黄坤明：《习近平新时代中国特色社会主义思想实现了马克思主义中国化新的飞跃》，载《〈中共中央关于党的百年奋斗重大成就和历史经验的决议〉辅导读本》，人民出版社，2021，第122页。

三 人类社会的意义叙事

福山曾说过："当今世界上，我们却难以想象出一个从根本上比我们这个世界更好的世界，或一种不以民主主义和资本主义为基础的未来。"① 中国式现代化道路的成功，使得福山修正了自己的观点：人类思想宝库要为中国传统留有一席之地。从促进人类进步事业来看，中国式现代化道路的世界意义可以从国际格局新变化、现代化新模式、人类文明新形态等方面得到充分证明。

（一）促进"权力转移"

合法性和权力构成世界秩序的两大要素②，权力是最根本的。近代以来，西方国家通过资本权力重构了世界秩序，其核心是"东方从属于西方"的世界格局、"中心—边缘"的世界体系。中国改革开放的成功、中国式现代化的成功，带来了中国快速发展，也深刻改变了后冷战时代世界格局的力量对比和世界发展趋势。中国崛起是当今世界百年未有之大变局的关键。中国共产党带领中国人民在世界上最大的发展中国家开辟了中国式现代化道路，其世界性影响是空前的，促进了权力转移、改变了世界格局。一是世界经济格局之变。超大规模的中国快速现代化带动了新兴市场国家和发展中国家的经济发展。按照国内生产总值计算，发展中国家群体已占全球经济总量的一半，按照购买力平价计算，发展中国家群体已经超过发达国家群体。据预测，到 2035 年，发展中国家GDP 规模将超过发达经济体，在全球经济和投资中的比重接近 60%③。全球经济增长的重心从欧美转移到亚洲、从发达国家转移到发展中国家。

---

① 弗朗西斯·福山：《历史的终结及最后之人》，黄胜强、许铭原译，中国社会科学出版社，2003，第 52 页。
② 亨利·基辛格：《世界秩序》，胡利平、林华、曹爱菊译，中信出版集团股份有限公司，2015，"序言"第Ⅷ页。
③ 国务院发展研究中心课题组：《未来 15 年国际经济格局变化和中国战略选择》，《管理世界》2018 年第 12 期。

二是国际权力格局之变。中国快速全面发展，带动了发展中国家的"群体性崛起"，使当前国际力量对比呈现"东升西降"的历史性趋势，推动国际格局大变革加速演进，国际格局逐步从西方主导走向东西方平衡。

（二）提供现代化新模式

"党领导人民成功走出中国式现代化道路，创造了人类文明新形态，拓展了发展中国家走向现代化的途径，给世界上那些既希望加快发展又希望保持自身独立性的国家和民族提供了全新选择。"① 这段话高度凝练，集中揭示了中国式现代化道路的世界意义。也许，可以从诸多维度把握中国式现代化道路的世界意义，但是其最核心、最关键的一点就是：它提供了不同于西方现代化的现代化新模式。中国式现代化的成功意味着，西方现代化模式已从人类现代化的"普遍模式"或"唯一模式"，还原为地区性发展模式。"我国的实践向世界说明了一个道理：治理一个国家，推动一个国家实现现代化，并不只有西方制度模式这一条道，各国完全可以走出自己的道路来。可以说，我们用事实宣告了'历史终结论'的破产，宣告了各国最终都要以西方制度模式为归宿的单线式历史观的破产。"② 作为一种现代化新模式，中国式现代化有哪些基本要素或核心逻辑（尤其与西方现代化相比较）？我们认为可以从以下几个方面揭示它的基本逻辑：从发展理念看，中国式现代化确立了以人民为中心的发展逻辑，超越了以资本为主导的发展逻辑；从现代化的动力及作用模式看，构建了"资本—国家—劳动"三元主体的驱动模式，超越了单一的资本驱动模式；从现代化的社会维度看，建立了社会平等和共同富裕的社会和谐模式，超越了西方两极分化的社会冲突模式；从现代化的发展战略看，选择工业化和信息化综合协调的现代化发展道路，遵循了"并联式现代性逻辑"，超越了"串联式现代性逻辑"；从现代化的"品性"角度看，开启和平发展的大国发展之路，超越了西方对内掠夺、

---

① 《中共中央关于党的百年奋斗重大成就和历史经验的决议》，人民出版社，2021，第64页。
② 《习近平关于社会主义政治建设论述摘编》，中央文献出版社，2017，第7页。

对外殖民的扩张之路；等等。此外，比较普遍的是，从中国式现代化的基本特征把握其内在逻辑：人口规模巨大的、全体人民共同富裕的、物质文明和精神文明相协调的、人与自然和谐共生的、走和平发展道路的现代化。不管怎么描述中国式现代化的性质或特点，有一点是确定无疑的："当代中国的伟大社会变革，不是简单延续我国历史文化的母版，不是简单套用马克思主义经典作家设想的模板，不是其他国家社会主义实践的再版，也不是国外现代化发展的翻版。"①

作为后发现代化国家，发展中国家不仅遭遇到现代化进程中的一般普遍问题，而且更要应对落后国家实现现代化才会有的特殊问题。实事求是地说，西方国家率先开启的现代化进程不是一帆风顺的，也面临一系列冲突、矛盾甚至悖论，比如，人们常常提及的"托克维尔悖论"（为什么经济发展了反而加速了革命的到来？为什么减轻民众负担、政治相对开明了，反而引起民众反抗？）、"亨廷顿悖论"（现代性孕育着稳定，而现代化过程却滋生着动乱）。中国式现代化所主张或实践的"渐进式改革策略""改革发展稳定有机统一""有效国家权威""在发展中化解矛盾"等，对于发展中国家避免或降低现代化进程中的一系列矛盾或冲突，具有极其重要的启示意义。增长（发展）、公平、民主、秩序、自主（独立）等都是发展中国家所追求的现代化目标。在全球资本主义体系下，发展与独立是发展中国家现代化的两大核心诉求。中国式现代化对于发展中国家最为重要的启示就是如何正确处理发展与独立、摆脱贫困与摆脱依附之间的关系问题。经典现代化理论给发展中国家开出的现代化方案就是完全遵循西方现代化模式的"亦步亦趋式"发展。这样的方案无法回答："为什么落后的资本主义国家没有沿着其他资本主义国家的历史所常见的资本主义发展道路前进，以及为什么它们一直没有什么进展或进展缓慢？"② 针对经典现代化理论的弊端，发展中国家一些学者提出依附论。依附论者从发展中国家所处的国际经济体系出发，提

---

① 《习近平谈治国理政》第3卷，外文出版社，2020，第76页。
② 保罗·巴兰：《增长的政治经济学》，蔡中兴、杨宇光译，商务印书馆，2017，第234页。

出"中心—边缘"的二元结构，认为发展中国家落后贫困的根源在于不平等的国际经济体系，作为边缘国家，发展中国家完全依附于发达国家（中心国），受其制约、剥削。尽管依附论揭露了"亦步亦趋式"发展的幻想性，也将外部因素纳入发展中国家现代化的探讨中，但是它给出的解决方案并不可行。一是选择"融入"，在国际资本和发达国家主导的"中心—边缘"体系中实现"依附性发展"。二是选择"自主"，与资本全球化和资本主义世界体系完全"脱钩"，实现"封闭式发展"，同时也是低水平的发展。中国式现代化道路超越了"依附性发展"或"封闭式发展"的二元难题①，走出了一条"既能发展又能独立"的现代化之路：既对外开放，充分占有资本主义一切积极文明成果，又能有效抵制国际资本对国内经济社会发展的控制；既积极加入、参与、顺应乃至引领经济全球化潮流，又能有效防范全球化风险，掌握自身发展的主动权。中国式现代化可以说是"独立型发展"模式的成功典范。

（三）引领世界文明走向

"世界怎么了、我们怎么办？这是整个世界都在思考的问题，也是我一直在思考的问题。"② 这是 2017 年 1 月 18 日习近平在联合国日内瓦总部演讲时首次发出的"世界之问"。世界怎么了？当今世界面临着严峻的全球性挑战和世界性难题——和平赤字、发展赤字、治理赤字、信任赤字、文明赤字。我们怎么办？合作还是对抗？开放还是封闭？互利共赢还是零和博弈？人类又一次站在了十字路口。中国式现代化道路不仅能解决中国自身发展问题，而且始终坚持人类命运共同体理念，以自身的发展观、治理观、安全观、文明观等为解答"世界之问"、解决人类重大问题提供中国智慧和中国方案。一是维护世界和平方案。中国方案超越西方的"敌友区分"的二元论，坚持"相互承认"的价值理念。以"承认政治观"为基本理念，中国方案坚决摒弃冷战思维、强权政

---

① 参见孙代尧《论中国式现代化新道路与人类文明新形态》，《北京大学学报》（哲学社会科学版）2021 年第 5 期。

② 《习近平谈治国理政》第 2 卷，外文出版社，2017，第 537 页。

治，反对不平等的霸权秩序，坚持相互尊重、平等协商原则，主张"对话而不对抗、结伴而不结盟"的国际交往，化解矛盾冲突，维护世界和平。二是促进共同繁荣的发展方案。中国式现代化的成功，在某种意义上，是发展理念、发展战略的成功。解决世界发展问题，中国开出的发展方案有：在经济全球化上，既明确拒绝"逆全球化"主张，又反对西方发达国家主导的不平等的"旧全球化"方案，而是提倡"开放、包容、普惠、平衡、共赢"的新型全球化方案，引导经济全球化向普惠性的方向发展；在发展理念上，提倡"创新、协调、绿色、开放、共享"的新发展理念，着力于解决全球发展不平衡不充分问题，促进共同繁荣；在发展合作上，秉持"开放、融通、互利、共赢"的合作观，反对自私自利、短视封闭的狭隘政策。三是优化全球治理体系的治理方案。中国方案坚持共商共建共享原则，超越"一国独霸"或"几方共治"的西方治理逻辑；主张推动全球治理体系变革，构建什么样的国际秩序和全球治理体系不能由一家说了算、少数人说了算，要由各国人民商量，并且要更好地反映发展中国家的意愿和利益。四是实现普遍安全的信任方案。"信任是国际关系中最好的黏合剂。"① 不同的民族、国家、社会、文明之间缺乏信任，整个世界信任赤字严重，必然导致普遍危机感、不安全感。在面对人类重大问题上，中国方案主张齐心协力应对挑战，开展全球性协作，构建人类命运共同体；在大国关系上，主张构建新型大国关系，建立大国战略互信；在安全秩序上，主张合作的、可持续的安全观，反对利己的、对抗性的片面安全观，树立共同安全思维，反对单一的"唯我独安"的安全思维。五是推动开放包容的文明方案。中国方案提供了世界不同文明交往的新模式。西方所主导的文明交往模式主张"（西方）文明优越论""普世论""文明冲突论"，在实践中导致了极其严重的文明赤字。新的文明交往模式坚持平等、互鉴、对话、包容的文明观，尊重"文明多样性"，强调"文明交流互鉴"，主张"文明共存"。中国式现代化实现传统文明与现代性文明有机结合，将中华文明所蕴含的"各美其美，美人之美，美美与共，天下大同"文明理念贡献给整个

---

① 《习近平谈治国理政》第 3 卷，外文出版社，2020，第 461 页。

世界；将和平、发展、公平、正义、民主、自由的全人类共同价值彰显于整个世界。

人类社会的意义叙事，还不仅仅是一般层面的"世界意义"，即给世界提供物质财富，抑或在某些方面改变力量对比、重塑世界格局，其更高层面的、具有普遍性的是"世界历史意义"。正如黑格尔指出的："一个民族在世界历史的发展阶段中究竟占据着什么样的位置，不在于这个民族外在成就的高低，而在于这个民族所体现出的精神，要看该民族体现了何种阶段的世界精神。"① 某一个民族在特定的历史发展阶段承担着"世界历史任务"，因为这一任务在世界历史发展进程中具有更高的普遍性、未来展开的必然性，所以，这一世界历史任务及其承担者就具有世界历史意义。从这个角度看，中国式现代化道路或中华民族伟大复兴的世界历史意义就不在于中国成为"另一个美国"或"现代化俱乐部一员"，而在于在现代化不断扩张并展现其内在界限的历史进程中，中国式现代化道路要在完成现代化任务的同时，着力解决现代性文明危机，寻求超越现代性的人类文明新形态的可能性。"新的文明类型是指什么呢？它是指超越现代资本主义的文明类型：它的现实前提是在特定的现代化基础上产生出来的，但它的成长却绝不仅限于现代性之中。"② 扬弃现代性文明，引领世界文明走向，开启一种人类文明新形态，这是中国式现代化道路承担的更高历史任务。正像尽管是地域性文明的西方文明承担着开辟现代资本文明的历史任务，因此"在它的那个阶段获得它的绝对权利"③，中国式现代化在未来的历史进程中同样如此，当然它仍然在不断生成当中。但不管怎样，到目前为止，它超越了西方现代性模式，开启了一种独特的新现代性模式，证明了人类文明的多样性，充分彰显了中国式现代化道路的重大意义。

之所以能从这三重叙事逻辑去把握中国式现代化道路的意义，根本

① 黑格尔：《黑格尔历史哲学》，潘高峰译，九州出版社，2011，第 58 页。
② 吴晓明：《世界历史与中国道路的百年探索》，《中国社会科学》2021 年第 6 期。
③ 黑格尔：《法哲学原理》，范扬、张企泰译，商务印书馆，1961，第 353 页。

原因还在于，中国式现代化道路内含了民族复兴逻辑、社会主义逻辑、人类社会发展逻辑。中国式现代化道路在承载着民族复兴的使命、世界社会主义繁荣的使命、人类社会进步的使命的未来历史进程中，会不断彰显其自身的伟大意义！

唯物史观视域中的中国式现代化新道路[*]

唐爱军

习近平总书记在庆祝中国共产党成立 100 周年大会上的讲话指出："我们坚持和发展中国特色社会主义，推动物质文明、政治文明、精神文明、社会文明、生态文明协调发展，创造了中国式现代化新道路，创造了人类文明新形态。"[①] 我们力图立足唯物史观视域，深入阐释这一重要论断，尤其从学理上阐释好中国式现代化新道路（以下简称"中国式现代化"）的内在逻辑。

一　社会主义条件下的现代化

中国式现代化是不同于资本主义的社会主义现代化。深入把握这一点，需要回答三个问题。

1. 非资本主义的现代化道路是否可能？

在历史向世界历史转变的进程中，以资本为核心的生产方式或资本主义现代化取得了"绝对权力"。资本全球扩张重构了世界秩序，"使未开化和半开化的国家从属于文明的国家，使农民的民族从属于资产阶级的民族，使东方从属于西方"[②]。马克思对资本主义所开辟的现代化进程进行了客观的描述，但并不能将其抽象地归结为这一点：落后的民族或

＊　本文原载于《哲学研究》2021 年第 9 期，收入本书时有改动。

①　习近平：《在庆祝中国共产党成立 100 周年大会上的讲话》，人民出版社，2021，第 13~14 页。

②　《马克思恩格斯文集》第 2 卷，人民出版社，2009，第 36 页。

国家只要不想灭亡的话，必然也要走上西方资本主义现代化道路；所有民族或国家都要经历资本主义现代化阶段，这是历史的必然性决定的。实际上，马克思并不认同这一点。尤其是 19 世纪 70 年代中期以后，马克思通过对东方社会的研究，更加强调人类历史发展道路的多样性。1877 年，马克思在《给〈祖国纪事〉杂志编辑部的信》里，明确将资本主义现代化发展逻辑限定在西欧国家，他"关于西欧资本主义起源的历史概述"不是"一般发展道路的历史哲学理论"①。1881 年，在给查苏利奇的信中，马克思断然否定"世界各国由于历史的必然性都应经过资本主义生产各阶段"（号称他的"真正的学生"的观点），并且，马克思认为俄国公社"有可能不通过资本主义制度的卡夫丁峡谷，而占有资本主义制度所创造的一切积极的成果"②。1882 年，在《共产党宣言》俄文版"序言"中，马克思恩格斯认为，俄国土地公有制有可能成为"共产主义发展的起点"，实际上承认了不经过资本主义发展阶段的可能性。非资本主义的现代化道路是否可能？有学者将该问题表述为"马克思之问"③。从马克思一系列论述尤其是关于东方社会的论述中，我们可以看出，他其实已经做了肯定性回答：不经历西方资本主义现代化阶段，跨越"卡夫丁峡谷"是有可能的。

马克思那里的理论可能性在俄国和中国变成了现实性。把握中国式现代化逻辑的首要任务，就在于明确中国走了一条非资本主义的现代化道路，它是以"跨越资本主义制度的卡夫丁峡谷"为前提的。这里问题的核心，不在于从历史事实角度说明资本主义现代化方案在近代中国失败的种种表现及其原因（当然这一点也很重要），而在于从理论逻辑角度澄清一点：建立在社会形态跨越基础上的中国式现代化并不违背人类社会发展一般规律。一些持"西化论"者认为，不经历资本主义发展阶段的中国式现代化违背了人类"文明大道"，甚至用马克思"五形态论"作为他们的"理论武器"。这实际是抽象理解了人类社会发展规律的普

---

① 参见《马克思恩格斯文集》第 3 卷，人民出版社，2009，第 466 页。

② 《马克思恩格斯文集》第 3 卷，人民出版社，2009，第 703、578 页。

③ 参见任平《论唯物史观的中国逻辑及其世界意义》，《哲学研究》2019 年第 8 期。

遍性与特殊性的关系。马克思从生产力与生产关系的矛盾运动中，揭示出人类社会从低级阶段到高级阶段演变"五形态论"这一普遍规律。该规律是立足人类历史发展和整个世界而言的，并不是针对某一个民族或国家来说的。该规律并不建立在这样的抽象基础上：每一个民族或国家都要依次经历五种社会形态，而不能跨越其中的一个或多个社会形态。同时，某一民族或国家的"跨越"是有条件的：以世界范围内普遍经历了特定社会形态为基础。这一点又确证着"五形态论"的普遍性、客观性。具体来说，落后的东方大国中国跨越了"资本主义制度的卡夫丁峡谷"，但并不能否认人类社会普遍经历资本主义阶段的合理性。中国呈现的是一种"局部跨越"，它以世界范围的"整体不可跨越"为前提。并且，实现社会形态跨越的东方大国要想真正进入现代文明行列，必须占有资本主义的一切积极成果。如何才能"占有"？前提是世界范围的资本主义普遍发展及其文明成果的产生。中国式现代化的历史合法性就体现在这种既跨越了资本主义，又要占有其积极成果的历史辩证法。总之，中国式现代化是建立在"马克思之问"的肯定回答基础上的，实现社会形态跨越的中国式现代化并没有违反人类社会发展的客观规律，而恰恰是它的具体表现。

2. 社会主义条件下如何建设现代化？

这一命题可以提炼为"列宁之问"①。考察"列宁之问"，首先要把握列宁关于社会主义革命条件的创造性论述。马克思在《给工人议会的信》中较为明确地论述了社会主义革命的两个条件及其顺序，"英国工人阶级既然创造了现代工业的无穷无尽的生产力，也就实现了劳动解放的第一个条件。现在它应当实现劳动解放的另一个条件。它应当把这些生产财富的力量从垄断组织的无耻的枷锁下解放出来，使它们受生产者共同监督"②。第一个条件即"经济前提"，资本主义创造的发达生产力是实现社会主义的经济基础。第二个条件即"政治前提"，无产阶级夺

①　参见任平、郭一丁《论新现代性的中国道路与中国逻辑——对五四运动以来百年历史的现代性审思》，《江苏社会科学》2019 年第 2 期。
②　《马克思恩格斯全集》第 13 卷，人民出版社，1998，第 134 页。

取政权，实现无产阶级专政是实现社会主义的政治基础。列宁颠倒了两个条件的先后顺序。当时一些人不认为俄国能够实现社会主义，认为"俄国生产力还没有发展到可以实行社会主义的高度"。列宁讲，"我们能够用与西欧其他一切国家不同的方法来创造发展文明的根本前提"①。"既然建立社会主义需要有一定的文化水平（虽然谁也说不出这个一定的'文化水平'究竟是什么样的，因为这在各个西欧国家都是不同的），我们为什么不能首用革命手段取得达到这个一定水平的前提，然后在工农政权和苏维埃制度的基础上赶上别国人民呢？"② 这里讲的文化水平是广义上的，指的是以生产力为基础的物质文化水平。"先政治后经济"的条件论直接规制了苏联现代化发展路径：在社会主义制度下，运用苏维埃政权力量开辟一条完全不同于资本主义的现代化道路，实现现代化。社会主义建设的一些"公式"鲜明表征了这一思路，如"苏维埃政权+普鲁士的铁路秩序+美国的技术和托拉斯组织+美国的国民教育……=总和=社会主义"③，"共产主义就是苏维埃政权加全国电气化"④。运用国家政权力量实现现代化，效果显著，苏联从落后的农业国一跃成为现代工业大国。但是，它的弊端很快暴露出来，列宁的建设"公式"过于倚重技术层面的现代化成果汲取，忽视了制度层面和思想观念层面的现代性文明的吸纳，并且在不断强化国家权力的思路下，社会主义建设模式走向僵化，最终定于苏联模式一尊，严重压制了经济社会活力和人的发展。比俄国还落后的东方大国中国是如何进行社会主义现代化建设的？中国式现代化开辟了新道路。

3. 适合中国国情的社会主义现代化道路何以可能？

"列宁之问"在邓小平那里得到了明确回答："中国式的现代化，必须从中国的特点出发。"⑤ "过去搞民主革命，要适合中国情况，走毛泽东同志开辟的农村包围城市的道路。现在搞建设，也要适合中国情

① 《列宁选集》第 4 卷，人民出版社，2012，第 777 页。
② 《列宁选集》第 4 卷，人民出版社，2012，第 777 页。
③ 《列宁全集》第 34 卷，人民出版社，2017，第 520 页。
④ 《列宁选集》第 4 卷，人民出版社，2012，第 364 页。
⑤ 《邓小平文选》第 2 卷，人民出版社，1994，第 164 页。

况，走出一条中国式的现代化道路。"① "把马克思主义的普遍真理同我国的具体实际结合起来，走自己的道路，建设有中国特色的社会主义，这就是我们总结长期历史经验得出的基本结论。"② 探索中国式现代化，关键理论问题是立足中国国情，解决好社会主义与现代化的"结合"问题。在马克思恩格斯那里，"'社会主义'与'现代化'并不处于同一时空序列，前者是西方后资本主义的未来社会形态，后者则是东方前工业社会实现现代转型的历史主题"③。《共产党宣言》《社会主义从空想到科学的发展》等经典文献中的"社会主义"恰恰是消灭了商品经济、私有制、城乡对立、民族国家等"现代性要素"的"后"现代社会。

准确把握社会主义与现代化的"结合"问题，需要厘清两种不同的社会主义概念。一是"发达社会主义"。它是马克思所设想的生产力水平高于资本主义的共产主义第一阶段。二是"不发达社会主义"。它是生产力水平低于发达资本主义的落后国家所追求、建立的社会主义。中国式现代化是建立在"不发达社会主义"与现代化的"结合"基础上的，破除了套用马克思关于未来社会特征的具体论述来指导现实社会主义现代化建设的教条主义。中国共产党人将"不发达社会主义"转化为社会主义初级阶段的概念表述，明确了中国式现代化的历史方位，对中国社会历史发展逻辑有了清晰认知。初级阶段的社会主义与资本主义的关系不是"时间上的更替"，而是"空间上的并存"，（从更为宏观的"三形态论"看）它们都处于"第二形态"，即市场经济发展阶段。对于中国社会主义事业而言，市场经济是不可逾越的历史阶段，实现现代化是不可或缺的历史主题。"我们必须经历一个很长的初级阶段，去实现别的许多国家在资本主义条件下实现的工业化和生产的商品化、社会化、现代化。"④ 中国式现代化通过"不发达社会主义"与现代化的"结合"，明确了自身历史方位、主题、任务。这是中国式现代化得以成功

---

① 《邓小平文选》第 2 卷，人民出版社，1994，第 163 页。
② 《邓小平文选》第 3 卷，人民出版社，1993，第 3 页。
③ 高力克：《社会主义现代化：中国道路》，《浙江学刊》1991 年第 6 期。
④ 《十三大以来重要文献选编》（上），人民出版社，1991，第 10 页。

开辟的基本前提，也是社会主义条件下进行现代化建设的"立论基础"。

正是借助对社会主义与现代化的"结合"思考，中国共产党人才能突破传统社会主义观念和模式，在实践中不断探索符合中国国情的社会主义现代化道路。这里，我们通过"三对关系"透视社会主义条件下现代化的基本定向。一是初级阶段的社会主义与"发达社会主义"的关系。两者既有同一性，也有差异性。社会主义现代化建设既要从同一性中领悟坚持社会主义根本方向、基本原则的重要性，也要从差异性中把握一切从经济文化相对落后的基本国情出发的必要性。二是社会主义与资本主义的关系。中国式现代化重构了两者关系，它们是"空间上的并存"关系，是"既对立又统一"的关系。既要看到两者之间对立、斗争的一面，也要承认相互作用、相互影响的一面。社会主义现代化建设一方面要防止西化分化，另一方面也要防止僵化封闭化，要扩大对外开放，占有资本主义创造的一切积极文明成果。三是社会主义与市场经济的关系。"不发达社会主义"与现代化的"结合"之逻辑效应，必然会消解"资本主义＝市场经济""社会主义＝计划经济"的传统话语，并在"社会主义本质论""三个有利于论"等理论的支撑下，实现社会主义与市场经济的有机结合。社会主义市场经济是中国式现代化的伟大创造。

中国共产党带领中国人民在实现社会形态跨越的基础上，开启了非资本主义现代化的探索之路。我们着眼于社会主义与现代化"结合"的理论思考，立足于社会主义初级阶段的基本国情，成功开辟了社会主义条件下的现代化建设之路，以"中国奇迹"有力地回答了"马克思之问""列宁之问"。

二　驾驭资本的现代化模式

资本是理解现代社会的一把钥匙。西方国家在资本主义起源及其发展进程中，逐步形成了资本现代化模式，其核心表现就是资本逻辑与现代性逻辑的同一性。中国式现代化解构了这种同一性，遵循马克思的资本辩证法，构建了驾驭资本的现代化模式。所谓"驾驭资本"，就是在社会主义现代化进程中，运用各种力量使资本运行或资本逻辑实践展开，有利于解放和发展社会生产力，服务于社会主义目的，其实质就是要发挥资本的积极作用，尽可能降低甚至规避其负面效应。驾驭资本内含了利用、引导资本与防范、规制资本两个方面，有时也特指后者。

1. 中国式现代化充分激活"资本的文明面"，不断解放和发展社会生产力。这是由"资本的文明面"所决定的

马克思在诸多地方论述过"资本的文明面"，其中广受关注的是这段话："资本的文明面之一是，它榨取这种剩余劳动的方式和条件，同以前的奴隶制、农奴制等形式相比，都更有利于生产力的发展，有利于社会关系的发展，有利于更高级的新形态的各种要素的创造。"① "三个更有利于"阐释了"资本的文明面"的核心内容。除此之外，它还表现在：以资本为核心的生产创造了更多的自由劳动时间，为实现人自身的发展提供了空间；资本促进了商品交换和人的交往，建立在交换价值基础上的生产"在产生出个人同自己和同别人相异化的普遍性的同时，也产生出个人关系和个人能力的普遍性和全面性"②。"资本的文明面"的核心点在于资本构成了现代社会生产力发展的动力机制。"资本是生产的，也就是说，是发展社会生产力的重要的关系。"③ 资本要获得剩余价值，必须进入生产领域；资本是生产性的，将一切要素纳入生产之中，创造出"一个普遍利用自然属性和人的属性的体系"④，促进生产力的极大发展。

"不发达社会主义"与现代化的"结合"本身就引申出现代文明阶段的不可逾越性。"家长制的，古代的（以及封建的）状态随着商业、奢侈、货币、交换价值的发展而没落下去，现代社会则随着这些东西同步发展起来。"⑤ 资本构成了现代社会的生产主体、支配原则。改革开放以来，在实践中激活"资本的文明面"是以思想解放为先导的，资本、市场经济作为工具和手段被予以承认。在一定意义上，马克思所说的"三个

① 《马克思恩格斯文集》第 7 卷，人民出版社，2009，第 927~928 页。
② 《马克思恩格斯文集》第 8 卷，人民出版社，2009，第 56 页。
③ 《马克思恩格斯文集》第 8 卷，人民出版社，2009，第 70 页。
④ 《马克思恩格斯文集》第 8 卷，人民出版社，2009，第 90 页。
⑤ 《马克思恩格斯文集》第 8 卷，人民出版社，2009，第 52 页。

更有利于"可以为现实中的各种经济现象、经济体制机制改革提供评判标准：是否更有利于我国社会生产力的发展；是否更有利于我国社会主义生产关系自身的再生产；是否更有利于为我国进入社会主义更高阶段的发展创造条件。根据这一评价标准，在社会主义初级阶段、实现现代化的进程中，承认、利用、引导资本具有合理性与合法性。邓小平提出的"三个有利于"判断标准也承接了这一逻辑思路，为社会主义与资本、市场经济的结合提供了最直接、最有力的辩护。通过思想观念变革、制度构建以及实践展开，中国式现代化不断激活"资本的文明面"，解放和发展社会生产力，创造了中国经济奇迹。改革开放以来，引入资本和市场经济所产生的积极效果不仅表现在生产力方面，还表现在：带来了社会活力；优化了社会权力结构；促进了社会结构有效调整；增强了平等意识、效率意识、竞争意识等，促进了思想观念的解放。

2. 中国式现代化以国家权力为主导、以生产关系为中介驾驭资本，实现人民共同富裕和社会主义发展

资本是需要被规制、驾驭的，因为它既有"文明面"也有"反文明面"。资本的本性是追求利润最大化，在实现"资本的世界化"扩张过程中，必然会导致一系列生态问题（"自然的异化"）、社会贫富差距问题（"社会的分化"）、世界和平和全球治理问题（"全球冲突"）以及人的发展问题（"人的物化"）。并且，从资本的历史趋势看，它必然被扬弃，因为"资本既不是生产力发展的绝对形式，也不是与生产力发展绝对一致的财富形式"①。在社会主义制度下，驾驭资本就是要对资本运行、资本逻辑作用划定界限——"效果界限"和"范围界限"。前者指引导资本发挥其积极效果（可以从马克思的"三个更有利于"、邓小平的"三个有利于"得到更为具体化的认知）。后者指防止资本从经济权力向超经济权力尤其是政治权力转化，防止资本逻辑滥用，防止资本向政治、社会、精神文化等领域无序扩张。用什么力量驾驭资本？是包括制度、政权、意识形态、人民群众等在内的社会主义力量。在社会主义市场经济条件下，最显著的还是国家权力（广义上的，包括无产阶级政

---

① 《马克思恩格斯文集》第 8 卷，人民出版社，2009，第 96 页。

党及其政权）。推崇所谓"去国家化"的西方现代化话语只是一种虚假意识形态。"国家是站在人民的立场上，还是站在资本的立场上，这一点将决定一切，既决定国家的性质，也决定人民的命运。"① 中国是社会主义国家，必然站在人民立场上，依靠国家权力力量引导和驾驭资本，与资本霸权相抗衡，使资本服从于人民美好生活需要和社会主义发展需要。在资本全球化下，要防止私人资本尤其是国际资本对国家权力的侵蚀，要维护人民性。驾驭资本绝不是粗暴地用政治权力干涉市场经济、资本运行，其关键方式是发挥"生产关系的中介作用"。"在'生产力—生产关系—国家'关系链中，生产关系的中介作用是显而易见的。从客体性与主体性的相互关系看，生产力强调的客体性逻辑与国家强调的主体性逻辑，都必须通过生产关系的主—客体性逻辑发生作用。"② 国家的主体性逻辑体现的就是上层建筑性质与统治阶级意志。实现生产力发展的客观需求与满足国家意志的主观需求，都需要借助于生产关系的作用。"生产关系的作用不仅在于适应和促进生产力的发展，而且在于增加统治阶级获取的剩余。"③ 由于生产关系一方面关联着生产力，另一方面又决定了统治阶级和国家利益，社会主义生产关系的建立与完善一方面必须能够解放和发展社会生产力，另一方面又必须维护最广大人民群众的根本利益，实现共同富裕。改革开放以来，我国从生产关系这一中介着手，通过调整社会主义生产关系（核心是所有制），在激活"资本的文明面"的同时，借助于国有资本、集体资本等公有资本驾驭传统的资本逻辑。

作为一种驾驭资本的现代化模式，中国式现代化也呈现出一系列独特的新现代性逻辑。①发展逻辑。资本尽管进入社会主义生产过程中，但它并不构成主导社会主义现代化的生产逻辑、发展逻辑。解决人民日

① 孙承叔：《资本与历史唯物主义——〈资本论〉及其手稿当代解读》，上海人民出版社，2017，第 103 页。

② 周丹：《社会主义市场经济条件下的资本价值》，《中国社会科学》2021 年第 4 期。

③ 孟捷：《历史唯物论与马克思主义经济学》，社会科学文献出版社，2016，第 100 页。

益增长的美好生活需要和不平衡不充分的发展之间的矛盾是中国式现代化的目标，以人民为中心而非以资本为主导是其根本的发展逻辑。②动力逻辑。从现代化的动力要素及作用模式看，西方现代化从根本上说是资本主导的动力模式，中国式现代化是资本、国家、人民（劳动）三元主体相协调的多元模式，尤其是超越了西方的"大市场—小社会"模式，构建起"有效市场—有为政府"模式。③空间逻辑。这里所说的"空间逻辑"指的是作为发展中国家，中国如何在民族国家范围内驾驭国际资本。中国式现代化是对外开放的现代化，要吸纳国际资本。但是，"国际资本在开启发展中国家的现代化进程的同时，也开启了发展中国家的殖民化进程"①。中国式现代化的成功之道就是摆脱了对国际资本主义的依附，对国际资本既利用又规制，将其在中国的发展纳入"三个有利于"的轨道。④制度逻辑。公有制为主体、多种所有制经济共同发展，按劳分配为主体、多种分配方式并存，社会主义市场经济体制是我国的基本经济制度，它们构成中国式现代化最根本的制度逻辑，也是驾驭资本得以可能的根本制度支撑。

三 以人的全面发展为核心的全面现代化

中国式现代化是历史性、开放性概念，最初表现为"四个现代化"（1.0版），再演进为"小康式现代化"（2.0版），随着开启全面建设社会主义现代化国家新征程，它又发展为"全面现代化"（3.0版）。全面现代化构成中国式现代化的"高阶形态"，其现实性也"在其展开过程中表明为必然性"②，反映了它的内在逻辑。究其根本，中国式现代化是一种以人的现代化、人的全面发展为核心的全面现代化。

1. 全面现代化的中轴原理

人的现代化、人的全面发展构成了全面现代化的中轴原理。我们可以从三个层面稍作展开。其一，"物"的逻辑服从"人"的逻辑。现代

① 鲁品越：《〈资本论〉与当代世界》，学习出版社，2019，第290页。
② 《马克思恩格斯选集》第4卷，人民出版社，2012，第221页。

化具有主客体双重逻辑。从主体逻辑看，现代化表征着人的生产能力、自由个性的提升；从客体逻辑看，现代化表现为物质财富增长、社会关系理性化、科学技术发展等。马克思从人的发展与社会发展双重逻辑，揭示人类历史发展的三种形态，也揭示了人类社会从传统社会到现代社会的历史进程以及人的发展形态的变化：从人对人的依赖关系转变为人对物的依赖关系。现代性文明的显著特征就是"以物的依赖性为基础的人的独立性"。现代化尽管带来了人的解放与发展，但是，它是以物的依赖性、服从"物"的逻辑为前提的。"物的依赖关系"就是物的关系对人的支配与统治，核心是资本对人的统治。一般来说，西方现代化就是"物"的逻辑支配"人"的逻辑，人的发展逻辑从属于资本逻辑。社会主义现代化超越了这一传统的现代性逻辑。尽管初级阶段的社会主义与资本主义处在同一个世界历史时代，但社会主义的历史使命是"在保证社会劳动生产力极高度发展的同时又保证每个生产者个人最全面的发展"①。从中国式现代化实践看，表现为运用公有制、国家权力等防范资本物化逻辑，不以牺牲劳动者和人民群众利益为代价追求物质财富增长、资本增殖，始终与社会主义执行的"历史转化任务"保持方向一致。对于社会主义中国而言，"现代化的本质是人的现代化"②。其二，人的全面发展是个人的全方位发展与全体人民共同发展的统一。个人的全方位发展就是超越"片面的个人""偶然的个人"存在样式，实现人的能力的全面性、人的本质的丰富性和完整性。"人以一种全面的方式，就是说，作为一个完整的人，占有自己的全面的本质。"③ 全体人民共同发展不是少数人独享发展，大多数人不发展，而是以劳动者为主体的全体人民的共享发展，目标是共同富裕。其三，在解决社会主要矛盾过程中实现人的全面发展。人的全面发展、对人的本质的真正占有是通过满足"人的丰富的需要"实现的。全面现代化就是要着力解决发展不平衡不充分问题，不断满足人民的美好生活需要。在解决社会主要矛盾过程中

---

① 《马克思恩格斯文集》第3卷，人民出版社，2009，第466页。
② 《十八大以来重要文献选编》（上），中央文献出版社，2014，第594页。
③ 《马克思恩格斯文集》第1卷，人民出版社，2009，第189页。

实现人的全面发展，就是要为人的全面发展创造经济、政治、文化、社会、生态以及安全等方面的条件或保障，"更好满足人民在经济、政治、文化、社会、生态等方面日益增长的需要，更好推动人的全面发展、社会全面进步"①。

2. 全面现代化的整体性逻辑

中国式现代化开启人类文明新形态，体现了彻底人道主义、共同体主义、和平主义等文明逻辑②。除此之外，它还遵循了整体性文明逻辑。所谓系统是指由相互关联、相互依存、相互作用的诸要素构成的有机整体。从内容或范围角度看，全面现代化是一个"1+6+1"系统。第一个"1"指的是"人的现代化"。"6"指的是"各个领域的现代化"，包括经济现代化、政治现代化、文化现代化、社会现代化、生态文明现代化以及国防和军队现代化。第二个"1"指的是"治理现代化"，即国家治理体系和治理能力的现代化。"1+6+1"系统涉及三个类别："人"的现代化、"发展"的现代化、"治理"的现代化。全面现代化的整体性（文明）逻辑至少体现在三个方面。其一，从社会维度看，全面现代化涉及从生产力到生产关系、从经济基础到上层建筑的有机体之现代化。其二，从人的发展维度看，全面现代化着眼于人的全面发展，通过实现全方位全过程的现代化，为人的全面发展提供空间。其三，从文明维度看，全面现代化构建了包括物质文明、政治文明、精神文明、社会文明、生态文明在内的"五位一体"的人类文明新形态。

文明是社会实践的产物，人类在改造客观世界和主观世界过程中所形成的有利于社会进步和人的发展的一切积极成果总和即文明。工业革命是现代化运动的开端。西方发达国家先后实现工业化，以此为经验基础，逐步形成了以工业化为核心的经典现代性文明模式。西方现代化本质上建立在以工业文明为核心的物质文明类型上。以西方现代化为参照，全面现代化的整体性文明逻辑有几个显著特征。一是全面性。现代性文

① 《习近平谈治国理政》第3卷，外文出版社，2020，第9页。
② 参见唐爱军《中国道路的文明逻辑——基于历史唯物主义的解读》，《哲学研究》2020年第6期。

明具有全面性，基本要素包括物质文明、政治文明、精神文明、社会文明、生态文明等五个方面。"现代化建设的任务是多方面的，各个方面需要综合平衡，不能单打一。"① 二是关联性。文明系统诸要素及其发展变化都处在相互关联之中，这种关联性使文明系统具有"关系质"。关联性必然要求协调性。全面现代化之"全面"，不能理解为各个文明要素的简单相加，而是关涉到各大文明内涵之间的协调推进。全面现代化是五大文明相协调的现代化。三是整体性。如何评价系统中某个要素或领域的发展变化？一定要放在整个系统及其发展变化中加以评价。可能某个要素或领域从内部来看发展效果不错，但从整个系统角度来看，可能不一定带来整体的、全局的发展，甚至发挥负功能。比如，无节制开发自然，也许可以在一时一地推动经济发展，增加所谓的物质文明成果，但侵蚀了生态文明，最终阻碍了整体性文明进步。全面现代化具有整体性特征，无论是自身评价还是实践展开，都以国家文明整体进步为基本遵循。

3. 全面现代化的战略选择

中国式现代化是发展中国家的现代化，开辟了后发国家走向现代化的新道路。作为一种后发型现代化，中国式现代化为什么能成功，并且能为发展中国家走向现代化提供智慧方案？关键因素之一就是有效的战略路径即"全面协调现代化战略"。这也是中国式现代化之为全面现代化的重要规定性。现代化是一种世界现象，可以追溯到 16 世纪甚至更早的时期，但直到 18 世纪的工业革命，才使得现代化实质性展开，并对人类社会发生深刻影响。因此，现代化普遍被界定为从工业革命开始发生的从传统社会到现代社会的转型过程。从"范式变迁"维度看，世界现代化大体划分为两个阶段。第一个阶段指从 18 世纪开始的现代化，主要是从传统农业社会到现代工业社会的转型，主要推动力是技术创新、工业革命，典型特征是工业化、城市化、民主化；第二个阶段指 20 世纪中叶以来的新一轮现代化，主要是从工业社会到后工业社会（知识社会、信息社会）的转型，主要推动力是知识创新、制度创新和专业人才等，

① 《邓小平文选》第 2 卷，人民出版社，1994，第 250 页。

典型特征是信息化、知识化、生态化等。前者可以称为"第一次现代化"；后者可以称为"第二次现代化"①。第一次现代化的核心是工业化。第二次现代化的核心是信息化、知识化。以美国为代表的西方发达国家已经进入第二次现代化阶段。大多数发展中国家处在第一次现代化阶段，有些发展中国家还没跨进它的门槛。中国总体上处于第一次现代化中后期，但依然没有完成工业化任务。与此同时，第二次现代化在中国又不断呈现。

如何进行战略选择？一般选择是先完成第一次现代化，再进行第二次现代化。这既是西方国家现代化的历史经验，也是提供给后发国家的"经典现代性方案"。中国式现代化打破了传统的现代性逻辑。正如习近平总书记精辟而又形象地指出的："我国现代化同西方发达国家有很大不同。西方发达国家是一个'串联式'的发展过程，工业化、城镇化、农业现代化、信息化顺序发展，发展到目前水平用了二百多年时间。我们要后来居上，把'失去的二百年'找回来，决定了我国发展必然是一个'并联式'的过程，工业化、信息化、城镇化、农业现代化是叠加发展的。"② 从政策角度看，中国选择的并不是先完成工业化，再进行信息化（及城镇化、农业现代化）的道路，而是同步进行，走新型工业化道路，以工业化带动信息化，以信息化提升工业化，实现"四化（工业化、信息化、城镇化、农业现代化）同步"协调发展。从现代性逻辑看，中国选择了"全面协调现代化战略"，超越了"串联式"现代性逻辑，遵循了"并联式"现代性逻辑。概括地说，全面协调现代化战略体现了现代化道路的多样性与非线性逻辑，超越了把西方"依次历时态"（"串联式"发展）路径模式化的单一线性论。全面协调现代化战略坚持渐序发展与跨越式发展相结合的原则，超越了单一的渐序发展逻辑。全面协调现代化战略着眼于"弯道超车"，形成独立自主的发展模式，打破了跟随西方亦步亦趋的

---

① 参见何传启《东方复兴：现代化的三条道路》，商务印书馆，2003，第270~272页。

② 《习近平关于社会主义经济建设论述摘编》，中央文献出版社，2017，第159页。

依附性发展模式。全面协调现代化战略充分证明了"存在多种通往现代性的不同路线"①，现代化是多选题，而非单选题。

中国全速奔跑在自己所创造的现代化赛道上。深入把握中国式现代化的内在逻辑，对于中国式现代化的未来展开极其重要。我们坚信，中国式现代化必将使古老的中华民族再度青春化，使勤劳的中国人民都过上美好生活。

---

① 艾伯特·马蒂内利：《全球现代化——重思现代性事业》，李国武译，商务印书馆，2010，第 122 页。

习近平关于当代资本主义重要论述的核心要义[*]

蒋　茜

当今世界正面临百年未有之大变局，世界格局也处在加快演变的历史进程之中，产生了大量深刻复杂的现实问题。习近平总书记指出："这就需要我们加强对当代资本主义的研究，分析把握其出现的各种变化及其本质，深化对资本主义和国际政治经济关系深刻复杂变化的规律性认识。"[①] 党的十八大以来，习近平总书记围绕当代资本主义提出了一系列具有全局性、战略性、方向性的思想观点，集中体现在对当代资本主义的历史趋势、当代资本主义发展变化的本质特征、资本主导的经济全球化发展、中西国际力量对比的把握以及战略应对等方面，这五个方面的重要论述贯穿了马克思主义的立场观点方法，为我们科学认识和对待当代资本主义，认清世界大势、赢得战略主动，坚定信心、保持定力，在实践中不断建设对资本主义具有优越性的社会主义，提供了重要理论指导和行动指南。

一　我们依然处在马克思主义所指明的历史时代

当前，世界正处于大发展大变革大调整时期，面临的不稳定性不确定性越发突出。世界怎么了？将走向何处？这是各国共同关心和思考的

---

* 本文原载于《马克思主义研究》2022年第2期，收入本书时有改动。
① 《习近平谈治国理政》第2卷，外文出版社，2017，第66~67页。

· 188 ·

重大问题。习近平总书记以宏大的历史视野洞察了当今世界的风云变幻，深刻揭示了世界历史的脉络和走向："尽管我们所处的时代同马克思所处的时代相比发生了巨大而深刻的变化，但从世界社会主义500年的大视野来看，我们依然处在马克思主义所指明的历史时代。"① 这一科学论断，是习近平总书记依据唯物史观对当今世界所处历史时代的重要判断，为身处"百年未有之大变局"的人类社会指明了方向，也为我们正确把握当代资本主义的发展趋势及历史命运提供了一把钥匙。

1. "两个必然"是马克思主义所指明历史时代的发展趋势

习近平总书记指出："《共产党宣言》提出：'资产阶级的灭亡和无产阶级的胜利是同样不可避免的。'这就是'两个必然'，是就人类历史总的发展趋势而言的，是历史规律的必然指向。"② 实际上，在马克思主义诞生以前，空想社会主义已经展开了对资本主义的猛烈批判，以及对于人类社会发展趋势的探寻。但正如习近平总书记所分析的，空想社会主义"怀着悲天悯人的情感，对理想社会有很多美好的设想，但由于没有揭示社会发展规律，没有找到实现理想的有效途径，因而也就难以真正对社会发展发生作用"③。这一重大历史任务最终是由马克思主义完成的。正是唯物史观和剩余价值学说的创立，科学地揭示了人类社会发展的一般规律，阐明了资本主义社会运动的特殊规律，论证了在社会基本矛盾运动的推动下社会主义代替资本主义的历史必然性，为社会主义从空想走向科学奠定了理论基础，为人类社会指明了从必然王国向自由王国飞跃的依靠力量和实现途径。

马克思恩格斯虽然生活在自由资本主义时代，但他们探讨的问题并不局限于自由资本主义，而是透过资本主义的层层表象来探讨资本主义社会发展的规律性问题，从整个人类社会发展的历史长河来透视历史运动的本质和时代发展的方向，这正是马克思主义生命力之所在。与自由

① 《习近平谈治国理政》第2卷，外文出版社，2017，第66页。

② 习近平：《坚持历史唯物主义不断开辟当代中国马克思主义发展新境界》，《求是》2020年第2期。

③ 习近平：《在纪念马克思诞辰200周年大会上的讲话》，人民出版社，2018，第7~8页。

资本主义时代相比，当代资本主义发生了深刻复杂的变化。然而，这些变化没有改变资本主义以生产资料私有制为基础的雇佣劳动制度本身，没有改变资本主义追求剩余价值的生产目的，没有改变历史时代的本质和趋势。因此，"从资本主义向社会主义过渡"① 依然是人类社会发展的必然方向。

2. 马克思主义所指明的历史时代必然是一个很长的历史过程

从历史过程来看，习近平总书记指出："资本主义最终消亡、社会主义最终胜利，必然是一个很长的历史过程。"② 世界社会主义发展的历史进程充分体现了这个过程的长期性、曲折性和复杂性。在马克思主义的指导下，列宁领导的十月革命打破了资本主义一统天下的世界格局，开启了历史趋势的现实进程。至此，社会主义与资本主义作为两种社会制度、两种生产方式并存于当今世界。第二次世界大战以后，一大批社会主义国家诞生，世界社会主义力量得到了很大程度的增强。然而，20世纪末苏联解体、东欧剧变，世界社会主义运动遭遇了最为严重的挫折。西方世界欢呼雀跃地叫嚣着社会主义已经失败，并抛出了所谓的"历史终结论"。

面对历史进程中的曲折性，习近平总书记运用马克思主义基本原理进行了深刻的分析："这里还要说到马克思提出的'两个决不会'，马克思说：'无论哪一个社会形态，在它所能容纳的全部生产力发挥出来以前，是决不会灭亡的；而新的更高的生产关系，在它的物质存在条件在旧社会的胎胞里成熟以前，是决不会出现的。'马克思的这一重要论点，可以帮助我们理解为什么资本主义至今没有完全消亡，为什么社会主义还会出现苏联解体、东欧剧变那样的曲折，为什么马克思主义预见的共产主义还需要经过很长的历史发展才能实现。"③ 进入 21 世纪之

---

① 参见《我们依然处在马克思主义所指明的历史时代——访中国社会科学院党组成员、当代中国研究所所长姜辉》，《马克思主义研究》2019 年第 1 期。

② 习近平：《关于坚持和发展中国特色社会主义的几个问题》，《求是》2019年第 7 期。

③ 习近平：《坚持历史唯物主义不断开辟当代中国马克思主义发展新境界》，《求是》2020 年第 2 期。

后，资本主义发展开始减速并在金融危机之后陷入严峻的困境之中。与之相比，中国特色社会主义则取得了巨大成就，科学社会主义在21世纪的中国已经焕发出强大的生机活力。习近平总书记深刻指出："我们用事实宣告了'历史终结论'的破产。"① 可见，关于资本主义必然灭亡、社会主义必然胜利的历史唯物主义观点没有过时。这是社会历史发展不可逆转的总趋势，但道路是曲折的。

二　关于资本主义社会基本矛盾运动的分析没有过时

马克思主义深刻揭示了资本主义社会的基本矛盾运动规律：资本主义进入机器大工业之后，资本主义的生产就越来越表现为生产的社会化。生产社会化意味着生产力已经社会化了，但生产资料依然被私人占有。于是，生产社会化与生产资料资本主义私人占有之间的基本矛盾就凸显出来，"这一矛盾，已经包含着现代的一切冲突的萌芽"②。基本矛盾随着资本积累不断深化，导致了生产过剩、经济危机频繁爆发，两极分化日益严峻。为了适应越来越社会化的生产力，资本主义生产关系也被迫走上了扬弃的道路。但马克思恩格斯认为，无论是向股份公司还是向国家财产转变，这些方式都并"没有消除生产力的资本属性"，资本主义国家"本质上都是资本主义的机器，资本家的国家，理想的总资本家"③。随着生产力的发展，"生产资料的集中和劳动的社会化，达到了同它们的资本主义外壳不能相容的地步。这个外壳就要炸毁了。资本主义私有制的丧钟就要响了。剥夺者就要被剥夺了"④。习近平总书记运用马克思主义基本矛盾运动规律，分析了当代资本主义的发展变化，指明了其发展变化背后的内在根源。

---

① 《习近平关于社会主义政治建设论述摘编》，中央文献出版社，2017，第7页。
② 《马克思恩格斯文集》第9卷，人民出版社，2009，第287页。
③ 《马克思恩格斯文集》第9卷，人民出版社，2009，第295页。
④ 马克思：《资本论》第1卷，人民出版社，2004，第874页。

1. **深刻认识资本主义社会的自我调节能力**

马克思去世之后的一个多世纪里，资本主义始终没有摆脱经济危机和两极分化的梦魇。危机是资本主义基本矛盾的爆发，同时也为缓解矛盾提供了机会。习近平总书记指出："20世纪以来，社会矛盾不断激化，为缓和社会矛盾、修补制度弊端，西方各种各样的学说都在开药方，包括凯恩斯主义、新自由主义、新保守主义、民主社会主义、实用主义、存在主义、结构主义、后现代主义等，这些既是西方社会发展到一定阶段的产物，也深刻影响着西方社会。"① 尤其是第二次世界大战之后，面对千疮百孔的战后经济，当代资本主义借助科技革命的东风，通过加强国家宏观调控、推行社会福利保障等方式，激发了劳动者的积极性，缓和了劳资矛盾，推动资本主义经济、政治、社会等领域发生了深刻变化，也迎来了资本主义战后黄金30年的发展。可见，资本主义在基本矛盾的推动下，通过调整生产关系和上层建筑再次推动了资本主义生产力在一定时期的向前发展。因此，习近平总书记强调，"我们要深刻认识资本主义社会的自我调节能力"②。

2. **当代资本主义社会基本矛盾依然存在**

资本主义社会虽然有一定的自我调节能力，但这种调节并没有消除内生于资本主义制度的基本矛盾。习近平总书记指出："资本主义固有的生产社会化和生产资料私人占有之间的矛盾依然存在，但表现形式、存在特点有所不同。"③ 当代资本主义在经历战后近30年的大发展之后，于20世纪70年代再次陷入经济危机之中。面对"滞胀"危机，资本主义借助资本的信息化和经济全球化、金融化、自由化，在一定程度上缓和了危机，迎来了资本主义经济的新扩张。然而，正如马克思所言："资本主义生产总是竭力克服它所固有的这些限制，但是它用来克服这

---

① 习近平：《在哲学社会科学工作座谈会上的讲话》，人民出版社，2016，第4页。

② 习近平：《关于坚持和发展中国特色社会主义的几个问题》，《求是》2019年第7期。

③ 习近平：《在哲学社会科学工作座谈会上的讲话》，人民出版社，2016，第14页。

些限制的手段，只是使这些限制以更大的规模重新出现在它面前。"① 新自由主义的泛滥让资本的逐利行为不再受到任何约束，金融体系的无节制膨胀让虚拟经济与实体经济严重脱节，生产无限扩张与需求相对有限之间的冲突异常尖锐，金融资本所主导的世界经济体系严重失衡。最终，金融泡沫的破灭引发了历史罕见的 2008 年国际金融危机。对此，习近平总书记指出："国际金融危机发生后，不少西方学者也在重新研究马克思主义政治经济学、研究《资本论》，借以反思资本主义的弊端。"②

由此可见，内生于资本主义制度的基本矛盾依然存在，资本主义的改革调整也绝非万能的，无法彻底解决其基本矛盾的最终限制正是资本自身。马克思一针见血地指出，"资本不可遏止地追求的普遍性，在资本本身的性质上遇到了限制，这些限制在资本发展到一定阶段时，会使人们认识到资本本身就是这种趋势的最大限制"③。从当前资本主义的现实境况来看，正是如此。2008 年金融危机爆发至今已有十余年，危机已经从经济领域逐渐扩展到政治、社会、生态等领域。当今世界的霸权主义和强权政治、金融资本的寄生性、资本逻辑对生态环境的侵蚀等弊端暴露无遗。危机后，资本主义也在调整并寻找新的增长动力。尽管美国等少数国家有复苏的势头，但从经济结构来看没有发生根本性变化，仍然高度依赖无节制的财政赤字和金融化，并通过量化宽松货币政策转嫁危机让世界买单，导致世界经济增长乏力，复苏之路艰难且脆弱，种种迹象表明资本主义改良调节的空间正在缩小。在此意义上，习近平总书记反复强调："事实一再告诉我们，马克思、恩格斯关于资本主义社会基本矛盾的分析没有过时。"④

---

① 马克思：《资本论》第 3 卷，人民出版社，2004，第 278 页。
② 习近平：《在哲学社会科学工作座谈会上的讲话》，人民出版社，2016，第 14~15 页。
③ 《马克思恩格斯文集》第 8 卷，人民出版社，2009，第 91 页。
④ 习近平：《关于坚持和发展中国特色社会主义的几个问题》，《求是》2019 年第 7 期。

三　西方主导的传统经济全球化
是一条越走越窄的死胡同

经济全球化发展到今天，"各国相互联系、相互依存的程度空前加深"①。放眼世界，各国早已休戚相关、命运相连。然而，国际金融危机发生之后，经济全球化进程却遭遇了阻碍。随着资本主义矛盾的累积深化，"保护主义、单边主义持续蔓延，贸易和投资争端加剧，全球产业格局和金融稳定受到冲击，世界经济运行风险和不确定性显著上升，国际投资者信心明显不足"②，逆全球化趋势愈演愈烈。针对当前各种逆全球化的思潮和行动，习近平总书记旗帜鲜明地反对单边主义、保护主义，在国际国内很多场合再三强调经济全球化是不可逆转的历史大势，同时也为破解经济全球化的困境、促进经济全球化向健康方向发展提出了中国方案，贡献了中国智慧。

1. 经济全球化是社会生产力发展的客观要求和科技进步的必然结果

习近平总书记站在历史唯物主义的高度指出："历史地看，经济全球化是社会生产力发展的客观要求和科技进步的必然结果，不是哪些人、哪些国家人为造出来的。"③虽然经济全球化最初伴随着残酷的殖民掠夺并由资本主义主导推动，但经济全球化客观上顺应了生产力发展的历史大势，促成了贸易大繁荣、投资大便利、商品和资本流动、科技和文明进步、各国人民交往等，为世界经济增长提供了强劲的动力和广阔的空间，是人类社会发展的必经之路。习近平总书记曾谈到经济全球化给各国和世界带来的积极正面效应："本世纪初以来，在联合国主导下，借助经济全球化，国际社会制定和实施了千年发展目标和2030年可持续发展议程，推动11亿人口脱贫，19亿人口获得安全饮用水，35亿人口用上互联网等，还将在2030年实现零贫困。这充分说明，经济全球化的大

---

① 《习近平谈治国理政》，外文出版社，2014，第272页。
② 《习近平谈治国理政》第3卷，外文出版社，2020，第473页。
③ 《习近平谈治国理政》第2卷，外文出版社，2017，第477页。

方向是正确的。"①

　　未来生产力要向前发展就必然要求继续深化经济全球化的发展，提高经济全球化的程度。习近平总书记强调："世界上的有识之士都认识到，经济全球化是不可逆转的历史大势，为世界经济发展提供了强劲动力。说其是历史大势，就是其发展是不依人的意志为转移的。人类可以认识、顺应、运用历史规律，但无法阻止历史规律发生作用。"② 当前，经济全球化的"地球村"已经形成，世界退不回彼此封闭孤立的状态，更不可能被人为割裂。"世界经济的大海，你要还是不要，都在那儿，是回避不了的。想人为切断各国经济的资金流、技术流、产品流、产业流、人员流，让世界经济的大海退回到一个一个孤立的小湖泊、小河流，是不可能的，也是不符合历史潮流的。"③ 所以，当前逆全球化的种种思潮和行为，绝不可能阻挡经济全球化浩荡向前的潮流大势。

　　2. 以美国为代表的西方国家由经济全球化的主要推手转为保护主义势力

　　习近平总书记回顾了经济全球化的现实发展历程，把经济全球化概括为三个发展阶段："一是殖民扩张和世界市场形成阶段，西方国家靠巧取豪夺、强权占领、殖民扩张，到第一次世界大战前基本完成了对世界的瓜分，世界各地区各民族都被卷入资本主义世界体系之中。二是两个平行世界市场阶段，第二次世界大战结束后，一批社会主义国家诞生，殖民地半殖民地国家纷纷独立，世界形成社会主义和资本主义两大阵营，在经济上则形成了两个平行的市场。三是经济全球化阶段，随着冷战结束，两大阵营对立局面不复存在，两个平行的市场随之不复存在，各国相互依存大幅加强，经济全球化快速发展演化。"④ 资本主义主导推动经济全球化的冲动源于对剩余价值无止境的追求。因为资本只有在运动中才能实现增殖，资本运动的本质特征必然要求推动世界市场的形成。在

---

①　《习近平谈治国理政》第 2 卷，外文出版社，2017，第 543 页。
②　《习近平谈治国理政》第 3 卷，外文出版社，2020，第 200 页。
③　《习近平谈治国理政》第 2 卷，外文出版社，2017，第 478 页。
④　《习近平谈治国理政》第 2 卷，外文出版社，2017，第 211 页。

这个过程中，资本主义也充当了推动历史发展的不自觉的工具。然而，2008年国际金融危机之后，西方资本主义国家通过各种方法不断强化贸易保护主义。"20年前甚至15年前，经济全球化的主要推手是美国等西方国家，今天反而是我们被认为是世界上推动贸易和投资自由化便利化的最大旗手，积极主动同西方国家形形色色的保护主义作斗争。"①

那么，以美国为代表的西方国家为何会由经济全球化的"主要推手"转化为"保护主义"势力呢？习近平总书记一针见血地指出："在经济全球化深入发展的今天，弱肉强食、赢者通吃是一条越走越窄的死胡同。"② 资本主义主导推动经济全球化是以榨取全球剩余价值为目的的，在此目的的驱使下，以美国为代表的资本主义力图牢牢占据世界经济政治文化的霸权地位。在政治上，表现为不断向世界输出"西方民主"，频繁发动"颜色革命"，通过挑起战争干涉别国内政颠覆政权；在经济上，表现为掌握着国际货币体系的垄断权对世界进行金融控制，通过跨国公司直接投资，在获取高额利润的同时牢牢占据全球产业链高端，力图把发展中国家和新兴国家控制在国际分工的依附从属地带；在社会上，表现为贫富分化的矛盾在全球范围内加剧；在文化上，表现为排斥文明多样性的客观事实，宣扬"普世价值"的西方中心论；在国际秩序构建和治理上，表现为无视其他国家的利益诉求，形成了由少数发达国家垄断的强权秩序。概言之，资本主义主导的经济全球化遵从的是资本的逻辑，维护的是资本的利益，其本身就蕴含着单边主义的倾向。因此，在2008年国际金融危机之后，当代资本主义基本矛盾扩展成为世界性难题，发展失衡、治理困境、数字鸿沟、公平赤字等问题越发突出。资本主义无力解决困境转而"开历史的倒车"，采取贸易保护主义等方式来维护本国资本的利益。

实际上，当前逆全球化的种种做法，就是对资本主导经济全球化的一种否定。对此，习近平总书记强调："如果以邻为壑、孤立封闭，国

---

① 《习近平谈治国理政》第2卷，外文出版社，2017，第212页。
② 《习近平谈治国理政》第3卷，外文出版社，2020，第202页。

际经贸就会气滞血瘀，世界经济也难以健康发展。"① "靠冷战思维，以意识形态划线，搞零和游戏，既解决不了本国问题，更应对不了人类面临的共同挑战。"② 很显然，经济全球化的贫富差距、发展鸿沟等重大挑战在资本主义全球化的逻辑框架内是无解的，资本主导的经济全球化已经成为经济全球化进一步发展的阻碍。

3. 推动建设开放、包容、普惠、平衡、共赢的新型经济全球化

"中国是经济全球化的受益者，更是贡献者。"③ 改革开放以来，中国积极主动参与经济全球化进程，日益成为世界经济发展的重要推动力。面对经济全球化进程中的挑战，习近平总书记指出，"我们要正视并设法解决，但不能因噎废食"④。因此，坚持顺应经济全球化的潮流大势，需要把经济全球化从资本主导的发展桎梏中解放出来，引导推动经济全球化健康发展。

习近平总书记在国际国内很多场合向世界阐明了中国的方案："引导经济全球化健康发展，需要加强协调、完善治理，推动建设一个开放、包容、普惠、平衡、共赢的经济全球化，既要做大'蛋糕'，更要分好'蛋糕'，着力解决公平公正问题。"⑤ "让和平的薪火代代相传，让发展的动力源源不断，让文明的光芒熠熠生辉，是各国人民的期待，也是我们这一代政治家应有的担当。中国方案是：构建人类命运共同体，实现共赢共享。"⑥ 当前，新冠肺炎疫情的全球肆虐使得世界百年未有之大变局加速变化，各国人民对和平发展、合作共赢的需求更加强烈。"全球抗击新冠肺炎疫情的实践表明，人类是休戚与共、风雨同舟的命运共同体，唯有相互支持、团结合作才是战胜危机的人间正道。解决经济全球化进程中出现的矛盾，各国应该努力形成更加包容的全球治理、更加有

---

① 《习近平谈治国理政》第 3 卷，外文出版社，2020，第 201 页。
② 《习近平在联合国成立 75 周年系列高级别会议上的讲话》，人民出版社，2020，第 4 页。
③ 《习近平谈治国理政》第 2 卷，外文出版社，2017，第 484 页。
④ 《习近平谈治国理政》第 2 卷，外文出版社，2017，第 543 页。
⑤ 《习近平谈治国理政》第 2 卷，外文出版社，2017，第 543 页。
⑥ 《习近平谈治国理政》第 2 卷，外文出版社，2017，第 539 页。

效的多边机制、更加积极的区域合作。"① 构建人类命运共同体，关键在于行动。目前，中国正在积极努力提升多边和双边开放水平，推动各国经济联动融通，推进贸易和投资自由化便利化，推动"一带一路"建设，倡导共商、共建、共享的全球经济治理体系，建立以合作共赢为核心的新型国际关系，等等。人类命运共同体的理念在实践中不断丰富发展，为推动经济全球化健康发展，为各国人民携手共享经济全球化和世界经济增长成果展现了光明前景。

四 中西力量对比持续朝着于我有利的方向发展

随着中国日益走近世界舞台中央，中国与当代发达资本主义国家的关系也发生了历史性的变化。虽然短期内资强社弱的国际格局还没有根本改变，但从中西力量对比的发展态势来看，习近平总书记敏锐地判断出，"国际力量对比持续朝着于我有利的方向发展"②。"当今世界正经历百年未有之大变局，但时与势在我们一边，这是我们定力和底气所在，也是我们的决心和信心所在。"③

1. 西方发达国家在经济、科技、政治、军事上的优势地位尚未改变

习近平总书记指出，"国际力量对比正在发生前所未有的积极变化，新兴市场国家和发展中国家群体性崛起正在改变全球政治经济版图，世界多极化和国际关系民主化大势难逆，以西方国家为主导的全球治理体系出现变革迹象，但争夺全球治理和国际规则制定主导权的较量十分激

---

① 习近平：《在亚洲基础设施投资银行第五届理事会年会视频会议开幕式上的致辞》，《人民日报》2020 年 7 月 29 日。

② 《习近平关于社会主义社会建设论述摘编》，中央文献出版社，2017，第146 页。

③ 《习近平在省部级主要领导干部学习贯彻党的十九届五中全会精神专题研讨班开班式上发表重要讲话强调 深入学习坚决贯彻党的十九届五中全会精神 确保全面建设社会主义现代化国家开好局》，《人民日报》2021 年 1 月12 日。

烈，西方发达国家在经济、科技、政治、军事上的优势地位尚未改变"①。在经济方面，虽然我国经济总量跃居世界第二，但经济质量还不够高，产业仍处于全球价值链中低端，经济大而不强的问题相当突出；在科技方面，我国科技整体水平有了明显提高，但科技创新的基础还不牢，创新水平存在差距，创新人才储备不够，科技对于经济发展的贡献率远低于发达国家水平；在国际舆论影响力方面，"国际舆论格局是西强我弱，西方主要媒体左右着世界舆论，我们往往有理说不出，或者说了传不开"②。概言之，从当前国际力量对比来看，资强社弱的总体格局仍然是客观事实。但同时也需要看到，当代资本主义于国际金融危机之后陷入了深度调整的困境之中，在国际竞争中的影响力和地位开始下降。而以中国为代表的世界社会主义力量正在不断蓄积，世界社会主义从整体上呈现上升态势，中西国际力量对比已经呈现显著变化。

2. 时机在我们一边

中西力量对比的革命性变化"持续朝着于我有利的方向发展"，源于时机"在我们一边"。习近平总书记指出："我国处于近代以来最好的发展时期，世界处于百年未有之大变局，两者同步交织、相互激荡。"③从外部时机来看，百年未有之大变局在带来严峻挑战的同时，也蕴含了发展的重要机遇。第一，蕴含了和平发展的机遇。虽然当前国际矛盾和斗争异常尖锐，局部地区动荡不断，"世界仍很不太平，战争的'达摩克利斯之剑'依然悬在人类头上"④，但以中国为代表的发展中国家群体性崛起，将汇成一股促进和平发展的强大力量。因此，从整体态势来看，当今世界"是一个国际力量对比深刻变化并朝着有利于和平与发展方向变化的世界"，"和平与发展的时代主题不会改变"⑤。第二，为构建更加公正合理的全球治理体系提供了机遇。当前全球治理体系已经严重滞后，

---

① 《习近平谈治国理政》第 2 卷，外文出版社，2017，第 212 页。
② 《习近平关于社会主义文化建设论述摘编》，中央文献出版社，2017，第 197 页。
③ 《习近平谈治国理政》第 3 卷，外文出版社，2020，第 428 页。
④ 《习近平谈治国理政》第 2 卷，外文出版社，2017，第 446 页。
⑤ 《习近平谈治国理政》第 2 卷，外文出版社，2017，第 442 页。

"一国独霸""几方共治"的国际治理与国际关系民主化的要求相行甚远，弱肉强食、赢者通吃的丛林法则与世界各国人民的期待和人类文明的发展背道而驰。在这个不稳定不确定的世界中，各国面临许多共同的威胁、共同的挑战，世界对于构建新的全球治理体系的呼声越来越强烈。第三，蓬勃兴起的新一轮科技革命为生产力进步和经济社会发展提供了机遇。习近平总书记敏锐地看到了新一轮科技革命的发展动向，他强调："新一轮科技革命和产业变革与我国加快转变经济发展方式形成历史性交汇，为我们实施创新驱动发展战略提供了难得的重大机遇。"①

从内部时机来看，习近平总书记指出："我国发展仍然处于重要战略机遇期，但机遇和挑战都有新的发展变化，机遇和挑战之大都前所未有，总体上机遇大于挑战。"② "我们最大的机遇就是自身不断发展壮大。"③ 今天，我国已经积累起坚实的物质基础，经济实力、科技实力、国防实力进入世界前列，综合国力和人民生活水平实现了历史性跨越，创造了经济快速发展和社会长期稳定两大奇迹。今日之中国已经具备较为充分的实力和条件，能够牢牢抓住新一轮科技革命的历史机遇。同时，中国的国际地位和国际影响力也空前提升。近年来中国对世界经济的贡献率已经超过 30%，对国际事务的参与度逐渐加深，中国理念、中国智慧、中国方案也赢得了世界上越来越多国家的认可和支持。

3. 优势在我们一边

中西力量对比"持续朝着于我有利的方向发展"，源于优势"在我们一边"。习近平总书记指出："由于中国特色社会主义不断成功，冷战结束后世界社会主义万马齐喑的局面得到很大程度的扭转，社会主义在同资本主义竞争中的被动局面得到很大程度的扭转，社会主义优越性得

---

① 《习近平关于科技创新论述摘编》，中央文献出版社，2016，第 24 页。

② 《习近平在省部级主要领导干部学习贯彻党的十九届五中全会精神专题研讨班开班式上发表重要讲话强调　深入学习坚决贯彻党的十九届五中全会精神　确保全面建设社会主义现代化国家开好局》，《人民日报》2021 年 1 月 12 日。

③ 《习近平谈治国理政》第 2 卷，外文出版社，2017，第 442 页。

到很大程度的彰显。"① 改革开放 40 多年的实践已经证明，中国特色社会主义克服了资本主义的矛盾弊端，最大限度地促进了我国社会生产力的发展，维护了广大人民群众的根本利益，是具有鲜明中国特色、明显制度优势、强大自我完善能力的先进制度。具体来说，在国家治理方面，我国始终坚持党的集中统一领导和科学决策，充分发挥了集中力量办大事的政治优势，积极调动了人民的创造活力，具有资本主义无法比拟的强大组织和动员能力；在政治方面，我国建立了适合我国国情和实际的民主政治制度，"我国社会主义制度保证了人民当家作主的主体地位，也保证了人民在全面推进依法治国中的主体地位。这是我们的制度优势，也是中国特色社会主义法治区别于资本主义法治的根本所在"②；在经济方面，我国建立了社会主义市场经济体制，"既发挥了市场经济的长处，又发挥了社会主义制度的优越性"，"有效防范资本主义市场经济的弊端"③；在社会分配方面，我国始终坚持按劳分配为主体、多种分配方式并存，并以共同富裕为最终目的，从根本上突破了资本主义社会资本至上的分配弊端；等等。

习近平总书记指出："衡量一个国家的制度是否成功、是否优越，一个重要方面就是看其在重大风险挑战面前，能不能号令四面、组织八方共同应对。"④ 2020 年突如其来的新冠肺炎疫情让两种社会制度和两种治理模式形成了鲜明对比。当前，欧美资本主义国家感染人数居高不下，形势依然非常严峻。中国抗疫斗争取得的重大战略成果再次表明，中国特色社会主义制度所具有的显著优势是抵御风险挑战、提高国家治理效能的根本保证，是我们的信心和定力所在。中国特色社会主义用事

---

① 习近平：《学习马克思主义基本理论是共产党人的必修课》，《求是》2019年第 22 期。

② 《习近平关于社会主义政治建设论述摘编》，中央文献出版社，2017，第86 页。

③ 《习近平关于社会主义经济建设论述摘编》，中央文献出版社，2017，第64 页。

④ 习近平：《在全国抗击新冠肺炎疫情表彰大会上的讲话》，人民出版社，2020，第 19 页。

实向世界证明，"治理一个国家，推动一个国家实现现代化，并不只有西方制度模式这一条道，各国完全可以走出自己的道路来"①。我们坚持和发展中国特色社会主义，"创造了中国式现代化新道路，创造了人类文明新形态"②。

五　在实践中不断建设对资本主义 具有优越性的社会主义

随着中西力量对比的深刻变化，两种社会制度的合作与斗争更为复杂艰巨。习近平总书记指出，要"认真做好两种社会制度长期合作和斗争的各方面准备"，"最重要的，还是要集中精力办好自己的事情"，在实践中"不断建设对资本主义具有优越性的社会主义"③。具体来说，习近平总书记的论述中包含了三个层面。

1. 认真学习和借鉴资本主义创造的有益文明成果

社会主义是对资本主义的扬弃和超越，充分利用资本主义文明成果来巩固和发展社会主义，是马克思主义的重要观点。马克思恩格斯曾经科学预见东方国家跨越资本主义"卡夫丁峡谷"的可能性，但同时也提出关键要"占有资本主义制度所创造的一切积极的成果"④。列宁也强调："不能设想，除了建立在庞大的资本主义文化所获得的一切经验教训的基础上的社会主义，还有别的什么社会主义。"⑤ 我国是从半殖民地半封建社会直接进入社会主义社会的，社会主义要赢得与资本主义相比较的优势就不能排斥资本主义的文明成果。邓小平同志曾指出："必须大胆吸收和借鉴人类社会创造的一切文明成果，吸收和借鉴当今世界各

---

① 《习近平关于社会主义政治建设论述摘编》，中央文献出版社，2017，第 7 页。

② 习近平：《在庆祝中国共产党成立 100 周年大会上的讲话》，人民出版社，2021，第 14 页。

③ 习近平：《关于坚持和发展中国特色社会主义的几个问题》，《求是》2019年第 7 期。

④ 《马克思恩格斯文集》第 3 卷，人民出版社，2009，第 578 页。

⑤ 《列宁全集》第 34 卷，人民出版社，1985，第 252 页。

国包括资本主义发达国家的一切反映现代社会化生产规律的先进经营方式、管理方法。"①

习近平总书记继承发展了辩证对待资本主义的思想，从新时代的历史条件出发提出，"我们积极学习借鉴人类文明的一切有益成果"②，"认真学习和借鉴资本主义创造的有益文明成果，甚至必须面对被人们用西方发达国家的长处来比较我国社会主义发展中的不足并加以指责的现实"③，"欢迎一切有益的建议和善意的批评"④。另外，习近平总书记也强调了学习借鉴的原则："学习借鉴不等于是简单的拿来主义，必须坚持以我为主、为我所用，认真鉴别、合理吸收，不能搞'全盘西化'，不能搞'全面移植'，不能照搬照抄。"⑤ "那样做的结果，不是必然遭遇失败，就是必然成为他人的附庸。"⑥

2. 坚决抵制抛弃社会主义的各种错误主张

随着我国日益发展壮大，西方国家从各个方面向我国发起了挑战，尤其是在意识形态领域的斗争变得更为复杂微妙。习近平总书记指出，"国际上，西方敌对势力一直把我国发展壮大视为对西方价值观和制度模式的威胁，一刻也没有停止对我国进行意识形态渗透"⑦。近年来，西方国家惯用的方式就是以"普世价值"来评价中国模式，打着"自由""民主""人权"的幌子行干涉之实。也有人总是拿西方标准来衡量改革开放，把改革开放定义为往西方"普世价值"、西方政治制度的方向改。

---

① 《邓小平文选》第 3 卷，人民出版社，1993，第 373 页。

② 习近平：《在庆祝中国共产党成立 100 周年大会上的讲话》，人民出版社，2021，第 14 页。

③ 习近平：《关于坚持和发展中国特色社会主义的几个问题》，《求是》2019 年第 7 期。

④ 习近平：《在庆祝中国共产党成立 100 周年大会上的讲话》，人民出版社，2021，第 14~15 页。

⑤ 《习近平关于社会主义政治建设论述摘编》，中央文献出版社，2017，第 88 页。

⑥ 《中国共产党第十九届中央委员会第六次全体会议文件汇编》，人民出版社，2021，第 97 页。

⑦ 《习近平关于社会文化建设论述摘编》，中央文献出版社，2017，第 53 页。

对此，习近平总书记指出："如果我们用西方资本主义价值体系来剪裁我们的实践，用西方资本主义评价体系来衡量我国发展，符合西方标准就行，不符合西方标准就是落后的陈旧的，就要批判、攻击，那后果不堪设想！"①

实际上，意识形态斗争的目的就是妄图弱化社会主义制度，遏制中国特色社会主义的发展。因此，习近平总书记反复强调，"我们必须有很强大的战略定力，坚决抵制抛弃社会主义的各种错误主张"；"我们说中国特色社会主义是社会主义，那就是不论怎么改革、怎么开放，我们都始终要坚持中国特色社会主义道路、中国特色社会主义理论体系、中国特色社会主义制度"②。

3. 集中精力办好自己的事情

中国特色社会主义进入新时代，迎来了中华民族伟大复兴的光明前景，彰显了科学社会主义的强大活力。邓小平同志在 20 世纪 80 年代时曾经指出："我们中国要用本世纪末期的二十年，再加上下个世纪的五十年，共七十年的时间，努力向世界证明社会主义优于资本主义。"③ 今天，中国已经开启全面建设社会主义现代化国家的新征程。到 21 世纪中叶我国在全面建成社会主义现代化强国之时，将更加充分地彰显社会主义制度的优越性，证明社会主义是人类社会发展的必由之路。

行百里者半九十。我国发展前景十分光明，但挑战也十分严峻、任务非常艰巨。面对国际国内的深刻复杂变化，习近平总书记指出，"我们要清醒认识国际国内各种不利因素的长期性、复杂性，妥善做好应对各种困难局面的准备"，并强调"最重要的还是做好我们自己的事情"④。集中精力办好自己的事情，就是要"坚定道路自信、理论自信、制度自信，要有坚如磐石的精神和信仰力量，也要有支撑这种精神和信仰的强大物质力量"，"使中国特色社会主义在解放和发展社会生产力、解放和

---

① 《习近平谈治国理政》第 2 卷，外文出版社，2017，第 327 页。
② 习近平：《关于坚持和发展中国特色社会主义的几个问题》，《求是》2019
年第 7 期。
③ 《邓小平年谱（1975—1997）》（下），中央文献出版社，2004，第 1255 页。
④ 《习近平谈治国理政》第 3 卷，外文出版社，2020，第 77 页。

增强社会活力、促进人的全面发展上比资本主义制度更有效率，更能激发全体人民的积极性、主动性、创造性，更能为社会发展提供有利条件，更能在竞争中赢得比较优势，把中国特色社会主义制度的优越性充分体现出来"①，通过在实践中不断建设对资本主义具有优越性的社会主义，为我国在全球竞争中赢得主动、赢得优势、赢得未来积蓄力量，为全面建成社会主义现代化强国和实现中华民族伟大复兴打下坚实基础。

---

① 《习近平谈治国理政》，外文出版社，2014，第93页。

第四编　人类文明新形态

"世界之问"与中国方案[*]

陈曙光

"世界怎么了、我们怎么办?"① 这是习近平发出的"世界之问"。在不确定的世界中寻找确定性,国际社会的目光投向中国,期待看到中国方案。中国没有缺席,习近平新时代中国特色社会主义思想为解决人类面临的共同难题贡献了中国智慧,提供了中国方案。

一　"世界怎么了"

"这是最好的时代,也是最坏的时代。"英国文学家狄更斯对工业革命后世界景象的这种描述似乎仍然适用于当今时代所面临的种种问题。

(1)发展赤字。20世纪中叶,美国主导塑造了二战以后的世界经济体系。在这个体系中,发达国家是中心国家,而发展中国家则处于边缘地带,西方发达国家在全球产业分工和工业链条上占领制高点,扮演技术创新引领者、高端产品供应地的角色;发展中国家则处于低端,扮演资源来源地、产品倾销地、低端产品制造地的角色。西方发达国家通过不合理的国际分工掠夺发展中国家的资源、资产和市场,霸占发展空间,独享发展权益,发展中国家的经济增长空间被极大地压缩,贫富差距、南北差距问题日益突出。

---

* 2015年度国家社会科学基金重大项目"习近平总书记关于全面深化改革的方法论思想研究"(15ZDA003)的阶段性成果。本文原载于《马克思主义与现实》2019年第6期,收入本书时有改动。

① 《习近平谈治国理政》第2卷,外文出版社,2017,第537页。

进入 21 世纪，发展中国家的发展赤字尚未解决，发达国家又陷入了新的经济危机之中。尽管美国等少数发达国家复苏迹象明显，但全球依然增长动力不足、需求不振、金融市场反复动荡，国际贸易和投资面临严峻挑战，逆全球化动向拖累世界经济，发展赤字更加凸显，南北差距更加突出。正如习近平所指出的，当今世界，经济领域三大突出矛盾一个都没有得到有效解决："一是全球增长动能不足，难以支撑世界经济持续稳定增长。……二是全球经济治理滞后，难以适应世界经济新变化。……三是全球发展失衡，难以满足人们对美好生活的期待。"[1]

（2）治理赤字。民族历史转变为世界历史，地域性的问题也转变为世界性的共同难题，需要全人类共同面对、协同治理、一道解决。然而，传统的西方治理逻辑，要么强调大国共治，挤压小国施展的空间；要么强调霸权稳定，主张单极世界。这既与国际格局的新变化不相适应，也难以解决当今世界面临的治理难题。

自第二次世界大战结束以来，西方凭借其强大的军事力量、资本力量和价值观力量，建立起覆盖经济、政治、文化、安全、法治等各个领域的全球治理体系。但由于这种传统全球治理体系的治理主体缺乏代表性、包容性，未能反映新兴国家群体性崛起的事实，治理规则和机制在很大程度上体现的是发达国家的意图，服务于少数大国的利益，因此治理的结果是世界层面的制度失灵和秩序失范，是全球层面的正义缺失。不仅如此，这套治理体系已经无力解决当今世界面临的诸多全球性问题，部分甚至已经沦为全球治理体系改革的阻滞力，沦为全球治理困局的直接根源。

（3）文明赤字。传统全球化时代，国际交往理性、世界文明秩序（"普世价值论""西方中心论""文明优越论""历史终结论"）本质上是西方精神的世界化，是地域性知识的普适化，是守护西方利益的卫道士，是西方文化霸权和文化殖民的结果。当今世界的文明秩序、文明规则和文化价值观是与人类社会的发展逻辑、全球化的演进逻辑、世界历史的正义原则相背离的，是世界上诸多矛盾的深层次根源。

---

[1] 《习近平谈治国理政》第 2 卷，外文出版社，2017，第 479~480 页。

伴随着西方资本力量的强势扩张，西方文明也摆脱了地域性知识的身份，上升为世界性知识，殖民于全世界。大多数非西方文明在西方文明的夹击下，节节败退，沦为边缘性的存在。"西方中心论""文明优越论"者认为，西方文明是最先进的文明，是不可超越的终极存在，具有其他文明无可比拟的优越性，代表着人类文明发展的方向。西方国家极力宣扬西方文明优越论，无非是想要用西方的价值体系来统领、替代其他文明，其真正意图在于实现西方文明对世界的永恒主宰。然而，如果西方文明真的统治全球，非西方文明从此退出历史舞台，这绝不是西方之幸，而是世界性的文化危机和文明灾难。

（4）和平赤字。资本主义主导世界秩序的时代，国际安全秩序服从三大原则，一是实力原则，即国强必霸的历史逻辑；二是对抗原则，即"修昔底德陷阱"；三是排他性原则，即抱团结盟机制。西方奉行的霸权逻辑、结盟机制与全球正义原则相背离，与和平发展基调相冲突，已经成为当今世界上诸多纷争、战乱的深层次根源。

当前，国际局势不确定性突出，地区热点持续动荡，兵戎相见时有发生，冷战思维和强权政治阴魂不散，恐怖主义蔓延肆虐，传统安全和非传统安全威胁相互交织，安全问题的内涵和外延都在进一步拓展。无论是实力至上基础上的自卫，还是联盟式的抱团取暖，都已经无法解决人类面临的全球安全问题。事实证明，"民主和平论"期待通过民主输入、政权改造来化解战争威胁，反而成了世界动乱的导火索。"颜色革命"给一些国家输送了西式民主，但并没有带来和平。事实也证明，尽管当今"和平与发展已经成为时代主题，但世界仍很不太平，战争的'达摩克利斯之剑'依然悬在人类头上"①，消解和平赤字依然任重道远。

（5）制度赤字。世界五大洲200多个国家和地区的文化传统、历史命运和现实国情各不相同，然而社会制度供给却严重不足，西方制度定于一尊，地域性的发展道路和制度模式上升为普遍的标准和模板，"历史终结论""世界趋同论"一度甚嚣尘上就反映了制度供给缺失的现实。

---

① 《习近平谈治国理政》第2卷，外文出版社，2017，第446页。

"历史终结论"认为，西式自由民主制度是"人类意识形态发展的终点"和"人类最后一种统治形式"①，也构成历史的终结。"世界趋同论"认为，社会主义与资本主义都在变形，差异日益减少，整个世界最终将趋同于完全的资本主义。在其看来，东欧剧变、苏联解体、冷战结束以及社会主义国家的新变化，都是通往共产主义终结之路的一大步，人类历史的未来前景只有一个方向、一条道路，那就是资本主义的市场经济和民主政治，西式自由民主将是人类社会进化的终点，是最美好也是最后的统治形式。这不仅违背了人类历史发展的规律，而且与历史基本事实不符，只能是西方的一厢情愿和故步自封。

"历史终结论""世界趋同论"不过是西方编织的"制度神话"和"话语陷阱"。事实胜于雄辩。近年来，西方大搞模式输出、制度输出、民主输出，然而事与愿违，"一些发展中国家照搬西方政治制度和政党制度模式，结果如何呢？很多国家陷入政治动荡、社会动乱，人民流离失所"②。这些迷信西方的发展中国家，在拥抱西方政治制度和政党模式之后，并没有迎来期盼中的民主自由、繁荣富足、社会和谐、政局稳定，不过是以牺牲自己的发展、安全、稳定、国家统一和领土完整等核心利益为代价，为西方制度增添了更多的失败试验田。

二 "世界之问"的制度根源

第二次世界大战结束以来，西方主导的全球治理体系为维系战后几十年总体稳定的世界格局发挥了重要作用，但在一定程度上也成了世界诸多矛盾和问题的制度根源。

（1）合则用之、不合则弃之的国际政治秩序。建立公正合理的国际秩序是人类孜孜以求的目标。1648年签订的《威斯特伐利亚和约》确立了平等和主权原则，奠定了近现代国际关系的基石，开启了欧洲主导世

---

① 弗朗西斯·福山：《历史的终结及最后之人》，黄盛强、许铭原译，中国社会科学出版社，2003，第1页。

② 《习近平关于社会主义政治建设论述摘编》，中央文献出版社，2017，第19页。

界秩序的时代。此后，维也纳体系、凡尔赛—华盛顿体系都遵循《威斯特伐利亚和约》确立的基本原则。70 多年前，《联合国宪章》明确了四大宗旨和七项原则，国际关系演变积累了一系列国际公认的宗旨原则，为维护世界总体和平稳定作出了有目共睹的贡献，以《联合国宪章》为原则的全球政治体系至今仍在发挥作用。但总体而言，国际秩序从来都是强权国家设计和推行的秩序，本质是强权政治、丛林法则、霸权逻辑，但有秩序毕竟是历史的进步。现在的问题在于，对于首要的全球治理平台——联合国，西方大国合则用之、不合则弃之。1993年，美国总统克林顿对联合国说，美国"只要可能，就奉行多边主义；只要必要，就奉行单边主义"[1]，过去是这样，今后还会是这样。时任美国驻联合国大使的奥尔布赖特一再申述这一立场。美国前国防部长科恩曾说，当美国确信其市场、能源供应和战略资源受到威胁时，美国将坚持单方面使用军事力量，以捍卫那些至关重要的利益。联合国及所属机构达成的一系列国际公约和法律文书，无法得到平等统一适用，少数国家搞双重标准，已成为危及世界秩序稳定的一大公害。

（2）大国操控的国际经济金融秩序。1944 年，布雷顿森林体系建立，其核心是美元与黄金挂钩，美元取代英镑成为新的世界货币，建立以美元为中心的固定汇率制度，美国主导的国际金融体系正式确立。20世纪 70 年代，布雷顿森林体系经过几十年发展演化走向瓦解，金本位制度退出历史舞台，固定汇率制度宣告终结。但截至今天，西方大国对国际金融体系的绝对控制权没有根本改变，在世界银行、国际货币基金组织的绝对话语权没有根本改变，美元的世界霸权地位没有根本改变，世界贸易组织的权力格局没有根本改变，西方七国集团的地位有所下降但仍是西方大国专属俱乐部。

（3）一元主导的世界文明格局。世界上有 200 多个国家和地区、2500 多个民族、多种宗教，人类文明多样性是世界的基本特征。然而，西方长期秉持"文明优越论""西方中心论""普世价值论"，以西方文

---

[1] 哈佛燕京学社主编《全球化与文明对话》，江苏教育出版社，2004，第64 页。

明为模板，塑造一元化的价值世界、话语世界、文明世界。美国是西方价值观的主要吹鼓手，大肆宣扬"文明冲突论"，制造对抗气氛。

（4）抱团结盟的国际安全秩序。联合国作为维系世界和平与安全的重要机构，却无力担当本应担起的安全责任。根本原因在于，在国际安全上，美国倚重的是自己领导的同盟体系，以北约为基础，以结盟机制为保障，以牺牲他国安全为代价维护自身所谓绝对安全。今天，笼罩在世界上空的战争阴霾，无论是政权颠覆、军事围堵，还是战争恫吓，最根本的还是霸权思维、强权政治支配下的单边主义安全追求在作祟。当今世界，各国命运紧密相连，联盟间抱团取暖无法从根本上解决安全问题。没有一个国家能够凭借一己之力谋求自身的绝对安全，也没有一个国家可以从别国的动荡中收获稳定。一个国家安全而其他国家不安全，一部分国家安全而另一部分国家不安全，无法构建稳固持久的安全世界。

（5）公器私用的国际法治体系。国际法治体系主要由联合国相关机构通过的各类公约以及海牙国际法院、海牙国际刑事法院、海牙常设仲裁法院构成。依据《国际法院规约》设立的海牙国际法院、依据《罗马规约》设立的海牙国际刑事法院、依据《海牙规约》设立的海牙常设仲裁法院，在很大程度上沦为西方国家的私器。比如海牙国际刑事法院对种族灭绝罪、危害人类罪、战争罪、侵略罪行使管辖权，但实际上奉行双重标准。

三 "世界之问"的哲学本原

"世界之问"，制度是表象，根子在哲学。现行国际秩序隐藏着反映西方利益的文明理性和价值规则，主要表现在如下几个方面。

（1）线性进化的发展理性。第二次世界大战结束以后，美国主导塑造了当今世界经济秩序。这一经济秩序遵循梯度发展、线性进化的发展逻辑，在其主导者看来，现代化是一个由传统向现代、由低端向中高端的单线演变进程，西方模式是走向现代化的唯一选择，其他国家除了遵循西方的发展道路梯度发展、线性进化，没有别的选择。

梯度发展、线性进化的发展逻辑有违当今世界多极化的发展潮流，无助于消解全球发展赤字。21 世纪以来，随着经济全球化的深入发展，各国经济联系日益紧密，相互依赖程度日益加深，没有一个国家或地区能够离开外部的资源、资本、技术、市场而独自发展。那种以掠夺别国为前提、独享发展权益为目的的时代已经一去不复返。与此同时，发展中国家和新型经济体群体快速发展，全球经济体系的基本结构发生重大变化，各国产业体系高度融合，国际分工与合作日益加深，跨国产业链和跨国公司成为经济全球化的重要载体和实现形式，各国不过是全球经济网中的一个节点。

（2）零和博弈的经济理性。西方国家的发展史就是一部资本扩张史，历来遵循弱肉强食的生存逻辑，视世界为"你输我赢"的竞技场，视零和博弈为永恒的游戏规则，视赢者通吃为当然的游戏结果。它崇尚胜利，敬重强者，奉行自身利益至上的原则。美国学者弗雷德·桑德曼对此做过论述："国家是世界政治生活中的主要单位，要在一个难以捉摸和充满威胁的环境中行动，它们除了将自己的利益置于他国及国际体系的利益之上，别无他法。"[1] 基于此，近代以来，"利益至上""只有永恒的利益，没有永恒的朋友"等西方理念被视作国际关系的通行法则，"本国优先""本国第一"公然上升为某些西方大国的执政理念。在这种理念支配下，西方大国结盟对抗，成为制约世界各国共同发展的文化阻滞力。

历史证明，零和博弈、丛林法则是行不通的。最后达成的效果往往不是"帕累托最优"，而是"囚徒困境"；不是公义的增多，而是利益的两极分化；不是"公利"战胜"私利"，而是"私利"破坏公平；不是为未来开辟道路，而是以牺牲可持续发展为代价。西方国家自以为深谙利益攫取之道，其实是在狭隘的道路上越走越远。殊不知，"最大的利益不一定是专有利益，因为最大利益往往只能存在于与人共有的关系中，而不可能个人占有，一旦试图独占，这种利益就反而消失了"[2]。

---

① 威廉·奥尔森、戴维·麦克莱伦、弗雷德·桑德曼编《国际关系的理论与实践》，王沿等译，中国社会科学出版社，1987，第 118 页。

② 赵汀阳：《坏世界研究：作为第一哲学的政治哲学》，中国人民大学出版社，2009，第 362 页。

（3）历史终结的制度理性。"历史终结论"认为，西式自由民主已发展到顶峰，是人类统治的最后形态，也构成历史的终结；西方世界的繁荣富强是拜西式自由民主所赐，因此非西方国家要实现现代化，"除了资本主义，别无选择"。西方正是凭借对"民主"概念的垄断，将"西式自由民主制度"上升为政治宗教和政治圣经，不遗余力地向全世界传经布道。西方秉持历史终结的制度理性，热衷于制度输出，频繁策动"颜色革命"，已经成为诸多世界乱象的重要根源。

其实，"历史终结论"不过是西方编造的"制度神话"和"话语陷阱"。自这些论调问世以来，盲目复制西方制度的发展中国家，要么惨淡经营，要么陷入混乱，要么重回专制，鲜有成功的个案。历史与现实都告诉我们，"向西方学习，我们永远要牢记邯郸学步的教训。学步不成，忘其故步，结果匍匐而归"①。改革开放以来，中国奇迹举世瞩目，中国特色民主政治体制经受住了实践的检验。福山慨叹道："'中国模式'的有效性证明，西式自由民主并非人类历史进化的终点。人类思想宝库要为中国传统留有一席之地。"②

（4）大国共治的治理理性。在传统的全球治理体系中，治理的主体要么是个别发达国家，要么是同质化的西方国家联合体，代表性和包容性不够。比如全球金融治理的核心组织——世界银行和国际货币基金组织不过是西方大国掌控的政策工具和政治筹码，曾经在全球经济治理中发挥主导作用的西方七国集团不过是富人俱乐部，主宰全球安全秩序的北约组织彻底沦为美国主导、意识形态划界的军事恫吓组织。大国主导、几方共治的治理体系，伤害了广大中小国家特别是落后国家的利益，导致东西问题、南北问题愈加突出，发展鸿沟愈加拉大。

其实，国家不分大小、强弱、贫富，都是国际社会平等的成员，理应平等参与决策、享受权利、履行义务。没有哪个国家可以垄断全球治理权，没有哪个国家天然就是被治理的对象，谁也无法剥夺"地球边

---

① 《文明必然趋同　文化一定求异——陈先达新著〈学点哲学〉的文化思考》，《新华日报》2017年7月21日。

② 弗朗西斯·福山：《日本要直面中国世纪》，《中央公论》（日本）2009年9月号。

缘"的国家和人们参与全球治理的权利。"世界命运应该由各国共同掌握,国际规则应该由各国共同书写,全球事务应该由各国共同治理,发展成果应该由各国共同分享。"①

(5)"普世主义"的价值理性。"西方中心论""文明优越论"者认为,西方文明是最先进的文明,西方价值观是"普世"的价值观,代表着人类文明发展的方向。他们将地域性的文明上升为世界性的人类文明,将自身的特殊价值提升为超越时空的"普世价值",企图建构一元化的文明世界和价值世界。他们只认同一种文化,那就是西方文化;他们只接受一种结局,那就是世界文明西方化、西方价值"普世"化。

西方中心的文明理性与"普世主义"的价值理性忽视了各种文明交融互鉴的事实,已成为导致文明冲突和世界战乱的深层次根源。西方国家极力宣扬"文明优越论""普世价值论",其真正意图在于实现西方文明对世界的永恒主宰。西方国家过去通过文化帝国主义和文化殖民主义主宰世界,今天改头换面通过新干涉主义、民主输出学说、"普世价值"思潮谋求世界霸权,其实质是以自己的价值体系来改造他者,为资本全球化开辟道路,为西方利益保驾护航。

(6)中心—边缘的关系理性。过去的地缘政治模式具有典型的西方色彩、依附特征,表现为大国主导下的"中心—边缘"结构。依附型世界体系和中心—边缘结构的哲学基础是"西方中心论",思维方式是主客二分。西方国际关系往往奉行冷战思维,以意识形态和价值观划界,大搞敌友外交、亲疏外交、团伙外交。

中心—边缘结构的驱动机制是资本逻辑。在西方主导的世界体系中,资本是国际体系的真正主人,资本的力量直接介入国际体系内部各成员间的权力分配。由于资本力量的悬殊,国际政治版图才出现了中心—边缘的结构。盘踞中心位置的国家上升为国际社会的超级主体,掌握着国际秩序的规则制定权,拥有国际秩序塑造的绝对权力;而居于边缘地带的国家则扮演依附者的角色,缺乏独立性和自主性,除了被迫服从中心的统治之外,别无选择。在依附型世界体系中,"中心"的利益拥有绝

---

① 《习近平谈治国理政》第2卷,外文出版社,2017,第540页。

对优先地位，"边缘"的利益只有在迎合或不冲击"中心"利益的情况下才是合理的①。中心国家作为唯一的目的在场，作为绝对的权威宰制世界，作为"齐一"的标准发布号令；而边缘国家则只能作为工具在场，其使命是服从中心、服务中心，磨灭差异，向着中心国家看齐，向着"齐一"的标准靠拢。

（7）国强必霸的权力理性。大国关系历来是牵引世界和平与稳定的重要因素，大国相处之道关乎人类社会的前途命运。长期以来，西方国家固守国强必霸、大国必战的逻辑，认为大国之间无法避免"修昔底德陷阱"。这种霸权思维一旦主导大国关系建构，势必强化守成大国的对抗意识、遏制力度，将"守成大国"与"新兴大国"引向冲突对抗的两极状态，将国际关系引向不确定的方向。

根据西方传统的国际关系理论，国际政治的本质就是权力的争夺、权力的政治。伯恩斯指出："夺取权力的竞争是人类关系的根本本质。……在国际事务的领域内尤其如此。……'其余一切都是次要的，因为到最后唯有强权才能实现外交政策的目的。'"② 在西方看来，冲突是世界的本质，对抗是交往的常态，国际秩序总是建立在霸权统治之上，"霸权是任何国家确保自己生存的最佳手段"③，唯有建立霸权，才能实现对世界的主宰。

四 "世界之问"的中国答案

"世界那么大，问题那么多，国际社会期待听到中国声音、看到中国方案，中国不能缺席。"④ 走近世界舞台中央的中国为解决人类面临的

---

① 参见陈曙光《人类命运与超国家政治共同体》，《政治学研究》2016年第6期。

② 爱·麦·伯恩斯：《当代世界政治理论》，曾炳钧译，商务印书馆，1983，第479页。

③ 约翰·米尔斯海默：《大国政治的悲剧》，王义桅、唐小松译，上海人民出版社，2008，第2页。

④ 《国家主席习近平发表二〇一六年新年贺词》，《人民日报》2016年1月1日。

共同难题提供了中国方案。所谓中国方案，"是指中国在走近世界舞台中央的背景下，为破解人类共同难题，为优化全球治理、推动国际关系民主化而提出的中国主张或采取的中国行动"①。中国方案直接指向当今世界的发展赤字、治理赤字、文明赤字、和平赤字、制度赤字等重大难题。中国方案不是某种单一的主张或行动，而是包括一系列中国主张和中国行动在内的方案体系。中国方案包括一个总方案，五个中观层面的方案，一系列具体的主张和行动，即"1+5+×"的方案体系。

（1）总方案：构建人类命运共同体。人类命运共同体属于元哲学层面的中国方案，是中国方案的理念形态、哲学基础、轴心原则，是总体性的中国方案。习近平指出："让和平的薪火代代相传，让发展的动力源源不断，让文明的光芒熠熠生辉，是各国人民的期待，也是我们这一代政治家应有的担当。中国方案是：构建人类命运共同体，实现共赢共享。"② 显然，在这里，习近平揭示的是中国方案的理念形态，而非具象形态。人类命运共同体作为一种理念，唯有通过一个个的具体方案才能体现出来、彰显力量。人类命运共同体理念的实现形式是多维的、多样的，在其展开的过程中外化为发展的中国方案、治理的中国方案、文明的中国方案、和平的中国方案以及制度的中国方案。

（2）改写全球发展观念的中国方案。在发展道路方面，中国成功开辟了中国式现代化道路，改写了西方主导的现代化观念和术语，摆脱了要么选择依附性的发展，要么选择脱钩后的贫穷的两难处境，"拓展了发展中国家走向现代化的途径，给世界上那些既希望加快发展又希望保持自身独立性的国家和民族提供了全新选择"③，为解决人类面临的发展难题贡献了中国方案。在发展理念方面，中国倡导"创新、协同、绿色、开放、共享"的发展观，倡导"公道正义、平等相待，互利共赢、共同发展"的正确义利观，倡导"开放、融通、互利、共赢"的合作

---

① 陈曙光：《贡献中国方案的思想理论体系》，《学习时报》2019年7月22日。
② 《习近平谈治国理政》第2卷，外文出版社，2017，第539页。
③ 习近平：《决胜全面建成小康社会　夺取新时代中国特色社会主义伟大胜利——在中国共产党第十九次全国代表大会上的报告》，人民出版社，2017，第10页。

观，为促进世界共同发展贡献了中国智慧。在发展动力方面，中国主导或牵头成立亚洲基础设施投资银行、金砖银行、丝路基金等多边金融机构，为低迷的世界经济注入了中国动力。在发展平台方面，中国提出"一带一路"倡议，积极推进国际合作，为消解全球"发展赤字"作出了中国贡献。

（3）优化全球治理的中国方案。进入 21 世纪，国际力量对比消长变化，变革全球治理体系是大势所趋。今天的全球治理体系是美国主导建构的。这套治理体系在特定历史阶段发挥了建设性的作用，但是也带来了诸多严重的全球性问题。这套国际治理体系遵循大国主导、几方共治的治理逻辑，既不符合全球正义的原则，也不符合国际关系民主化的要求，没有反映国际力量对比的新变化，也完全无视新兴市场国家崛起的事实。习近平指出："我们要推进国际关系民主化，不能搞'一国独霸'或'几方共治'。"[①] 垄断国际事务的想法是落后于时代的，垄断国际事务的行动也注定不能成功。中国秉持共商共建共享的全球治理观，超越了大国主导、几方共治的西方治理逻辑，为改革和完善全球治理体系贡献了中国智慧。中方认为，全球治理是国际社会大家的事，推动全球治理体系变革也是国际社会大家的事，不能由一家说了算，不能由少数人说了算。中国的主张第一次为处于"地球边缘"的国家提供了公平参与全球治理的机会。

（4）重构世界文明格局的中国方案。针对不合理的世界文明秩序以及西方中心、文明优越、文明冲突等陈旧论调，习近平倡导"平等、互鉴、对话、包容"的文明观，倡导"和平、发展、公平、正义、民主、自由"的全人类共同价值，以文明交流超越文明隔阂，以文明互鉴超越文明冲突，以文明共存超越文明优越，以共同价值超越"普世价值"，以美美与共超越西方中心，为人类文明发展指明了一条和谐共生之路。我们不否认西方文明的价值性，不否认西方价值观的合理性，但我们反对西方国家把地域性的价值模式上升为普遍性的方案，把西方的地域性文明上升为普遍的文明，反对用一把尺子衡量整个世界。我们倡导全人

---

① 《习近平谈治国理政》第 2 卷，外文出版社，2017，第 540 页。

类普遍认可的共同价值，倡导美美与共的文明观，绝不垄断价值标准的定义权、裁判权，绝不将地域性的文明和价值观强加给全世界，绝不谋求中华文明统治整个世界，绝不在反对西方中心主义的旗帜下走向东方中心主义。

（5）维护世界和平的中国方案。针对西方的强权政治、结盟机制和冷战思维，中国倡导"对话而不对抗、结伴而不结盟"的国际交往观，主张把对话当作"黄金法则"，彼此多拆墙、少筑墙，"走对话而不对抗、结伴而不结盟的国与国交往新路"①。针对西方奉行的霸权稳定论、民主和平论及排他性安全观，中国主张"共同、综合、合作、可持续"的新安全观，主张营造公道正义、共建共享的安全格局，反对以牺牲别国安全换取自身绝对安全的做法，主张实现普遍安全。针对大国必战、国强必霸的西方逻辑，中国倡导"不冲突、不对抗、相互尊重、合作共赢"的新型大国关系，为谋划 21 世纪新兴大国与守成大国的关系作出了新的设计，为避免重蹈"修昔底德陷阱"贡献了中国智慧。

（6）探索更好社会制度的中国方案。针对西方奉行的"历史终结论"，中国倡导"自主选择"的制度观。中国向来主张，"国家不分大小、强弱、贫富……都有权自主选择社会制度和发展道路"②，不可能也不必要定于一尊。各国文化传统不同、民族心理不同、宗教结构不同、历史命运不同、现实国情不同，不存在适用于一切国家的制度模板，不能幻想突然搬来一座政治制度上的"飞来峰"。改革开放以来，中国成功开辟了中国特色社会主义道路，迎来了中华民族伟大复兴的光明前景。中国故事告诉世界，西式自由民主制度不是唯一的方案，"历史没有终结，也不可能被终结"③。中国故事告诉世界，资本主义不是最后的选择，"除了资本主义，别无选择"的论调是荒谬的。中国故事告诉世界，

---

① 习近平：《决胜全面建成小康社会　夺取新时代中国特色社会主义伟大胜利——在中国共产党第十九次全国代表大会上的报告》，人民出版社，2017，第 59 页。

② 《习近平谈治国理政》第 2 卷，外文出版社，2017，第 539 页。

③ 习近平：《在庆祝中国共产党成立 95 周年大会上的讲话》，《人民日报》2016 年 7 月 2 日。

历史不是单线演进的，世界终将趋同于资本主义的看法是短视的。中国的成功，归根结底是中国道路、中国理论、中国制度的成功。走自己的路，才是不变的法则、永恒的真理。

五 中国方案的价值与意义

中国方案是理想化、超越性的设计。习近平指出："构建人类命运共同体是一个美好的目标，也是一个需要一代又一代人接力跑才能实现的目标。"[①] 就其理想来说，中国方案指向未来，说到底就是中国为全球发展出主意，为人类文明谱新篇，为世界未来开太平。中国方案将不仅改变世界舞台上的经济话语、政治话语、安全话语，还将改变全球化的术语、现代化的术语，改变国际交往的规则，改变是非曲直的评判标准，改变全世界人们的思维方式和价值观念。中国方案无论从其哲学理念来说，还是从其具体行动来说，都占据着道义的制高点，都指向人类共同的善，因此在资本逻辑主导的现实世界中会遭遇重重阻力，难以完全付诸实施。

理想不是现实。中国方案的现实境遇大致分为三类情况：一类是已经成为国际共识，多次写进联合国文件，如人类命运共同体；一类是已经实质运转，国际社会广泛参与，如亚洲基础设施投资银行、"一带一路"建设；还有一类是尚未成为国际社会普遍共识，甚至为西方大国所反对，比如新型大国关系尚未得到世界主要大国的认可，新型国际关系取代依附型世界体系和中心—边缘结构依然任重道远，共同价值观取代"普世价值观"为时尚早，正确义利观取代丛林法则还面临霸凌主义的挑战，新安全观与排他性安全观的角力还是长期的，自主选择的制度观取代"历史终结论"还有待时日，新文明观代替"文明优越论""文明冲突论"、全球治理观取代大国治理逻辑都不是一朝一夕的事情。

中国方案走向世界、付诸实践是一个循序渐进、水到渠成的过程。对此，我们要有信心、有定力，要掌握节奏、把握时机、做好谋划，一

---

① 《习近平谈治国理政》第2卷，外文出版社，2017，第548页。

步步推进中国方案的世界化，完全没有必要揠苗助长、急于求成，更不能自乱阵脚、丢失方寸。中国方案只要符合全球正义的原则，符合人类文明的发展潮流，符合国际关系民主化的方向，符合国际社会的普遍期待，中国方案的全球接受度必将越来越高，理想与现实的间距也会越来越小。终有一日，会有越来越多的中国方案转化为全人类的共识，全人类将自觉参与世界秩序的理性塑造。

中国方案走向世界，绝不是追求中华文化殖民世界，绝不是走向东方中心主义。中国方案与其说是中国的东西，不如说是全人类的最大公约数，是大多数国家能够接受的文明共识。这种文明共识不是任何一种民族文化的世界化，不会湮没各个国家的民族文化，反而会推动各民族文化意识的觉醒，在全球化的境遇中保存"文化自我"，在国际交往中强化自己的文化身份。这种文明共识的价值不在于挤压民族文化的生存空间，也不在于磨灭民族文化的差异性，而在于确立国际交往理性，规范国际交往行为，建构国际新社会。

展望未来，中国方案与中国复兴共命运。中国方案的实现程度，根本上取决于中国国力的提升。随着中国国力的提升，中国健步走向世界舞台中央，越来越多的中国方案将写进联合国文件，越来越多的中国理念将上升为国际交往的文化隐喻。中国作为文明型国家，有责任、有条件为人类新文明的重构提供中国智慧，有资格、有能力为全球交往理性的重塑贡献中国方案。正是在此意义上，"中国的奋斗，便是人类的奋斗"。

人类命运共同体与"真正的共同体"关系再辨[*]

陈曙光

人类命运共同体主要指世界各国风雨同舟、荣辱与共、和谐共生、合作共赢的存在状态。构建人类命运共同体，是 21 世纪筹划人类命运的唯一选择，是中国为建设美好世界而推动的顶层设计。"真正的共同体"是马克思主义经典作家关于未来社会的美好设想，是个人全面发展其才能、实现自由个性的手段。如何准确理解人类命运共同体与"真正的共同体"的关系，始终是学界聚焦的一个热点话题。有观点认为，人类命运共同体是马克思"真正的共同体"思想在新时代的继承和发展；还有观点认为，"真正的共同体"思想是人类命运共同体的理论基础，人类命运共同体是"真正的共同体"思想的时代展现。这些观点都是正确的，但问题在于它们往往侧重分析二者的一致性，忽视挖掘二者质的差异性，抹杀了世界的丰富多样性和世界历史进程的长期性复杂性。本文以为，人类命运共同体与"真正的共同体"这对范畴有一定的相关性，但总体而言"异大于同"，以"小同大异"界说二者关系较为准确。

一 社会样态与社会形态

从存在方式来看，人类命运共同体主要指一种和谐共生、合作共赢的社会样态，而非社会形态。"真正的共同体"，即自由人联合体，则主

---

[*] 本文原载于《马克思主义与现实》2022 年第 1 期，收入本书时有改动。

要用来指称未来理想的社会形态。

人类命运共同体与社会形态无关，是不同国家、不同社会制度和平共处、和谐共生的理想样态。习近平指出："人类命运共同体，顾名思义，就是每个民族、每个国家的前途命运都紧紧联系在一起，应该风雨同舟，荣辱与共，努力把我们生于斯、长于斯的这个星球建成一个和睦的大家庭，把世界各国人民对美好生活的向往变成现实。"① 人类命运共同体不是世界社会实体，也不是按照统一的国际章程结成的"现代国家联合体"，更不是国际统一战线或国际政治组织。人类命运共同体就是一种具有全球性、结构性和法理性的文化，是引领世界秩序未来走向、重塑世界未来样态的文化隐喻。人类命运共同体既无确定的国际组织形态，也不存在确定的国际权力关系，它只能被理解为不同社会制度和谐共生的社会样态，或者具有不同制度的国家和平共处的世界秩序，它存在的合理性在于不同国家对于人类共同命运的期盼。在关乎人类前途命运的挑战面前，比如核扩散、恐怖主义、全球生态危机、全球重大传染病疫情、重大核泄漏事故等，主权国家之间的利益矛盾必须被悬置乃至超越，必须让位于人类命运共同体。

"真正的共同体"是人类社会发展的最高形态，是全球性社会形态，即共产主义社会高级阶段。在人类历史上，"共同体"的升级换代是一个自然历史过程，以血缘关系为纽带，以氏族、部落为表现形式的原始共同体，是共同体的最初形态；以私有制为基础、以政治国家为表现形式的"虚幻的共同体"，是共同体演进中的第二个阶段；以人类解放为表征、自由人联合起来的"真正的共同体"，是共同体的最高阶段。在马克思生活的那个时代，现实的共同体是他所处的资本主义国家，那是一个充满异化的"虚幻的共同体"，是代表少数人利益、与多数人相对立的共同体。在那里，资本主义国家作为某种独立的、异己的东西同个人相对立，个体服从于共同体，这种共同体是"虚假"的、"冒充"的，主宰这种共同体的是占统治地位的资产阶级，对于被统治阶级来说，这一共同体完全是"新的桎梏"。马克思通过对资本主义社会的批判，得

① 《习近平谈治国理政》第 3 卷，外文出版社，2020，第 433 页。

出"两个必然"的结论，人类必将摆脱虚假共同体的统治，走向"真正的共同体"。到那时，参加这个共同体的不再是阶级的成员，而是作为个体的人。这是经典作家对未来理想社会的一种设想，是超越现实的理想共同体图景，也是对资本主义"虚幻的共同体"的扬弃。

在马克思主义经典作家的语境中，"真正的共同体"与三个概念内在相关。一是"自由人联合体"。马克思恩格斯指出，未来社会是"以每个人的全面而自由的发展为基本原则的社会形式"①，"代替那存在着阶级和阶级对立的资产阶级旧社会的，将是这样一个联合体，在那里，每个人的自由发展是一切人的自由发展的条件"②。这是关于未来社会的核心命题，揭示了"真正的共同体"的本质内涵。"真正的共同体"是每个人全面自由发展的共同体，或者说是由全面自由发展的个人所组成的共同体社会。"真正的共同体"与"自由人联合体"在社会形态上是完全一致的。

二是"自由个性"。马克思认为，人类社会是一个自然历史过程，根据人的发展程度依次经历三个大的阶段：人的依赖阶段，物的依赖阶段，自由个性阶段③。在自由个性阶段，消灭了强制性的社会分工，消除了固定的职业身份，摆脱了限制个性发展的"异己力量"，每个人成为全面发展的自觉自由的个人；在这里，个人的存在摆脱了对人和物的双重依赖，超越了"定在"的自由，走向了"能在"的自由，成为独立的、有个性的个人。"真正的共同体"，就其本质内涵而言，是自由个性充分彰显、全面实现的个人的共同体。

三是"共产主义社会高级阶段"。在《哥达纲领批判》中，马克思将共产主义社会分为两个阶段：第一阶段和高级阶段④。列宁将共产主义第一阶段称为社会主义，将高级阶段简称为共产主义。"真正的共同体"是马克思对未来社会的科学构想，是理想的共同体形态，是全人类普遍解放的共同体，所对应的正是高级阶段的共产主义社会。在共产主

---

① 《马克思恩格斯全集》第 23 卷，人民出版社，1972，第 649 页。
② 《马克思恩格斯选集》第 1 卷，人民出版社，2012，第 422 页。
③ 参见《马克思恩格斯全集》第 46 卷上册，人民出版社，1979，第 104 页。
④ 参见《马克思恩格斯选集》第 3 卷，人民出版社，2012，第 364 页。

义社会第一阶段,"自由个性"和"人类解放"是未完成的事业,与此不同,共产主义社会高级阶段是受联合起来的个人支配的、个人能获得全面和自由发展的"真正的共同体"。

二　和而不同与天下大同

从根本特征来看,人类命运共同体作为一种国际秩序或社会状态,其基本特征是全球私有制占主体地位,两种生产关系、两种社会制度、两种意识形态长期并存基础上的和而不同;"真正的共同体",即自由人联合体,作为未来理想社会,其首要特征是天下归一、世界大同。

构建人类命运共同体的经济基础和制度基础是多元多样的。人类命运共同体理念主张所有国家在求同存异的前提下、和而不同的基础上,实现和平共处、合作共赢。世界历史是由世界上所有国家共同参与创造的,受到社会历史条件的制约,任何国家都不能随心所欲地创造世界历史。马克思曾指出,人们自己创造自己的历史,但"并不是在他们自己选定的条件下创造,而是在直接碰到的、既定的、从过去承继下来的条件下创造"①。一切现存的生产关系、社会制度、意识形态、文明类型、宗教传统,都将制约国与国的相处之道。今天,构建人类命运共同体也只能在我们所碰到的条件下展开,受现实条件的制约,否则就会沦为乌托邦。当前乃至今后相当长的时间内,我们所面对的条件就是:世界历史的主导力量主要来自西方,世界的经济基础是两种生产关系、两种基本经济制度长期并存、竞相发展,资本主义私有制在世界范围内占据主导地位,公有制在局部发挥主体作用;制度基础是两种制度、两条道路长期并存、比拼发展,资本主义不断挖掘其存在的合理性空间,社会主义逐步释放其优越性;思想基础是两个主义、两种意识形态长期并存、竞争博弈,资产阶级意识形态占据优势地位,社会主义意识形态在实践中证明其真理性。在今后相当长的时间内,两种生产关系、两种社会制度、两种意识形态和平共处、和而不同,共同推进人类社会发展和文明

---

① 《马克思恩格斯选集》第 1 卷,人民出版社,2012,第 669 页。

进步，是构建人类命运共同体的唯一可行选择。两制国家的矛盾是根本对立的，但又有和平竞争、共同发展、合作共赢的一面。资本主义因素与社会主义因素可以在世界范围内并存，资本主义制度与社会主义制度可以在全世界和平共处，资本主义国家与社会主义国家可以在全球治理领域合作共治。试图超越发展阶段，摆脱两制共存的社会历史条件，在二者之间做单选题，谋求建构以单一经济基础、单一社会制度、单一意识形态为底色的共同体世界是断不可行的，最坏的情形是二者俱焚，"世界历史"走向终结。因此，现阶段处理好两制国家间关系，尤其是处理好最大社会主义国家与最强资本主义国家间的关系，避免陷入"冷战陷阱"和"修昔底德陷阱"，是推动构建人类命运共同体的重要课题，和平共处、求同存异、合作共赢将成为两制国家间关系的主旋律。

构建人类命运共同体的思想基础、文明基础、价值观基础也是多元多样的。人类命运共同体理念不主张齐一化的标准，不追求同质化的世界，不以意识形态划线，不搞价值观外交，不建排他性的朋友圈，主张不同文明在包容互鉴的前提下、和而不同的基础上，实现共同发展、繁荣兴盛。人类命运共同体的人文基础，不在于某种强势文明的世界殖民，而在于不同文明的交流互鉴①。人类命运共同体强调人类的整体性，但以承认主权国家文明、宗教、种族和价值观差异为前提，不搞一刀切。"万物并育而不相害，道并行而不相悖。"（《礼记·中庸》）文明没有高低优劣之分，只有姹紫嫣红之别，只有历史长短之别。每一种文明都是美的，都是其民族智慧的结晶与积淀，都有其存在的价值，关键是要有欣赏不同文明之美的眼睛，要有包容不同文明价值的胸襟。构建人类命运共同体，不是倡导每个国家遵循统一的国际标准，不是谋求单一文明主宰世界，更不是主张以一种社会制度替代其他制度，以一种文明置换其他文明，而是主张不同社会制度、意识形态和发展阶段的国家，在国际交往中相互尊重、平等相待，实现利益共赢、权利共享、责任共担、风险共御，共同建设和而不同的美好世界。文明齐一化、制度齐一化、

---

① 参见《习近平谈治国理政》第3卷，外文出版社，2020，第468页。

发展模式齐一化,"在认识上是愚蠢的,在做法上是灾难性的"①。如果世界变得如此同质化,那就太单调了,也太无趣了。

"真正的共同体"是共产主义社会高级阶段,在那里,资本主义私有制占主体地位的世界经济基础已经消灭,为全社会公有制所代替;两种制度、两条道路并存的社会基础已经转变,为共产主义高级形态所代替;两个主义、两种意识形态并存的思想基础已经彻底为共产主义意识形态所代替。"真正的共同体"是全球社会的未来秩序,在那里,世界资本主义体系中心—边缘结构已经终结,依附型国际格局已经瓦解,后发国家从属于文明国家、农业民族从属于工业民族、东方从属于西方的等级秩序已经彻底荡涤干净,群体与群体、国家与国家之间的压迫、支配关系已经不复存在,真正实现"九族既睦,平章百姓。百姓昭明,协和万邦"(《尚书·尧典》)。所有制的性质决定共同体的性质,私有制是一切"虚幻的共同体"的经济基础。消灭资本主义私有制,才能推翻"虚幻的共同体",建立"真正的共同体"。无产者不消灭他们至今所面临的同时也是整个旧社会生存的条件,不废除现存的生产资料占有方式,不消灭旧式分工和剥削劳动,不消灭这个号称代表全体人民利益的虚假国家,就不可能建立"真正的共同体"。"真正的共同体"是人类社会发展的理想阶段,在那里,社会生产力高度发展,劳动生产率空前提高,社会产品极大丰富,社会财富充分涌流,实行各尽其能、按需分配原则;全体社会成员共同占有生产资料,商品和货币消亡;消灭了工农差别、城乡差别、脑力劳动和体力劳动的差别;旧式分工消亡,社会调节整个生产,每个社会成员都可以全面和自由发展自己的才能;阶级差别消失,"对人的奴役"为"对物的管理"取代,国家机器将自行消亡;经济上的一切压迫和奴役制度消亡,阶级社会的一切不平等的道德观念也随之消亡。概言之,天下归一、世界大同。

必须说明的是,天下大同不等于天下齐一,它不排斥"和而不同",是包容"和而不同"于其中的天下大同;"和而不同"则是包含着诸多对立面、反面的共存,未必天下大同。

---

① 《习近平谈治国理政》第3卷,外文出版社,2020,第468页。

三　世界主义与国际主义

从价值立场和行动原则来看，人类命运共同体突破了狭隘民族主义或民族利己主义的窠臼，彰显了世界主义立场；"真正的共同体"，遵循真正的集体主义原则，体现了无产阶级的国际主义立场。

人类命运共同体秉持世界主义立场，秉持多边主义的行为准则，致力于实现全人类共商共治、共建共享，其对立面是狭隘民族主义、民族利己主义、单边主义、西方中心主义以及各种形式的沙文主义。世界是浑然一体的天下，本无所谓内外、东西、主从，多元一体、包容共生是天下的核心要义，天下共同体理应奉行"无外原则"①。世界主义正是从世界的本原意义出发，从正义的立场出发，主张包容世界各国的差异，并试图建立人类社会的概念。基于这一原则，人类命运共同体理念强调不同国家在承认国家认同、民族认同的基础上观照世界，强调民族利益之外人类整体利益的合理性，强调通过国际契约、国际合作建设一个合乎人类共同利益的正义世界，建设一个"持久和平、普遍安全、共同繁荣、开放包容、清洁美丽的世界"。一个时代有一个时代的问题，保守主义、单边主义的老路解决不了问题，"自我封闭只会失去世界，最终也会失去自己"②。"地球村"的世界容不下各式各样的狭隘民族主义、霸权主义势力横冲直撞，命运与共是人心所向，合作共赢是大势所趋。1993 年，时任美国总统的克林顿对联合国说，像以往一样，我们"只要可能，就奉行多边主义；只要必要，就奉行单边主义"③。特朗普就任美国总统以后，奉行"美国优先、美国第一"的执政理念，推出禁穆令、修隔离墙、实行惩罚性关税，肆意"退群"、废约，经济全球化方向和多边主义原则遭受重大挑战。这都是与世界主义立场背道而驰的，也与

---

① 赵汀阳：《天下的当代性：世界秩序的实践与想象》，中信出版集团股份有限公司，2016，第 75~80 页。

② 《习近平谈治国理政》第 3 卷，外文出版社，2020，第 456 页。

③ 哈佛燕京学社主编《全球化与文明对话》，江苏教育出版社，2004，第 64 页。

构建人类命运共同体的全球共识背道而驰。特朗普2018年在参加联合国大会一般性辩论时说:"美国由美国人自己管理,我们拒绝全球主义的意识形态,我们接受的是爱国主义的信条。"可见,美国式的"爱国主义"不过是"民族利己主义""国家至上主义"的代名词。其实,在经济全球化时代,天下第一的单边主义思维,本国利益优先的国家至上主义思维,孤立、保守、排外的狭隘民族主义思维,都是没有出路的。相反,我们必须高举世界主义的精神旗帜,加强南南、南北国家间合作,高度重视发展中国家利益,谋求世界各国均衡发展,反对世界体系中心地带对边缘国家的剥削和压迫,改革不公正、不合理的国际秩序,共同致力于推动构建新型国际关系和人类命运共同体。

"真正的共同体"秉持国际主义精神,遵循集体主义原则,超越了阶级局限性和资本逻辑统治,其对立面是原子个体主义、整体主义、伪集体主义。集体主义原则是"真正的共同体"的首要行动原则。现实中,集体存在"真正的集体"与"虚假的集体"之分,集体主义也存在"真正的集体主义"与"虚假的集体主义"之别。"真正的集体是个体利益与集体利益本质统一的'真正的共同体',在此基础上的集体主义是主张个人与集体有机结合、个人利益与集体利益内在统一从而集体不遮蔽个人、集体利益不排斥个人利益的集体主义。"① 虚假的集体是大多数个体利益与集体利益相背离的"虚假的共同体",虚假的集体主义是主张集体遮蔽个人、集体利益完全取代个人利益的集体主义,或是打着集体主义幌子却只是代表少部分人利益的集体主义,即通常所说的"整体主义"或"伪集体主义"。"真正的共同体"显然属于"真正的集体",是我为人人、人人为我的共同体,是集体利益与个体利益相互促进、为他价值与自为价值有机统一的共同体。"真正的共同体"本质上是为每个人全面自由发展创造条件的共同体,但若据此认为"真正的共同体"遵循个体本位主义的原则,则不免失之浅薄。在"真正的共同体"中,每个人的自由发展不能为一切人的自由发展制造障碍,每个人的自由不

---

① 陈新夏:《"真正的共同体"的基础及其当代启示》,《教学与研究》2020年第8期。

能妨碍他人的自由；相反，"虚假的共同体"则往往打着代表全人类、一切人的旗号，鼓吹"一切人的发展是个人发展的前提"，实质上不过是少数人的发展以牺牲多数人的自由发展为代价，单个人的发展以牺牲自己丰富的个性为代价，这完全是本末倒置。可见，"真正的共同体"遵循彻底的集体主义原则，反对原子个体主义，反对整体主义，更反对伪集体主义。

国际主义原则是"真正的共同体"又一重要行动原则。尽管今天的世界历史仍然由资本逻辑主导、由西方塑造，但未来的世界历史将服从人类的整体利益，致力于人类的普遍解放。到那时，国际主义原则将是处理人类交往关系和人类社会矛盾的基本准则。无产阶级国际主义的核心意蕴是：无产阶级具有世界性使命和人类意识，将全人类的解放作为自己的神圣使命。无产阶级只有解放全人类，才能最后解放自己。在"真正的共同体"社会，民族国家已经消亡，全人类获得了普遍解放，每个人的自由发展以一切人的自由发展为条件，共同体成员以"相互承认"为前提，以"互相依靠"为基础，以"共御风险"为保障，以"共同发展"为目标。建成"真正的共同体"，是全人类的共同事业，寄希望于"全世界无产者，联合起来"，寄希望于国际主义的大团结，寄希望于"地域性的个人为世界历史性的、经验上普遍的个人所代替"[1]。"真正的共同体"，是以生产力的高度发达和世界的普遍交往为前提的，绝不可能单独存在于地球的某个角落，绝不可能在某一个国家或某几个国家内部率先建成，绝不存在所谓局域性的"真正的共同体"，它"只有作为占统治地位的各民族'一下子'同时发生的行动，在经验上才是可能的"[2]。

四　国家命运与个体命运

从行为主体和行动目标来看，人类命运共同体的基本行为主体是主

---

① 《马克思恩格斯选集》第 1 卷，人民出版社，2012，第 166 页。
② 《马克思恩格斯选集》第 1 卷，人民出版社，2012，第 166 页。

权国家，表现为国家联合体，直接解决的是国家命运问题而非个体命运问题，旨在实现不同社会制度、不同发展阶段的国家之间和平发展、合作共赢；"真正的共同体"的基本行为主体是个人，表现为自由人联合体，直接解决的是个体命运问题，旨在实现每个人全面自由发展和全人类的普遍解放。

人类命运共同体着眼于国家间共存共荣，侧重从国家角度入手，通常在国与国双边、区域内多边乃至全人类范围内构建命运共同体，而不是在不同人群间构建命运共同体。人类命运共同体是由主权国家组成的，是世界范围内国与国之间基于共同利益、共同诉求而构建的国家联合体。人类命运共同体侧重解决的主要问题是：利益高度冲突的世界如何携手应对共同挑战，两种制度共存的世界如何携手走向未来，贫富差距拉大的世界如何携手共同发展，思想文明多元的世界如何携手共同进步，全球性风险加剧的世界如何增进共同安全，不确定性加剧的世界如何增强确定性。人类命运共同体通常表现为一种新的世界秩序、一种新型国际关系。当今时代仍然是主权国家主导国际政治的时代，少数大国是世界秩序建构的核心力量。虽然一些世界性的政党、社会组织、跨国集团乃至历史人物等，都可以作为行为主体，参与到人类命运共同体的构建之中，但是在主权国家时代，国家的作用是不可替代的，主权国家携手合作、核心大国发挥主导作用，是构建人类命运共同体的基本现实。当然，人类命运共同体也重视每个人的命运，但作为个体的人的福祉主要还是依赖于其所在国家的治理状况，社会制度差异、发展阶段差异、国家治理差异所导致的个人命运差异是客观现实，不同国家人民福祉的差异将长期存在。

"真正的共同体"着眼于个人的发展和人类的解放，是每个人实现诗意栖居和自由发展的理想场所。个人的自由与解放是马克思恩格斯全部思想学说的主题，是马克思恩格斯毕生实践的主题。在《德意志意识形态》中，经典作家谈及的共同体是由作为其成员的个人组成的。"真正的共同体"与个人的发展直接相关，个人的自由与解放有赖于建立"真正的共同体"。"真正的共同体"是对个体和类、个人与集体、特殊利益与普遍利益的对立的扬弃和超越，是对个人自由和集体自由的同时肯定。集体主义原则具有价值上的优先性，但绝对反对以集体的名义伤害个人自由，反对集体至上主义。在这里，每个人成为自身命运的主人，人类社会成为自由人联合体，每个人的自由发展成为一切人自由发展的条件。"真正的共同体"主要通过彻底解决两种制度、两条道路的存废问题，为每个人全面自由发展创造条件，为自由个性的实现开辟道路，为每个人的诗意栖居创造条件。马克思恩格斯早就说过："只有在共同体中，个人才能获得全面发展其才能的手段，也就是说，只有在共同体中才可能有个人自由。"① 这里所说的"共同体"特指"真正的共同体"。因为在过去种种假冒的共同体中，个人自由是统治阶级内部的专属权利，对于这一阶级的个人来说是存在的；对于被统治阶级来说，则完全是"虚幻的共同体"，是个人自由"新的桎梏"②。而在"真正的共同体"中，人摆脱了自发性的主宰，摆脱了外在力量的奴役，摆脱了固化的劳动分工和社会身份，摆脱了对人和物的双重依赖，成为自由自觉的存在，成为真正的个人。也就是说，到那时，人摆脱了自然的奴役、权力的奴役、资本的奴役，清除了一切阻碍人全面自由发展的桎梏，成为社会和历史的主人，实现了人与社会、人与人、人与自然之间的真正和解，实现了个人与共同体的真正和解，实现了"个体和类之间的斗争的真正解决"③；到那时，"迫使个人奴隶般地服从分工的情形已经消失"④，工农之间、城乡之间、脑力劳动与体力劳动之间的对立不复存在，每个人都可以全面自由地发展自己的才能；到那时，每个人"终于成为自己的社会结合的主人，从而也就成为自然界的主人，成为自身的主人——自由的人"⑤。在未来社会，人的生存体验是完满的、美好的，是自由的、自觉的，"人以一种全面的方式，就是说，作为一个完整的人，占有自己的全面的本质"⑥，"各个人在自己的联合中并通过这种联

① 《马克思恩格斯选集》第1卷，人民出版社，2012，第199页。
② 《马克思恩格斯选集》第1卷，人民出版社，2012，第199页。
③ 《马克思恩格斯全集》第3卷，人民出版社，2002，第297页。
④ 《马克思恩格斯选集》第3卷，人民出版社，2012，第364~365页。
⑤ 《马克思恩格斯文集》第9卷，人民出版社，2009，第398页。
⑥ 《马克思恩格斯文集》第1卷，人民出版社，2009，第189页。

合获得自己的自由"①。

概言之,"真正的共同体"之所以"真实",其根本就在于共同利益与个人利益是一致的,共同体代表其中每一个成员(个人)的利益。"虚幻的共同体"(比如资产阶级国家)之所以"虚假",其根本就在于共同体的共同利益与被统治阶级单个人的利益是相脱离的,共同体代表统治集团的利益,被统治阶级每一个个人的利益则不在其统筹兼顾范围之内。"真正的共同体"是个人自由的条件,"虚幻的共同体"是个人自由的桎梏。

五 时代纲领与最高纲领

从时代意义和行动纲领来看,构建人类命运共同体是现时代国际社会的共同使命,是世界历史进程的阶段性目标,是全人类目前阶段的最低纲领,即时代纲领;"真正的共同体"是一个漫长的自然历史过程,是世界历史进程的最终目标,是全人类的终极纲领,即最高纲领。

人类命运共同体指向当下,是针对现阶段人类的共同难题、回答"世界之问"而提出的行动方略和具体方案,是从当代世界经济、政治、文化、社会、科技、生态、安全等领域的具体实际出发,所作出的科学预判和顶层设计。"从世界历史的角度说,人类命运共同体就是在'无产阶级时代'还没有到来,而且条件尚不具备,资本主义与社会主义两种制度可能需要长期并存,尤其是主权国家不仅继续存在着而且仍然作为世界政治基本行为主体的历史条件下,世界历史进程的阶段性目标。"② 今天,人类社会尚处在阶级关系中,构建"真正的共同体"是超越发展阶段的,不具有现实可能性;构建人类命运共同体才是现时代的唯一选择,才符合国际社会的根本利益和普遍期待,也才能凝聚起全人

---

① 《马克思恩格斯选集》第1卷,人民出版社,2012,第199页。
② 刘建飞:《世界历史进程中的人类命运共同体及两制国家关系》,《当代世界与社会主义》2019年第2期。

类的价值共识和汇聚世界各国的最大公约数。

推动构建人类命运共同体是新时代中国外交的总方略，是中国方案的总集成，它具体展开和外化为：以消解发展赤字为目标、旨在推动世界共同发展的中国方案，以消解治理赤字为目标、旨在优化全球治理的中国方案，以消解信任赤字为目标、旨在增进全球信任的中国方案，以消解和平赤字为目标、旨在维护世界和平的中国方案，以消解文化殖民为目标、旨在重构人类文明格局的中国方案，以消解制度霸权为目标、旨在探索更好社会制度的中国方案。构建人类命运共同体是超越传统国际关系格局、中心—边缘结构、主从依附逻辑，实现人类社会发展共赢、利益共享、责任共担、安全共建、和谐共处的时代纲领，是迈向国际新秩序的一个阶段性目标和美好愿景。今天，构建人类命运共同体的宏大事业，受到了来自西方逆全球化动向的阻挠，受到了西方保守势力、民粹主义的诟病，但全球社会并没有退出"世界历史"的总体进程，世界历史的大趋势没有变。也许，建成人类命运共同体是一个较长的历史过程，但它的起跑线已经拉开，行动号角已经吹响，全世界有使命感的国家已经出发，我们已经行走在通往人类命运共同体的正确道路上。

"真正的共同体"指向未来，是需要经过很多代人的接力奋斗才能达到的目的地。建立"真正的共同体"，实现每个人的全面自由发展，是人类社会的最高理想。在世界历史进程中，社会主义制度必然代替资本主义制度，社会主义现代化道路必然代替资本主义现代化道路，社会主义意识形态必然战胜资本主义意识形态。今天的奋斗为未来社会奠定物质基础，为"真正的共同体"的实现创造条件，但"真正的共同体"究竟是什么样的，应该由未来的人们去回答，今天的人们不可能也不必要作出具体的设想，因为设想得越具体就越容易沦为空想。通往"真正的共同体"（实现共产主义）已被中国等少数国家确立为远大目标，写进了宪法和党章；但对于绝大多数国家来说，这仍然是一个乌托邦，需要全人类的共同努力、长期奋斗才能为其开辟道路，展示前进的方向。当然，马克思恩格斯所设想的理想共同体今天还没有出现，未来较长时期内也不会出现，但并不代表不能实现、不会实现，这是一种崇高的理想追求，是由历史的必然性所决定的，指引着人类社会的发展方向。共产主义再难实现，"真正的共同体"再远，只要不犯颠覆性、方向性的错误，就会不断接近。全世界团结起来共同发展、合作共赢，就是人类命运共同体；接力下去共建美好世界，终将通往"真正的共同体"。

构建人类命运共同体顺应世界历史的总体进程和最终走向，是通往"真正的共同体"的必经阶段，是人类发展史上的一大步。现阶段，我们致力于推动构建人类命运共同体，正是为推动"世界历史"向着高级阶段挺进创造条件、积蓄力量，为建成"真正的共同体"奠定基础、开辟道路。人类命运共同体的出场，必将载于世界历史史册和人类解放史册，但这不是人类进步的终点，它没有终结历史的未来发展，人类解放的事业依然在路上，人类社会还存在向上提升、向外扩展的巨大历史空间，历史不会止步于"共同命运"。"人类命运共同体"的目的地，便是人类向着"真正的共同体"进发的前沿阵地。在"真正的共同体"的目的地，人类历史将进入自由王国，人类将建成终极意义上的命运共同体。

六　小结

综上所述，人类命运共同体与"真正的共同体"这对范畴的内涵存在质的差异性。具体来看，从其存在方式和世界样态来说，二者表现为社会样态与社会形态的区别；从其根本特征来说，二者表现为和而不同与天下大同的区别；从其行动原则来说，二者表现为世界主义与国际主义的区别；从其行为主体和行动目标来说，二者表现为国家主体与个人主体、国家命运与个体命运的区别；从其时代意义和奋斗纲领来说，二者表现为阶段性目标与终极目标、最低纲领与最高纲领的区别。

当然，毋庸置疑，人类命运共同体与"真正的共同体"这对范畴的内涵也有一致性，主要体现在三个方面。第一，人类命运共同体与"真正的共同体"的历史走向是一致的。构建人类命运共同体是针对现阶段世界发展状况、回答"时代之问"而提出的社会理想和具体方案，是今天的人类所要实现的社会变革。这种努力从根本上说，就是在为未来走向"真正的共同体"奠定物质基础、制度基础、思想基础，为实现"自由人联合体"创造条件。对于中国共产党人来说，推动构建人类命运共同体的一切努力，最终都是为了通往"真正的共同体"社会。第二，人类命运共同体与"真正的共同体"的价值关怀是一致的。构建人类命运共同体的根本宗旨，就是要"把世界各国人民对美好生活的向往变成现实"①，体现了对人类的终极关怀。这与致力于实现全人类解放和每个人全面自由发展的"真正的共同体"是完全契合的。第三，"真正的共同体"是人类终极意义上的命运共同体。一部人类发展史，就是一部人类解放史，一部人类社会从必然王国走向自由王国的历史。人类历史进入自由王国，人终将成为自己的社会结合的主人，成为自身的主人——自由的人。只有在这个意义上，我们才能够说，人类真正掌握了自己的命运，迈向了终极意义上的命运共同体。

今天，把握人类命运共同体与"真正的共同体"这对范畴的关系，既要从学理上来思考，也要从国际政治大局来考量。当今世界，在两条道路、两种社会制度并存的时代条件下，为了推动人类命运共同体理念的世界化，为了建设公正合理、命运与共、合作共赢的国际新秩序，我们在宣传策略上有必要淡化人类命运共同体与"真正的共同体"之间的内在关联，尤其不宜采取将二者捆绑宣传、打包输出的策略，不宜在国际上造成意识形态输出的假象，以期为建设美好世界、为实现中华民族伟大复兴营造有利的国际环境。

需要指出的是，对于社会主义国家共同体或者初级阶段社会主义国家共同体是否属于"真正的共同体"，马克思并未直接作出回答。马克思恩格斯区分"真正的共同体"与"虚幻的共同体"，其标准是国家共同体是否代表其中每一个成员（个人）的利益以及代表的程度。根据这一标准，在有阶级的社会中，国家共同体不可能完全消除"虚假性"的一面，因为对于专政的对象来说，这个共同体就不可能成为其自由发展的

---

① 《习近平谈治国理政》第 3 卷，外文出版社，2020，第 433 页。

条件。"无产阶级所建立的社会主义国家，反映了以无产阶级为代表的最广大人民群众的根本利益，在从虚假共同体走向真实共同体的历史进程中迈出了决定性的一步。"① 只有共产主义社会，才是全面体现真正共同体性质的社会。

---

① 杨春贵主编《马克思主义与社会科学方法论》，高等教育出版社，2013，第62 页。

世界大变局与人类文明的重建*

陈曙光

中国共产党是为人类谋进步、为世界谋大同的党，始终以世界眼光关注人类的前途命运，"不断为人类文明进步贡献智慧和力量"①。21 世纪，中华民族对于世界的贡献，更突出地表现为对于文明的贡献，即在世界大变局中自觉参与人类文明的重建，积极引领人类的精神成长和文明进步。全球社会是一个共同体，维系共同体的秩序，有赖于形成普遍遵循的共同体规则，即人类文明。美好的全球共同体生活之所以可能，一个重要前提就是建构各个国家普遍认可的人类文明。本文所讨论的人类文明，不是指某种单一的文明形态（如基督教文明），而是专指世界普遍交往中共同遵循的交往理性、文明规则，即"共同的公理"。在全球社会中，国家要跨越对立，负责任地行动，前提是遵循国际交往理性，服从普遍认可的文明规则。

一 历史向世界历史的转变与人类文明的出场

历史向世界历史的转变，可谓千年未有之大变局。有了世界历史的出场，才有了普遍意义上的人类文明。作为国际交往共识的人类文明是全球化的产物，是历史转变为世界历史的结果。

在世界历史形成之前，各个国家处于相对隔绝的状态，呈现为原子

---

* 本文原载于《哲学研究》2022 年第 3 期，收入本书时有改动。

① 《中国共产党第十九届中央委员会第六次全体会议文件汇编》，人民出版社，2021，第 98~99 页。

式的个体，无法结成现代意义上的全球社会，即全球共同体。"前资本主义的传统国家是松散的、静止的国家"①，"国际社会也是隔绝的、静态的，国家之间不存在不可或缺的交往关系"②。国家间的交往是有限的，不同文明的交汇也具有一定的偶然性，不存在现代意义上的国际关系，因而不存在普遍意义上的人类文明。这一时期，每个民族的活动构成其民族的历史，该历史只具有地域性的意义；每个民族的文明都表现为地域性文明，该文明只具有地域性的价值。所谓"西方中心论""普世价值论"都是不存在的。

"历史向世界历史的转变"③，是人类发展史上的一次伟大飞跃。伴随着世界历史的形成，人类社会的发展逐渐打破狭隘的地域界限；单一国家的活动逐渐走出闭塞或半隔绝状态，越来越受到"世界市场的力量的支配"④；原子化的国家逐渐结成一个整体，超越地理边界的全球共同体正式走上历史舞台。封闭孤立的发展模式难以为继，任何国家和民族唯有置身于世界性的经济、政治、文化的普遍交往关系中，全方位地参与世界竞争，才能求得生存和发展，才有希望和未来。

一旦走进世界历史，走进普遍交往的"地球村"，人类达成某种交往共识即"村规民约"的需要就变得尤为迫切。也就是说，各国在"保持自身价值的同时，还需要有一种全球性、结构性和法理性的文化"⑤，需要建构基于普遍共识的人类文明。这是一种超越任何一个地区或国家视角的文明观。人类文明就其理想价值来说，应该成为全球社会的共同信仰、全球治理的基本遵循、普遍交往的行为准则；缺了它，国际交往就没有章法，共同行动就难以存续，世界秩序就会陷入某种混乱状态。

① 王沪宁主编《政治的逻辑——马克思主义政治学原理》，上海人民出版社，2016，第 579 页。
② 王沪宁主编《政治的逻辑——马克思主义政治学原理》，上海人民出版社，2016，第 580 页。
③ 《马克思恩格斯选集》第 1 卷，人民出版社，2012，第 169 页。
④ 《马克思恩格斯选集》第 1 卷，人民出版社，2012，第 169 页。
⑤ 亨利·基辛格：《世界秩序》，胡利平、林华、曹爱菊译，中信出版集团股份有限公司，2015，第 489 页。

也就是说，只有当国际体系中的所有国家都接受一套共同规则的约束时，才存在国际社会。作为全球共同信仰的人类文明，本质上说不应该是某种单一文明的世界化，而应该是不同国家文明的调和。但实际情况并非如此，强大国家往往掌握着塑造人类文明的主要权力，将一己之文明提升为人类之文明，将地域之规则膨胀为"普世"之规则；而弱小国家的文明则在夹缝中生存，沦为边缘性的存在。

资本开辟了世界历史，人类文明打上了资本的烙印；西方开辟了世界历史，西方文明构成人类文明的基本底色。世界历史，从一定意义上说，就是西方文明超越地理边界而获得普遍性的历史。大航海把世界各国纳入一个单一"体系"，殖民主义和帝国主义把各国人民紧密地联系起来。西方膨胀为"世界"的同时，其启蒙价值亦走向了世界，"人类和地球的欧洲化"成为世界历史的主导逻辑，人类文明进入了西方主导的时代，"西欧从根本上重新改易了人类地理并在全球共同体上打下了难以磨灭的印记"①。资产阶级奔走于世界各地，将剥削和压迫输出到世界的同时，也将西方的文明和价值观移植于世界。直至 20 世纪上半叶，全球化进程皆突出地表现为西方化。法国学者埃德加·莫兰指出，迄今为止的全球化进程具有双重性质：一是猎取、奴役和殖民的全球化；一是西方价值的全球化，"现今世界已拥有一个世界文明，它源于西方文明，是其科学、技术、工业、资本主义互动的产物，其中包含了一些普遍价值"②。可以说，西方与资本"合谋"构建了传统全球化时代的人类文明。西方作为"世界历史发展"的设计者、主导者、推动者，把非西方国家纳入统一的历史进化路线图和文明谱系中，以己之文明解构非西方文明，试图参照己之模样建构一元的文明世界。

西方主导建构的人类文明，本质上是非正义的。这种以资本为原则的人类文明，其基本性质是贪婪的和"进步主义的"，是征服的和"权利主义的"，是开发性的和"扩张主义的"。这是一套具有进攻性的综合知识框架，总体上服膺西方国家的利益，服从资本扩张的逻辑，服务西

---

① 哈佛燕京学社主编《全球化与文明对话》，江苏教育出版社，2004，第 78 页。
② 哈佛燕京学社主编《全球化与文明对话》，江苏教育出版社，2004，第 127 页。

方主导的世界体系。这种人类文明的理念在运行过程中外化为全球性政治、经济、安全、法治体系，导致世界日益二分为对立的两极：先进的西方与落后的非西方，自我界定的西方与被他者界定的非西方，作为主体和中心的西方与作为客体和边缘的非西方，作为典范的西方与作为追随者的非西方。马克思曾说，资产阶级到处推行所谓文明制度，试图按照自己的面貌为自己创造出一个世界，力图"使未开化和半开化的国家从属于文明的国家，使农民的民族从属于资产阶级的民族，使东方从属于西方"①。西方的地域性文明第一次披着"普世主义"的面纱，超越地理的边界，上升为世界性的交往理性和文明规则，人类社会第一次出现了世界史意义上的人类文明。

西方定义的人类文明，初步确立了全球社会的交往理性和文明规则，为增进世界各国的普遍交往发挥了重要作用。但是，两次世界大战标志着西方主导建构的国际交往理性和文明规则首先在它的诞生地遭遇了合法性危机。即使在今天，这套文明规则依然是诸多矛盾的深层次根源，西方主导的世界仍然是一个非正义的世界。西方订立了"高尚"的原则，却常常不在国际交往中无条件地实践这些原则。双重标准是西方的首要标准，霸道逻辑是西方掌控世界的重要逻辑，重构人类文明已经成为国际社会的紧迫任务。

二 世界正义力量的崛起及其对人类文明的影响

解构非正义的人类文明，寄希望于世界正义力量的壮大。马克思主义的诞生是人类思想史上的重大事件。在马克思看来，传统的国际交往理性和文明规则既是进步的，又是非正义的，两者比较，历史标准优先于道德标准，"进步"高于"正义"。

西方建构人类文明的过程，也是西方文明殖民扩张的过程。这一过程尽管不具有历史正义性和程序正当性，但具有历史必然性和历史进步性。从进步论的角度看，殖民扩张启动了世界范围内的现代化进程，实

---

① 《马克思恩格斯选集》第 1 卷，人民出版社，2012，第 405 页。

质上开启了现代性文明的世界历史。马克思一方面控诉资本的肮脏；另一方面高度肯定其"伟大的文明作用"①，肯定资产阶级开创世界历史、推动世界普遍交往的伟大意义。比如，就前者而言，英国的侵略扩张"摧毁了印度社会的整个结构"②，"印度人失掉了他们的旧世界而没有获得一个新世界"③；就后者而言，英国对印度的征服为印度打开了世界市场，使这个神话中的国度同西方文明世界实际地联结在一起。马克思在评价英国对印度的侵略时说，"英国不管犯下多少罪行，它造成这个革命毕竟是充当了历史的不自觉的工具"④。黑格尔也认为，文明民族对野蛮民族的战争和争端，"是争取对一种特定价值的承认的斗争，这一特征给这些战争和争端以世界历史的意义"⑤。概言之，西方侵略对于印度而言虽然是其民族灾难，但也打破了其封建主义的禁锢，为其带来了近代文明，使其走进西方主导的现代世界体系，依此来看是历史的进步。然而，"西方文明在全球凯旋之时，却正在经受其内部的危机，而它的完成揭示的却是它自身的贫乏"⑥。改造非正义的人类文明已经刻不容缓。

从根本上改造非正义的人类文明，从来都不是依靠真理和道义力量就可以完成的任务，归根结底取决于世界正义力量的壮大，特别是取决于社会主义国家的崛起。"国际政治格局与国际实力格局相一致"⑦，国际文明秩序也与国际实力格局相一致。在这种情况下，人类文明规则制定的焦点不在于"谁的主张在理"，而在于"谁主张"。在西方力量占据绝对优势的全球世界中，颠覆代表西方资本利益的文明规则和交往理性，从根本上终结其统治地位，在实践上是行不通的。20世纪，马克思主义最伟大的贡献在于指引了世界范围内的正义运动。社会主义作为独立的

---

① 《马克思恩格斯全集》第46卷上册，人民出版社，1979，第393页。
② 《马克思恩格斯文集》第2卷，人民出版社，2009，第679页。
③ 《马克思恩格斯文集》第2卷，人民出版社，2009，第679页。
④ 《马克思恩格斯文集》第2卷，人民出版社，2009，第683页。
⑤ 黑格尔：《法哲学原理》，范扬、张企泰译，商务印书馆，1961，第404页。
⑥ 哈佛燕京学社主编《全球化与文明对话》，江苏教育出版社，2004，第135页。
⑦ 王沪宁主编《政治的逻辑——马克思主义政治学原理》，上海人民出版社，2016，第599页。

政治力量登上世界历史舞台,国际政治格局发生重大变化,人类文明的重构迎来了历史性机遇。但由于多方面原因,这一任务并没有最终完成。

第一个原因是,社会主义阵营的力量总体弱小,难以实质性地重构国际交往理性和文明规则。西方阵营多为发达的资本主义工业强国,社会主义阵营多是贫穷落后的发展中国家。作为社会主义阵营的核心国家,苏联的经济实力、综合国力与作为西方阵营核心国家的美国相距甚远,其巅峰时期的经济体量也不过为美国的60%左右。冷战后期,苏联内忧外患,国民经济几近崩溃,已经无法跟上美国的发展节奏。美国则抓住了第三次科技革命的机遇,迅速拉开与苏联的距离。国际规则的塑造、人类文明的建构,关键取决于实力。自1648年威斯特伐利亚体系建构以来,西方凭借绝对实力掌握世界的文明塑造权,但这并不代表其掌握全球最多的真理权。比如,经济交往中的"丛林法则"、全球治理中的"几方共治逻辑"、东西方互动中的西方中心主义、文明交汇中的"文明优越论"、制度比较中的"历史终结论"等,明明是强词夺理,却大行其道——皆因实力所致。马克思早就指出,"政治权力只是经济权力的产物"[①]。西方掌握了世界上占主导地位的经济力量,也就掌握了建构人类文明的主动权。

第二个原因是,冷战将世界分割为政治对立、经济独立、交往孤立的两大阵营,这不仅无法形成普遍的世界交往和融通的国际规则,反而进一步加剧了文明间的对抗。第二次世界大战结束以后,世界形成两大阵营,经济上形成两个平行的世界市场,沿着意识形态的边界,横亘着一幅贯穿欧洲大陆的"铁幕",阻隔了国际交往的普遍化,也切断了两种文明的交流互鉴。亨廷顿认为,冷战期间,一个是美国领导的最富裕的社会集团,一个是与苏联联合和受它领导的略贫穷一些的集团,这两个集团展开了一场无所不在的意识形态的、政治的、经济的,有时是军事的竞争[②]。美苏两大集团的对立,从根本上说,是两种不可调和的国

---

① 《马克思恩格斯全集》第9卷,人民出版社,1961,第80页。
② 塞缪尔·亨廷顿:《文明的冲突与世界秩序的重建》,周琪等译,新华出版社,1998,第6页。

际秩序观、制度观、文明观、价值观的对立。冷战期间，世界交往以集团划界，全球社会在经验事实上是极为有限的存在或者说不存在，重构全球文明共识是不可能的。此外，第二次世界大战后，苏联逐渐放弃了马克思主义的诸多基本价值，奉行大党大国沙文主义思维、国强必霸逻辑以及大国主导的治理观，与西方建构的人类文明殊途同归，难以从本质的高度开掘出新的人类文明和国际交往规则。

第三个原因是，冷战结束后世界重回西方主导的世界秩序，人类文明重建的努力遭遇重大挫折。苏联解体是 20 世纪最为重大的地缘政治事件，它标志着冷战以美国完胜而告终，西方建构的人类文明大获全胜，再次主导了人类的交往活动。至少在一定时期内，世界主流舆论均将苏联的解体与西式自由民主制的普遍胜利画等号，"历史终结论"一度甚嚣尘上。20 世纪，尽管西方近代所界定的人类文明不断地遭遇挑战，但并未从根本上被颠覆。以中国为代表的社会主义国家、亚非拉国家和不结盟运动倡导的文明理念，比如和平共处五项原则，构建公正合理的国际新秩序，倡导民族平等、不干涉内政、不结盟、不称霸、不搞扩张、不诉诸武力或不以武力相威胁等，难以从整体上彻底颠覆西方建构的国际交往理性和文明规则。

第四个原因是，20 世纪，中国作为社会主义大国，长期未能靠近世界舞台中央，难以实质性地参与到人类文明重构这一历史性事业之中并扮演重要角色。人类文明建构有其独特的衍生逻辑和运行机理，其核心是三原则：实力原则、真理原则、道义原则。三者正相匹配是理想，不相匹配往往是现实。占据实力最高处的国家，不一定占据真理和道义的制高点，反之亦然。当三者不相匹配时，实力原则高于真理原则、道义原则；谁拥有了压倒性的硬实力，谁就拥有了压倒性的规则制定权，这是由过往历史证实的人类文明建构的逻辑。过去几个世纪，强权国家主导塑造了人类文明规则，但并不代表这套规则就是正义的。因此，寄希望于边缘国家来改写西方主导的人类文明，重构符合全球正义原则的国际交往理性和文明规则，是不现实的。

当然，尽管从马克思主义诞生到 20 世纪末，西方主导建构的文明格局从未真正松动过，但马克思主义还是以其鲜明的劳动人民立场、人类解放立场、人类正义立场，为人类文明的重构指明了方向。这些原则立场代表了世界历史的总体趋势，在 21 世纪依然具有现实性，毕竟"历史发展的总体趋势比既成的历史事实具有更高的现实性"①。

三　世界大变局：人类文明重构的历史契机

当今世界正经历百年未有之大变局，人类文明迎来了历史性重构的契机。西方主导建构的人类文明，已经由世界历史发展的推动力沦为全球化转型升级、国际合作共赢的文化阻滞力，沦为迟滞世界大变局的极端保守因素。

世界大变局是一个涉及诸多领域的整体性动向，是世界体系的结构性调整。世界大变局，就其表面来说，表现为世界经济中心由西方向东方转移，迎来"东升西降"的重要拐点；全球治理由西方治理向共同治理转变，国际权力在西方大国间来回倒手的局面走向终结；新一轮科技革命爆发，产业革命深入推进。就其本质维度来说，标志着"西方中心论"正在走向破产。自启蒙运动以来，西方的知识体系和话语体系逐步确立了在全球的统治地位，主导了全球性议题的解释权、话语权，人类文明不过是西方文明的世界化。中国的和平崛起是世界格局调整的主要牵动因素。中国的和平崛起绝不仅仅意味着其经济的成功，在更深层次上代表了一种人类文明新形态的崛起，"西方中心论"横行世界数百年后第一次面临真正的挑战。中国的成功，证明中国特色社会主义道路、理论体系、制度和文化是正确的，证明"历史终结论""文明优越论""普世价值论"是错误的，证明"现代化＝西方化""全球化＝西方化""现代社会＝西方社会"是彻底的虚妄。特别是在新冠肺炎疫情背景下，中国的发展优势、中国特色社会主义的制度优势、中国共产党的治国理政优势、马克思主义中国化的理论优势充分释放，西方书写世界历史的能力、传播启蒙思想的能力、按照自己的模样改造世界的能力受到了挤

---

① 吴晓明：《马克思主义中国化与新文明类型的可能性》，《哲学研究》2019年第 7 期。

压，西方知识体系、话语体系遭遇前所未有的解释危机和话语权危机。

世界大变局根源于国际力量对比的深刻变化。"东升西降"是 21 世纪不可遏止的大趋势。随着国际经济力量对比的变化，全球整个上层建筑和国际体系也将或快或慢地发生变化，这是世界历史演化的基本规律。全球经济秩序、治理体系、安全秩序、文明格局的变革，科技制高点的争夺，归根结底是力量的博弈。习近平总书记指出："全球治理体制变革正处在历史转折点上。国际力量对比发生深刻变化，新兴市场国家和一大批发展中国家快速发展，国际影响力不断增强，是近代以来国际力量对比中最具革命性的变化。"① 然而，既有全球治理格局不能顺应这种变化，推进全球治理体系变革已是大势所趋。作为新兴市场国家的领头羊，金砖国家已经成为推动国际秩序变革的中坚力量。在金砖国家的推动下，人类文明中的非西方元素在增加，西方文明的权重在降低，"世界正在从根本上变得更加现代化和更少西方化"②，新兴市场国家"物质的成功带来了对文化的伸张；硬权力衍生出软权力"③。整个非西方世界对西方文明的盲从畏惧时期已经结束，自立反驳时期已经开启。它们在伸张自己文化价值的同时，拒绝西方价值观的霸凌。

中美战略博弈是世界大变局的主角。"东升西降"的核心是"中升美降"，中国是增量，美国是存量，中美相交是左右变局的主要变量。中美战略博弈，从表层来看，表现为新兴大国与守成大国的国家实力之争，如贸易赤字之争、科技主导地位之争，未来还可能延伸到其他领域。从深层来看，表现为社会主义与资本主义两条道路、两种制度之争。美国众议院前议长金里奇早已断言，中美之争"是一场有关文明的较量"。数十年来，美国的假设是，随着进一步开放，中国将不可避免地走上西方道路，但 40 多年来中国的发展超出了西方"政治雷达"的探测范围，中国没有如韩国、日本那样，走上西方期待的道路。从终极来看，表现

---

① 《习近平关于总体国家安全观论述摘编》，中央文献出版社，2018，第 241 页。
② 塞缪尔·亨廷顿：《文明的冲突与世界秩序的重建》，周琪等译，新华出版社，1998，第 71 页。
③ 塞缪尔·亨廷顿：《文明的冲突与世界秩序的重建》，周琪等译，新华出版社，1998，第 110 页。

为人类命运共同体与全球霸权两种国际秩序观之争。人类世界终将走向多极化，国际关系终将实现民主化，大国唯有不冲突、不对抗、相互尊重、合作共赢一条路。然而，美国选择站在历史错误的一边，谋求霸权永续和单极世界。基辛格说，美国"害怕不断壮大的中国将一步步削弱它世界第一的地位，也因此而威胁到美国的安全"①。奥巴马在任时公开宣示，"我无法接受美国成为世界第二"，"美国还要继续领导世界一百年"。作为霸权型国家，美国无法接受一个实力不断靠近甚至有望反超的社会主义中国。

　　世界大变局呼唤人类文明的重建。今天，经济全球化深入发展，世界交往日益普遍，一个更加活跃的全球社会初现端倪。世界大舞台迎来了不同民族、种族、宗教、语言、肤色的新成员，基于西方利益的游戏规则已经不合时宜，人类文明迫切需要进行革命性改造、颠覆性重构，建构一种基于全球共同利益的游戏新规则和基于全球普遍共识的人类新文明。对于这种人类新文明，商戈令称为"全球文明新理念"。他认为，如果全球化的趋势不可避免，那么，五大洲的成员共聚一堂，"避免文化冲突和危机的唯一前提，就是确立一种与全球化进程相适应的全球文明新理念"②。也许今天我们尚且无法确定这种新理念的全部内容，但可以断定，它只能是人类性的，必须遵循共同性、共识性原则。各民族的文明之间存在一个广阔的中间地带或交叉地带，这是人类新文明可能出场的地带。尽管不同文明之间存在紧张、不和谐的音符，但超越这种不和谐，建立普遍认可的国际交往理性和文明规则，一直是不可低估的大趋势。全球化蕴含着跨越文明隔膜的解构潜力，新兴市场国家积蓄了巨大的建构动能，各国人民携带着本民族的文明基因聚合到世界大舞台，在世界地图上重新绘制普遍认可的共同价值和文明观念，在国际交往中重新建构普遍接受的交往理性和文明规则，人类文明有望摆脱单一的西方性，迎来以全球共识为基础的文明新形态。

---

① 亨利·基辛格：《世界秩序》，胡利平、林华、曹爱菊译，中信出版集团股份有限公司，2015，第297页。

② 哈佛燕京学社主编《全球化与文明对话》，江苏教育出版社，2004，第276页。

人类文明的重构，根本旨向在于超越西方性走向人类性，超越非正义走向正义。传统全球化时代，全球治理体系和治理规则都是由西方大国主持制定、颁布和实施的，人类文明是西方主导建构的，本质上是"西方"的。但正如全球经验事实所呈现出来的，"西方文明的福祉刚好包藏了它的祸根"①，它的民族主义包含了自我中心的闭锁与孤独，它的"丛林法则"拉大了南北的发展差距，它的现代化策略未能开启后发国家的现代化前景，它的安全哲学给世界埋下了不安全的隐患，它的齐一化思路导致各国在复杂问题面前束手无策，日益强化的"西方/非西方"的文明边界意识将人类引向深层次的危机与恐惧之中。因此，世界大变局，最根本的是推动规则的变革、文明的重构。新型全球化、世界大变局都不可能离开人类文明的牵引而独自完成，能达成什么样的文明共识，将会深刻影响我们时代的生存品质、深刻改变未来世界的整体面貌。

四 "世界之问"：人类文明重建的基本方向

进入 21 世纪，以西方文明为底色的人类文明正面临危机，重建人类文明是国际社会的共同事业。主导了几个世纪的西方资本主义文明在 21 世纪遭遇极大挑战，美国及西方"在全球范围内推广西方文化的努力与其推广能力的下降这两者之间的不协调"②，是无法回避的事实。今天，单一的西方文明不可能继续作为"认同、意义、稳定、合法性和希望的本源"，也不可能是新型全球化时代面临的问题的"解决办法"。人类需要共同努力，遵循"美美与共"的原则，敞开"美人之美"的胸襟，贡献普遍认可的文化资源，重构与世界大变局相匹配的人类新文明。

人类新文明不是由概念建构起来的，而是由实践建构起来的。重构人类文明必须从实际出发，坚持问题导向，直面当今世界的共同难题。"世界怎么了、我们怎么办？"③ 习近平总书记提出，世界的问题，概括

---

① 哈佛燕京学社主编《全球化与文明对话》，江苏教育出版社，2004，第 134 页。
② 塞缪尔·亨廷顿：《文明的冲突与世界秩序的重建》，周琪等译，新华出版社，1998，第 199 页。
③ 《习近平谈治国理政》第 2 卷，外文出版社，2017，第 537 页。

起来无外乎"和平赤字、发展赤字、治理赤字"①。世界赤字是表象，赤字的背后是文明理念，赤字的本源在哲学。非正义的世界根源于非正义的文明。世界赤字的产生、扩大，在一定程度上都与西方主导建构的人类文明密切相关。

其一，线性进化的发展理性与共同发展的普遍期待相背离，这是当今世界发展赤字产生、扩大的哲学根源。现代化的方向无法绕开，但通往现代化的道路可以选择。发展不应是发达国家的专利，"丛林法则"不应是国际的通行规则，共同发展、合作共赢才是全球的首要价值。然而，西方的"发展"概念"构建的却是一个西方中心主义的典型神话。它是一架疯狂的西化发动机，一个北半球国家对'不发达'国家（南半球）的殖民工具"②。以西方模式为参照的"发展"逻辑，忽视了西方自身正深陷于发展危机中。线性进化的发展理性，实质在于西方大国垄断发展优势，不仅无法指引欠发达国家走出发展困境，反而在很大程度上为"发达/发展"的二分结构提供合理性辩护；不仅无法引领世界共同发展，反而成为全球发展赤字的哲学根源。因而，要解决全球发展难题，首要的是重估西方的发展理性、重构全球的发展理念。正如赛尔日·拉杜什所说："正是应当对这些西方的（发展）价值重新进行评价，才能找出解决当代世界问题的答案。"③

其二，大国共治的治理理性与国际力量对比的深刻变化相背离，这是当今世界治理赤字产生、扩大的哲学根源。在西方"大国主导、几方共治"的治理逻辑中，治理主体永远是少数西方大国，西方大国奉行所谓以规则为基础的国际秩序，罔顾以联合国为核心的国际体系、以国际法为基础的国际秩序、以《联合国宪章》宗旨和原则为核心的国际关系基本准则。没有边界的权力往往导致自我放纵，即以牺牲世界和谐为代价的自我中心主义。西方在西亚、中亚、北非制造的事端，已经体现了这一点。进入 21 世纪，国际力量对比发生深刻变化，国际格局正在经历

① 《十八大以来重要文献选编》（下），中央文献出版社，2018，第 730 页。
② 哈佛燕京学社主编《全球化与文明对话》，江苏教育出版社，2004，第 132 页。
③ 哈佛燕京学社主编《全球化与文明对话》，江苏教育出版社，2004，第 132 页。

战略重组。少数西方大国治理世界完全背离全球正义原则，优化全球治理体系、改变全球治理观念势在必行。

其三，利己主义的经济理性与合作共赢的时代潮流相背离，这是当今世界信任赤字产生、扩大的哲学根源。经济全球化客观上产生了作为整体的公共空间，形成了关乎全人类的公共利益。各个国家要保全这个整体的公共空间，维护其正常秩序，就必须让渡一部分自身利益，以服从整体利益。然而，悖论在于，"世界越来越全球化，但是世界主义却越来越淡化"①。应当说，自黑格尔主义以来，世界主义通常是主流传统。然而，随着国际金融危机的爆发，全球化的双重效应显现，特别是负效应被放大，西方民族主义、民粹主义高涨，压制世界主义，强调本国利益至上。霍布斯鲍姆指出，资产阶级主导的世界，是"生存竞争"的世界，"在'生存竞争'的环境中，唯有'适者'能够生存。适者不仅有权生存，而且有权统治。……占世界绝大多数的其余部分，便成了他们的盘中餐"②。近年来，个别西方大国发动贸易战，肆意"退群"、毁约，罔顾全球公义，奉行单边主义，挑战外交共识，维系世界普遍交往的全球信任体系濒临崩塌。长此以往，整个世界或将退回至康德所描述的自然状态。这是全人类难以承受之重。

其四，自我至上的安全理性与普遍安全的世界梦想相背离，这是当今世界和平赤字产生、扩大的哲学根源。西方逻辑假定国强必霸，强国的使命就是建立地区霸权乃至全球霸权，霸权国家领导世界有利于世界和平，多极化只会导致纷扰不堪。基辛格说，"美国的军事实力为全世界提供了安全盾牌"③，但他显然忽略了美国给全世界带来了多少战乱。西方国家奉行"民主和平论"，"民主国家同其他民主国家有共同性，因此不会彼此发动战争"④；奉行自我至上的排他性安全观，以牺牲别国的

---

① 哈佛燕京学社主编《全球化与文明对话》，江苏教育出版社，2004，第173页。

② 艾瑞克·霍布斯鲍姆：《资本的年代：1848～1875》，张晓华等译，中信出版集团股份有限公司，2014，第136页。

③ 亨利·基辛格：《世界秩序》，胡利平、林华、曹爱菊译，中信出版集团股份有限公司，2015，第475页。

④ 塞缪尔·亨廷顿：《文明的冲突与世界秩序的重建》，周琪等译，新华出版社，1998，第15页。

安全为代价维护自身及盟友的绝对安全。然而，在全球共同体中，安全问题早已超越国界，相互依存早已成为事实，"任何一个国家的安全短板都会导致外部风险大量涌入，形成安全风险洼地；任何一个国家的安全问题积累到一定程度又会外溢成为区域性甚至全球性安全问题"①。康德的《永久和平论》、罗尔斯的《万民法》，都试图为寻求世界永久和平制定若干原则。然而，构筑太平世界这个任务迄今尚未完成。西方一贯奉行的"霸权稳定论""民主和平论""结盟安全论"绝非构筑太平世界之良策。

人类文明重构的根本目的在于走出西方中心主义的控制，为化解人类共同难题提供文明指引、价值遵循和行为规范。人类新文明不能只有一方认可，而要东西方普遍认可，体现最大公约数；不是只代表少数国家的利益，而是代表全人类的共同利益，体现共赢共享原则；不是只有一种文明色彩，而是多种文明色彩的和合，体现美美与共原则。在人类新文明的重构中，大国发挥着至关重要的作用，"各大文明传统是建设未来的最宝贵的资源"②。人类新文明的建构，归根结底依靠各国的"合力"。假以时日，人类新文明不仅会改变全球的经济政治话语，还将重新定义全球化、现代化，改变全世界人们的思维方式、交往方式。

五 人类命运共同体：一种可能的新文明类型

进入 21 世纪，人类正走向崭新的全球世界。这个世界缺少的不单是行动规划，更重要的是能够指引行动方向的原则。这个原则应当是总体性的、具有哲学高度的。因此，我们的首要任务就是发现这个原则，确立这个原则，实践这个原则。

中国走向复兴是 21 世纪的重大历史事件。在资本主义文明统治的世界中，创生更高水准的新型文明，引领人类文明发展，是中华文明当代复兴的题中应有之义。黑格尔曾指出："一个民族在世界历史的发展阶

---

① 《习近平关于总体国家安全观论述摘编》，中央文献出版社，2018，第248页。
② 哈佛燕京学社主编《全球化与文明对话》，江苏教育出版社，2004，第404页。

段中究竟占据着什么样的位置，不在于这个民族外在成就的高低，而在于这个民族所体现出的精神。"① 伴随着走向复兴，中国"在完成其现代化任务的同时，在积极地占有现代文明成果的同时，正在开启出一种新文明类型的可能性"②。今天，世界在思考，在政治、经济上日益强大的中国，在发展模式、价值观念上日益自信的中国，将为人类提供什么样的文化信息，为重构国际交往理性和文明规则作出什么样的文明贡献。

世界这么大、问题这么多，如何在不确定的世界中寻找确定性？中国贡献的人类文明方案是：构建人类命运共同体。人类命运共同体是元哲学层面的人类文明新理念，是一种可能的新文明类型，是指引未来道路的最高理念，是为中国所把握的世界精神。人类命运共同体是中国对国际秩序观的创新与发展，是对传统依附格局的"破"，是对优化全球治理的新思维新理念的"立"，已经"成为中国引领时代潮流和人类文明进步的鲜明旗帜"③。

其一，在治理主体上，从同质共同体转向有机共同体。传统国际体系不是一个统一融合的整体，国家之间基于某种共同性结成同质共同体，遵守某种共同的边界，共同体成员要么以共同的价值观念、意识形态或精神生活为选择标准，要么以共同的经济、政治、军事目的为依归，"排他性"是其基本特征。比如，以价值观为边界，组建国际民主联盟，搞价值观围堵、"C形包围圈"；以意识形态为边界，结成北约等彼此对抗的势力集团。这种"同质性"思维是诸多国际纷争的罪魁祸首，是少数大国"党同伐异"的重要武器。

相反，人类命运共同体不是文化同质性的实体，而是一个具有全新概念的共同体，它不以建立共同的意识形态、价值观念或制度模式为旨归；它覆盖各个国家以及人类生活的各个领域，属于全球共同体；它倡导平等、互鉴、对话、包容的文明观，倡导全人类共同价值。当今世界，人类正进入一个不同文明必须学会在普遍交往中和平共处的时代。

① 黑格尔：《黑格尔历史哲学》，潘高峰译，九州出版社，2011，第58页。
② 吴晓明：《马克思主义中国化与新文明类型的可能性》，《哲学研究》2019年第7期。
③ 《十九大以来重要文献选编》（中），中央文献出版社，2021，第655页。

习近平总书记指出："当今世界，人类生活在不同文化、种族、肤色、宗教和不同社会制度所组成的世界里，各国人民形成了你中有我、我中有你的命运共同体。"① 在这里，没有"文化中心主义"，没有"文明优越论"，没有种族歧视，没有宗教排除异己，没有"党同伐异"，没有意识形态隔阂。人类命运共同体建立的是一种新型的团结关系，是在尊重差异和个性基础上的团结，即涂尔干所称的"有机团结"，而不是异化了的团结，不是以同一性压制差异性、以普遍性对抗特殊性的"机械团结"。

其二，在治理思维上，从线性思维转向复杂思维。传统国际体系呈现的是中心—边缘的世界结构状态，线性思维主导国际秩序的运作机制，全球治理从中心向边缘展开。共同体成员间的权力分配呈现"金字塔"结构，共同体内部事务遵循从中心到边缘的垂直传导机制，核心国家控制着全球治理体系、安全体系和法治体系。这种基于大国掌控世界而设计的线性治理模式自 16 世纪以来始终占据主导地位。正如麦克卢汉所说，"直到不久前，我们的制度和安排，包括社会的、政治的、经济的制度和安排，都只有一个单向的模式"②，即机械的、由中心向边缘扩展的单向模式。第二次世界大战结束以后，美国及西方通过联合国、布雷顿森林体系、北约和结盟机制、国际公约、国际法院和国际刑事法院等，掌控了主要的世界权力。显然，这种从中心向边缘扩展的线性思维本身蕴含着巨大的不平等，与建设国际政治经济新秩序是相背离的。

人类命运共同体意味着全球治理模式的重大转变——从线性治理模式转向"全球共治"模式，从中心—边缘二分的线性思维转向多中心、网格化的复杂性思维。人类命运共同体理念主张从复杂性的视角来理解国际体系，这是对线性思维的超越。当今世界，"大国关系不断调整，多个力量中心正在形成"③。从复杂性的维度来看，人类命运共同体内部不存在唯一的中心，也不存在固化的中心—边缘结构，各成员间构成一种复杂的、多中心的网格秩序，每个成员都是网格上的一个节点，都扮

① 《习近平谈治国理政》，外文出版社，2014，第 261 页。
② 马歇尔·麦克卢汉：《理解媒介：论人的延伸》（增订评注本），何道宽译，译林出版社，2011，第 51 页。
③ 《十四大以来重要文献选编》（下），人民出版社，1999，第 2469 页。

演着不可或缺的角色。共同体内部事务遵循平等原则和民主机制，遵循多中心自主自治、协商共治原则。中国向来主张，一国的事情由本国人民作主，国际上的事情由各国商量着办，这是人类命运共同体所倡导的治理原则。

其三，在国际关系上，从自我中心意识转向交往关系意识。在传统共同体中，核心国家以"自我"为中心，习惯于主客二分的思维方式，即习惯于使用"我与他""我们与他们"的方式来思考和运作国际事务，边缘国家与中心国家处于紧张对立的状态。这与资本主义文明相关，资本主义社会的基础就是以"原子个人"为前提的"市民社会"，在资本主导的世界体系里，国家间关系的本质是"一切人反对一切人的战争"①。自威斯特伐利亚体系形成以来，国际组织、跨国机构常常沦为核心国家的工具，民族国家的"小我"与共同体的"大我"之间形成一种外在的虚假的和谐，"小我"湮没于"大我"之中，"大我"凌驾于"小我"之上。

在人类命运共同体中，各个国家都是平等的交往主体，主体间性思维取代主客二分思维，共同体成员第一次使用"我们"的方式思考和运作国际事务，这是治理思维的重大变化。不同国家皆将对方"视为'我们之一'，而不是'他们'"②。民族国家的"小我"与共同体的"大我"之间不再是一种外在的对立关系，而是一种内在的和谐关系。在这里，"我就是我们，而我们就是我"③，这是对主客二分、主从依附格局的否定；在这里，"小我"支撑"大我"，每个国家的自由发展构成共同体发展的条件；在这里，"大我"成就"小我"，共同体的发展为各国的发展提供广阔的舞台和空间；在这里，共同体不是凌驾于国家之上，与"小我"相对立的抽象物，民族国家也不是自绝于共同体之外，与"大我"相对立的"唯一者"。"小我"与"大我"之间、秩序与自

---

① 《马克思恩格斯文集》第 1 卷，人民出版社，2009，第 427 页。

② 理查德·罗蒂：《偶然、反讽与团结》，徐文瑞译，商务印书馆，2003，"导论"第 7 页。

③ 黑格尔：《精神现象学》（上），贺麟、王玖兴译，商务印书馆，1979，第 122 页。

主之间、大国与小国之间实现了和解，人类社会有望迎来和谐共生的新时代。

六 引领人类精神成长和文明进步的中国智慧

人类命运共同体作为一种总体性的、元哲学高度的文明理念，唯有外化为具体的方案，才是现实的。中国特色社会主义进入新时代，中国共产党秉持人民立场，坚持胸怀天下，推动构建以人类命运共同体理念为核心的人类新文明，为解决人类的发展赤字、治理赤字、信任赤字、和平赤字提供了中国方案，为重建全球发展理性、治理理性、交往理性、安全理性注入了中国元素，为引领人类精神成长和文明进步贡献了中国智慧。

一是发展理性的重建与促进世界共同发展的中国方案。经济建设是中心任务，发展是硬道理，适用于各国。客观地说，"进步强制"已经成为现时代的总特征，成为衡量各国政府治理效能的首要标准，问题仅仅在于实现什么样的发展、怎样发展。发展道路千万条，那种认为非西方世界最终将因循单一发展模式的合流观念过于简单化。在发展理念方面，中国倡导创新、协调、绿色、开放、共享的发展观，倡导开放、融通、互利、共赢的合作观，倡导开放、包容、普惠、平衡、共赢的新型全球化，从而破除了"你输我赢、赢者通吃"的陈旧观念，超越了梯度发展、线性进化的发展逻辑，打破了"现代化＝西方化"的固化思维，成功改写了西方主导的全球发展观念。在发展动力方面，中方倡议成立亚洲基础设施投资银行、金砖国家新开发银行，为低迷的世界经济注入了中国动力。在发展平台方面，"一带一路"是中国为筹划人类未来而推出的全球性公共产品，为引领世界共同发展贡献了中国智慧。

二是治理理性的重建与优化全球治理的中国方案。历史转变为世界历史，地域性的问题也转变为世界性的共同难题，需要全人类共同面对、共同治理。在治理体系方面，中国是现行国际秩序的参与者、建设者、维护者，不会将其推倒重来、另起炉灶。习近平总书记指出，无论中国发展到什么程度，都不会颠覆现行国际体系，都将"坚定维护以联合国为核心的国际体系，坚定维护以联合国宪章宗旨和原则为基石的国际关系基本准则，坚定维护联合国权威和地位，坚定维护联合国在国际事务中的核心作用"①。在治理理念方面，中国主张共商共建共享的全球治理观，改写了"几方共治"的西方治理逻辑。习近平总书记指出："我们要推进国际关系民主化，不能搞'一国独霸'或'几方共治'。世界命运应该由各国共同掌握，国际规则应该由各国共同书写，全球事务应该由各国共同治理，发展成果应该由各国共同分享。"② 今天，新兴国家与发达国家同镜同框，二十国集团成为全球治理的重要平台，金砖国家合作机制、上海合作组织对全球地缘格局产生重大影响，全球治理体系正在转向发达国家与新兴国家联手共治的新局面。

　　三是交往理性的重建与增进全球信任的中国方案。信任是交往的基础，人无信不立，国无信不交。"信任是国际关系中最好的黏合剂。"③没有信任，不同文明的国家不可能在同一个舞台上展开合作、共同行动。然而，不同国家的道不同，何以相交？确实，与非西方社会相比，自由主义、个人主义、利己主义是西方的显著标志，这套价值观延伸到国际交往领域表现为本国优先、本国第一、只有私利、不顾公义的政策取向，肆意"退群""废约""筑墙"就是典型。一位西方学者在调研多个国家后得出结论：个人主义、利己主义等"在西方被视为最重要的价值，在世界范围内最不重要"④。如何化解全球信任赤字？中国倡导建设相互尊重、公平正义、合作共赢的新型国际关系，倡导以义为先、义利兼顾的正确义利观，增进战略互信，减少相互猜疑，构建命运与共的全球伙伴关系。正确义利观和信任观是对西方利益观和"丛林法则"的超越，为世界各国增进相互信任、建设美好世界提供了价值遵循。

　　四是安全理性的重建与维护世界和平的中国方案。战争意味着灭亡，

① 《习近平谈治国理政》第 2 卷，外文出版社，2017，第 547 页。
② 《习近平谈治国理政》第 2 卷，外文出版社，2017，第 540 页。
③ 《习近平谈治国理政》第 3 卷，外文出版社，2020，第 461 页。
④ 转引自塞缪尔·亨廷顿《文明的冲突与世界秩序的重建》，周琪等译，新华出版社，1998，第 63 页。

和平才有未来。中国历史是以和平主义为主轴的，中华文化是具有和平主义传统的，中国道路是和平主义方向的，中国外交是和平主义性质的。中国和平发展道路的世界历史意义在于：它是对五百年来"大国必战""国强必霸""霸极必衰"的历史逻辑的超越，开创了和平崛起、强而不霸的新方向。中国倡导对话而不对抗、结伴而不结盟的国际交往观，超越政治霸权和军事结盟的老套路；倡导共同、综合、合作、可持续的新安全观，摒弃冷战思维、集团对抗，反对以牺牲别国安全换取自身绝对安全的做法；倡导不冲突、不对抗、相互尊重、合作共赢的新型大国关系，反对国强必霸的西方逻辑。基辛格认为，"新型大国关系""是避免重蹈昔日历史悲剧覆辙的唯一出路"①。

今天，中国的现代化事业，已经成为世界历史的一部分，已经建立起与人类之整体发展、世界历史之未来的本质联系。正是这种本质联系，决定了中国的现代化进程具有"世界历史意义"。它意味着接近世界舞台中央的中华民族，"在突出地占据世界历史之发展高点的同时，获得并开展出由之代表的普遍性"②。人类命运共同体及上述中国方案，已经构成塑造未来世界的文化隐喻，上升为引领世界历史走向的"普遍性"原则。

建构人类新文明，是全世界的共同事业。黑格尔认为："世界精神的完成和实现，并不是一个民族自己就能完成的，而是要由许多个民族共同实现的。"③ 人类文明的新陈代谢、升级换代会有一个较长的过渡阶段，其间新旧二者相互纠缠，但新的终将突破旧的。中国作为走向复兴的大国，在人类文明重建中既要有担当精神，也要有边界意识；既不能"置身事外"，也不能"包打天下"。人类文明重建的中国方案符合全人类共同价值，是全人类的最大公约数，而不是中华文明的世界化。人类新文明，既不能是西方中心主义的，也不能是东方中心主义的。日益多

---

① 亨利·基辛格：《世界秩序》，胡利平、林华、曹爱菊译，中信出版集团股份有限公司，2015，第481页。
② 吴晓明：《马克思主义中国化与新文明类型的可能性》，《哲学研究》2019年第7期。
③ 黑格尔：《黑格尔历史哲学》，潘高峰译，九州出版社，2011，第64页。

极化的世界，不可能接受单一文明膨胀为人类文明的结局。正如"地球祖国"出现在地平线上，不是为了取代各自的祖国，人类新文明出现在地平线上，也不是为了取代各民族文化。在一个多样化的世界中，具有建设性的道路是弃绝各种改头换面的"普世主义"，接受多样性，寻求共同性，建构新文明。

民主标准问题的中国方案[*]

王中汝

近些年来，随着国际格局的剧烈演变，特别是中国在世界上影响的持续扩大，美国等西方国家在发展中国家强行推行民主化的失败，以及美国政治体制自身问题的不断暴露，民主问题再次成为人们关注的焦点。我们要思考的首要问题是：民主有无标准？如果有，包含哪些内容？对此，中国以自身和世界各国的经验教训为鉴，初步提出了自己的答案。

一 西方国家设定的民主标准

进入21世纪以来，世界各国的政治局势变化可谓目不暇接。"颜色革命"与"阿拉伯之春"尽管均是由当事国的国内问题引发，但也与美国等西方发达国家通过各种手段竭力推销所谓的自由民主价值观乃至政权更迭方案不无关系。"以美国为首的西方策动的'阿拉伯之春'，就是鼓励当地人民用暴力推翻现行政权。符合西方利益的就是民主，不符合就是不民主，就打着民主、自由、人权的口号推翻现政权，根本就不管这些国家老百姓的死活。"[①] 在陷入政治动荡的泥淖不能自拔之际，"民主"这个概念，在中东地区大部分人那里，变成了美国霸权的象征。

西方民主"失灵"的另一个典型例子，是美国的"否决政治"所导

---

[*] 本文原载于《人民论坛·学术前沿》2017年第7期，收入本书时有改动。

[①] 王德华：《"阿拉伯之春"是一本反面教材》，环球网，2016年5月17日，https：//opinion. huanqiu. com/article/9CaKrnJVw0D。

致的政治衰败。20 世纪 80 年代末，福山提出了备受争议的"历史终结论"，认为以美国为代表的自由民主制是人类最好的政治制度。但在 20 多年后，福山不得不承认，"作为世界上最早最先进的自由民主制的美国，与其他民主政治体系相比，承受着更为严重的政治衰败"①。政治衰败的主要原因，在于多党竞争与三权分立体制。在利益整合与代表方面，这种体制使得政府"越来越无法代表大多数人的利益，却让利益集团和活跃组织拥有过度影响，它们加起来并不等于代表最高权力的美国人民"②。在决策方面，"诸多个否决点好比把沙粒扔进齿轮，既防止了车轴往前转，又阻止了它往后转"③，这使得政府"决策效率低下、成本高昂"④。福山的结论是："无法实施有效统治的问题也临到了美国自己头上。它的麦迪逊式宪法，特意在各级政府设置制衡以防暴政，如今已变成否决制，一旦与政治极端化结合起来，证明无法有效朝前走或向后退。……美国政府很难再是当前世界的灵感之源。"⑤

以美国为代表的自由民主制，实际上是一种精英政治。在这方面，熊彼特的民主理论很有代表性："不存在全体人民能够同意或者用合理论证的力量可使其同意的独一无二地决定的共同福利"⑥，不存在"可以有说服力地称为代表人民意志的东西"和符合"人民真正的需要"的东西⑦，现实中所存在的只能是选民通过一定程序选举决策者的机制和过

① 福山：《政治秩序与政治衰败：从工业革命到民主全球化》，毛俊杰译，广西师范大学出版社，2015，第 443~444 页。

② 福山：《政治秩序与政治衰败：从工业革命到民主全球化》，毛俊杰译，广西师范大学出版社，2015，第 458 页。

③ 福山：《政治秩序与政治衰败：从工业革命到民主全球化》，毛俊杰译，广西师范大学出版社，2015，第 460 页。

④ 福山：《政治秩序与政治衰败：从工业革命到民主全球化》，毛俊杰译，广西师范大学出版社，2015，第 459 页。

⑤ 福山：《政治秩序与政治衰败：从工业革命到民主全球化》，毛俊杰译，广西师范大学出版社，2015，第 498 页。

⑥ 约瑟夫·熊彼特：《资本主义、社会主义与民主》，吴良健译，商务印书馆，1999，第 372 页。

⑦ 约瑟夫·熊彼特：《资本主义、社会主义与民主》，吴良健译，商务印书馆，1999，第 376 页。

程，因而"民主方法就是那种为作出政治决定而实行的制度安排，在这种安排中，某些人通过争取人民选票取得作决定的权力"①。精英政治的必然结果，是资源分配不断向掌握了权力、资本、知识的精英阶层倾斜，是普通民众对于政治的无力感。以美国为首的发达国家选举投票率的不断下降，可以视为人民对精英政治的无声抗议。然而，事情正在起变化。随着互联网的普及与即时通信工具的革命性突破，长期被各类精英垄断的权力格局，正在被撕开一个口子。美国大选特朗普的胜出、菲律宾大选杜特尔特的胜出，尽管夹杂着不少民粹主义的因素，但也反映了生活在最底层、沉默的多数人的不满。问题仅仅在于，这种政治上的变异能从根本上颠覆根深蒂固的精英政治吗？

熊彼特把民主视为人民通过选票选择政治精英的方法。达尔提出衡量民主的五项标准是：有效的参与、投票的平等、充分的知情、对议程的最终控制、成年人的公民资格②。达尔提供的标准，貌似客观中立，但实际上也是以多党制、自由竞争选举为基础的，这在他对"没有什么政治制度"在塑造民主国家上的作用能"比得上选举制度和政治党派"③的分析中清楚可见。遵循熊彼特和达尔的传统，亨廷顿更直接地指出："公开、自由和公平的选举是民主的实质，而且是不可或缺的必要条件。由选举产生的政府也许效率低下、腐败、短视、不负责任或被少数人的特殊利益所操纵，而且不能采纳公益所要求的政策。这些品格也许使得这种政府不可取，但并不能使得这种政府不民主。"④ 大部分西方民主理论，都把自由竞争选举、多党制或两党制当作民主的核心特征。基于欧美历史与经验的特定民主模式，被普遍化为放之四海而皆准的民

---

① 约瑟夫·熊彼特：《资本主义、社会主义与民主》，吴良健译，商务印书馆，1999，第 395~396 页。

② 参见罗伯特·达尔《论民主》，李柏光、林猛译，商务印书馆，1999，第 43 页。

③ 罗伯特·达尔：《论民主》，李柏光、林猛译，商务印书馆，1999，第 139 页。

④ 塞缪尔·亨廷顿：《第三波——20 世纪后期民主化浪潮》，刘军宁译，上海三联书店，1998，第 8 页。

主标准。但如果亨廷顿所说的是事实，那样的民主对于人类还有什么吸引力？

无论是中亚、中东、北非等地区的某些国家推行美国式自由民主制的教训，还是自由民主制在它的母国遭遇的困境，以及欧美学者对中国体制的既赞赏又怀疑、既肯定又否定的纠结评价，都说明了一个问题：抛开意识形态的偏执不论，民主的确是一个复杂的问题。一个国家推进民主政治建设，必须立基于自己的国情，不断进行艰苦而漫长的探索，才能取得实质意义上的进步。

二　邓小平对民主标准的认识与探索

从古希腊、古罗马的城邦民主，到滥觞于近代资产阶级革命的自由主义民主，再到追求人的彻底解放和全面自由发展的社会主义民主，民主的实践和理论在人类历史上已经存在两千多年。近代以来，走在工业化、现代化前列的欧美发达国家，首次探索出符合自己国情的自由主义民主或自由民主制，但却借助于超强的经济实力，将民主的自由主义民主模式等同于民主自身，掌握了民主的话语权和道德制高点。非西方国家，或处在漫长的社会转型所导致的政治不稳定之中，或被视为民主政治的异己而被归于另类。究竟什么是民主，它的评价标准是什么，西方国家实践的自由主义民主是不是唯一的、普遍适用的，这是一个国家推进民主建设绕不过去的坎儿。

自由主义民主在理论上遭遇的最大挑战，首先是马克思恩格斯的民主学说，其核心是人民当家作主。被马克思恩格斯视为无产阶级政权典范的巴黎公社，本身就是一个消除了官僚统治机器、中央只行使少数必要职能、由不同层次的公社所组成的规模宏大的劳动者自治体系。在这个自治体系中，劳动者占有生产资料，行使普遍的选举与被选举权利，对官员实行随时可以撤换的严格监督。"普选权不是为了每三年或六年决定一次由统治阶级中什么人在议会里当人民的假代表，而是为了服务于组织在公社里的人民，正如个人选择权服务于任何一个为自己企业招雇工人和管理人员的雇主一样。大家都很清楚，企业也像个人一样，在实际业务活动中一般都懂得在适当的位置上使用适当的人，万一有错立即纠正。"① 通过普选，建立起公务人员对人民负责的"真正的责任制"②。马克思恩格斯生活在革命时期，他们对原始社会处理"公共事务"③ 的"古代自然形成的民主制"④ 的推崇，以及对"古代氏族的自由、平等和博爱"在"更高级形式上的复活"⑤ 的憧憬，表明了他们对民主的核心价值的认同。至于在新的社会条件下民主如何运转，即民主的具体程序问题，不是他们关注的重点。在民主问题上，以苏联为首的传统社会主义国家，遵循共产党的领导天然先进的理念，只强调民主的实质，而忽视了民主的程序，付出了巨大代价。

中国共产党人在改革开放之初就提出人民当家作主是社会主义的本质特征的论断，并把高度民主确立为中国特色社会主义建设的重要目标。与此同时，社会上对民主的强烈诉求，也贯穿于整个改革开放进程中。但对于什么是民主，中国需要什么样的民主，大部分中国人并不十分明晰。正如邓小平所说："一般讲政治体制改革都讲民主化，但民主化的含义不十分清楚。"⑥ 这主要是两个原因造成的：一是中国没有经过商品经济充分发达的资本主义阶段，缺乏民主传统；二是新中国成立后，在苏联模式的影响下，没能探索出成熟的民主模式。从理论上尽可能地阐明什么是民主，中国需要什么样的民主，是推动民主政治建设的重要前提。

从民主类型来说，中国人所需要的民主只能是社会主义民主。"什么是中国人民今天所需要的民主呢？中国人民今天所需要的民主，只能是社会主义民主或称人民民主，而不是资产阶级的个人主义的民主。"⑦ 这个观点，划清了社会主义民主与资本主义民主（或自由主义民主、自

---

① 《马克思恩格斯文集》第 3 卷，人民出版社，2009，第 156 页。
② 《马克思恩格斯文集》第 3 卷，人民出版社，2009，第 196 页。
③ 《马克思恩格斯文集》第 4 卷，人民出版社，2009，第 110 页。
④ 《马克思恩格斯文集》第 4 卷，人民出版社，2009，第 120 页。
⑤ 《马克思恩格斯文集》第 4 卷，人民出版社，2009，第 198 页。
⑥ 《邓小平文选》第 3 卷，人民出版社，1993，第 240 页。
⑦ 《邓小平文选》第 2 卷，人民出版社，1994，第 175 页。

由民主制）的第一个界限：前者是人民民主，后者则是"个人主义的民主"。"个人主义的民主"，亦即建立在"个人主义"基础上的民主，强调个人权利优先于集体权利。个人权利，当然有非常丰富的内容。但在资本主义条件下，它首先是资本所有者追逐剩余价值的权利。这样，就产生了社会主义民主与资本主义民主的第二个界限：前者是劳动者的民主，后者"实际上是垄断资本的民主"①。第三个界限，是民主的物质基础不同。马克思恩格斯关于新型民主的设想，其"新"之处主要体现在物质保障上。因此，叶剑英也指出："资本主义国家的民主制，对无产阶级和劳动人民来说，在一些最根本的方面的确是虚假的，但是对于资产阶级来说，它是真实的。我们反对资产阶级民主，并不是不要民主，而正是要在占人口绝大多数的人民大众中实行有物质保证的民主。"② 建立在个人主义基础上，垄断资本在幕后支配，是自由主义民主或资本主义民主的本质所在。至于其具体实现形式，则属于次要的或第二位的东西。

中国特色社会主义民主，要把调动人民群众的积极性放在首位。民主意味着人民的自主权，首先是择业、生产、经营和选择自己生活方式的自主权。1978 年底，邓小平就指出，要特别重视"发扬经济民主的问题"，因为"现在我国的经济管理体制权力过于集中"，"不利于充分发挥国家、地方、企业和劳动者个人四个方面的积极性，也不利于实行现代化的经济管理和提高劳动生产率"③。农村改革，是从推行联产承包责任制开始的。"给农民自主权，给基层自主权，这样一下子就把农民的积极性调动起来了，把基层的积极性调动起来了"；"我们完全没有预料到的最大的收获，就是乡镇企业发展起来了，突然冒出搞多种行业，搞商品经济，搞各种小型企业，异军突起"④。从这个意义上说，"把权力下放给基层和人民，在农村就是下放给农民，这就是最大的民

---

① 《邓小平文选》第 3 卷，人民出版社，1993，第 240 页。
② 《叶剑英选集》，人民出版社，1996，第 498 页。
③ 《邓小平文选》第 2 卷，人民出版社，1994，第 145 页。
④ 《邓小平文选》第 3 卷，人民出版社，1993，第 238 页。

主"①。之所以强调"调动积极性是最大的民主"②，是因为"我们过去多年搞的是苏联的方式，这是一种僵化的方式，实际上是把整个社会和人民的手脚都捆起来了"③。改革苏联模式，把权力下放给基层和人民。与此同时，从 20 世纪 80 年代开始，基层群众自治被载入宪法，成为中国人民最广泛的民主实践。苏联模式的最大特点，是政经合一、高度集权。从根本上改革这种体制，既是政治改革又是经济改革，且首先是政治改革。把调动人民积极性视为最大的民主，对于中国民主政治建设具有深远的意义。直到今天，我们划分政府、市场和社会之间的权力边界，积极培育社会组织，发展社会自治，鼓励大众创业、万众创新，都可以归于调动人民积极性这个"最大的民主"在新的历史时期的鲜明体现。

中国特色社会主义民主要求保持比较高的政治效率。邓小平指出："我们讲民主，不能搬用资产阶级的民主，不能搞三权鼎立那一套。我经常批评美国当权者，说他们实际上有三个政府。当然，美国资产阶级对外用这一手来对付其他国家，但对内自己也打架，造成了麻烦。这种办法我们不能采用。"④ 因此，以"三权分立"和"英美的议会制度""来判断是否民主，恐怕不适宜"，"我们中国大陆不搞多党竞选，不搞三权分立、两院制。我们实行的就是全国人民代表大会一院制，这最符合中国实际。如果政策正确，方向正确，这种体制益处很大，很有助于国家的兴旺发达，避免很多牵扯。当然，如果政策搞错了，不管你什么院制也没有用"⑤。避免美国式民主"对内自己也打架"所造成的"麻烦"，保持、发扬中国政治的比较高的效率，是邓小平考虑中国民主问题的一个基本出发点。就此而言，"社会主义国家有个最大的优越性，就是干一件事情，一下决心，一做出决议，就立即执行，不受牵扯"⑥。

---

① 《邓小平文选》第 3 卷，人民出版社，1993，第 252 页。
② 《邓小平文选》第 3 卷，人民出版社，1993，第 242 页。
③ 《邓小平年谱（1975—1997）》（下），中央文献出版社，2004，第 1077 页。
④ 《邓小平文选》第 3 卷，人民出版社，1993，第 195 页。
⑤ 《邓小平文选》第 3 卷，人民出版社，1993，第 220 页。
⑥ 《邓小平文选》第 3 卷，人民出版社，1993，第 240 页。

与此同时，邓小平也谈到了普选问题。他针对香港政制安排指出："对香港来说，普选就一定有利？我不相信。……管理香港事务的人应该是爱祖国、爱香港的香港人，普选就一定能选出这样的人来吗？"① 普选是否一定能选出合适的人选，是一个长久以来颇受争议的政治学问题。中国历史上，向来有天下为公、选贤任能之说。在这里，"选"与"任"是结合在一起的。其中蕴含的，就是对单纯选举能否选出适任者的合理怀疑。实际上，"普遍选举有其内在的矛盾"，就是"赋予一切人的选举权利与实际上只属于一部分人的能力"之间的矛盾，"调和数量上的优势与智力上的优势，这就是民主之'无法解决的难题'"②。民主的这个"无法解决的难题"，只能靠丰富的人类实践去解决了。

中国特色社会主义民主，要求有效地保持社会稳定，防止政治混乱。"民主"与"稳定"，是两个有密切联系的概念。其中，民主的制度安排与设计，至为重要。因制度设计问题而导致的不稳定，既见于西方发达国家现代化早期，更为当代相当多的发展中国家所证实。邓小平指出："人们往往把民主同美国联系起来，认为美国的制度是最理想的民主制度。……中国如果照搬你们的多党竞选、三权鼎立那一套，肯定是动乱局面。如果今天这部分人上街，明天那部分人上街，中国十亿人口，一年三百六十五天，天天都会有事，日子还能过吗？还有什么精力搞建设？"③ 当然，稳定是相对的，正如万里所说，"最重要的是把国家纳入高度民主与法制的轨道"④，"民主与法制不加强，民主渠道不畅通，群众会闹事"⑤。因此，"稳定压倒一切，要有民主渠道。压制民主不行，哪个国家也不行"⑥。他还指出："强调稳定，绝不是放弃改革开放，绝不是不发展民主；正是为了从我国实际情况出发，进行民主政治建设，

---

① 《邓小平文选》第 3 卷，人民出版社，1993，第 220 页。
② 皮埃尔·罗桑瓦龙：《公民的加冕礼：法国普选史》，吕一民译，上海人民出版社，2005，第 287 页。
③ 《邓小平文选》第 3 卷，人民出版社，1993，第 244 页。
④ 《万里文选》，人民出版社，1995，第 605 页。
⑤ 《万里文选》，人民出版社，1995，第 605 页。
⑥ 《万里文选》，人民出版社，1995，第 604 页。

提高决策的科学化、民主化的程度，为改革开放创造有利的条件。"①
邓小平、万里的观点，可以说是关于民主与稳定的辩证法，对于中国特
色社会主义民主政治建设，极具理论价值和现实意义。其中的关键，依
然是根据实际设计出符合中国国情的民主制度。

能否调动人民积极性、保持高效率和社会稳定，是邓小平为中国特
色社会主义民主设定的基本标准。除此之外，邓小平在谈到政治体制改
革时，还多次强调过保持党和国家的活力、消除官僚主义等问题。
邓小平提出的民主标准，具有鲜明的中国特色。作为一个发展中大国，
"中国的主要目标是发展，是摆脱落后，使国家的力量增强起来，人民
的生活逐步得到改善"②。调动积极性，主要是通过体制改革为人民的生
产、经营和创业创造良好环境。中国的现代化，属于后发国家赶超型现
代化，要求执政党和政府的决策及其执行尽量避免不必要的牵扯，保持
相当的效率。因此，政局稳定就成为中国发展包括民主政治建设的必要
条件。无论是保持党和国家的活力、消除官僚主义，还是进行相应的政
治体制改革，都不应该逾越邓小平提出的民主标准。

改革开放近 40 年来，中国在实践中从邓小平提出的民主标准出发，
围绕着人民代表大会制度这个根本政治制度，围绕着中国共产党领导的
多党合作和政治协商、民族区域自治、基层群众自治等基本政治制度，
民主政治建设取得了很大成就。20 多年前唱衰中国政治的人，在中国稳
定快速进步的事实面前，似乎也不那么理直气壮了。例如，福山就认为：
"就自由民主制的普遍性而言，中国新兴中产阶级在未来若干年的行为
将是最重要的考验。假如它在绝对和相对的规模上继续增长，仍然满足
于生活在现有统治之下，那就不得不说，鉴于它对威权政府的支持，中
国与世界其他国家相比确实存在文化上的差异。"③ 从这种语气中，我们
可以体会到一种无可奈何的微妙的失落感。

---

① 《万里文选》，人民出版社，1995，第 596 页。
② 《邓小平文选》第 3 卷，人民出版社，1993，第 244 页。
③ 福山：《政治秩序与政治衰败：从工业革命到民主全球化》，毛俊杰译，广
西师范大学出版社，2015，第 496 页。

三 习近平对制度化民主标准的思考与回答

邓小平提出的民主标准，既是具体的又是抽象的，且具有改革开放之初的时代特点。就其对具体工作的指导性而言，它是具体的；就其适用于一切工作而言，它又是抽象的。改革开放之初，党和国家的首要任务，是打破苏联模式的桎梏。在此期间，我们党尽管提出了民主制度化的目标，但其达成却是一个不断探索的实践过程。对于民主标准的设定，更多的是政治哲学意义上的。换言之，邓小平提出的民主标准，还不是制度化的标准。2014 年，经过 30 多年的艰苦探索之后，在以往所取得的成就的基础之上，制度化的民主标准问题终于被提了出来。

在庆祝全国人民代表大会成立 60 周年大会上，习近平指出："评价一个国家政治制度是不是民主的、有效的，主要看国家领导层能否依法有序更替，全体人民能否依法管理国家事务和社会事务、管理经济和文化事业，人民群众能否畅通表达利益要求，社会各方面能否有效参与国家政治生活，国家决策能否实现科学化、民主化，各方面人才能否通过公平竞争进入国家领导和管理体系，执政党能否依照宪法法律规定实现对国家事务的领导，权力运用能否得到有效制约和监督。"① 与上述"八条标准"相关联，习近平在论述中国特色社会主义民主政治的优势和特点时，结合世界其他国家发展民主的教训，提出一系列发展民主必须防范的不良现象。2014 年 9 月 5 日，习近平提出了"六个切实防止"："切实防止出现群龙无首、一盘散沙的现象""切实防止出现选举时漫天许诺、选举后无人过问的现象""切实防止出现党争纷沓、相互倾轧的现象""切实防止出现民族隔阂、民族冲突的现象""切实防止出现人民形式上有权、实际上无权的现象""切实防止出现相互掣肘、内耗严重的现象"②。2014 年 9 月 21 日，习近平提出，中国特色社会主义协商民主的独特优势在于能够有效克服"五大弊端"："有效克服党派和利益集团

---

① 《十八大以来重要文献选编》（中），中央文献出版社，2016，第 60~61 页。
② 《十八大以来重要文献选编》（中），中央文献出版社，2016，第 63 页。

为自己的利益相互竞争甚至相互倾轧的弊端""有效克服不同政治力量为了维护和争取自己的利益固执己见、排斥异己的弊端""有效克服决策中情况不明、自以为是的弊端""有效克服人民群众在国家政治生活和社会治理中无法表达、难以参与的弊端""有效克服各项政策和工作共识不高、无以落实的弊端"①。

习近平提出的判断民主政治的"八条标准",既是深刻总结新中国成立以来中国自身民主政治建设的经验教训的积极成果,也是考察世界各国特别是发展中国家在民主问题上遭遇重大挫折后得出的客观结论。群龙无首、一盘散沙,选举时漫天许诺、选举后无人过问,民族隔阂、民族冲突,这些问题突出发生在发展中国家。党争纷沓、相互倾轧,固执己见、排斥异己,人民形式上有权、实际上无权,相互掣肘、内耗严重,共识不高、无以落实,这些问题普遍存在于采用自由主义民主模式的发达国家和发展中国家。福山观察到的美国的"否决制"及"无法实施有效统治",正是固执己见、相互倾轧、相互掣肘的党派和利益集团造成的。这些政治力量因一己之私,难以在关系到国家发展的根本问题上凝聚共识,更谈不上采取有效行动了。在采用自由竞争选举制度和多党制的发展中国家,因"民主"问题导致国家分裂、政局动荡、民生停滞等现象的比比皆是。由此来看,判断是否民主的"八条标准",无论对中国还是对世界范围内的民主发展,意义都不可低估。它的提出,标志着中国这个具有五千年文明的大国对民主问题的科学理解,意味着西方国家垄断民主话语权的局面正在被打破,同时也是中国人对人类共同政治文明作出的最新贡献。

习近平提出的判断民主政治的"八条标准",是对邓小平20世纪80年代提出的民主标准的制度化、规范化。"八条标准"包含了调动人民积极性、保持政治高效率和社会稳定等因素,但又不仅仅局限于这些因素,而是根据实践成果提出了更多的新内容,具有深刻而丰富的内涵。

其一,民主实质与民主程序的有机统一。全体人民依法管理国家事务和社会事务、管理经济和文化事业,体现的是民主实质,即人民当家

---

① 《十八大以来重要文献选编》(中),中央文献出版社,2016,第76页。

作主。这一点，是自由主义民主所有意无意忽略的。"古今中外的实践都表明，保证和支持人民当家作主，通过依法选举、让人民的代表来参与国家生活和社会生活的管理是十分重要的，通过选举以外的制度和方式让人民参与国家生活和社会生活的管理也是十分重要的。人民只有投票的权利而没有广泛参与的权利，人民只有在投票时被唤醒、投票后就进入休眠期，这样的民主是形式主义的。"① 就此而言，中国的协商民主，即由执政党和政府主导、围绕经济社会发展重大问题、在一定范围内充分协商以凝聚最大限度共识的民主过程，体现了"人民民主的真谛"②。在强调民主实质的同时，中国同样注重完善的民主程序。"没有程序的民主，就没有实质的民主；没有程序的公正，就很难保证实体公正和结果公正。"③ 在"八条标准"中，国家领导层的更替、人民的利益表达与社会各方面的政治参与、各方面人才通过公平竞争进入国家领导和管理体系等，都有相应的民主程序来保障。

其二，政治效率与权力制衡的有机统一。不同模式的民主政治，对政治效率与权力制衡的关系的认知是不同的，认知的不同造成了实践的差异。自由主义民主从产生的那一刻起，就把重点放在防范政府为"恶"上，为此设计出三权分立、多党自由竞争等权力制衡制度。这一套制度体系，尽管在一定程度上防止了政府的专断，但也有效地阻遏了政府的为"善"。党派、利益集团之间的利益竞争，进一步削弱了政府能力和效率。这种现象，在面临紧迫的现代化任务的发展中国家尤为突出。因此，在习近平提出的政治制度评价标准中，"民主"和"有效"居于同等重要的位置。在强调民主的效率的同时，也没有忽略权力制衡问题。绝对的权力导致绝对的腐败，已经成为从执政党到全社会的共识。发展民主，内在地包括了"权力运用能否得到有效制约和监督"。尤其是"要强化制约，合理分解权力，科学配置权力，不同性质的权力由不同部门、单位、个人行使，形成科学的权力结构

---

① 《十八大以来重要文献选编》（中），中央文献出版社，2016，第 74 页。
② 《十八大以来重要文献选编》（中），中央文献出版社，2016，第 73 页。
③ 《十七大以来重要文献选编》（中），中央文献出版社，2011，第 920 页。

和运行机制"①。当然，我们所要求的是"合理分解权力"，或邓小平所说的"必要的分权"②，并不会动摇、削弱中国共产党的领导核心地位，不会从根本上影响政治运行的效率，这也是邓小平反对中国"过分强调搞互相制约的体制"③的原因。

其三，民主与法治的有机统一。严格来讲，民主与法治是两种有不同内涵、不同要求的政治制度。只不过近代以来，厉行法治已经成为所有类型的民主制度的共同特征。"法治和人治问题是人类政治文明史上的一个基本问题，也是各国在实现现代化过程中必须面对和解决的一个重大问题。综观世界近现代史，凡是顺利实现现代化的国家，没有一个不是较好解决了法治和人治问题的。相反，一些国家虽然也一度实现快速发展，但并没有顺利迈进现代化的门槛……后一种情况很大程度上与法治不彰有关。"④宪法、法律至上，法律面前人人平等，权由法定、权依法使，是法治的共同要求。法治的缺失，是苏联模式的最大弊端之一，也是不少发展中国家社会撕裂、暴力频仍、政局动荡、政权不稳的根本原因。在习近平提出的民主标准中，"依法"之"法"，即是法治之"法"。尤其是"国家领导层能否依法有序更替""执政党能否依照宪法法律规定实现对国家事务的领导"，更是突出了法治的真谛和一般规律，具有普遍的适用性。在这个前提之下，才是法治的"中国特色"："我们是中国共产党执政，各民主党派参政，没有反对党，不是三权鼎立、多党轮流坐庄，我国法治体系要跟这个制度相配套。"⑤

其四，政治体系的开放性。政治体系的开放性，是政治制度民主的重要标志。依照出身、血缘、家族等先赋性因素享有不同的政治权利，是非民主制度生存和运行的根基。时至今日，尽管不少发展中国家形式上实施了民主制度，但家族统治等非民主因素依然普遍存在。由此导致

---

① 《习近平关于党风廉政建设和反腐败斗争论述摘编》，中国方正出版社、中央文献出版社，2015，第128页。
② 《邓小平文选》第2卷，人民出版社，1994，第329页。
③ 《邓小平文选》第3卷，人民出版社，1993，第178页。
④ 《习近平关于全面依法治国论述摘编》，中央文献出版社，2015，第12页。
⑤ 《习近平关于全面依法治国论述摘编》，中央文献出版社，2015，第35页。

的利益分配不公与社会分裂，更是影响国家统一、人民团结的重要因素。即使在美国，也出现了"家族制复辟"现象："在我看来，说美国国家在 20 世纪下半叶出现家族制复辟是公平的……今天阻止公然裙带关系的规则还很强大，足以防止它成为美国政治的普遍政治行为。但有趣的是，看看诸如肯尼迪、布什和克林顿等等所有这些精英总统，就知道组成政治王朝的冲动有多么强烈。"①

中国政治体系的开放性，体现在各阶层、各民族、各党派都能通过人民代表大会、政治协商会议等制度安排，参与到国家政治生活中来。他们中的优秀人才，都能依据德才兼备、以德为先的原则，通过公平竞争进入各个层次的国家领导和管理体系，而不必依靠资本、出身等因素。这在一定程度上，既避免了"家族制复辟"，也避免了金钱政治，为既远离权力又无资本优势的阶层和人才提供了为国家服务、实现自身价值的便利通道。

其五，国家决策的科学化、民主化。决策是政治的核心功能，与政治效率和资源公平分配密切相关。决策错误，效率越高带来的危害越严重。决策不民主、不透明，资源分配不可能公正。在信息社会，海量的信息与知识、错综复杂的问题，都要求国家决策的科学化、民主化，以保障决策正确、不失误，即使出现失误也能及时得到纠正。决策的科学化、民主化，是改革开放以来中国政治建设的主题之一。早在 1986 年，万里就鲜明提出，"决策民主化和科学化是政治体制改革的一个重要课题"②。"所谓决策科学化，首先就要民主化。没有民主化，不能广开思路，广开言路，就谈不上尊重知识，尊重人才，尊重人民的创造智慧，尊重实践经验，就没有科学化。反过来说，所谓决策民主化，必须有科学的含义，有科学的程序和方法。否则只是形式的民主，而不是真正的民主。"③ 20 世纪 90 年代以来，几乎每一次党的代表大会和政府工作报告，都强调决策的科学化、民主化问题。党的十六大报告提出："要完

---

① 福山：《政治秩序与政治衰败：从工业革命到民主全球化》，毛俊杰译，广西师范大学出版社，2015，第 435~436 页。

② 《万里文选》，人民出版社，1995，第 514 页。

③ 《万里文选》，人民出版社，1995，第 521 页。

善深入了解民情、充分反映民意、广泛集中民智、切实珍惜民力的决策机制，推进决策科学化民主化。各级决策机关都要完善重大决策的规则和程序，建立社情民意反映制度，建立与群众利益密切相关的重大事项社会公示制度和社会听证制度，完善专家咨询制度，实行决策的论证制和责任制，防止决策的随意性。"① 党的十八大提出："坚持科学决策、民主决策、依法决策，健全决策机制和程序，发挥思想库作用，建立健全决策问责和纠错制度。"② 应该说，决策的科学化、民主化制度与机制，已经在中国初步建立起来。

从邓小平提出的调动人民积极性、保持比较高的政治效率和维护社会稳定，到习近平提出的评价一个国家政治制度是否民主的八个方面，中国人民对于民主标准的理解越来越科学、越来越深入。中国人民提出的民主标准，既注重民主的实质，又注重民主的程序；既注重民主的效率，又注重权力的制衡；既注重民主，又注重法治；既注重民主的开放性，又注重决策的科学化、民主化。这一套标准，在充分吸收人类政治文明精华的基础上，有效克服了自由主义民主模式党同伐异、过度竞争、效率不彰等弊病。当然，理论和实践总是有距离的，中国的民主实践远没有达到完美无缺的程度，在体制、机制、程序和具体运行上还存在诸多不足。但是，理论是行动的先导，认识上的深化必然带来实践中的进步。因此，如果说中国特色社会主义是中国人民"为人类对更好社会制度的探索"提供的"中国方案"③，那么习近平提出的民主标准则是中国人民为人类探索更好的民主制度提供的中国方案。至于这套方案在多大程度上具有普遍适用性，时间的演进和包括中国人民在内的人类探索，将会给出最终答案。

---

① 《十六大以来重要文献选编》（上），中央文献出版社，2005，第 26~27 页。
② 《十八大以来重要文献选编》（上），中央文献出版社，2014，第 22~23 页。
③ 《在庆祝中国共产党成立 95 周年大会上的讲话》，人民出版社，2016，第 14 页。

历史唯物主义视域中的
世界秩序与中国方案[*]

唐爱军

面对世界百年未有之大变局，习近平总书记指出："要充分估计国际秩序之争的长期性，更要看到国际体系变革方向不会改变。"[①] 他还强调，"我们要抓住机遇、顺势而为，推动国际秩序朝着更加公正合理的方向发展"[②]。"世界秩序"与"国际秩序"略有差异，"国际秩序"一般在官方外交场合使用较多，"世界秩序"则是一个更具根本性、基础性的哲学概念。随着中国日益走近世界舞台中央，我们急需构建自己的关于世界秩序的话语体系，这不仅有利于为中国奇迹式发展提供有效的话语框架，也有利于理解当前国际秩序及其变革方向。本文力图从历史唯物主义出发，阐释世界秩序的基本概念、现代世界秩序的基本性质以及新型世界秩序构建等一系列问题，尝试从哲学理论层面思考"世界怎么了、我们怎么办？"[③] 这一"世界之问"。2021 年是中国共产党成立100 周年。在这一重要历史时刻探讨中国共产党和中国人民关于世界秩序问题的思考，将会更加凸显中国共产党人为世界谋大同的责任与担当。正如习近平总书记在"七一"重要讲话中指出的，中国共产党关注人类前途命运，同世界上一切进步力量携手前进。

---

　* 本文原载于《哲学动态》2021 年第 8 期，收入本书时有改动。

① 《习近平谈治国理政》第 2 卷，外文出版社，2017，第 442 页。

② 《习近平谈治国理政》第 2 卷，外文出版社，2017，第 448 页。

③ 《习近平谈治国理政》第 2 卷，外文出版社，2017，第 537 页。

一 要从历史唯物主义高度阐释世界秩序

在西方主流理论那里，"秩序"一般被理解为抽象的稳定状态，而世界秩序不过是无政府条件下的国际社会稳定状态。无论是近代霍布斯等人的"社会契约论"，还是以基辛格为代表的现当代西方学者的"均势秩序论"，都是从"秩序"概念出发展开自己的理论推演的，本质上均从属于超历史的理性主义或自然主义研究范式，即脱离人类社会历史阶段和社会现实，尤其是脱离社会经济基础，把无政府状态抽象化，把"世界秩序"理解为一般意义上的稳定状态或均势。

在《〈政治经济学批判〉序言》中，历史唯物主义的"经典原理"被表述为："人们在自己生活的社会生产中发生一定的、必然的、不以他们的意志为转移的关系，即同他们的物质生产力的一定发展阶段相适合的生产关系。这些生产关系的总和构成社会的经济结构，即有法律的和政治的上层建筑竖立其上并有一定的社会意识形式与之相适应的现实基础。"[①] 从这一"经典原理"出发，我们看到，历史唯物主义把对秩序（社会秩序）的阐释奠基于以生产、生产方式为核心的社会现实。所谓（社会）秩序，广义而言就是特定的社会结构，即建立在本国生产方式基础之上，并由经济基础、政治上层建筑和意识形态构成的统一体。我们以往主要局限在一国范围内阐释社会结构（或社会形态），并构建起关于"社会秩序"的逻辑框架。实际上这同样适用于国际社会，因而我们同样也应当推进构建一种用来解释"世界秩序"的逻辑框架。从历史唯物主义出发阐释世界秩序，也必然涉及社会秩序的三个结构：经济基础、政治上层建筑和意识形态。由此，"世界秩序"便是指以世界性生产方式为基础，并由国际经济基础、国际政治上层建筑、国际意识形态共同构成的世界性现实结构。

当然，与某一特定国家的社会状况不同，国际社会呈现出更为松散的无政府状态，我们需要借助一定的理论分析才能较为清晰地理解世界

---

① 《马克思恩格斯文集》第2卷，人民出版社，2009，第591页。

秩序三要素及其相互关系。从一国范围看，经济基础主要指一个社会由物质生产力所决定的生产关系总和，主要包括生产资料所有制、生产过程中人与人之间的关系和分配关系等三个方面，其中生产资料所有制是最核心的要素。国际经济基础与此相比则存有较大差异，由于其关涉的主要是不同国家的生产关系，因而其中最核心的要素不是所有制，而是国际分工。概言之，国际经济基础是指各个国家在世界经济交往过程中所形成的生产关系，即国际生产关系。而国际生产关系就是各个国家在国际分工体系中的地位。马克思指出："在交往比较发达的条件下，同样的情况（民族内部的分工——引者注）也会在各民族间的相互关系中出现。"① 社会分工既在民族国家范围内存在，也在整个世界范围内存在。"各民族之间的相互关系取决于每一个民族的生产力、分工和内部交往的发展程度。这个原理是公认的。"② 换句话说，一个国家与其他国家的关系取决于自身生产力发展水平和交往发展程度，以及它在国际分工中的地位。在一个国家内部，由于不同社会生产者分工不同，他们的利益分配也不同，进而导致他们在生产关系及社会权力关系中的地位也不同。在国际层面，不同社会生产者的角色就是"国家"。当然，由于各个国家的生产方式不尽相同，国际社会范围内存在的分工类型也不是单一的，而是多种多样的。那么，我们应该如何界定国际经济基础的性质呢？这里的关键还是要看占主导的生产方式（以及分工类型）。占主导的生产方式是"普照的光""特殊的以太"，决定着一个社会的经济基础的根本性质。"在一切社会形式中都有一种一定的生产决定其他一切生产的地位和影响，因而它的关系也决定其他一切关系的地位和影响。"③ 总之，国际分工构成国际经济基础的核心，各国之间围绕它形成了一种特定的国际生产关系，哪个国家在这种生产过程中占主导地位，哪个国家就能获得分配利益的主导权，进而在国际生产关系中占据主导地位。

从一国范围看，政治上层建筑一般分为政治的和法律的制度，以及

① 《马克思恩格斯文集》第1卷，人民出版社，2009，第520页。
② 《马克思恩格斯文集》第1卷，人民出版社，2009，第520页。
③ 《马克思恩格斯文集》第8卷，人民出版社，2009，第31页。

维护或执行这些制度的强制机构（如警察、监狱、军队）。恩格斯说过："国家是承认：这个社会陷入了不可解决的自我矛盾，分裂为不可调和的对立面而又无力摆脱这些对立面。而为了使这些对立面，这些经济利益互相冲突的阶级，不致在无谓的斗争中把自己和社会消灭，就需要有一种表面上凌驾于社会之上的力量，这种力量应当缓和冲突，把冲突保持在'秩序'的范围以内；这种从社会中产生但又自居于社会之上并且日益同社会相异化的力量，就是国家。"① 国家就是维护特定生产关系及其背后阶级利益所需秩序的政治力量，它一般以社会名义、"普遍利益"名义维护社会秩序与阶级利益。就一国范围而言，政治上层建筑所要调节、协调乃至压制的主体是不同阶级或阶级集团。就世界范围而言，国际政治上层建筑所要调节、协调乃至压制的主体是不同的国家或国家集团。国际社会需要一种特殊的"政治力量"来维护国际生产关系及其背后的国家利益，需要一种凌驾于各个国家的力量来处理、抑制、缓和冲突，把冲突保持在一定的"世界秩序"范围之内。具体来说，我们可以从四个维度把握国际政治上层建筑的基本构成。一是"本质"。国际政治上层建筑是由国际分工和国际生产关系所决定的国际政治关系，即国家之间的权力结构关系。正如马克思所指出的，资本主义生产方式决定了现代世界的权力结构关系是这样的："它使未开化和半开化的国家从属于文明的国家，使农民的民族从属于资产阶级的民族，使东方从属于西方。"② "三个从属于"的表述鲜明地揭示出（现代）国际政治上层建筑的本质属性。二是"载体"。国际政治经济制度（如法律制度、安全制度、外交制度等）以及全球治理体系构成了国际政治上层建筑的制度载体。三是"直接显现"。国际政治上层建筑最直接的显现就是全球治理能力，尤其是大国治理能力。四是"支撑条件"。与一国社会不同，国际社会处于"无政府状态"，不存在类似国家的强制机构、暴力机构。那么，如何才能确保国际政治经济制度、全球治理体系的良性运作？除了国家的自我承诺、国家间相互制衡之外，在现实的世界秩序中，这常

---

① 《马克思恩格斯文集》第 4 卷，人民出版社，2009，第 189 页。
② 《马克思恩格斯文集》第 2 卷，人民出版社，2009，第 36 页。

常要依靠国际霸权国家（在国际分工中占主导地位的国家）的制裁，以及围绕国际霸权国家建立的军事同盟等强制力量来保证。在国际社会，霸权国家（及其军事同盟）承担了类似国家暴力机器的角色。当然，我们也要充分意识到，霸权国家的主观目的在于维护自身的特殊利益，只不过其在客观上起到了为国际社会提供"秩序供给"的作用。概言之，"国际上层建筑是一种以国际权力结构为后盾的国际政治与法律制度及其运作"[①]。

国际（主流）意识形态是反映国际社会占统治地位的经济关系和政治秩序并为其服务的思想观念和价值主张。从本质上看，意识形态"赋予自己的思想以普遍性的形式，把它们描绘成唯一合乎理性的、有普遍意义的思想"[②]。而作为"社会秩序的集体意象"（collective images of social order），国际意识形态既是世界秩序的一部分，又是对世界秩序的合理性与合法性证明。"世界秩序反映了一个地区或一种文明对它认为放之四海而皆准的公正安排和实力分布的本质所持的理念。"[③] 正是在此意义上，许多学者高度认同相关国际意识形态的"合法性"界定和阐释，并将其视为世界秩序的核心构成要素之一。

总之，历史唯物主义强调，"以一定的方式进行生产活动的一定的个人，发生一定的社会关系和政治关系"[④]。它从物质生产出发阐释市民社会、国家乃至整个世界。在对世界秩序的阐释上，无论是"理性设计"（如"社会契约论"），还是"自然结果"（如"均势秩序论"），都没有站在现实历史的基础上，从而倒向了唯心主义历史观。在历史唯物主义者看来，世界秩序是建立在一定生产方式基础之上的，包括国际经济基础、国际政治上层建筑和国际意识形态三个层面。其中，国际分工构成国际经济基础的核心；国际权力结构关系及其所决定的全球治理

---

① 李滨、杨蓉荣：《历史唯物主义基本概念范畴在国际研究层面的体现》，《欧洲研究》2019年第2期。

② 《马克思恩格斯文集》第1卷，人民出版社，2009，第552页。

③ 亨利·基辛格：《世界秩序》，胡利平、林华、曹爱菊译，中信出版集团股份有限公司，2015，"序言"第XⅧ页。

④ 《马克思恩格斯文集》第1卷，人民出版社，2009，第523~524页。

体系是国际政治上层建筑的主要内容；价值秩序、合法性是国际意识形态的集中体现。从广义的角度看，世界秩序包括以上三个层面，并且要求我们紧扣一定的生产方式去把握其基本属性。从狭义的角度看，人们常常将国际政治上层建筑等同于世界秩序，国家之间的权力结构关系、全球治理体系和治理能力是其基本构成要素。

二　现代世界秩序的基本逻辑

从历史唯物主义高度阐释世界秩序，必然意味着要从现代生产方式出发把握现代世界秩序的总特征。现代性是以资本为原则的，现代生产方式或以资本为核心的生产方式决定了现代世界秩序的基本性质。资本逻辑决定了现代世界秩序的霸权本质，这一霸权本质又通过市民社会逻辑充分体现出来。可见，现代世界秩序是以"资本—市民社会"逻辑为基本定向的。

（一）资本逻辑决定了现代世界秩序的本质

严格来说，世界秩序是现代性的产物，它与"历史向世界历史的转变"相伴相生。正如马克思所指出的，由于开拓了世界市场，资产阶级推动着狭隘的、孤立的"民族历史"向"世界历史"转变，建立了各个民族国家的普遍交往和普遍联系，逐步形成了世界秩序。"各民族的原始封闭状态由于日益完善的生产方式、交往以及因交往而自然形成的不同民族之间的分工消灭得越是彻底，历史也就越是成为世界历史。"[①] 推动世界历史和世界秩序的根本动力是资本，或者说是以资本为核心的生产方式。资本为了实现自我增殖，不断打破地理障碍以及民族国家的闭关自守状态，把一切自给自足的区域性生产和消费变为由资本支配的世界性生产与消费。马克思指出："过去那种地方的和民族的自给自足和闭关自守状态，被各民族的各方面的互相往来和各方面的互相依赖所代替了。"[②]

---

① 《马克思恩格斯文集》第 1 卷，人民出版社，2009，第 540~541 页。

② 《马克思恩格斯文集》第 2 卷，人民出版社，2009，第 35 页。

各民族国家不断形成建立在全球性经济基础之上，并包括政治、文化等在内的普遍交往，世界秩序由此得以形成，即资本扩张和世界市场促成了世界秩序的形成。但是，若要更为清晰地把握这一点，还需要正确理解"政治集中"这一概念。虽然以资本为核心的生产方式构成了世界秩序的地基，但是其直接表现形态或主要载体则是国际政治秩序。以资本扩张和市场竞争为基本特征的资本主义生产方式必然导致"财富集中"，进而提出"政治集中"的诉求。马克思指出："资产阶级日甚一日地消灭生产资料、财产和人口的分散状态。它使人口密集起来，使生产资料集中起来，使财产聚集在少数人的手里。由此必然产生的结果就是政治的集中。各自独立的、几乎只有同盟关系的、各有不同利益、不同法律、不同政府、不同关税的各个地区，现在已经结合为一个拥有统一的政府、统一的法律、统一的民族阶级利益和统一的关税的统一的民族。"① 资本不仅要在一国内实现一种"市民社会"的政治经济秩序，也要在世界范围内建立一种"市民社会"的帝国。可见，"政治集中"概念适用于两个范围：一是在一国范围内表现为国内政治统一，即民族国家形成；二是在世界范围内表现为资本主义世界秩序的形成。资本"迫使一切民族——如果它们不想灭亡的话——采用资产阶级的生产方式；它迫使它们在自己那里推行所谓的文明，即变成资产者。一句话，它按照自己的面貌为自己创造出一个世界"②，即资本创造出符合其需要的整个世界秩序。就是说，资本"首次开创了世界历史"③，同时也开创了现代世界秩序。与世界秩序一样，全球问题从根本上来说也是现代世界的产物。"资产阶级生产的一切矛盾，在普遍的世界市场危机中集中地爆发。"④ 资本在全球扩张的过程中，将其内在矛盾从一国扩展到全球，导致了矛盾与危机的"全球化""普遍化"，出现了真正意义上的世界经济危机以及全球性治理难题。

以资本为核心的生产方式推动了现代世界秩序的形成，资本逻辑构

① 《马克思恩格斯文集》第 2 卷，人民出版社，2009，第 36 页。
② 《马克思恩格斯文集》第 2 卷，人民出版社，2009，第 35~36 页。
③ 《马克思恩格斯文集》第 1 卷，人民出版社，2009，第 566 页。
④ 《马克思恩格斯文集》第 8 卷，人民出版社，2009，第 274 页。

成了现代世界秩序的核心逻辑。"现代世界秩序则意味着以资本为枢轴的综合权力——较大权力对于较小权力——的支配和统治。"① 现代世界秩序本质上是资本权力的支配与统治关系。对于现代世界秩序本质的理解，流行的观念是将其规定为理性设置的"权利体系"。在历史唯物主义者看来，"权利"（Right）的实质是前理性时代的"权力"（Power）关系，即社会或世界的一部分对另一部分的支配权、统治权。就秩序而言，特定的权利体系是植根于特定的社会现实的，是特定的权力关系的显现形态。由此可见，现代世界秩序一般由上、下两层构成。显性的"上层"是国际权利体系，它规定了各权利主体的权利与义务，以及作为支撑的国际规则、全球治理体系等。隐性的"下层"是实质性的权力体系，即支配与统治的关系——这一关系的基本属性是"现代性"，其本质是资本的支配与统治。

（二）现代世界秩序的霸权逻辑

在很多西方人看来，权力及其对抗构成人类社会的本质。"夺取权力的竞争是人类关系的根本实质。……在国际事务的领域内尤其如此。"② 所谓秩序，必然是强权统治的结果即霸权。世界秩序必然要建立在霸权统治基础之上："霸权是任何国家确保自己生存的最佳手段。"③ 西方主流思想界关于世界秩序的主要话语（如"霸权秩序论""均势秩序论""世界体系论""文明冲突论""民主和平论"），本质上都是冲突秩序观，都是基于权力、霸权逻辑的理论演绎④。尽管现代世界秩序在基本性质上表现为一种霸权主义秩序，但是，从一般实力或权力逻辑

---

① 吴晓明：《"中国方案"开启全球治理的新文明类型》，《中国社会科学》2017 年第 10 期。
② 爱·麦·伯恩斯：《当代世界政治理论》，曾炳钧译，商务印书馆，1983，第 479 页。
③ 约翰·米尔斯海默：《大国政治的悲剧》，王义桅、唐小松译，上海人民出版社，2008，第 3 页。
④ 参见高奇琦《全球共治：中西方世界秩序观的差异及其调和》，《世界经济与政治》2015 年第 4 期。

并不能直接推导出这一结论。因为，实力或权力并不必然导致冲突、对抗、压迫等霸权逻辑，经济发达、文化强大并不必然带来霸权、扩张、好战、野心等，有时可能会恰恰相反。"经济发展的进程对于某一民族的性质具有重大的影响，有时会使它的战斗力减少，以致无力抵抗在经济上比较落后的但却习惯于战争的敌人。所以，爱好和平的农业部落常常遭受善战的民族的侵略。"① 当今世界之冲突，"问题并不在于西欧列强（以及稍后的美国）天生的'霸道'或'恶之本性'，而在于现代文明的基本性质"②。

因此，现代世界秩序的霸权属性并非来自权力的一般逻辑，而是权力的"现代性逻辑"，即资本逻辑。实现自我增殖是资本的内在驱动力，资本为了实现自我增殖，内置了两个关键环节：一是占有并开发无限多的自然资源；二是刺激人的需要，促进消费。自我增殖逻辑必然内含着"进步强制"逻辑，其主要表现就是生产强制和消费强制。所谓进步强制，就是资本通过将整个世界纳入自己的运行系统中实现资本的"文明面"。资本的进步强制必然表现为霸权逻辑③。资本霸权逻辑的基本特征有以下四点。一是"贪欲的"进步主义。资本不断逐利的贪欲推动着社会进步，"贪欲和权势欲成了历史发展的杠杆"④。二是"征服性的"权力主义。资本不断进行对自然资源、活劳动的榨取与剥削，表现为对"他者"的征服和支配。三是"开发性的"扩张主义。资本要打破一切自然和社会的界限，向整个社会领域渗透、向整个世界扩张。四是"输出性的""普世主义"。资本为了将整个世界纳入其生产和消费系统中，必然要消灭各种特殊性、差别性，将资本逻辑及其制度模式输入其他国

---

① 《普列汉诺夫哲学著作选集》第 3 卷，生活·读书·新知三联书店，1962，第 169 页。

② 吴晓明：《文明的冲突与现代性批判——一个哲学上的考察》，《哲学研究》2005 年第 4 期。

③ 关于资本的进步强制逻辑及其与霸权逻辑的内在关联，可参见唐爱军《中国道路的文明逻辑——基于历史唯物主义的解读》，《哲学研究》2020 年第 6 期。

④ 《马克思恩格斯文集》第 4 卷，人民出版社，2009，第 291 页。

家。资本所需要的是"普世主义"、抽象主义，并且主张"文明输出论""文明改造论"。资本霸权逻辑的主要类型或表现形式有三：一是资本对劳动、资本家对工人的剥削与压迫；二是西方资本主义国家对落后国家和地区的殖民与掠夺；三是大国之间的冲突与争霸。

资本霸权逻辑规定了现代世界秩序的霸权性质。一般来说，霸权主义世界秩序的根本目的就是掠夺落后国家的资源和剩余价值，以维护本国资本的运行与扩张，其理论基础是自由主义，无论是早期的赤裸裸的社会达尔文主义（自由竞争、弱肉强食），还是后来精心设计的"普世价值"，都是如此。现代世界秩序以资本为核心，以"市民社会"为基本建制，最终目的是"市民社会"的世界化、全球化。现代世界秩序的霸权逻辑可以通过"市民社会"的基本特征得到充分展现。①特殊性。人们常常将世界秩序与"普遍利益""共同善""公共理性"等关联起来。但是，由于现实中的世界秩序从来都是维护特殊利益的，它体现的是市民社会的利己主义原则。"市民社会是个人私利的战场，是一切人反对一切人的战场，同样，市民社会也是私人利益跟特殊公共事务冲突的舞台，并且是它们二者共同跟国家的最高观点和制度冲突的舞台。"①②偶然性。尽管国际社会有一系列法律、契约等规定了国家之间的关系，但是，由于并不存在一个代表普遍利益的"超国家权力"来协调各国之间的关系，这些体现普遍意志或理性原则的国际法事实上仅仅停留在"应然"层面，各个国家若不能就各自的特殊意志、特殊利益达成协议，就必然会通过战争来解决。各国之间的关系到底是冲突、战争，还是和平、合作，完全是偶然的，完全取决于各国自身的特殊利益以及不同的实力对比（作为一种和平状态，均势秩序是偶然的，一旦平衡被打破，就会走向战争）。③等级性。在市民社会里，一方面，个体追逐私利的活动、自由竞争必然带来等级差别、不平等；另一方面，人与人之间的自然不平等不但无法被消除，而且会延伸为劳动技能、财富占有、教育等各个方面的不平等。市民社会内含着等级性、不平等性，其等级性结构会通过经济全球化拓展到整个世界范围。我们看到，不同国家主体虽

① 黑格尔：《法哲学原理》，范扬、张企泰译，商务印书馆，1961，第309页。

然在形式上是平等的，但在实质上却是不平等的，形成了各个领域的等级差别：从经济上看，是"中心—边缘"的世界体系；从政治上看，是"统治—奴役"的国际秩序；从文化上看，是"文明—野蛮""现代—传统"的文明秩序；等等。马克思恩格斯在《共产党宣言》中所揭示的"三个从属于"正是现代世界秩序等级性的最核心的体现，也是现代意义上霸权秩序的最鲜明表征。④殖民性。"真正的市民社会"是伴随资产阶级发展起来的，它是服从于资本逐利需要的社会构造形式。正如前文所述，资本是具有扩张性的，它必然要超出民族和国家的界限，向整个世界"寻求消费者""寻求必需的生活数据"，其结果就是自由贸易、殖民扩张以及掠夺资源的战争。

总之，在历史唯物主义视野中，特殊性、偶然性、等级性和殖民性既是市民社会的基本特征，也是现代世界秩序霸权逻辑的具体体现。

三　构建新型世界秩序

现代世界秩序常常被冠名为"自由主义世界秩序"或"自由主义霸权秩序"，并且这样的霸权秩序有来自意识形态层面的"合法性"支撑。"霸权一词，不单纯指一个世界强国的统治，而是指一种特定的统治方式，其中占主导地位的国家创立的秩序在意识形态上得到广泛的认同，秩序的运作依照普遍的原则，这些原则确保主导国和统治阶级能够继续保持它们的无上地位，同时又给弱势团体以一定的满足或得到满足的希望。"① 但是，不论进行何种辩护，现代世界秩序本质上始终问题迭出，并直接表现为由它所导致的一系列世界性难题和全球治理危机，比如治理赤字、信任赤字、和平赤字、发展赤字，其遭遇的挑战还包括"经济不平等和不公平、地缘政治扩张和干涉、滥用国际机构以服务于霸权国的狭隘目的等方面"②。

超越现代世界秩序、构建新型世界秩序，是解答"世界之问"的核

---

① 罗伯特·W. 考克斯：《生产、权力和世界秩序——社会力量在缔造历史中的作用》，林华译，世界知识出版社，2004，"前言"第12页。

② 阿米塔·阿查亚：《美国世界秩序的终结》，袁正清、肖莹莹译，上海人民出版社，2017，第63页。

心任务。从历史唯物主义出发把握和推进新型世界秩序的现实构建，必须将其置于马克思的世界历史理论中进行深入阐释。从某种意义上可以说，"民族历史向世界历史"的转变构成了新型世界秩序的根本动力，世界历史进程中的共同利益构成了新型世界秩序的前提和基础。

（一）新型世界秩序的哲学立场和现实基础

"旧唯物主义的立脚点是市民社会，新唯物主义的立脚点则是人类社会或社会的人类。"① 马克思指出，现代性的过程就是市民社会从政治领域分离出来的过程，它"扯断人的一切类联系，代之以利己主义和自私自利的需要，使人的世界分解为原子式的相互敌对的个人的世界"②。"市民社会"代表着利己主义、特殊性原则的哲学立场或价值规范。"人类社会或社会的人类"是对市民社会原则和资本逻辑的批判与超越，它以"人类解放"或"真正的共同体"为价值旨归。"人类社会"不是与自然界相区分的"社会一般"，而是代表着未来社会的理想形态——"自由人联合体"。一方面，"联合体"中的个人是"自由人"，"联合体"不是压制个体利益和个人自由的"虚假共同体"，它是以个体自由、独立为基本条件的；另一方面，自由人是"联合体"中的自由人，"只有在共同体中，个人才能获得全面发展其才能的手段，也就是说，只有在共同体中才可能有个人自由"③。现代世界秩序的哲学立场、价值原则是市民社会，新型世界秩序的哲学立场、价值原则是人类社会。概言之，以"真正的共同体"为基本规范的新型世界秩序以超越原子化个人的市民社会秩序为己任，以实现每个人的全面自由发展为价值诉求，以实现个体与共同体、特殊利益与普遍利益之间的和谐统一关系为基本任务。

需要强调的是，我们对新型世界秩序的理解一定要立足于历史唯物主义的根本立场之上，绝不能脱离客观现实基础，把"应然"直接转化为"实然"，从而陷入主观主义的泥潭。一方面，新型世界秩序并非已

---

① 《马克思恩格斯文集》第 1 卷，人民出版社，2009，第 502 页。
② 《马克思恩格斯文集》第 1 卷，人民出版社，2009，第 54 页。
③ 《马克思恩格斯文集》第 1 卷，人民出版社，2009，第 571 页。

然现实存在，而是处于积极生成的历史过程当中；另一方面，新型世界秩序以"人类社会"或"真正的共同体"为价值取向，但不代表是后者的直接的、完全的实现形态。这里问题的关键是要明确区分作为一种新型世界秩序的"命运共同体"与"真正的共同体"两个不同性质的共同体。马克思所说的"真正的共同体"（"人类社会"抑或"自由人联合体"）属于"社会共同体"范畴，其理论性质或任务在于，从生产力与生产关系之间的矛盾运动，尤其是从生产关系的基本性质出发去把握不同社会形态以及人类社会从低级向高级演变的规律。从社会共同体的角度看，人类社会呈现出从"自然共同体"到"虚假共同体"再到"真正的共同体"的运动规律。构建新型世界秩序旨在超越市民社会的利己逻辑、霸权逻辑，其以"共同体"为价值取向，但绝不意味着新型世界秩序是一种完全取代资本主义的"共产主义秩序"或"自由人联合体"。新型世界秩序虽然以马克思的社会共同体为未来方向、价值规范，但它"并不承载社会形态演化、社会制度演变的任务"[1]，其现实基础是"利益共同体"，它以世界历史进程中的共同利益为"存在论基础"。

"生产力的普遍发展和与此相联系的世界交往"[2]是推动历史向世界历史转变的动力。近代以来，资本所驱动的经济全球化带来了世界交往的普遍展开，人类也在普遍交往中相互依存、相互依赖，不断扩大共同利益。以超越"市民社会"逻辑、"共同体"为价值取向的新型世界秩序正是以在世界历史进程中不断形成的共同利益为基础的。"这种共同利益不是仅仅作为一种'普遍的东西'存在于观念之中，而首先是作为彼此有了分工的个人之间的相互依存关系存在于现实之中。"[3]共同利益是生产力发展的产物，是以物质交往为核心的世界普遍交往的产物，而不同于康德"永久和平论"的"应然"逻辑。"这个世界，各国相互联系、相互依存的程度空前加深，人类生活在同一个地球村里，生活在历史和现实交汇的同一个时空里，越来越成为你中有我、我中有你的命运

---

① 张雷声：《唯物史观视野中的人类命运共同体》，《马克思主义研究》2018年第12期。
② 《马克思恩格斯文集》第1卷，人民出版社，2009，第539页。
③ 《马克思恩格斯文集》第1卷，人民出版社，2009，第536页。

共同体。"① 新型世界秩序的现实基础是"命运共同体",其核心就是利益共同体,关键议题是处理好特殊利益与共同利益的关系。利益共同体既指一种客观存在的现实状态,也指世界历史发展的大趋势,更是明确地指向一种人类社会解决当代世界难题、全球治理问题的基本思路。"各国要树立命运共同体意识,真正认清'一荣俱荣、一损俱损'的连带效应,在竞争中合作,在合作中共赢。在追求本国利益时兼顾别国利益,在寻求自身发展时兼顾别国发展。"② 构建新型世界秩序要坚持共同发展、合作共赢的利益观。合作共赢是不断提升共同利益、应对共同挑战、构建新型世界秩序的核心理念。合作共赢既是经济规律使然,也符合人类社会发展的历史规律。推动以利益共同体为现实基础的新型世界秩序的实践生成,需要顺应世界历史发展大趋势,扩大、优化世界普遍交往,从共同需要、共同利益、共同意识、共同价值等多个维度不断提升人类社会的"共同性"水平。对此,亨廷顿从文明的角度作出了说明,并主张文明的"共同性原则":"各文明的人民应寻求和扩大与其他文明共有的价值观、制度和实践。"③ 总体来说,提升"共同性"就是要超越利己的特殊利益、狭隘的民族国家利益,在经济、政治、文化、社会等各个领域寻求利益交汇点,加强合作,以全人类共同利益作为新型世界秩序的理念范式,"以高于并且大于国家的视野去理解世界政治,以世界为尺度去定义政治秩序和政治合法性"④。当然,倡导提升"共同性"水平,并不意味着走向不顾民族利益的抽象人类利益观,其核心是正确处理好两者之间的关系。

(二) 新型世界秩序的中国方案

长期以来,西方国家几乎完全掌握着对世界秩序的解释权与支配

---

① 《习近平谈治国理政》,外文出版社,2014,第272页。
② 《习近平谈治国理政》,外文出版社,2014,第336页。
③ 塞缪尔·亨廷顿:《文明的冲突与世界秩序的重建》,周琪等译,新华出版社,2010,第295页。
④ 赵汀阳:《天下的当代性:世界秩序的实践与想象》,中信出版集团股份有限公司,2016,第3页。

权。当前，西方主导的世界秩序出现了严重危机，世界正面临百年未有之大变局。"世界怎么了、我们怎么办？"答案是我们应当提供中国的"世界秩序观"。当然，我们的"世界秩序观"不是以新霸权取代旧霸权，不是"对抗"霸权（"counter"-hegemonic），而是"反对"霸权（"anti"-hegemonic）①，超越对抗性、霸权性的秩序思维，主张一种和谐型的新秩序。总体来说，我们为构建新型世界秩序所提供的中国方案就是"人类命运共同体"。人类命运共同体以"人类社会"为哲学立场，以"真正的共同体"和"人类解放"为价值原则，并以世界历史进程中的"利益共同体"为现实基础；与此同时，它又有具体化方案，即"各国人民同心协力，构建人类命运共同体，建设持久和平、普遍安全、共同繁荣、开放包容、清洁美丽的世界"②。其中，"四个共同体"（或"四种秩序"）构成了新型世界秩序之中国方案的核心内容。

其一，合作共赢、共同繁荣的经济秩序。经济秩序是世界秩序的基础。现行国际经济秩序本质上是"资本共同体"，它完全由资本逻辑所决定，由少数西方发达国家所支配，是资本主导劳动、西方统治东方、发达国家支配发展中国家的二元秩序，其核心问题是发展的不平衡性、不公平性。构建新型经济秩序，既要反对"逆全球化"方案，又要抵制资本逻辑支配一切的"旧全球化"方案，强调利用资本与驾驭资本并举，积极推动"开放、包容、普惠、平衡、共赢"的"新全球化"方案，引导好经济全球化发展方向，着力解决发展失衡、公平赤字等问题，逐步构建起"普惠性经济秩序"。

其二，普遍安全、持久和平的安全秩序。安全秩序是新型世界秩序的基本条件和前提。新型安全秩序立足全人类安全的高度，追求普遍安全、持久和平。一是它坚持全面安全观，统筹传统安全和非传统安全，超越了传统的单一安全观。二是它坚持合作的、可持续的安全观，反对西方的损人利己的、对抗性的片面安全观。在安全秩序上，西方一贯主

① 参见理查德·萨克瓦《超越世界秩序的冲突》，丁端译，《俄罗斯研究》2019年第5期。

② 《习近平谈治国理政》第3卷，外文出版社，2020，第46页。

张冷战、零和博弈的旧思维，固守弱肉强食的丛林法则，追求本国以及国家联盟的绝对安全，并且为达到这种所谓的绝对安全，不惜强化与别国的对抗、增加对别国的安全威胁，把自身安全建立在别国不安全的基础之上。这样的"绝对安全观"恰恰是片面的、自私自利的，并且也是不可持续的。新型安全秩序立足全人类安全高度，坚持对话、协商的合作思维，从而化解分歧、避免对抗。三是它树立共同安全思维，强调要兼顾不同民族、不同国家、不同主体的安全诉求，尤其要照顾到弱国、小国的安全关切。

其三，相互承认、共建共享的政治秩序。政治秩序是世界秩序的核心内容，也是其最直接、最重要的呈现形态。新型政治秩序有三个方面的基本属性。一是它以"承认政治观"为基本理念，超越了西方"敌友区分政治观"。当今的世界政治秩序建立在二元论的"敌友区分政治观"基础之上，"所有政治活动和政治动机所能归结成的具体政治性划分便是朋友与敌人的划分"[1]。在这一政治观看来，政治无非是对抗性政治、强权政治，政治秩序无非是霸权统治下的稳定秩序，或者是不同强权之间的妥协、均衡秩序。新型政治秩序以"承认政治观"为核心理念，从政治本体论看，它以承认、尊重其他政治主体，并倡导与其他政治主体展开对话为基本逻辑；它主张"对话而不对抗、结伴而不结盟"的政治交往，强调用对话、协商等基本方法化解矛盾和分歧。二是它坚持共商、共建、共享原则，摒弃了西方的"一国独霸"或"几方共治"逻辑。构建新型政治秩序，旨在反对单边主义、霸权主义、强权主义，坚持共商、共建、共享原则。什么样的国际秩序和全球治理体系对世界好、对世界各国人民好，要由各国人民商量，反对由一家或少数人说了算。三是它坚持"共同但有区别的责任"理念，超越了"平均主义"责任观。"共同但有区别的责任"首先强调责任的共同性，不论大小、贫富、强弱，各国在参与全球治理、维护世界和平与发展上负有共同的责任。但是，责任的大小、承担的方式等方面须有所区别，大国应比小国、发达国家

---

① 卡尔·施米特：《政治的概念》，刘宗坤等译，上海人民出版社，2004，第106页。

应比发展中国家承担更多的责任。

其四，和而不同、开放包容的文明秩序。文明秩序是世界秩序的重要构成部分，也是其合法性所在。资产阶级在开疆拓土的过程中，摧毁了一切传统文明形态，建立了以资本为核心的文明秩序。资本文明秩序，尽管在观念上表现为"普世文明"，但实际上它是特殊性的、等级性的（传统农业文明从属于现代工业文明、东方从属于西方等）、对抗性的、冲突性的。中国方案所主张的文明秩序从根本上超越了西方资本文明秩序，其核心理念就是和而不同、开放包容，具体表现在四个方面。一是尊重"文明多样性"，摒弃"文明唯一论"。人类文明多样性是世界的基本特征，和而不同是看待不同文明的基本态度，要"认识到每一个国家和民族的文明都是独特的，坚持求同存异、取长补短，不攻击、不贬损其他文明"①。二是主张"文明交流"，超越"文明隔阂"。构建新型文明秩序，就是要打破文明之间的隔阂，推动不同文明之间的交流，整个文明秩序也在不同文明的交流中不断巩固与完善。三是推动"文明互鉴"，超越"文明冲突"。在新型文明共同体中，文明差异不是冲突的根源，而恰恰是不同文明取长补短、互鉴互利的条件与动力。四是追求"文明共存"，超越"文明优越"。文明没有高下、优劣之分，只有特色、地域之别。新型文明秩序坚决反对西方"文明优越论""普世论"，以"文明共存"为基本目标，强调不同文明之间的平等关系，实现不同文明和谐相处的共存状态。

以上四种秩序都以"人类社会"为基本规范，其所蕴含的普惠性、可持续性、平等性和包容性等价值理念是对"市民社会"基本属性、霸权逻辑的决定性超越。

四　结语

实践证明，在世界正经历百年未有之大变局的时代背景下，我们只

---

① 习近平：《在纪念孔子诞辰 2565 周年国际学术研讨会暨国际儒学联合会第五届会员大会开幕会上的讲话》，人民出版社，2014，第 8 页。

有从历史唯物主义出发，才能准确把握世界秩序的本质规定，揭示并超越现代世界秩序的霸权逻辑；只有运用历史唯物主义的根本方法，才能充分认识到，构建新型世界秩序必须以利益共同体为基石，必须以世界历史进程中的共同利益为存在论基础。人类命运共同体是着眼于历史唯物主义基本立场而提出的构建新型世界秩序的中国方案，我们需要在经济秩序、安全秩序、政治秩序和文明秩序等多个层面积极推进这一方案。

第五编　国家治理

我国制度优势如何转化为治理效能[*]

牛先锋

党的十九届四中全会明确指出，我国国家制度和国家治理体系具有多方面的显著优势，要着力把我国制度优势更好地转化为国家治理效能，为实现"两个一百年"奋斗目标、实现中华民族伟大复兴的中国梦提供有力保证。要将国家制度优势转化为国家治理效能，有三个要素需要考虑：一是国家制度设置的科学性和进步性；二是治理体系的协调性；三是治理主体的积极性。在国家治理现代化的实践中，制度优势能否充分发挥并及时转化为治理效能，直接与这三个要素及其相互之间的协调性相关。

一 我国国家制度设置的理论依据

制度优势是与制度设置所依据的理论的科学性和进步性紧密联系在一起的。我国是以马克思主义为指导的社会主义国家。马克思主义国家学说正确揭示了国家的起源和本质，分析了国家的职能，指明了国家的发展方向和消亡的规律，表明了共产党人对待国家的态度，是科学性与进步性相统一的理论学说，是我国国家制度确立的重要依据。

关于国家的起源。马克思主义认为："国家并不是从来就有的。曾经有过不需要国家，而且根本不知国家和国家权力为何物的社会。在经济发展到一定阶段而必然使社会分裂为阶级时，国家就由于这种分裂而

---

* 本文原载于《党的文献》2021 年第 1 期，收入本书时有改动。

成为必要了。"① 这一观点非常清晰连贯：①国家不是与生俱来的，而是阶级矛盾不可调和的产物；②国家产生的目的是把阶级冲突"保持在'秩序'的范围以内"；③社会在先，国家在后，"从社会中产生但又自居于社会之上并且日益同社会相异化的力量，就是国家"②。马克思主义国家学说摆脱了"神谕启示论"的神秘主义和"社会契约论"的理性至上，把对国家起源问题的认识奠定于坚实的经济社会发展基础之上，具有鲜明的科学性。

关于国家的本质。国家从社会中产生，行使社会公共权力，在形式上代表社会普遍利益，但实质上代表的是占社会统治地位阶级的利益。因此，国家反映的是统治阶级的意志，国家的本质既不是虚幻的"神性"，也不是普遍的"人性"，而是"阶级性"。马克思主义国家学说对国家本质的揭示，为无产阶级打碎旧的国家机器、建立无产阶级专政的新政权提供了理论依据。

关于国家的职能。国家的阶级性质决定了国家首先具有阶级统治的政治职能，主要是防止和镇压被统治阶级的反抗，军队、监狱和法庭等暴力机关是国家履行政治职能的主要机构。此外，国家还要履行管理公共事务的社会职能，主要是维护国家安全，组织经济建设、文化建设和维护社会秩序。国家的两种基本职能之间的关系是："政治统治到处都是以执行某种社会职能为基础，而且政治统治只有在它执行了它的这种社会职能时才能持续下去。"③

关于国家的消亡。既然国家起源于阶级对立，国家的存在以履行社会职能为基础，那么，在阶级消灭和社会能够独立履行其职能时，国家存在的条件也就消失了。无产阶级对待国家的态度是，资产阶级国家是少数人对多数人的统治，必须彻底打碎，而共产主义社会根本就不存在国家。只有在资本主义社会向共产主义社会转变的时期，无产阶级才需要国家。这时的国家性质是无产阶级专政，国家的形式是民主共和国，

---

① 《马克思恩格斯文集》第4卷，人民出版社，2009，第193页。
② 《马克思恩格斯文集》第4卷，人民出版社，2009，第189页。
③ 《马克思恩格斯文集》第9卷，人民出版社，2009，第187页。

国家的职能一是彻底粉碎旧的生产关系，二是建立新的生产关系并尽快组织社会生产。第一种职能随着剥削阶级的消灭而日益减弱，更为重要的是第二种职能。当"国家政权对社会关系的干预在各个领域中将先后成为多余的事情而自行停止下来"① 时，国家就自行消亡了。马克思主义对待国家的态度告诉我们，在无产阶级掌握政权并确立了社会主义制度之后，剥削阶级作为完整的阶级已经不存在了，此时国家治理的重点在于充分发挥国家管理经济社会的职能。

在马克思主义之前，西方关于国家的代表性理论学说有两种：一是中世纪的"神谕启示说"，它认为国家是神权在世俗社会的表现，国家制度设置要以维护神权统治为目标；二是文艺复兴之后的"社会契约论"，它认为国家是人们之间订立的契约，国家制度设置的原则是以公权保护个人的自然权利不受来自他人包括公权的侵犯。与这两种学说相比，马克思主义国家学说具有高度的科学性、进步性。我国国家制度的设置以马克思主义国家学说为依据，这也是我国国家制度具有显著优势的理论依据。

二　我国国家制度的基本构架与优势

新中国成立和社会主义制度确立之后，中国共产党以马克思主义国家学说为指导，从我国社会的经济状况和阶级状况出发，明确了我国国家的性质和各个阶级阶层在国家中的政治地位。经历 70 多年的不断探索和创新，我国已经形成以根本制度、基本制度、重要制度为构架的制度体系，中国特色社会主义制度更加完善、更加定型，在国家治理实践中体现出显著的制度优势。

国家制度首先宣示的是国家性质，对内要规定各种社会成分在国家中的地位，明确国家的根本任务、发展道路与方向，对外要表明处理与他国及世界关系的原则。我国宪法在总纲中开宗明义地规定："中华人民共和国是工人阶级领导的、以工农联盟为基础的人民民主专政的社会

---

① 《马克思恩格斯文集》第 9 卷，人民出版社，2009，第 297 页。

主义国家。社会主义制度是中华人民共和国的根本制度。中国共产党领导是中国特色社会主义最本质的特征。"① 宪法明确了工人阶级是领导阶级，知识分子是工人阶级的一部分，农民是同盟军，工人、农民、知识分子及一切可以团结的力量都属于人民范畴，国家的一切权力属于人民。"国家的根本任务是，沿着中国特色社会主义道路，集中力量进行社会主义现代化建设。"② 在对外关系上规定："中国坚持独立自主的对外政策，坚持互相尊重主权和领土完整、互不侵犯、互不干涉内政、平等互利、和平共处的五项原则，坚持和平发展道路，坚持互利共赢开放战略，发展同各国的外交关系和经济、文化交流，推动构建人类命运共同体；坚持反对帝国主义、霸权主义、殖民主义，加强同世界各国人民的团结，支持被压迫民族和发展中国家争取和维护民族独立、发展民族经济的正义斗争，为维护世界和平和促进人类进步事业而努力。"③ 宪法对国家性质的规定，为国家制度设置奠定了法理基础。

中华人民共和国的一切权力属于人民，那么，人民如何行使国家权力呢？这是国家的政体问题，关系到国家的根本政治制度。在这个问题上，我国摆脱了建立在社会契约论基础上的"三权分立"制度，依据马克思主义国家学说的分工原则，结合中国实际，创立了人民代表大会制度。宪法规定："人民行使国家权力的机关是全国人民代表大会和地方各级人民代表大会。人民依照法律规定，通过各种途径和形式，管理国家事务、管理经济和文化事业，管理社会事务。""中华人民共和国的国家机构实行民主集中制的原则。全国人民代表大会和地方各级人民代表大会都由民主选举产生，对人民负责，受人民监督。"全国人民代表大会是最高国家权力机关，"国家行政机关、监察机关、审判机关、检察机关都由人民代表大会产生，对它负责，受它监督"④。只有坚持和完善人民代表大会制度这一根本政治制度，才能确保人民在国家治理中的主体地位，才能更好地发挥这一制度在国家治理中的作用。

---

① 《中华人民共和国宪法》，人民出版社，2018，第 7~8 页。
② 《中华人民共和国宪法》，人民出版社，2018，第 4 页。
③ 《中华人民共和国宪法》，人民出版社，2018，第 6~7 页。
④ 《中华人民共和国宪法》，人民出版社，2018，第 8~9 页。

基本经济制度是中国特色社会主义制度的重要组成部分，为促进我国经济发展和国家治理现代化提供了重要制度保障。"中华人民共和国的社会主义经济制度的基础是生产资料的社会主义公有制，即全民所有制和劳动群众集体所有制。社会主义公有制消灭人剥削人的制度，实行各尽所能、按劳分配的原则。"① 党的十九届四中全会指出："公有制为主体、多种所有制经济共同发展，按劳分配为主体、多种分配方式并存，社会主义市场经济体制等社会主义基本经济制度，既体现了社会主义制度优越性，又同我国社会主义初级阶段社会生产力发展水平相适应，是党和人民的伟大创造。"②

为了把我国社会主义根本制度和基本制度贯彻落实到现代化建设事业的实践中，我国在国家治理各领域各方面各环节又创设了一系列具体的制度，包括经济体制、政治体制、文化体制、社会体制、生态文明体制、法治体系、党的建设制度等重要制度。我国社会主义根本制度、基本制度和一系列重要制度紧密联系、相互衔接、共同作用，构成了中国特色社会主义制度和国家治理体系。中国特色社会主义制度和国家治理体系，具有多方面的显著优势。概括起来，可以归纳为四个方面。

第一，能够确保人民在国家治理中的主体地位。中华人民共和国是人民民主专政的社会主义国家，确保国家的一切权力属于人民，这是国家制度设定的根本目标。我国国家制度和国家治理体系始终坚持党的集中统一领导，坚持人民当家作主，坚持全面依法治国，使人民的权力在国家治理过程中始终得到保障，在实践中得到了人民的衷心拥护，也完全符合人类文明发展大道。

第二，能够促进经济社会进步和人的全面发展。中国特色社会主义制度和国家治理体系始终坚持公有制为主体、多种所有制经济共同发展和按劳分配为主体、多种分配方式并存，把社会主义制度和市场经济有机结合起来，不断解放和发展社会生产力；始终坚持以人民为中心的发

---

① 《中华人民共和国宪法》，人民出版社，2018，第10页。
② 《中国共产党第十九届中央委员会第四次全体会议文件汇编》，人民出版社，2019，第37~38页。

展思想，不断保障和改善民生、增进人民福祉，走共同富裕道路；始终坚持改革创新、与时俱进，善于自我完善、自我发展，使社会充满生机活力；始终坚持德才兼备、选贤任能，聚天下英才而用之，培养造就更多更优秀人才。实践证明，我国国家制度和国家治理体系能够促进我国生产力的发展和综合国力的提高，能够有效保护社会主义的公共财产和公民的合法私有财产不受侵犯，能够在不断满足人民群众对经济、政治、文化、社会和生态需要的同时，不断促进人的全面发展和社会全面进步。

第三，能够维护国家统一、民族团结，实现中华民族伟大复兴的中国梦。我国国家制度和国家治理体系始终坚持各民族一律平等，铸牢中华民族共同体意识，实现共同团结奋斗、共同繁荣发展；始终坚持共同的理想信念、价值理念、道德观念，弘扬中华优秀传统文化、革命文化、社会主义先进文化，促进全体人民在思想上精神上紧紧团结在一起；始终坚持党指挥枪，确保人民军队绝对忠诚于党和人民，有力保障国家主权、安全、发展利益；始终坚持"一国两制"，保持香港、澳门长期繁荣稳定，促进祖国和平统一。

第四，对内具有强大的动员力、凝聚力，对外能够担当起应该担当的国际责任和义务，为促进人类和平发展贡献智慧和力量。我国国家制度和国家治理体系始终坚持全国一盘棋，调动各方面积极性，集中力量办大事；始终坚持独立自主和对外开放相统一，积极参与全球治理，为构建人类命运共同体不断作出贡献。

三　发挥治理效能的体制机制保障

国家制度规定了国家的性质、根本任务、发展道路和发展目标，形成的只是国家治理的根本性框架结构，而要使制度优势转化为治理效能，还必须建立一系列与之相配套的体制机制。新中国成立后，我们确立了社会主义基本制度，完成了中华民族有史以来最为广泛而深刻的社会变革，为当代中国一切发展进步奠定了根本政治前提和制度基础。改革开放后，我们对生产关系中不适应生产力发展的体制机制进行大刀阔斧的改革，逐步确立了与社会主义现代化建设相适应的一系列新的体制机制，进一步促进了我国国家制度和国家治理体系优势的充分发挥，社会主义各项建设实现了飞速发展。经过长期努力，中国特色社会主义进入新时代，在新时代要继续推进制度优势向治理效能转化，仍然需要进一步通过全面深化改革来破除体制机制弊端，推进国家治理体系和治理能力现代化。

第一，增强体制的系统性、整体性、协同性。国家治理体系是围绕国家制度形成的一系列体制机制。体制问题至关重要，是影响国家治理体系效能发挥的重要因素，需要在实践中不断增强体制的系统性、整体性、协同性。所谓增强体制的系统性，就是要提高体制本身的自洽性。好的体制不仅要内容完善，还要具有高度的可操作性，出台的时机也要恰到好处。现实中存在的"玻璃门""弹簧门""朝令夕改"现象，以及"中梗阻""最后一公里"打不通的问题，在一定程度上都与体制的系统性不够有关。所谓增强体制的整体性，就是体制的制定和出台不能单兵突进，要从中国特色社会主义事业的"五位一体"总体布局和"四个全面"战略布局的整体推进出发，综合考虑改革的力度、发展的速度和人民群众能够承受的程度，单打独斗的体制机制执行起来是不可持续的。所谓增强体制的协同性，就是各项体制之间要相互配合、衔接顺畅，防止体制之间相互"打架"，执行时争权诿责。

第二，注重发挥体制的激励作用。体制建设的目的是要最大限度地激发人民群众的积极性，为实践主体提供更安全、更广阔、更稳定的活动空间，而不能成为捆绑手脚的绳索和约束头脑的框框。改革开放40多年的实践已经充分证明，中国特色社会主义制度之所以拥有显著优势，一个重要原因就在于建立了一套以激励为导向的体制机制，不断解放思想、解放和发展社会生产力、解放和增强社会活力，为人民群众创造了更为广阔、自由的实践空间。

在当前的实践中，要充分发挥体制的激励作用，应该重视解决三个问题。一是克服路径依赖思维。比如，在探索国家治理路径和模式的过程中，我们曾经习惯于用"计划"和"行政命令"来治理国家，特别是对如何处理政府和市场的关系经验不足，常常运用行政手段过度干预市场运行。"一放就乱，一管就死"就是路径依赖思维导致的困境之一，这也是国家治理能力现代化不足的表现。二是理顺各级国家机构的职权划分。在中央与地方之间，要坚持在中央的统一领导下，充分发挥地方的积极性、主动性，"健全充分发挥中央和地方两个积极性体制机制"，"构建从中央到地方权责清晰、运行顺畅、充满活力的工作体系"①；在地方各级之间，不能依靠简单粗暴的行政命令来安排和布置工作，这将严重束缚地方的手脚，造成体制运行不畅、国家治理效能流失。三是最大限度减少不必要的行政审批、行政执法事项，加快实行政府权责清单制度，厘清政府和市场、政府和社会关系，深入推进简政放权、放管结合、优化服务，为保护、激发市场主体活力和社会活力提供体制上的保障。

第三，强化体制的约束力。在发挥体制正向激励作用的同时，也要强化体制的反向约束力。每一项制度都包含着鼓励和允许做什么、反对和禁止做什么两个方面的内容。前者是正向激励，后者是反向约束，正反两个方面相辅相成。没有刚性的约束，激励作用也会大打折扣。

令行而禁不止，是体制的最大败笔。发生这种现象的原因主要有三个。一是"例外论"，当体制的约束条款有"一般"或"原则"性表述时，总会出现各种"特殊性"，把自己排除在体制约束之外。二是"下不为例论"，总是强调"非故意"或者"出于公心"，以此为借口逃避或减轻处罚。三是"靠山论"，千方百计寻找"靠山"，用以"摆平"体制规定。当体制的刚性约束变成了不通电的高压线，变成了只能吓唬麻雀的"稻草人"时，就会出现老实人吃亏现象，久而久之就会演变成法不治众的混乱局面。

习近平指出："推进国家治理体系和治理能力现代化，就是要适应时代变化，既改革不适应实践发展要求的体制机制、法律法规，又不断构建新的体制机制、法律法规，使各方面制度更加科学、更加完善，实现党、国家、社会各项事务治理制度化、规范化、程序化。要更加注重

---

① 《中国共产党第十九届中央委员会第四次全体会议文件汇编》，人民出版社，2019，第 37 页。

治理能力建设，增强按制度办事、依法办事意识，善于运用制度和法律治理国家，把各方面制度优势转化为管理国家的效能，提高党科学执政、民主执政、依法执政水平。"① 这就是讲，推进国家治理体系和治理能力现代化，一要通过改革建立一套比较完善和定型的治理制度和体制机制；二要树立尊重和敬畏制度的意识，提高按制度办事的能力。只有有了一套好的制度，才能做到激励有效、约束有力，实现制度优势向治理效能的及时转化。

四　激发治理主体的积极性

中国特色社会主义制度和国家治理体系有多方面的显著优势，但是这些显著优势并不会自动实现，只有通过治理主体的积极参与和创造性实践，才能转化为现实的治理效能。"治理"概念本身就是指多元共治，发挥每一个利益相关者的作用，而且唯物史观也强调人民群众是历史的创造者，因此，实现制度优势向治理效能的转化，必须充分发挥治理主体在国家治理中的作用，调动人民群众参与管理国家事务、经济文化事业和社会事务的积极性。

第一，坚持党的领导，牢记党全心全意为人民服务的根本宗旨。在国家治理中，党是最高政治领导力量，必须坚持和完善党的领导制度体系，提高党科学执政、民主执政、依法执政水平。必须坚决维护党中央权威，健全总揽全局、协调各方的党的领导制度体系，把党的领导落实到国家治理各领域各方面各环节。坚持党的领导，才能落实好党的根本宗旨。党的十九届四中全会明确提出的"建立不忘初心、牢记使命的制度""完善坚定维护党中央权威和集中统一领导的各项制度""健全党的全面领导制度""健全为人民执政、靠人民执政各项制度""健全提高党的执政能力和领导水平制度""完善全面从严治党制度"② 等要求，从根

---

① 《习近平谈治国理政》，外文出版社，2014，第92页。
② 《中国共产党第十九届中央委员会第四次全体会议公报》，人民出版社，2019，第23~27页。

本上说，都是为了更好地落实党的根本宗旨，坚持以人民为中心，"把尊重民意、汇集民智、凝聚民力、改善民生贯穿党治国理政全部工作之中"，"通过完善制度保证人民在国家治理中的主体地位"①。坚持党的领导，坚持和完善党的领导制度体系，目的就在于实现人民当家作主，培育人民治理国家的能力，激发人民群众参与国家治理的积极性。

第二，厘清政府与市场的关系，充分发挥市场在资源配置中的决定性作用，更好发挥政府作用。2020年7月21日，习近平在主持召开企业家座谈会时指出："市场主体是我国经济活动的主要参与者、就业机会的主要提供者、技术进步的主要推动者，在国家发展中发挥着十分重要的作用。"② 党的十九届四中全会也指出，在国家治理中必须"充分发挥市场在资源配置中的决定性作用，更好发挥政府作用"③。"充分发挥市场在资源配置中的决定性作用"，就是各类市场主体"依法平等使用资源要素、公开公平公正参与竞争、同等受到法律保护"④，在生产、分配、交换、消费等各个环节自主发挥作用。"更好发挥政府作用"就是政府要在坚持社会主义基本经济制度前提下，构建高水平社会主义市场经济体制，完善科技创新体制机制，建设更高水平开放型经济新体制，为市场提供公平、公开、开放、竞争、有序的运行体制和环境。

第三，充分发扬民主，激发基层群众自治组织和社会组织的活力。只有人民群众广泛参与国家治理，中国特色社会主义制度才会有生机勃勃的活力。基层群众自治制度是我国政治制度的重要组成部分，既不能把它看作自发组织，不管不问，任其自生自灭，也不能把它当成政府的派出机构，简单套用行政机关的标准进行管理。群团组织和各种社会组织在国家治理中同样起着积极的社会协同作用，与政府治理功能互补、

---

① 《中国共产党第十九届中央委员会第四次全体会议文件汇编》，人民出版社，2019，第25~26页。
② 习近平：《在企业家座谈会上的讲话》，人民出版社，2020，第2页。
③ 《中国共产党第十九届中央委员会第四次全体会议文件汇编》，人民出版社，2019，第38页。
④ 《中国共产党第十九届中央委员会第四次全体会议文件汇编》，人民出版社，2019，第39页。

相得益彰，要科学合理地引导其实现良性发展。在人民群众的民主法治意识、国家主人翁意识、政治参与意识普遍提高的新时代，要注重发展和培育基层群众自治组织和社会组织的自我管理、自我服务、自我教育、自我监督的能力，充分发挥其在城乡社区治理、基层公共事务和公益事业中的作用，积极推进基层直接民主，畅通其参与国家治理的渠道。

习近平指出："国家治理体系和治理能力是一个国家制度和制度执行能力的集中体现。国家治理体系是在党领导下管理国家的制度体系，包括经济、政治、文化、社会、生态文明和党的建设等各领域体制机制、法律法规安排，也就是一整套紧密相连、相互协调的国家制度；国家治理能力则是运用国家制度管理社会各方面事务的能力，包括改革发展稳定、内政外交国防、治党治国治军等各个方面。国家治理体系和治理能力是一个有机整体，相辅相成，有了好的国家治理体系才能提高治理能力，提高国家治理能力才能充分发挥国家治理体系的效能。"① 习近平关于国家治理体系和治理能力现代化的重要论述，深刻阐释了国家制度、国家治理体系、国家治理能力之间的关系，指明了把制度优势转化为治理效能的路径，为巩固和完善中国特色社会主义制度，推进国家治理体系和治理能力现代化提供了重要指导。概括地说，要把国家制度优势更好地转化为国家治理效能，必须不断坚持和完善中国特色社会主义制度，并在实践中建立和完善与国家制度和治理体系相配套的各项体制机制，使制度的各项优势落到实处。同时，要充分发挥治理主体的积极性和创造性，为实现国家治理体系和治理能力现代化、推动我国制度优势更好地转化为国家治理效能，提供深厚强劲的动力支持。

---

① 《习近平谈治国理政》，外文出版社，2014，第 91 页。

国家公共管理职能演变
对国家治理的启示*

—— 基于马克思主义国家学说的当代分析

牛先锋

马克思主义国家学说认为，国家具有两种职能，即阶级统治职能和公共管理职能。阶级统治职能又称为政治职能，体现的是国家的阶级属性，强调统治阶级对被统治阶级的支配，具有强制的暴力属性；公共管理职能又称社会职能，体现的是国家对公共事务的调节与管理，维护社会公共秩序和增进公共福利。两种职能之间的关系是，阶级统治职能以公共管理职能为基础。过去，学界对国家阶级统治职能关注得比较多，研究也比较充分，而对国家公共管理职能研究相对较少。其实，马克思恩格斯在阐述国家的起源、演变、消亡等问题时，对国家公共管理职能同样有许多深刻阐述，这些论述构成了马克思主义国家公共管理职能思想。梳理、归纳和揭示马克思主义国家公共管理职能思想，考察国家公共管理职能的演进规律，把握国家履行公共管理职能的条件与方式，对于全面认识马克思主义国家学说具有重要的学术价值，对于提高我国国家治理能力也具有重要的现实意义。

一 国家起源中的公共管理职能

国家起源于社会，社会是由单个个体构成的共同体。既然社会是共

---

* 本文原载于《当代世界与社会主义》2021 年第 4 期，收入本书时有改动。

同体，那么就会有共同的事务需要处理，处理社会共同事务就需要公共管理。无论公共管理职能由社会成员共同承担，还是由专门机构、专职人员来承担，总归这个职能必不可少。

（一）公共管理职能内在于社会之中

人类的生产、生活实践一开始就是在社会中展开的。在前国家时代的部落、氏族等自然共同体中，公共管理就是一项不可或缺的活动。

恩格斯在对易洛魁人的氏族制度进行考察时，就惊奇地发现："这种十分单纯质朴的氏族制度是一种多么美妙的制度呵！没有士兵、宪兵和警察，没有贵族、国王、总督、地方官和法官，没有监狱，没有诉讼，而一切都是有条有理的。一切争端和纠纷，都由当事人的全体即氏族或部落来解决，或者由各个氏族相互解决……虽然当时的公共事务比今日多得多……可是，丝毫没有今日这样臃肿复杂的管理机关。一切问题，都由当事人自己解决，在大多数情况下，历来的习俗就把一切调整好了。不会有贫穷困苦的人，因为共产制的家户经济和氏族都知道它们对于老年人、病人和战争残废者所负的义务。大家都是平等、自由的，包括妇女在内。他们还不曾有奴隶；奴役异族部落的事情，照例也是没有的。"[①] 这时，易洛魁人的氏族还是一个不知道国家为何物的社会组织。

这些并不是恩格斯的猜想，而是对人类学家路易斯·亨利·摩尔根（Lewis Henry Morgan）历史考证的叙述。根据摩尔根提供的材料，恩格斯还从氏族的生活习俗、家庭婚姻、生活规则、人际关系、族际关系、宗教、社会组织等方面，对原始时代社会制度作了进一步考察。他发现，在原始氏族社会里，死者的财产必须留在氏族中，转归同氏族其余的人所有；同氏族人必须互相援助，个人依靠氏族来保护自己的安全，凡伤害个人，便是伤害了整个氏族；酋长由选举产生，可以随时被罢免，其权力没有强制性而是"父亲般的、纯粹道义性质的"[②]；氏族议事会是

---

① 《马克思恩格斯选集》第 4 卷，人民出版社，2012，第 108~109 页。
② 《马克思恩格斯选集》第 4 卷，人民出版社，2012，第 97 页。

一种民主集会，是氏族的最高权力机关，氏族的一切成年男女都可以参加，享有平等的表决权。恩格斯指出，摩尔根的发现"出乎意料地给我们阐明了原始时代——国家产生以前社会制度的基本特征"①。这些特征集中表明一个史实，即原始时代就客观地存在社会公共管理事务、公共管理组织、公共管理人员。但当时的公共管理还没有从社会中分离出来，没有成为一项专门职能，也不需要像文明时代一样成为专业官僚的专门职业。

恩格斯对史前史考证的结果表明：国家不是从来就有的，而公共管理职能在国家产生之前就存在。在原始社会中，履行公共管理职能的人是当事人所在的整个氏族，这是一种原始的自然而真实的公共性。只是在国家产生之后，这项职能被特殊的阶级、专门的机构和人员所窃取了。

（二）公共管理职能与社会相脱离

马克思主义国家学说认为，社会公共管理职能与社会相脱离，是国家产生的原点。在社会生产的长期发展过程中，逐渐出现了社会分工、私有制和阶级。在此基础上，统治阶级攫取了社会的自我管理公共事务的权利，形成了具有强制力的国家公共管理职能。

恩格斯在《家庭、私有制和国家的起源》中指出："国家决不是从外部强加于社会的一种力量。国家也不像黑格尔所断言的是'伦理观念的现实'，'理性的形象和现实'。确切地说，国家是社会在一定发展阶段上的产物；国家是承认：这个社会陷入了不可解决的自我矛盾，分裂为不可调和的对立面而又无力摆脱这些对立面。而为了使这些对立面，这些经济利益互相冲突的阶级，不致在无谓的斗争中把自己和社会消灭，就需要有一种表面上凌驾于社会之上的力量，这种力量应当缓和冲突，把冲突保持在'秩序'的范围以内；这种从社会中产生但又自居于社会之上并且日益同社会相异化的力量，就是国家。"② 这段话直接指出了黑格尔伦理国家观的错误，为正确理解国家公共管理职能提供了重要的

---

① 《马克思恩格斯选集》第 4 卷，人民出版社，2012，第 96 页。
② 《马克思恩格斯选集》第 4 卷，人民出版社，2012，第 186~187 页。

线索。

黑格尔在《法哲学原理》序言中声明：本书"就是把国家作为其自身是一种理性的东西来理解和叙述的尝试，除此以外，它什么也不是"①。在该书中，黑格尔从理性出发依次论述了抽象法、道德、伦理，在伦理篇的最后一章中推演出"国家是伦理理念的现实""国家是绝对自在自为的理性东西"②。然而，在论述国家之前，黑格尔也叙述了家庭、市民社会、国家的历史。他认为，家庭是以爱为其规定的精神实体，家庭伦理的解体产生了市民社会；市民社会的目的是满足需要，但是人的需要具有不确定性、变化性，这将会导致市民社会的失序、紊乱、冲突。此时，国家作为一种代表普遍性的外部力量便诞生了。就理性而言，国家更具有普遍性，它决定市民社会，也高于市民社会。

可见，在国家起源的历史顺序上，黑格尔也承认市民社会先于国家。他与马克思主义国家理论的分歧焦点在于：国家的职能主要是公共管理职能由谁来履行。黑格尔是从市民社会目的实现的必然性中引出国家的，即认为必然由国家来保持秩序，才能实现市民社会。这样，国家在伦理精神上要高于市民社会，国家决定市民社会。在《〈黑格尔法哲学批判〉导言》中，马克思肯定道，"德国的国家哲学和法哲学在黑格尔的著作中得到了最系统、最丰富和最终的表述"③。然而，这种国家哲学只是"抽象而不切实际的思维"的产物，它颠倒了社会存在与社会意识的关系，使社会与国家之间头足倒置，国家成为社会的神，社会成了神的婢女，结果社会公共管理职能也全部成为国家的行动，严重压制了市民社会的自我解放。

（三）公共管理职能的异化

公共管理职能的异化是指，管理社会公共事务这一社会本身的权利被国家窃取占有，由专门的国家机构、专门的官吏来行使。社会由现实

---

① 黑格尔：《法哲学原理》，范扬、张企泰译，商务印书馆，2019，第13~14页。
② 黑格尔：《法哲学原理》，范扬、张企泰译，商务印书馆，2019，第288页。
③ 《马克思恩格斯选集》第1卷，人民出版社，2012，第9页。

生活中现实的人、现实的需要构成，无论是在历史逻辑还是在法理上，现实的人——具有政治身份的人民都是国家的主体，人民参与管理国家事务是再自然不过的事情。然而，国家——占社会统治地位的少数阶级——却窃取、霸占了社会公共管理职能，人民被排除在公共管理之外，失去了掌管、控制、处理自己事务的权利。因此，从国家手中夺回公共管理的权力，由人民自我管理，这是马克思主义国家学说的价值追求。

公共管理职能到底应该归于社会，还是归于国家？社会契约论认为，订立契约就是在一致同意的基础上，个人把一部分权利让渡给国家，契约订立之后，人民要有契约精神，遵守契约，公共管理事务将由特定的专业机构和专职人员（政府和官僚）来承担。也就是说，人民在订立契约时是自觉自为的主体，而订立契约之后，就成为契约约束的对象，成为被管理者、成为客体。这是启蒙思想的理论逻辑。

黑格尔对人民参与国家事务总体上不抱积极态度。他主观地断定：人民经常处于"完全是无法的、无伦理的和无理性的状态"，"人民在这种状态中只会是一种无拘无束的、粗野的、盲目的力量，就像那激动的、自然力的大海的力量一样，但大海本身不像人民作为精神的元素会做的那样毁灭自己"①。而国家就完全不同了，它是理性的、精神的实体，国家能够满足社会普遍利益，具有公共精神和普遍性。因此，公共管理事务是国家专门的事务，不需要人民参与。除非人民具有某种政府的属性、具有牺牲自我利益的"公共精神"，才能成为参与国家事务的主体，但是，这种情况很难出现。

马克思认为："不是国家制度创造人民，而是人民创造国家制度。"②因此，在实践中，人民不是一味地屈从于专制国家，"必须推翻使人成为被侮辱、被奴役、被遗弃和被蔑视的东西的一切关系"③，通过革命，打碎旧的国家机器，消灭公共管理职能的异化，夺回本应属于人民自己

---

① 黑格尔：《精神哲学——哲学全书·第三部分》，杨祖陶译，人民出版社，2006，第350页。

② 《马克思恩格斯全集》第3卷，人民出版社，2002，第40页。

③ 《马克思恩格斯选集》第1卷，人民出版社，2012，第10页。

的权利。这是马克思主义国家学说革命性的体现，也是与契约论者和黑格尔国家观在实践上的根本区别。

二 履行公共管理职能是国家存在的前提

公共管理职能在国家产生以后，并没有消失，而是由社会转移到了国家，形成国家公共管理职能。国家公共管理职能，由专门机构和专职人员来行使，有时体现为对社会公共事务的直接干预，有时间接体现在阶级统治职能中。但是，无论是直接干预还是间接干预，国家的存在都是以履行公共管理职能为基础的，没有不履行公共管理职能的国家。

（一）国家对社会公共事务的直接管理

马克思在考察不列颠在印度的统治时指出："在亚洲，从远古的时候起一般说来就只有三个政府部门：财政部门，或者说，对内进行掠夺的部门；战争部门，或者说，对外进行掠夺的部门；最后是公共工程部门。"[①] 公共工程部门就是专门进行公共管理、增进公共利益的部门。之所以国家要履行公共管理职能，一方面是因为，"气候和土地条件……使利用水渠和水利工程的人工灌溉设施成了东方农业的基础。……节省用水和共同用水是基本的要求"[②]；另一方面是因为，"在东方，由于文明程度太低，幅员太大，不能产生自愿的联合，因而需要中央集权的政府进行干预。所以亚洲的一切政府都不能不执行一种经济职能，即举办公共工程的职能。这种用人工方法提高土壤肥沃程度的设施归中央政府管理，中央政府如果忽略灌溉或排水，这种设施立刻就会废置"[③]。可见，国家是否履行公共管理职能和职能履行是否到位，直接影响着公共事业的发展和公共福利的增进。马克思举的例子是远古时代、文明程度低的东方印度。事实上，即使在现代、文明程度高的社会，情况也不

---

① 《马克思恩格斯选集》第 1 卷，人民出版社，2012，第 850 页。
② 《马克思恩格斯选集》第 1 卷，人民出版社，2012，第 850 页。
③ 《马克思恩格斯选集》第 1 卷，人民出版社，2012，第 850~851 页。

例外。

从资本主义发展的历史来看，在资本主义自由竞争阶段，个别资本的有计划性与整个社会生产的无政府状态必然导致周期性经济危机，而这种危机正是国家公共管理没有发挥作用的结果，当然也对国家公共管理职能提出了强烈要求。资本主义发展到垄断阶段后，出现了托拉斯等大规模的经济组织，托拉斯的出现一方面是对狭窄的资本私人管理的反叛，另一方面也预示着国家公共管理职能的必然出场。恩格斯在分析自由竞争和垄断阶段资本主义经济发展时指出："无论在任何情况下，无论有或者没有托拉斯，资本主义社会的正式代表——国家终究不得不承担起对生产的管理。"①

从今天来看，无论是一国之内的经济发展还是国家之间的经济交往都变得更为复杂，需要国家管理的公共事务不是少了，而是多了。在今天，经济部门之间的协调与配合，是任何一个单独的私人部门都无法完成的事情；经济生产所需要的配套设施，如基础设施的修建、能源资源的开发也不是私人能承担起来的职责，更别说全球气候、跨国犯罪等问题了；经济交换中的规则构建、对规则遵守的监督、统一市场的形成，也不是市民社会能够自发实现的；社会就业、教育、医疗卫生、公共健康、公共安全等社会事业，更无法由私人部门或个人来承担。在当今时代，国家不可能从上述公共管理中抽身，即使有些事项表面上看是非国家行为，但实际上处处都隐藏着国家的影子。

（二）阶级统治职能中隐含着公共管理职能

阶级统治职能是国家的首要职能，这是就国家的性质而言的。如果从国家的活动过程来看，国家的阶级统治职能和公共管理职能并不能被截然分开，相反，两者总是交织在一起的。

国家的存在是为了把经济利益对立的阶级冲突保持在"秩序"范围内，防止冲突失控把对立的双方和社会消灭。也就是说，国家作为阶级统治工具，在镇压被统治者的反抗、履行政治职能时，也要维护社会公

---

① 《马克思恩格斯选集》第3卷，人民出版社，2012，第809页。

共安全和社会公共秩序，维护统治者和被统治者共同生活的条件与环境，即履行公共管理职能。

统治阶级和被统治阶级在既定的国家内是矛盾的统一体，双方既有斗争又有统一。从斗争的角度来看，国家发挥的是阶级统治职能，马克思恩格斯在考察西欧社会历史时发现："在过去的各个历史时代，我们几乎到处都可以看到社会完全划分为各个不同的等级，看到社会地位分成多种多样的层次。……从封建社会的灭亡中产生出来的现代资产阶级社会并没有消灭阶级对立。……它使阶级对立简单化了。整个社会日益分裂为两大敌对的阵营，分裂为两大相互直接对立的阶级：资产阶级和无产阶级。"① 阶级之间围绕生产资料及必然由其决定的经济权利、政治权利、社会地位等进行斗争，这种对立和斗争有时隐蔽有时公开，"而每一次斗争的结局都是整个社会受到革命改造或者斗争的各阶级同归于尽"②。从统一的角度看，统治者希望达到的统治状态是"斗而不破"，即把冲突控制在秩序范围内，最不希望出现"受到革命改造"或者"同归于尽"的结局，因为这样的结局终结的是自己的统治地位。所以，占统治地位的阶级"为了有可能压迫一个阶级，就必须保证这个阶级至少有能够勉强维持它的奴隶般的生存的条件"，若使"自己的奴隶落到不能养活它反而要它来养活的地步"，那么，统治阶级就"不能统治下去了"③。正因为如此，历史上的一切统治阶级在实施政治统治时都不得不考虑被统治者的生存，不得不从增进全社会共同利益出发进行公共管理。

在当代资本主义国家，尽管无产阶级的被统治地位没有改变，但无产阶级的生活条件得到了改善，政治参与权利在法律上得到了保障，整个社会秩序也相对平稳。这在实践上进一步证明，资产阶级国家在履行政治统治职能的同时，也履行着社会公共管理职能。

---

① 《马克思恩格斯选集》第1卷，人民出版社，2012，第400~401页。
② 《马克思恩格斯选集》第1卷，人民出版社，2012，第400页。
③ 《马克思恩格斯选集》第1卷，人民出版社，2012，第412页。

（三）国家两种职能之间的关系

关于国家两种职能之间的关系，马克思主义国家学说是从唯物史观角度展开分析和认识的。恩格斯晚年在致康拉德·施米特的信中，肯定了国家要保持自身的政治权力，同时也充分肯定了国家必须发挥公共职能以推动经济发展，并且分类分析了国家权力对于经济发展的作用。他指出："国家权力对于经济发展的反作用可以有三种：它可以沿着同一方向起作用，在这种情况下就会发展得比较快；它可以沿着相反方向起作用，在这种情况下，像现在每个大民族的情况那样，它经过一定的时期都要崩溃；或者是它可以阻止经济发展沿着某些方向走，而给它规定另外的方向——这种情况归根到底还是归结为前两种情况中的一种。但是很明显，在第二和第三种情况下，政治权力会给经济发展带来巨大的损害，并造成大量人力和物力的浪费。"①

在这里，"国家权力"相当于国家的阶级统治职能，而"经济发展"相当于国家的公共管理职能。这两种职能有特定的分工，但在国家治理过程中两者之间是互相影响的。恩格斯的论述澄清了两个重大问题。第一，分工产生了社会共同事务，共同事务需要由国家来承担，也就是说国家不仅仅只是为政治统治而产生的，管理公共事务同样是国家存在的客观前提。第二，国家权力对经济发展的作用只是反作用，归根结底，经济因素起决定作用，即公共管理职能直接影响着政权的存亡。

三 国家消亡过程中公共管理职能的演变

国家不是从来就有的，也不是永远存在的。国家是如何起源的，它就会沿着来时的路径往回再走一遍，当国家职能全部交回给社会时，国家也就失去了存在的基础，这就是国家消亡的轨迹，也是实现人的解放进而达到人的全面自由发展状态的道路。

---

① 《马克思恩格斯选集》第 4 卷，人民出版社，2012，第 610 页。

（一）阶级统治垄断社会生活

国家是为了实现阶级统治而产生的，垄断一切政治生活和社会生活，把社会完全纳入国家的控制之下，这是国家意志所指。在国家产生之初，不仅政治生活、经济生活，就连同奴隶本身的生命权也被掌握在奴隶主阶级构成的国家手中。封建社会中被统治者的地位有所改善，但并没有根本改变"人的依赖"状态。资产阶级国家的建立，把人的解放由"人的依赖"提升到"物的依赖"阶段，通过立法形式确立了人的生命权、财产权、自由权。"天赋人权""人人生而平等"的人权原则，以法的形式为社会成员平等参与政治活动提供了制度保障，也在一定程度上限定了国家的权力，扩大了社会的政治生活空间。

与前资本主义国家相比较，资本主义国家实施的阶级统治不再是赤裸裸的人身束缚和生命剥夺，统治方式变得"文明"起来了，而且也只有保持这种"文明"使劳动者摆脱人身依附，才能实现资产阶级的统治。在《资本论》中，马克思清晰地揭示了资本主义"文明"形式掩盖下的野蛮本质：首先是资本主义私人占有的关系迫使劳动者与生产资料相分离，使市民普遍成为无产者和自由的劳动力；然后把劳动力变成商品，用通行的商品交换关系模糊了政治上的统治关系，用商品等价交换原则遮蔽了国家制度上的强制性。在劳动力市场上，资本家与劳动者的交换，是一种平等、自由、自愿的契约行为，但是一旦离开了自由交换的市场，"原来的货币占有者作为资本家，昂首前行；劳动力占有者作为他的工人，尾随于后。一个笑容满面，雄心勃勃；一个战战兢兢，畏缩不前，像在市场上出卖了自己的皮一样，只有一个前途——让人家来鞣"①。马克思把这种自由、平等、所有权嘲讽为"边沁的利己主义"②。

"资本—雇佣劳动"的分析模式，表面上看并没有把政治关系纳入其中，是一种纯粹的经济分析。但恰如马克思所洞悉的：资本是人不是

---

① 《马克思恩格斯选集》第2卷，人民出版社，2012，第168页。
② 《马克思恩格斯文集》第10卷，人民出版社，2009，第24页。

物，"资本—雇佣劳动"关系反映的是社会关系，是资产阶级对无产阶级的剥削与掠夺的关系，是在这种关系中资本的统治地位和劳动者的被统治地位，并且这种统治地位和被统治地位经法律规定成为国家制度。因此，资本与雇佣劳动之间不只是经济关系，它折射出的是国家阶级统治职能全面占据和支配了社会生活，人的自由屈居于"商品""利润"的奴役之下，进而屈居于由生产资料占有者组成的阶级统治之下。

（二）阶级统治职能向公共管理职能的转向

马克思主义国家学说认为，在阶级社会里，国家与社会之间头足倒置，国家阶级统治职能远远大于并高于公共管理职能，人民被排除在国家公共管理之外，处于国家的奴役之下。因此，无产阶级要实现自身的解放，必须打碎旧的国家机器，不断推进国家阶级统治职能向公共管理职能转变。

在实践中，马克思主义者发现，巴黎公社就是打碎旧的资产阶级国家机器，用新的真正民主的国家政权来取代旧政权的革命。公社的原则就是推进"社会解放"，实现国家政治统治职能向公共管理职能的转变。马克思发现，在 1871 年 3 月 18 日巴黎公社革命开始时，无产阶级已经意识到："由他们自己亲手掌握公共事务的领导以挽救时局的时刻已经到来……他们已经懂得：夺取政府权力以掌握自己的命运，是他们无可推卸的职责和绝对权利。"① 为此，公社采取了两项重要措施：一是废除常备军，代之以武装的人民；二是废除旧的国家机构和国家官吏，代之以公社委员会和人民勤务员。

对于巴黎公社采取的这两项措施，马克思高度评价道："公社——这是社会把国家政权重新收回，把它从统治社会、压制社会的力量变成社会本身的充满生气的力量；这是人民群众把国家政权重新收回，他们组成自己的力量去代替压迫他们的有组织的力量；这是人民群众获得社会解放的政治形式，这种政治形式代替了被人民群众的敌人用来压迫他

---

① 《马克思恩格斯选集》第 3 卷，人民出版社，2012，第 95 页。

们的假托的社会力量。"① 不仅如此，马克思更是敏锐地从公社的实践中发现了取代旧政权的新的国家形式——无产阶级专政。他指出，无产阶级专政把"旧政权的纯属压迫性质的机关予以铲除，而旧政权的合理职能则从僭越和凌驾于社会之上的当局那里夺取过来，归还给社会的承担责任的勤务员"②。他悉心地洞察到，巴黎公社形式上是一种国家政权组织，而实质上这里的"国家"已经不是本原意义上的政治国家了，国家的职能已经由阶级统治转变成了社会公共管理。

马克思非常看重无产阶级专政这一国家形式，把它看作终于被发现了的国家消亡过程中的国家过渡形式。在 1875 年《哥达纲领批判》一文中，马克思再次强调："在资本主义社会和共产主义社会之间，有一个从前者变为后者的革命转变时期。同这个时期相适应的也有一个政治上的过渡时期，这个时期的国家只能是无产阶级的革命专政。"③

（三）公共管理职能向社会复归

国家阶级统治职能转向公共管理职能，这只是国家消亡的第一步。关键的下一步，则是把公共管理职能归还于社会。要探寻完成这关键一步的条件、过程和达到的结果，还必须从国家公共管理职能本身出发。

国家公共管理职能集中于两个方面，即维护社会经济运行和维护社会公共秩序。

其一，从国家维护社会经济运行职能来看，由于分工及与此相联系的私有制的出现，个别劳动必须得到社会的承认，才能实现其价值。在生产力水平低下、生产能力有限的小生产条件下，交换还不普遍，个别劳动转化为社会劳动还只是偶然的事情，这时并不会产生大的社会经济秩序混乱。当机器大生产使物质生产力以几何级指数增长起来之后，商品交换成为社会的普遍现象，此时，个别企业的私人劳动向社会劳动的转化就经常发生障碍，个别企业生产的有组织性与整个社会生产的无政

① 《马克思恩格斯选集》第 3 卷，人民出版社，2012，第 140 页。
② 《马克思恩格斯选集》第 3 卷，人民出版社，2012，第 100 页。
③ 《马克思恩格斯选集》第 3 卷，人民出版社，2012，第 373 页。

府状态之间的矛盾就会周期性地爆发。为了保持社会总供给与总需求之间的平衡，维护正常的经济秩序，国家宏观管理经济的公共职能就产生了。此外，经济门类和商品类别的增加、生产规模的扩大、世界市场的形成，以及建立和维护统一、开放、平等、竞争、法治的市场规则的需要，对国家管理经济的公共管理职能都提出了更多的要求。

既然国家维护经济运行的公共管理职能之根源在于私有制，那么，随着生产力的发展，在以个人自己劳动为基础的私有制被现代资产阶级私有制否定之后，现代资产阶级私有制也必然会走向自身的反面，这是一个否定之否定的过程。当资产阶级私有制关系再也不能容纳它自身所创造的财富之时，它的外壳就要炸毁了，代替它的所有制关系将是："在资本主义时代的成就的基础上，也就是说，在协作和对土地及靠劳动本身生产的生产资料的共同占有的基础上，重新建立个人所有制。"①这样的所有制不是以个人自己劳动为基础的私有制的简单复归，而是以共同生产经营为基础的社会所有制。此时，生产的无政府状态将被有计划的社会生产所代替，国家维护经济运行的公共管理职能将交还给社会，国家存在的条件也就在管理公共经济秩序领域丧失了其基础。

其二，从国家维护社会公共秩序职能来看，在国家产生之前，氏族社会是矛盾产生之地，也是化解矛盾的生活之地。那时，维护社会公共秩序本身就是共同体日常活动的一部分，蕴含在社会成员生活之中，矛盾和问题由相关的部落成员自我解决，或由全体成员共同解决，并不存在专门的国家职能部门和官吏。在国家产生之后，这项职能被赋予国家，国家设立专门的机构，由专职人员通过强力来执行。此时，国家就凌驾于社会之上了。既然国家是凌驾于社会之上并且日益同社会相分离的力量，那么，社会与国家的抗争就成了必然。自我发育着的社会需要日益增强自身的力量，对国家实施经常性的监督、干预甚至革命性改造，防止国家力量的泛滥，防止国家侵蚀和吞噬社会有机体，防止国家官吏由社会的公仆变成社会的主人。巴黎公社实施的一些措施，虽然不是直接消灭国家，但在很大程度上是要把维护社会公共秩序的权力收归社会，

---

① 《马克思恩格斯选集》第2卷，人民出版社，2012，第300页。

实现社会的自我管理。

国家维护社会公共秩序的职能回归社会，这是国家以国家的名义所采取的最后一个行动。在此之前，从有国家到无国家状态之间还需要有一个过渡时期，这个时期的国家是无产阶级专政的国家，这个专政是"达到消灭一切阶级差别，达到消灭这些差别所由产生的一切生产关系，达到消灭和这些生产关系相适应的一切社会关系，达到改变由这些社会关系产生出来的一切观念的必然的过渡阶段"①。总之，就是要消灭包括无产阶级在内的一切阶级，进入阶级消失、国家消亡的共产主义社会。

至此，马克思主义国家学说画出了一条完美而理想的螺旋曲线，曲线的起点是公共管理职能产生于社会，终端是公共管理职能回归社会，曲线上标注了与国家演进相对应的人的解放的三个阶段，即"人的依赖""物的依赖""自由个性"。

四 对我国国家治理现代化的启示

从履行国家职能角度来看，国家治理就是通过科学设置国家制度、体制、机制，实施正确的战略和举措，确保国家职能的充分实现。公共管理职能是一项重要的国家职能，切实履行好这项职能，是国家治理的重要内容，也是国家治理体系和治理能力现代化的必然要求。

（一）国家治理要更加重视发挥国家公共管理职能

国家治理的重点，必然随着国家职能的重点的变化而改变。1956年，我国确立了人民民主专政的社会主义制度，国家的一切权力属于人民，剥削阶级被消灭，阶级斗争只是在一定范围内存在。与这一根本性的变化相适应，国家的职能也应该发生由阶级统治向公共管理的转变。我国真正实现这一转变始于1978年党的十一届三中全会，从那时开始，我国果断停止了"以阶级斗争为纲"的错误方针，适时地把党和国家工作中心转向了经济建设。与此相一致，国家治理的重点也转向了促进经

---

① 《马克思恩格斯选集》第1卷，人民出版社，2012，第532页。

济发展的公共管理方面。

经过改革开放 40 余年的努力，我国经济社会发展站在了新的历史方位，进入了新发展阶段。我国社会的主要矛盾已经转化为人民日益增长的美好生活需要和不平衡不充分的发展之间的矛盾。但必须同时看到，我国的基本国情和发展中国家的国际地位并没有改变，党在社会主义初级阶段的基本理论、基本路线、基本方略也没有改变，新发展阶段仍然是社会主义初级阶段中的一个阶段。因此，国家治理的重点也绝不能随意改变，必须毫不动摇地坚持党在社会主义初级阶段的基本路线，用"对物的管理"代替"对人的统治"，实现国家公共管理职能，持续不断地深化改革、扩大开放，推动经济高质量发展。

在第一个百年奋斗目标顺利完成之后，我国开启了全面建设社会主义现代化国家新征程。从履行国家公共管理职能方面看，要在新征程上迈出稳健的步伐，国家治理现代化需要高度重视以下几个方面。第一，毫不动摇地坚持以经济建设为中心，保持经济持续健康平稳发展，把经济实力做强，把"蛋糕"做大，不断增加社会财富总量。第二，把公共管理职能的重点放在保持经济高质量发展上面，着力解决发展不平衡不充分的问题，克服"卡脖子"的弱项，补齐发展的短板。第三，充分发挥国家公共管理职能在解决区域、城乡、社会成员之间发展不平衡问题中的作用，促进城乡一体化发展，统筹区域协调发展，增进社会公共福利，缩小城乡居民收入和财产差距，逐步实现共同富裕。第四，充分发挥国家公共管理职能在统筹改革发展稳定大局中的作用，不断深化改革、扩大开放，打破社会阶层固化和利益固化的樊篱，促进社会流动，用制度保障人民对民主、法治、公平、正义、安全、环境等方面的诉求，增强人民群众的获得感、安全感、幸福感。党的十九大报告指出："我们要在继续推动发展的基础上，着力解决好发展不平衡不充分问题，大力提升发展质量和效益，更好满足人民在经济、政治、文化、社会、生态等方面日益增长的需要，更好推动人的全面发展、社会全面进步。"① 这

---

① 《中国共产党第十九次全国代表大会文件汇编》，人民出版社，2017，第 9~10 页。

一论断进一步深化了我们党对马克思主义国家公共管理职能思想的认识，也明确了新时代我国国家治理的主攻方向。

（二）培育履行国家公共管理职能的多元主体

国家治理的主体是变动的，履行国家公共管理职能的主体也不是固定不变的。随着经济社会发展和社会主体逐渐发育成熟，包括国家在内的各利益相关者共同参与管理国家公共事务成为必然的趋势。治理的本意就是强调多元共治，用"国家治理"一词代替"国家统治"和"国家管理"，目的就是让市场、社会、自治组织等利益相关者充分发挥各自优势，共同参与到国家治理活动中，协商解决共同面对的矛盾和问题。

在高度集中的计划经济年代，国家实施对人财物的统一调配与集中管理。国家计划规定了社会生产、交换、分配和消费各个环节，社会成员只有隶属于某个集体，才能获得社会认同。此时，政企不分、政社不分、政事不分，企业、社会组织、市场等社会主体发育不健全，在很大程度上是政府的附属物，国家是公共管理唯一的主体，社会没有自组织条件和自组织能力，失去了内在的发展生机和活力。

经过改革开放40余年的发展，我国形成了"公有制为主体、多种所有制经济共同发展，按劳分配为主体、多种分配方式并存，社会主义市场经济体制等社会主义基本经济制度"①。矗立于这样的经济基础之上，我国的社会结构也发生了巨大的变化，产权清晰的企业、比较完善的市场体系、以利益为纽带的社会组织、群团组织、基层群众自治组织等社会主体初步形成。这些社会主体十分关心与自己生产和生活相联系的公共利益，富有参与公共事务的积极性，并且在技术、手段、专业程度等方面具有特殊优势。在这种情况下，国家将相关的公共管理职能交由这些有理性、有能力的社会主体，实施自治或者共治的条件已经比较成熟。因此，推进国家治理现代化，必须主动回应我国社会发生的这一变化，积极吸纳多元主体参与国家公共事务管理，构建多元共治的治理新格局。

---

① 《中国共产党第十九届中央委员会第四次全体会议文件汇编》，人民出版社，2019，第10页。

当然，我国社会转型目前仍然处于变动之中，新社会主体自我发展、自我管理、自我完善的能力还不强，法律意识和社会理性还需要进一步提高。因此，在国家治理实践中，一方面，要充分信任各类社会主体，逐步下放权力，扩大社会自治和共治，激励各类社会主体依法承担公共管理职能；另一方面，也要积极培育这些主体，提高各类社会主体管理国家公共事务的能力。

（三）国家治理活动要在法治轨道上运行

现代文明国家无论实行什么样的治理形式，都存在一个共同的特征，即法治。建立和完善中国特色社会主义法治体系、建设社会主义法治国家，是坚持和发展中国特色社会主义的内在要求，也是新时代推进国家治理体系和治理能力现代化的根本遵循。

依据法治原则，国家治理蕴含两层意思：第一层是依法治理国家，在这里，国家是治理的对象，强调的是要用法律规范国家权力的范围和运行程序，防止国家权力越位、错位和缺位，限制国家公共权力侵犯社会权利；第二层是社会治理，即各类社会主体通过法治、自治和德治相结合的方式，共同参与公共管理，形成共建、共治和共享的社会和谐局面。

从第一层意思看，提高国家治理能力就是要把国家公权置于法律监督之下，使国家公权在法律轨道上运行。这就要求做到以下三点。第一，国家权力机关必须遵守宪法和法律，坚持依法治国、依法执政；党领导人民制定宪法和法律，也必须在宪法和法律范围内活动；坚持法律面前人人平等，一切违反宪法和法律的行为都必须予以追究，确保人民依法通过各种途径和形式行使管理国家事务、社会事务和管理经济文化事业的权利。第二，规范和优化政府职责，实行政府权力清单制度，厘清政府和市场、政府和企业、政府和社会的关系，最大限度减少不必要的行政审批事项，最大限度激发各类市场主体的发展活力。第三，政府要遵循"法定职责必须为，法无授权不可为"① 的原则行事，最大限度减少

---

① 《十八大以来重要文献选编》（下），中央文献出版社，2018，第 280 页。

不必要的行政执法事项；社会遵循"法不禁止即自由"的原则运行。凡市场和社会能够自己解决的事项，放手让市场和社会自己依法解决、协商解决。治理国家的目的和方向，就是把国家机构、职能、权限、程序和责任法定化，使国家公共管理在法律框架内运行，确保人民在国家治理中的主体地位。

从第二层意思看，在国家治理过程中，参与国家治理的各社会主体的权限、行使权利的程序和方式等，既要受法律保护，也要有法律依据。第一，依法保护各类市场主体的产权和各项权益，营造公开公平公正的市场环境，保障各类市场主体平等享有参与管理经济和文化事业的权利，使其能够独立从事生产经营活动。第二，在城乡社区治理、基层公共事务和公益事业中，广泛实行自我管理、自我服务、自我教育、自我监督的原则，推进基层直接民主制度化、规范化、程序化；健全以职工代表大会为基本形式的企事业单位民主管理制度，保障职工群众参与企业管理的权利和各项合法权益。第三，保障各种群团组织、社会组织、行业协会和商会在社会治理中的地位，充分发挥这些主体在处理社会公共事务中的优势作用。

总而言之，从马克思主义国家学说来看，国家公共管理职能回归社会、建立自由人联合体、实现社会自我管理，是国家消亡过程中的必经环节。在中国特色社会主义进入新时代之后，我国社会主要矛盾已经发生变化，人民依法参与管理国家事务、社会事务和经济文化事业的要求不断增多，能力不断增强。此时，把国家职能的重心转向公共管理，使公共管理主体从国家一元转向社会多元，实施多元主体依法共治，这既符合马克思主义国家学说，也与新时代我国国家治理的现实需要相一致。

论政府主导下的国家治理现代化[*]

王中汝

一 从"中国模式"说起

近十年来，特别是从 2008 年全球经济危机开始，"中国模式"这个概念流行开来。其中，在"中国模式"与政府作用的问题上，学界出现了针锋相对的激烈争论。

有观点认为存在"中国模式"，这个模式是 30 多年来中国经济奇迹的重要原因。"与美国以自由市场为核心的经济体制不同"，"中国模式的核心是国家对经济的干预"。"中国最关键的优势，恰恰是政府对经济强有力的干预，这是其他西方国家所没有的。"这种优势，集中表现在中国政府具有较强的宏观或区域性经济调控能力上，包括调控国有企业履行社会责任、集中和分配全国性财力、协调区域发展、引导社会投资方向等方面①。中国要进一步发展，必须坚持和完善"中国模式"。类似的观点认为，"中国模式的核心是中国特有的政治经济模式"。在经济方面，"中国有混合经济体制"，有国有和非国有部门，"政府和市场要保持平衡，国家总是垄断一些行业，但是不能扩张得太厉害"。但是，"中国模式处于转型期，还在探索中，但探索不是没有方向，而这个方向取决于中国文明的进程。模式有一个发展的过程，至于说成熟不成熟，是

---

* 本文原载于《人民论坛·学术前沿》2016 年第 12 期，收入本书时有改动。

① 邹东涛主编《中国经济发展和体制改革报告 No.3：金融危机考验中国模式（2008~2010）》，社会科学文献出版社，2010，第 27~28 页。

进步了，还是退步了"，取决于"它实际是怎么运作的"①。

本文所谓的"政府主导"，就是政府在经济社会资源配置中发挥强有力作用。在《现代汉语词典》第 7 版中，"主导"一词意为"决定并且引导事物向某方面发展"，如"主导思想""主导作用"等。《辞海》关于"主导"的释义，即"起主要和领导作用的"。因此，作为一种发展模式，"政府主导"可视为一种政府发挥主要和领导作用的发展模式。这种发展模式，体现在政治、经济、文化等各个方面，而非局限于单一的经济领域。就政府在经济社会发展中的作用而言，如果存在"中国模式"，那这种模式也是一种"政府主导"发展模式。激烈的争论以及全面深化改革的中国特色社会主义建设实践，要求我们全面审视、深刻反思这种发展模式。

二 政府主导的历史、类型与本质

从历史上看，最早的政府主导发展模式，出现在欧洲现代化早期或前期实行重商主义的国家。重商主义者主张国家干预经济社会生活，管制商业、制造业、农业，垄断对外贸易，以最大限度地获取和积累财富。

18 世纪末和 19 世纪前半叶的法国，是较早推行重商主义的国家。在经济结构上，农业占统治地位，工业弱小。在阶级结构方面，农村人口占全国总人数的 2/3 以上，工业资产阶级弱小。马克思分析说，"在英国，工业需要自由贸易，而在法国，工业则需要保护关税，除需要其他各种垄断外还需要国家垄断"；"在法国，小资产者做着通常应该由工业资产者去做的事情；工人完成着通常应该由小资产者完成的任务"②。所谓"工业资产者"应该做的事情，就是大力发展市场经济，以及保障市场经济正常运行。关税、国家垄断等体现了政府对市场、社会的干预。

---

① 《郑永年：中国模式客观存在，其研究应该去政治化》，凤凰网，2010 年 11 月 16 日，http://finance.ifeng.com/news/special/chinaway/20101116/2891464.shtml。

② 《马克思恩格斯文集》第 2 卷，人民出版社，2009，第 154、155 页。

马克思总结说："归根到底，小农的政治影响表现为行政权支配社会。"①在这种情况下，行政权"经常和绝对控制着大量的利益和生存"，"国家管制、控制、指挥、监视和监护着市民社会——从其最广泛的生活表现到最微不足道的行动，从其最一般的生存形式到个人的私生活"，"现实的社会机体却极无独立性、极不固定"②。在这种情况下，"从某一村镇的桥梁、校舍和公共财产，直到法国的铁路、国家财产和国立大学"，都"成为政府活动的对象"③。这个时期的法国就是较早实行政府主导发展模式的国家。

从世界各国发展来看，实行政府主导发展模式的国家，普遍是经济欠发达国家，或者是正处在社会转型时期、采取赶超式现代化战略的国家。

英、美老牌资本主义国家的现代化进程，本质上是一种内生性自然演化过程。英国的工业革命，特别是推动革命的科技突破，并非政府主导实现的，而是企业家追求利润、科学技术长期渐进积累的结果。工业革命反过来进一步增强了国家的综合实力，炮舰保护下的资本更是横行于全世界，以攫取超额利润。美国的情况与英国有所不同。但这两个国家都采用小政府、大社会的自由主义发展模式，不需要也不允许政府在资源配置中发挥特殊作用。采取赶超式现代化战略的国家，情况也有所不同。但这些国家，面对发达国家的示范效应（对社会主义国家来说还有政治经济以及军事压力），面对国内民众改善生活、快速实现现代化的压力，不可能再走小政府、大社会的老路，政府自然要在资源配置中发挥积极作用。从这个意义上讲，政府主导经济社会发展，是一种非自然的历史进程。

19世纪的法国，较"日不落帝国"英国落后很多。更落后的，是当时的德国。1871年，铁血宰相俾斯麦完成统一后，德国政府采取了一系列"政府主导"措施：经济上，大力推行国有化，将铁路、烟草等行业

① 《马克思恩格斯文集》第2卷，人民出版社，2009，第567页。
② 《马克思恩格斯文集》第2卷，人民出版社，2009，第511页。
③ 《马克思恩格斯文集》第2卷，人民出版社，2009，第565页。

收归国有；政治上，镇压工人阶级运动，实行专制统治；社会上，建立世界上最早的养老、健康医疗、社会保险制度。第一次世界大战前夕，德国 44 个最大的矿山和 12 个大钢铁企业，以及 24% 的发电设备和 20% 的制盐企业，都属国家所有，80% 以上的铁路也由国家经营①。第二次世界大战后，日本等国家在一个历史时期内，政府在经济社会发展中也处于主导地位。在日本，先后成立了经济安定本部、经济企划厅等政府计划部门，负责编制规模庞大的经济计划，从金融、财政、价格、税收等方面采取一系列措施，引导经济复兴和发展。在新加坡，政府成立了经济发展局，制定各种经济发展计划，以至于"政府决策指导，国家参与投资"② 成为新加坡市场经济的主要特征之一。苏联模式也可归类为政府主导发展模式，只不过是一种极端化的绝对控制模式：政府控制了几乎所有经济社会资源，公权力甚至入侵公民的私生活领域。这种绝对控制，当然也与相当时期内苏联落后于西方发达国家有关。

从政府主导的类型看，存在市场经济基础上的政府主导和不承认市场作用的政府主导两种类型。

19 世纪的法国、德国，第二次世界大战后的日本、新加坡等国家在肯定市场机制的基础上，通过引导性计划、产业政策等发挥政府作用。例如，日本政府的经济计划，除战后初期的物资管制外，对企业只起间接指导作用。这是一种政府主导发展模式。在苏联等社会主义国家普遍推行的是另一种政府主导发展模式：实行单一的公有制经济、严格的政府计划控制，完全否定市场机制和非公所有制经济，通过政府计划来配置资源。两种政府主导发展模式有显著的区别。德国、日本等国家实行的政府主导模式，政府发挥"主导"作用，但这种"主导"是在充分保障私有制经济与市场机制的基础上实现的。在这些国家，政府权力相当大，同时人们也享有极大的经济自由。不足之处在于，民主或民众的政治参与有不同程度的限制，实行所谓的"威权政治"（二战前的德国，先后出现过封建军事帝国主义、法西斯主义；二战后的日本，拥有竞争

---

① 陈万里等编著《市场经济 300 年》，中国发展出版社，1995，第 97 页。
② 陈万里等编著《市场经济 300 年》，中国发展出版社，1995，第 285 页。

性政治的外表，但长期维持一党独大、独享政权的政治格局）。以苏联为代表的政府主导模式，以严格的政府计划和公有制经济为载体，从根本上否定了市场机制。政经不分，党政不分，政社不分，缺乏民主，政府控制了经济社会生活的各个环节。苏联模式中的政府"主导"，用"全面控制"更准确。两种政府主导模式，可分别称作尊重市场经济的政府主导模式和否定市场经济的政府主导模式。

政府是公权力的代表。无论哪一种政府主导模式，本质上都是权力配置资源，只是程度不同、方法不同、外在约束条件不同。权力配置资源，有明显的优势，就是"集中力量办大事"。同时，它的劣势也很明显。政府要主导，就必须集权，造就所谓的"强势政府"。强势政府，会弱化社会自主性，压缩社会活动空间，削弱社会活力，带来一系列严重问题，如政治腐败、财富分配不平等、民众参与不足导致的政治认同下降、决策失误等。日本、新加坡等国家，通过重视市场经济和公共权力运行的法治建设，规范、保障资源配置过程的公开透明，防范权力与私人资本的结盟，确保公共资本的公共属性，来解决上述问题。

以上分析表明，政府主导要想取得最大限度的成功，必须赋予人们极大的经济自由，加强法治建设，防范权力和资本的勾结。政府主导具有阶段性，在现代化奠基与起飞阶段非常必要，但在这个阶段过去之后，改革政府主导体制或模式，建立新的政治经济体制，进一步解放和发展生产力，进一步激发和释放社会活力，是完成现代化的必由之路。

三　政府主导与中国的改革开放

在经济社会发展过程中，政府与经济社会发展的关系，是有规律可循的。这里的关键是，"经济运动会为自己开辟道路"。如果政府"阻止经济发展沿着某些方向走，而给它规定另外的方向"，必然"会给经济发展带来巨大的损害，并造成大量人力和物力的浪费"①。以国有化问题为例，恩格斯指出："只有在生产资料或交通手段真正发展到不适于由

---

① 《马克思恩格斯文集》第10卷，人民出版社，2009，第597页。

股份公司来管理，因而国有化在经济上已成为不可避免的情况下，国有化——即使是由目前的国家实行的——才意味着经济上的进步，才意味着达到了一个新的为社会本身占有一切生产力作准备的阶段。"① 政府可以影响经济发展，但不能根本改变经济发展的内在规律。政府认识到位，举措得当有力，会促进经济发展。反之，则阻碍经济发展，甚至会导致自身崩溃。

经济发展的基本规律是什么？根据马克思恩格斯的经济学说，从自给自足的自然经济，到以自由交换为基本特征的商品经济，再到社会自主调节的产品经济，就是贯穿于整个人类社会始终的经济发展基本规律。在现阶段，以市场配置资源为核心特征的市场经济或商品经济，是推动经济发展的基本规律。这一点，已被西方发达国家数百年来的实践所证明。采取政府主导模式的日本等国家，甚至19世纪的德国、法国，虽强调政府在资源配置中的作用，但也不敢违背市场配置资源的基本规律。以苏联为首的社会主义国家，长期把市场等同于资本主义，把政府计划配置资源当作社会主义，把几乎所有资源都掌控在政府手中。中国的体制，包括经济、政治、社会等各方面的体制，都脱胎于苏联模式。这种模式的最大弊病，是束缚社会个体的积极性、创造性，政治不民主，社会缺乏活力。中国的改革开放，所针对的就是这种模式。

改革开放以来，在政府与市场关系的认识上，我国先后提出"计划经济为主、市场调节为辅"的社会主义有计划的商品经济，以及"国家调节市场，市场引导企业"，"使市场在社会主义国家宏观调控下对资源配置起基础性作用"的社会主义市场经济等。其中，党的十二届三中全会提出的"商品经济的充分发展，是社会经济发展的不可逾越的阶段"，是理论上的一大突破，为社会主义市场经济的提出奠定了基础。从党的十四大到党的十七大，在建立、完善社会主义市场经济体制的目标下，中国始终强调"发挥市场在资源配置中的基础性作用"。党的十八大提出，"更加尊重市场规律，更好发挥政府作用"。党的十八届三中全会进一步提出"使市场在资源配置中起决定性作用"，同时也要"更好发挥

① 《马克思恩格斯文集》第3卷，人民出版社，2009，第558页。

政府作用"的改革任务。习近平总书记解释说："理论和实践都证明，市场配置资源是最有效率的形式。市场决定资源配置是市场经济的一般规律，市场经济本质上就是市场决定资源配置的经济。"① 这个认识，是中国共产党领导全国人民三十多年艰辛探索得出的结论，是"我们党对中国特色社会主义建设规律认识的一个新突破，是马克思主义中国化的一个新的成果，标志着社会主义市场经济发展进入了一个新阶段"②。

市场在资源配置中起决定性作用，势必审视和界定政府的作用。习近平总书记指出："进一步处理好政府和市场关系，实际上就是要处理好在资源配置中市场起决定性作用还是政府起决定性作用这个问题。"既然市场配置资源是最有效率的形式，那么政府就不能像苏联模式的计划经济体制那样在资源配置中起决定性作用了。这是其一。其二，"市场在资源配置中起决定性作用，并不是起全部作用"。也就是说，政府还要在资源配置中发挥一定或特殊作用，这种作用只是辅助性的。这种作用，只能发挥在市场不能充分发挥作用或者根本不能发挥作用的领域，如市场秩序的维护、公共产品的提供等。只有在这个意义上，才可以说"市场作用和政府作用的职能是不同的"。"更好发挥政府作用"，怎么做才算"更好"？"政府的职责和作用主要是保持宏观经济稳定，加强和优化公共服务，保障公平竞争，加强市场监管，维护市场秩序，推动可持续发展，促进共同富裕，弥补市场失灵。"③

中国对市场配置资源的认识，不只是纯粹理论认识深化的产物，更是现实问题所引导出来的。三十多年来，随着经济体制改革的逐步深入，市场在资源配置中发挥的作用越来越大，社会主义市场经济体制也不断走向完善。但是，在土地、矿产等领域，政府配置资源的角色并未发生根本改变。相反，该由政府承担的职能，包括提供公共服务、促进公平正义等，政府的作用发挥得还很不够。由此导致的严重问题，如经济结构与发展方式转型缓慢，权力寻租带来的腐败蔓延，公共服务不到位带

---

① 《习近平谈治国理政》，外文出版社，2014，第 77 页。
② 《习近平谈治国理政》，外文出版社，2014，第 116 页。
③ 《习近平谈治国理政》，外文出版社，2014，第 77 页。

来的上学难、就医难、养老难等，特别是导致这些问题的体制机制弊端，成为中国进一步发展绕不过去的坎儿。如果说，政府对经济的强有力干预是所谓的"中国模式"的核心特征，这种模式三十多年来发挥过不少积极作用，那么，现阶段，这种模式基本上完成了自己的历史使命，成为进一步改革的对象。实际上，市场化程度较高、起步较早、市场体系较完善的中国沿海发达地区，之所以居于中国经济社会发展的领头羊地位，原因正是政府对市场配置资源的尊重，特别是对非公所有制产权、自主经营权的尊重，而非政府对市场的干预。过去三十多年改革开放的成就，主要不是政府干预的产物，而是政府持续向市场、企业放权的结果。这个事实，一定要弄清楚，绝不能因果颠倒，阻碍中国的现代化进程。

充分发挥市场在资源配置中的决定性作用，把政府职责由过去主导资源配置转变到建设市场经济体系、提供公共服务、保障公平竞争和促进共同富裕上来，要求我们改革政府主导发展模式，实现发展模式的总体转型。从这个意义上讲，政府主导发展模式问题，并非单一的经济问题，而是涉及经济发展、政府治理、社会组织发育等在内的现代化问题。因此，党的十八届三中全会提出全面深化改革，完善和发展中国特色社会主义制度，推进国家治理体系和治理能力现代化的战略性任务。

四 改革政府主导模式，推进国家治理现代化

国家治理现代化，是对党的十八届三中全会所提出的国家治理体系和治理能力现代化的概括。国家治理体系，是一个国家的制度体系。国家治理能力，是当政者运用制度体系治理国家的能力。在中国，"国家治理体系是在党领导下管理国家的制度体系，包括经济、政治、文化、社会、生态文明和党的建设等各领域体制机制、法律法规安排，也就是一整套紧密相连、相互协调的国家制度；国家治理能力则是运用国家制度管理社会各方面事务的能力，包括改革发展稳定、内政外交国防、治党治国治军等各个方面。国家治理体系和治理能力是一个有机整体，相辅相成，有了好的国家治理体系才能提高治理能力，提高国家治理能力

才能充分发挥国家治理体系的效能"①。推进国家治理体系和治理能力现代化，涉及制度建设与全面改革问题，或者说通过全面改革实现各个领域内的制度现代化。

制度就是规矩，是办事的程序。没有规矩，不遵守体现最大共识的程序，社会必然会乱套。与此同时，现代化取向的制度，还必须符合民主、法治、自由、平等、公正等人文价值。在这个方面，1978年以前的中国存在双重缺陷——制度不足与制度的现代价值取向缺失。制度不足，表现为"往往把领导人说的话当做'法'，不赞成领导人说的话就叫做'违法'，领导人的话改变了，'法'也就跟着改变"②。制度的现代价值取向缺失，表现为在"英、法、美这样的西方国家不可能发生"③的领导人严重破坏法制的现象。邓小平提出："我们今天再不健全社会主义制度，人们就会说，为什么资本主义制度所能解决的一些问题，社会主义制度反而不能解决呢？"④这个问题的正确答案应该是，发达资本主义国家已经实现了国家治理体系和治理能力现代化，从根本上消除了专制主义、人治政治等前现代因素。邓小平的答案，抓住了问题的实质："领导制度、组织制度问题更带有根本性、全局性、稳定性和长期性"⑤，"必须使民主制度化、法律化，使这种制度和法律不因领导人的改变而改变，不因领导人的看法和注意力的改变而改变"⑥。在这里，邓小平实际上已经提出了国家治理现代化命题。在邓小平关于制度建设的战略思想与30多年改革开放积累的经验的基础上，中国共产党提出了推进国家治理体系和治理能力现代化的历史任务。

中国的改革，从一开始就是全面改革，包括经济体制改革、政治体制改革和相应的其他各个领域的改革，绝不是在某一局部的修修补补。全面改革，并不是说没有重点，齐头并进。我国的基本国情，特别是生

---

① 《习近平谈治国理政》，外文出版社，2014，第91页。
② 《邓小平文选》第2卷，人民出版社，1994，第146页。
③ 《邓小平文选》第2卷，人民出版社，1994，第333页。
④ 《邓小平文选》第2卷，人民出版社，1994，第333页。
⑤ 《邓小平文选》第2卷，人民出版社，1994，第333页。
⑥ 《邓小平文选》第2卷，人民出版社，1994，第146页。

产力、科学技术的发展水平与人民群众改善生活的普遍要求，要求必须以经济建设为中心，把经济体制改革作为改革的重点。现阶段，尽管经济体制改革与经济建设取得重大成就，但基本国情并未发生根本变化，"制约科学发展的体制机制障碍不少集中在经济领域，经济体制改革任务远远没有完成，经济体制改革的潜力还没有充分释放出来"①。这种状况，决定了经济体制改革依然是改革的重点。改革不能齐头并进，并不是说可以长期单兵突进。邓小平在 20 世纪 80 年代说："不改革政治体制，就不能保障经济体制改革的成果，不能使经济体制改革继续前进，就会阻碍生产力的发展，阻碍四个现代化的实现。"② 这个论断，随着经济体制改革的深入越发显示出其真理性：其他领域体制机制的不完善，既阻碍了经济体制改革的深入，也成为社会全面进步的软肋。

市场经济体制的确立，是我国经济体制现代化的主要标志和最大成就。与此同时，我国政治、社会领域的改革，也取得一定成绩，但在很多方面仍不能满足现实需要。尽管我们提出权力要受到监督与制约，党的十六大初步提出要建立结构合理、配置科学、程序严密、制约有效的权力运行机制，但从理论到实践，还没有找到有效治"本"之策。尤其需要注意的是，腐败问题，与政府配置资源的计划经济残余紧密相关。解决腐败问题，要求我们推进政治体制改革，实现党的领导、政治运行与政府治理的现代化。在社会领域，公平问题也越来越成为全社会关注的焦点。正如习近平总书记所说："在我国现有发展水平上，社会上还存在大量有违公平正义的现象。""这个问题不抓紧解决，不仅会影响人民群众对改革开放的信心，而且会影响社会和谐稳定。"当前亟须解决的，是"由于制度安排不健全造成的有违公平正义的问题"，以"使我们的制度安排更好体现社会主义公平正义原则"③。在社会领域，还存在培育社会组织、发挥社会组织的作用、激发社会活力的问题。在文化领域，如何用社会主义核心价值观引导多样化的社会思潮，包容差异，凝

---

① 《习近平谈治国理政》，外文出版社，2014，第 93~94 页
② 《邓小平文选》第 3 卷，人民出版社，1993，第 176 页。
③ 《习近平谈治国理政》，外文出版社，2014，第 95、97 页。

聚共识，也是我们面临的大问题。

因此，尽管经济体制改革依然是改革的重点，现阶段的中国改革却不局限于经济领域，而是在各个领域全面深化改革。习近平说："我们之所以决定这次三中全会研究全面深化改革问题，不是推进一个领域改革，也不是推进几个领域改革，而是推进所有领域改革，就是从国家治理体系和治理能力的总体角度考虑的。"① 经济体制改革这个"重点"与其他领域的改革有什么关系？从历史唯物主义基本原理出发，习近平总书记认为："经济体制改革对其他方面改革具有重要影响和传导作用，重大经济体制改革的进度决定着其他方面很多体制改革的进度，具有牵一发而动全身的作用。"② 因此，"在全面深化改革中，我们要坚持以经济体制改革为主轴，努力在重要领域和关键环节改革上取得新突破，以此牵引和带动其他领域改革，使各方面改革协同推进、形成合力，而不是各自为政、分散用力"③。充分发挥经济体制改革的牵引作用，使各方面的体制改革与经济体制改革协同推进，既是全面深化改革的总思路，也是实现国家治理现代化的必由之路。

国家治理现代化，要求围绕着经济体制现代化、充分发挥市场在资源配置中的决定性作用这个主轴，推动各个领域的制度、体制与机制现代化进程。在政治领域，围绕着民主与法治两大主题，不断发展各种形式的人民民主，畅通人民群众表达诉求、维护利益的渠道，高度重视法治的作用，弘扬法治精神，确立法治信仰，推进党依宪依法执政，国家政权依照法定权限和程序行使权力，将各种经济社会事务纳入法治轨道，加速从人治迈向法治的历史进程，实现政治体制的现代化。在社会领域，以社会自治为核心，划分党、政府与社会的权力、职能边界，将党和政府不该管、管不了也管不好的属于社会自身的事务交给社会，由社会组织来承担，激发和释放社会活力，实现社会管理体制和社会组织体制的现代化。在这方面，党的十八大提出要构建两个方面的体制：一是党委

---

① 《习近平谈治国理政》，外文出版社，2014，第 90 页。
② 《习近平谈治国理政》，外文出版社，2014，第 94 页。
③ 《习近平谈治国理政》，外文出版社，2014，第 94 页。

领导、政府负责、社会协同、公众参与、法治保障的社会管理体系，一是政社分开、权责明确、依法自治的现代社会组织体制。党的十八届三中全会提出，要"推进社会组织明确权责、依法自治、发挥作用"，构建"政府治理和社会自我调节、居民自治良性互动"① 的社会治理体制。在文化领域，围绕社会主义核心价值观，坚持百家争鸣、百花齐放的思想文化发展规律，建设一元主导、多元共存、包容开放的思想文化生成和管理体制、机制，实现文化体制的现代化。

现代化的核心，是人的现代化。国家治理体系和治理能力现代化，要求我们加快塑造现代化的社会主体的步伐，塑造具有自立、自主、自由、自强个性的人，即公民。在前资本主义社会，影响、决定一个人命运的是血缘、政治权力等先赋性因素，教育、个人努力与能力等后致性因素不占主导地位。在诸多先赋性因素中，政治权力最为显著。在苏联模式中，政府绝对控制各个领域。对社会主体来说，这种政府主导进一步演化为"关系"主导。没有"关系"，就办不了事，就会受到不公平对待。最硬的"关系"，最便捷的"门道"，最深厚的"背景"，"封妻荫子"所依凭的，"一人得道，鸡犬升天"之"道"，都是权力。从社会主体塑造角度看，从先赋性因素发挥决定性作用到后致性因素发挥决定性作用的过程，也是从权力本位向能力本位的变迁过程。在这个过程中，先赋性因素让位于后致性因素，能力本位必然取代权力本位。社会主体的现代化，是一个涉及经济、政治、文化的综合问题。这个问题的解决程度，是衡量国家治理体系与治理能力现代化的重要标志。

五　几点结论

首先，政府主导，无论是尊重市场规律还是根本否定市场规律，都是特定发展阶段的产物，只能在特定发展阶段发挥特定作用。从长远来看，无论是经济、政治，还是社会、文化，都自有其发展规律。政府只能尊重规律，而不能取代规律，主导这些领域的发展。更加尊重发展规

---

① 《十八大以来重要文献选编》（上），中央文献出版社，2014，第539页。

律，更好发挥政府作用，才能实现国家治理体系和治理能力现代化。所谓"更好发挥政府作用"，要求政府尊重规律，发挥查漏补缺的作用，使各领域发展得更顺利。

其次，从根本上说，中国改革开放以来各个领域取得的巨大成就，不是政府主导即政府配置资源的产物，而是政府自我改革、主动弱化在资源配置中的决定性作用的产物。这种主动"弱化"，表现为经济、政治、社会等方面的"放权""松绑"。现阶段存在的弊病，主要是"放权""松绑"不到位，当然也存在政府积极行权不到位的因素。如果说政府主导是所谓"中国模式"的核心特征，那么下一步的改革，就要进一步改革这种政府主导。不改革，中国的现代化难以顺利进入下一个阶段。

再次，国家治理体系和治理能力的现代化，包括经济、政治、社会等各种制度、体制、机制的现代化，即经济市场化、政治民主化和法治化、社会自治化等，归根结底要服务于社会主体特别是人的现代化。所谓服务于人的现代化，主要是确保人全面自由发展的制度体系的现代化：从先赋性因素决定人的命运转变为后致性因素决定人的命运，从权力本位转变为能力本位，促使人从具有依附性人格的人转变为具有自主、自立、自由、自强个性的人。

最后，正确理解社会主义的优势即所谓"集中力量办大事"。大事，既包括三峡水电站、青藏铁路这样的物质实体，也包括社会稳定、凝聚共识这样的秩序、精神层面的东西。在现阶段，中国最大的事，是各个领域体制、制度的现代化，即国家治理体系和治理能力的现代化。现代化与民族复兴，最根本的是确保国家、民族健康发展的各种制度的现代化。这也是中国共产党在现阶段的历史使命。

论中国共产党的战略定力[*]

——十八大以来党中央治国理政实践的战略哲学考量

辛　鸣

战略关注的都是大问题。在一定意义上，"战略"可以与"大"画等号。因此，战略定力不仅是"战略"的定力，指对战略有定力；更是"战略性"的定力，指在一些大问题、大原则、大判断上具有战略意义、达到战略高度、蕴含战略思维的定力。"战略定力"是一个实践概念，始于认知成于实践，既强调"理上觉悟"更注重"事上磨炼"，反映的是对所做事情、所坚持信念、所追求目标的自信、坚定、从容，因此"表现为一种态度、一种意志、一种境界"[①]。能否在"乱花渐欲迷人眼"的历史大变局中，做到"乱云飞渡仍从容"，显示的是战略定力，考验的也是战略定力。

党的十八大以来，以习近平同志为核心的党中央直面大考验，担当大使命，引领大时代，统揽"四个伟大"实践，治国理政实现了历史性变革，取得了历史性成就，也在这一过程中充分展现出当代中国共产党人在政治、理论、政策、处变等方面的战略定力。以党的十八大以来党中央治国理政的实践为观察样本，从战略哲学的视角进行理论分析与考察，对于我们深刻领会习近平关于战略定力的重要论述，深入贯彻习近平关于战略定力的重要部署，更进一步涵养历练中国共产党的战略定力是很有意义的。

---

[*]　本文原载于《中国特色社会主义研究》2018 年第 4 期，收入本书时有改动。
[①]　辛鸣：《构建新时代的战略哲学》，《人民日报》2018 年 5 月 14 日。

一 政治定力

政治定力是战略定力的灵魂。中国共产党是一个政治组织，政治组织就要讲政治。习近平曾经严肃告诫全党："共产党不讲政治还叫共产党吗？"① 正所谓"纲举目张""先立其大"，政治这个"纲"举起来、这个"大"立住了，其他一切方面就都有了基础，有了"主心骨"。党的十八大以来，以习近平同志为核心的党中央在加强党的领导、严肃党内政治生活、强化党内监督、正风肃纪反腐等方面采取的一系列重大举措，着眼点正是从政治上建设党；党的十九大明确把党的政治建设纳入党的建设总体布局，强调"把党的政治建设摆在首位"②，讲的也是这个道理。党的政治建设搞好了，政治定力就有了前提与基础并且能不断增强，就能做到在道路、方向、立场等重大原则问题上坚定不移。

1. 革命理想高于天，在理想信念上有定力

一个政党与其他政党最根本的区别在于主义信仰和理想信念。习近平在庆祝中国共产党成立 95 周年大会上指出："中国共产党之所以叫共产党，就是因为从成立之日起我们党就把共产主义确立为远大理想。"③ 坚定理想信念，坚守共产党人精神追求，始终是共产党人安身立命的根本。2012 年 11 月 17 日，习近平在主持十八届中共中央政治局第一次集体学习时就特别强调："对马克思主义的信仰，对社会主义和共产主义的信念，是共产党人的政治灵魂，是共产党人经受住任何考验的精神支柱。"④

中国共产党人认识到，不要冀望一夜之间梦想成真，更不要因为一

---

① 《习近平关于全面从严治党论述摘编》，中央文献出版社，2016，第 80 页。
② 习近平：《决胜全面建成小康社会　夺取新时代中国特色社会主义伟大胜利——在中国共产党第十九次全国代表大会上的报告》，人民出版社，2017，第 62 页。
③ 《习近平谈治国理政》第 2 卷，外文出版社，2017，第 34 页。
④ 《习近平谈治国理政》，外文出版社，2014，第 15 页。

时挫折半途而废。理想之所以为理想是因其远大，信念之所以称得上信念是因其执着。一百多年来的世界社会主义实践的曲折历程表明，马克思主义政党一旦放弃了马克思主义信仰，动摇了对社会主义和共产主义的信念，就会名存实亡，最终落个土崩瓦解、曲终人散。共产党人如果丧失信仰、放弃理想，或信仰、理想不坚定，精神上就会"缺钙"，就会得"软骨病"，就必然导致政治上变质、经济上贪婪、道德上堕落、生活上腐化。中国共产党之所以能够经受一次次挫折而又一次次奋起，归根结底是因为有远大理想和崇高追求，并且对这一理想始终不渝，对这一追求义无反顾。

从中国共产党成立直到现在 90 多年来，国内外总有一些势力企图让中国共产党改旗易帜、改名换姓，其要害就是企图让中国共产党丢掉对马克思主义的信仰，丢掉对社会主义、共产主义的信念。而中国共产党党内有些人却没有看清这里面暗藏的玄机，认为西方"普世价值"经过了几百年，为什么不能认同？西方的政治话语为什么不能借用？接受了也不会有什么大的损失，为什么非要与人家拧着来？面对这些奇谈怪论，究竟是当"开明绅士"，"爱惜羽毛"，还是做"勇猛战士"，"敢于亮剑"，其实考验的就是对理想信念是否有定力。2013 年 6 月 28 日，习近平在全国组织工作会议上指出，检验一名干部理想信念是否坚定，"主要看干部是否能在重大政治考验面前有政治定力"①。

保持理想信念上的战略定力固然在于心中有数，但也还要经常讲、多多讲，对于坚持的东西就要大讲特讲。2015 年 12 月 11 日，在全国党校工作会议上，习近平要求"党校要旗帜鲜明、大张旗鼓讲马克思主义、讲中国特色社会主义、讲共产主义，旗帜鲜明、大张旗鼓讲党的性质、讲党的宗旨、讲党的传统、讲党的作风"②，也是从一个方面显示中国共产党对理想信念的定力。习近平还特别讲："中央批准中央党校成立马克思主义学院，就是坚持党校姓'马'姓'共'之举。"③ 这是为

---

① 《习近平谈治国理政》，外文出版社，2014，第 415 页。
② 习近平：《在全国党校工作会议上的讲话》，人民出版社，2016，第 8 页。
③ 习近平：《在全国党校工作会议上的讲话》，人民出版社，2016，第 8 页。

了让中国共产党的中高级干部在时代洪流中成为坚守共产党人精神追求的中流砥柱。

2. 以人民为中心，在坚守立场上有定力

人民立场是中国共产党的根本政治立场，是马克思主义政党区别于其他政党的显著标志。中国共产党与人民风雨同舟、生死与共，始终保持血肉联系，是战胜一切困难和风险的根本保证。中国共产党走得再远、走到再光辉的未来，也不能忘记为什么出发。坚守立场，根本就是坚守"人民至上"这一马克思主义的立场；不忘初心，首先就是不忘"为人民谋幸福"这一中国共产党人的初心。"人民对美好生活的向往，就是我们的奋斗目标。"① 在十八届中央政治局常委同中外记者见面时习近平讲了这句话；时隔 5 年，在十九届中央政治局常委同中外记者见面时习近平又强调了这句话。

为把这一立场坚持好并切实体现在经济社会生活中，习近平在党的十八届五中全会上明确提出"坚持以人民为中心的发展思想"，要求把增进人民福祉、促进人的全面发展、朝着共同富裕方向稳步前进作为经济发展的出发点和落脚点。党的十八大以来，我们党以保障和改善民生为重点，抓住人民最关心最直接最现实的利益问题，发展各项社会事业，加大收入分配调节力度，强调全面小康一个都不能少，使改革发展成果更多更公平惠及全体人民等，都是对这一思想的具体落实，对这一立场的坚定坚持。

2016 年 1 月 18 日，习近平在省部级主要领导干部学习贯彻党的十八届五中全会精神专题研讨班讲话中指出："以人民为中心的发展思想，不是一个抽象的、玄奥的概念，不能只停留在口头上、止步于思想环节，而要体现在经济社会发展各个环节。"② 2015 年 2 月 27 日，在中央全面深化改革领导小组第十次会议上，习近平更是明确提出"让人民群众有更多获得感"③ 的要求。检验我们一切工作的成效，最终都要看人民是

① 《习近平谈治国理政》，外文出版社，2014，第 4 页。
② 《习近平谈治国理政》第 2 卷，外文出版社，2017，第 213~214 页。
③ 《习近平谈治国理政》第 2 卷，外文出版社，2017，第 102 页。

否真正得到了实惠，人民生活是否真正得到了改善，人民权益是否真正得到了保障，是否在幼有所育、学有所教、劳有所得、病有所医、老有所养、住有所居、弱有所扶上持续取得新进展，是否在民主、法治、公平、正义、安全、环境等方面有收获。

3. 走人间正道，在旗帜道路上有定力

举什么旗、走什么路最考验战略定力。2014 年 5 月 4 日，习近平在北京大学师生座谈会上指出，"我们要保持战略定力和坚定信念，坚定不移走自己的路，朝着自己的目标前进"①。

在旗帜道路上有定力就是对中国特色社会主义道路高度自信。中国特色社会主义道路是中国共产党和中国人民历尽千辛万苦、付出巨大代价走出来的一条伟大道路，既有坚实的实践基础，"是在改革开放 30 多年的伟大实践中走出来的，是在中华人民共和国成立 60 多年的持续探索中走出来的，是在对近代以来 170 多年中华民族发展历程的深刻总结中走出来的"，又有深厚的文明之根，"是在对中华民族 5000 多年悠久文明的传承中走出来的"②；既坚守着科学社会主义的基本原则，"中国特色社会主义是社会主义而不是其他什么主义，科学社会主义基本原则不能丢，丢了就不是社会主义"③，又彰显着实事求是的实践品格，"以我国改革开放和现代化建设的实际问题、以我们正在做的事情为中心，着眼于马克思主义理论的运用，着眼于对实际问题的理论思考，着眼于新的实践和新的发展"④。这是中国社会实现社会主义现代化的必由之路，是创造中国人民美好生活的必由之路。改革开放 40 年来所创造的发展奇迹与辉煌成就更是证明了这一点。为此，习近平自信地讲："历史没有终结，也不可能被终结。中国特色社会主义是不是好，要看事实，要看中国人民的判断，而不是看那些戴着有色眼镜的人的主观臆断。中国共产党人和中国人民完全有信心为人类对更好社会制度的探索提供中国

---

① 《习近平谈治国理政》，外文出版社，2014，第 170 页。
② 《习近平谈治国理政》，外文出版社，2014，第 39~40 页。
③ 《习近平谈治国理政》，外文出版社，2014，第 22 页。
④ 《习近平谈治国理政》，外文出版社，2014，第 9 页。

方案。"①

一切向前走，都不能忘记走过的路。在旗帜道路上有定力还体现在坚持和发展中国特色社会主义是一脉相承、一以贯之的。不仅40年来的中国特色社会主义发展是一以贯之的，近70年的社会主义建设同样是一脉相承的。20世纪50年代以来中国共产党人进行的社会主义实践探索，当然是中国特色社会主义把握现实、创造未来的"出发阵地"，没有前30年积累的思想成果、物质成果、制度成果，中国特色社会主义也难以顺利推进。2014年2月17日，习近平在中央党校省部级主要领导干部学习贯彻十八届三中全会精神全面深化改革专题研讨班开班式上指出："我国国家治理体系需要改进和完善，但怎么改、怎么完善，我们要有主张、有定力。"② 今日中国社会正在进行的全面深化改革，其方向和目标是更好地坚持和发展新时代中国特色社会主义，而不是否定和放弃中国特色社会主义。没有中国特色社会主义的完善和发展，也不可能有国家治理体系和治理能力的现代化。在这一点上，中国共产党人绝不会犯颠覆性错误。

二　理论定力

理论定力是战略定力的基础。所谓理论定力就是指在理论创造上对现象的分析、对规律的认知、对实践的总结有自己的逻辑框架，有自己的思维范式，有自己的话语体系，能用自己的逻辑框架、思维范式、话语体系来回答时代之问、实践之问，来揭示人类社会发展的大逻辑、大趋势，来指导改造世界的宏大实践，不人云亦云，不鹦鹉学舌，实现精神上的完全主动。2015年1月23日，习近平在十八届中央政治局第二十次集体学习时指出："必须高度重视理论的作用，增强理论自信和战略

---

① 《习近平谈治国理政》第2卷，外文出版社，2017，第37页。
② 《习近平谈治国理政》，外文出版社，2014，第105页。

定力，对经过反复实践和比较得出的正确理论，要坚定不移坚持。"①

中国共产党的理论定力来自两个方面。一是对科学理论的高度自信。不管世界如何风云变幻，马克思主义始终占据真理和道义的制高点，人类社会依然处于马克思主义所指明的历史时代。"从《共产党宣言》发表到今天，170 年过去了，人类社会发生了翻天覆地的变化，但马克思主义所阐述的一般原理整个来说仍然是完全正确的。"② 马克思主义的立场、观点、方法，马克思主义关于世界的物质性及其发展规律，关于人类社会发展的自然性、历史性及其相关规律，关于人的解放和全面自由发展的规律，关于认识的本质及其发展规律等原理，仍然是中国共产党人的锐利思想武器和看家本领。二是对当代中国伟大实践的高度自觉。伟大的时代呼唤伟大的思想，伟大的实践孕育伟大的理论。当代中国正经历着我国历史上最为广泛而深刻的社会变革——走向现代化，也正在进行着人类历史上最为宏大而独特的实践创新——发展中国特色社会主义。这种前无古人的伟大实践，必将给中国社会思想理论创造提供强大动力和广阔空间。习近平新时代中国特色社会主义思想就是在这样一种伟大时代、伟大实践中孕育产生的中国共产党人自己的、中国人民自己的伟大思想。正是基于这样的理论自信，党的十八大以来，中国共产党在一系列理论问题上充分彰显出强大的理论定力。

1. 对政党制度的理论定力：提出"新型政党制度"

西方社会一向标榜自己是现代政党制度的发源地，西方政党是现代政党的样板。但是，现代西方政治发展越来越表明西方政党政治已经沦为一种"政治游戏"，多党竞争演变为相互斗争和彼此倾轧，政党之间缺乏共识，也不愿意寻求共识。在意识形态的"洞穴假象"和逐利性的"分权制衡"驱使下，西方政党陷入恶性竞争的困境，导致政治效率极其低下，国家政策的制定和实行朝令夕改、朝三暮四。西方政党或为反

---

① 《习近平关于社会主义文化建设论述摘编》，中央文献出版社，2017，第 65 页。

② 习近平：《在纪念马克思诞辰 200 周年大会上的讲话》，人民出版社，2018，第 25 页。

对而反对，或为了选票盲目承诺"空头支票"，靠喊口号、煽动民粹主义情绪来获得支持，完全置国家民众利益于不顾，不去也不能解决实际问题。结果"黑天鹅"事件频频出现，"西方之乱"渐成常态。

而反观中国共产党，其之所以能"六合同风，九州共贯"，实现"中国之治"，就在于理直气壮地讲"中国特色社会主义最本质的特征是中国共产党领导，中国特色社会主义制度的最大优势是中国共产党领导，党是最高政治领导力量"[1]；理直气壮地讲"'众星捧月'，这个'月'就是中国共产党。在国家治理体系的大棋局中，党中央是坐镇中军帐的'帅'，车马炮各展其长，一盘棋大局分明"，"在当今中国，没有大于中国共产党的政治力量或其他什么力量。党政军民学，东西南北中，党是领导一切的，是最高的政治领导力量"[2]；理直气壮地讲"党中央是大脑和中枢，党中央必须有定于一尊、一锤定音的权威"[3]。

这一切来自中国共产党以高度的理论自信提出的"新型政党制度"。这一理论创新充分彰显出与西方相比中国在国家发展、社会治理、人民民主方面的巨大制度优势。中国共产党明确提出中国共产党领导的多党合作和政治协商制度是中国共产党、中国人民和各民主党派、无党派人士的伟大政治创造，是从中国土壤中生长出来的新型政党制度。这一政党制度，"新就新在它是马克思主义政党理论同中国实际相结合的产物，能够真实、广泛、持久代表和实现最广大人民根本利益、全国各族各界根本利益，有效避免了旧式政党制度代表少数人、少数利益集团的弊端；新就新在它把各个政党和无党派人士紧密团结起来、为着共同目标而奋斗，有效避免了一党缺乏监督或者多党轮流坐庄、恶性竞争的弊端；新就新在它通过制度化、程序化、规范化的安排集中各种意见和建议、推

---

① 习近平：《决胜全面建成小康社会　夺取新时代中国特色社会主义伟大胜利——在中国共产党第十九次全国代表大会上的报告》，人民出版社，2017，第 20 页。

② 《习近平关于社会主义政治建设论述摘编》，中央文献出版社，2017，第 31、30 页。

③ 《习近平在全国组织工作会议上强调　切实贯彻落实新时代党的组织路线　全党努力把党建设得更加坚强有力》，《人民日报》2018 年 7 月 5 日。

动决策科学化民主化，有效避免了旧式政党制度囿于党派利益、阶级利益、区域和集团利益决策施政导致社会撕裂的弊端"①。

2. 对社会主义市场经济的理论定力：不忘"社会主义"这个定语

社会主义市场经济理论，不仅是社会主义发展史上的重大理论创新，也是马克思主义发展史上的伟大创举，同样也是人类思想发展史上的革命性进步。中国共产党从根本上讲清楚了市场经济的理论逻辑：与西方市场经济不一样并不意味着不是市场经济，西方市场经济只是人类社会早期市场经济的一种形式，而社会主义市场经济则是市场经济在当今时代的升级版。

其一，中国的市场经济是社会主义性质的市场经济，是为社会主义制度服务的。2013 年 11 月 9 日，习近平在作《中共中央关于全面深化改革若干重大问题的决定》的说明时指出："我国实行的是社会主义市场经济体制，我们仍然要坚持发挥我国社会主义制度的优越性、发挥党和政府的积极作用。市场在资源配置中起决定作用，并不是起全部作用。"② 2015 年 11 月 23 日，习近平在十八届中央政治局第二十八次集体学习时指出："我们是在中国共产党领导和社会主义制度的大前提下发展市场经济，什么时候都不能忘了'社会主义'这个定语。之所以说是社会主义市场经济，就是要坚持我们的制度优越性，有效防范资本主义市场经济的弊端。"③

其二，社会主义市场经济既要"有效的市场"，也要"有为的政府"，要用"看得见的手"引导"看不见的手"。使市场在资源配置中起决定性作用和更好发挥政府作用是有机统一的，不是相互否定的，不能把二者割裂开来、对立起来，既不能用市场在资源配置中的决定性作用取代甚至否定政府作用，也不能用更好发挥政府作用取代甚至否定使市

---

① 《习近平在看望参加政协会议的民盟致公党无党派人士侨联界委员时强调 坚持多党合作发展社会主义民主政治 为决胜全面建成小康社会而团结奋斗》，《人民日报》2018 年 3 月 5 日。

② 《十八大以来重要文献选编》（上），中央文献出版社，2014，第 500 页。

③ 《习近平关于社会主义经济建设论述摘编》，中央文献出版社，2017，第 64 页。

场在资源配置中起决定性作用。2014 年 3 月 14 日，习近平在中央财经领导小组第五次会议上指出："市场起决定性作用，是从总体上讲的，不能盲目绝对讲市场起决定性作用，而是既要使市场在配置资源中起决定性作用，又要更好发挥政府作用。有的领域如国防建设，就是政府起决定性作用。一些带有战略性的能源资源，政府要牢牢掌控，但可以通过市场机制去做。"① "更好发挥政府作用，不是要更多发挥政府作用，而是要在保证市场发挥决定性作用的前提下，管好那些市场管不了或管不好的事情。"② 其中，"政府的职责和作用主要是保持宏观经济稳定，加强和优化公共服务，保障公平竞争，加强市场监管，维护市场秩序，推动可持续发展，促进共同富裕，弥补市场失灵"③。中国共产党这些重要的理论认识真正做到了"在实践中破解这道经济学上的世界性难题"④。

3. 对民主制度的理论定力："中国特色社会主义民主是个新事物，也是个好事物"

"物之不齐，物之情也。"世界各国的国情不同，其国家政治制度必然不可能是相同的，在国家历史传承、文化传统、经济社会发展的基础上长期发展、渐进改进、内生性演化出来的国家政治制度必然表现出其独特性。正是基于这样的理论逻辑，针对西方一向自以为是的民主制度，中国共产党提出民主制度的中国创造，用人民代表大会制度和社会主义协商民主制度确保实质民主与全过程民主。

与新型政党制度一样，人民代表大会制度与社会主义协商民主制度，也是中国社会在人类政治制度史上的伟大创造。习近平讲"中国特色社

---

① 《习近平关于社会主义经济建设论述摘编》，中央文献出版社，2017，第 57~58 页。
② 《习近平关于社会主义经济建设论述摘编》，中央文献出版社，2017，第 66 页。
③ 《习近平关于社会主义经济建设论述摘编》，中央文献出版社，2017，第 53 页。
④ 《习近平关于社会主义经济建设论述摘编》，中央文献出版社，2017，第 64 页。

会主义民主是个新事物，也是个好事物"①，好就好在符合中国国情，保证了人民当家作主。政治制度是用来调节政治关系、建立政治秩序、推动国家发展、维护国家稳定的，不可能脱离特定社会政治条件来抽象评判。"鞋子合不合脚，穿鞋的人最清楚"，中国民主制度好不好，中国人民心中最有数。绝对不能看到别的国家有而我们没有就武断地认为我们的制度有欠缺，要照抄照搬；也不能看到我们有而别的国家没有就心虚地认为是多余的，就不敢坚持。这两种倾向在党的十八大后得到了根本性的扭转。

习近平在庆祝中国人民政治协商会议成立 65 周年大会的讲话中指出："民主不是装饰品，不是用来做摆设的，而是要用来解决人民要解决的问题的。"② 人民通过选举、投票行使权利和人民内部各方面在重大决策之前进行充分协商，尽可能就共同性问题取得一致意见，是中国社会主义民主的两种重要形式。这两种民主形式相互补充、相得益彰，如车之两轮、鸟之两翼，让社会主义民主政治的道路越走越宽广。正处在大变革、大转型过程中的中国社会，需要"众人拾柴火焰高"，通过协商民主汲取化解矛盾、应对危机、直面挑战的治国理政智慧；需要"将心比心、以心换心"，通过协商民主积聚消除社会隔阂、整合社会诉求的改革发展共识。所以说，中国社会主义协商民主丰富了民主的形式、拓展了民主的渠道、加深了民主的内涵。

"橘生淮南则为橘，生于淮北则为枳。"中国当然要借鉴国外政治文明有益成果，但不能囫囵吞枣，不能邯郸学步，不要想象突然就搬来一座政治制度上的"飞来峰"。盲目幼稚地照抄照搬他国的政治制度行不通，会水土不服，会画虎不成反类犬，甚至会把国家前途命运葬送掉。以我为主，为我所用，在独立自主的立场上把他人的好东西加以消化吸收，化成我们自己的好东西，方是现代中国政治发展的不二法门。中国共产党对生长在中国社会历史文化和革命实践土壤之中的中国特色社会主义政治制度充满自信，也有高度战略定力。

---

① 《习近平谈治国理政》第 2 卷，外文出版社，2017，第 289 页。
② 《习近平谈治国理政》第 2 卷，外文出版社，2017，第 296 页。

三　政策定力

政策定力是战略定力在治国理政实践中最具象的体现，守住了政策定力就守住了战略定力。治国理政的宏大战略最终要落实到政策制定与政策执行，社会和民众对政党战略定力最直接的感知来自政策定力传递的信号。政策定力不仅体现在制定政策时冷静观察、谨慎从事、谋定后动，更体现在贯彻实施政策时坚决、坚定、自信、从容。"治大国，若烹小鲜。"大国治理贵在政策的稳定性、延续性，切不可朝三暮四、朝令夕改。然而，任何政策都是有代价的，必然会有所得有所失，如何选择考验的就是政策定力；任何政策从制定实施到发挥效果都有一个过程，在这一过程中会遇到很多阵痛，这个时候考验的也是政策定力。随着中国社会结构、利益、组织、经济成分、生活方式等各个方面的多样化，思想文化相互激荡，各种矛盾相互交织，利益诉求相互碰撞，各种力量竞相发声，治国理政的敏感程度、复杂程度前所未有。但越是如此，越需要无比强大的政策定力，需要始终保持清醒头脑，不能为各种错误观点所左右，不能为各种干扰所迷惑。党的十八大以来，中国共产党以坚强的政策定力，在政策意图方面该倡导的坚决倡导，不该纵容的决不姑息，始终把治国理政的领导权和主动权牢牢掌握在手中。

1. 坚定引领新常态的政策定力

党的十八大以来，中国经济发展呈现速度变化、结构优化、动力转换三大特点，经济发展进入新常态。"认识新常态，适应新常态，引领新常态，是当前和今后一个时期我国经济发展的大逻辑。"[1] 把握大逻辑体现在政策安排上就是推进供给侧结构性改革，这是我国经济发展进入新常态必须坚持的基本政策。经济新常态，面临问题的主要矛盾不是周期性的，而是结构性的，是供给结构严重错配，不再可能仅通过需求管理来解决，刺激内需也解决不了产能严重过剩的结构性矛盾，必须以壮士断腕的决心去产能、去库存、去杠杆、降成本、补短板，实现由低水

---

[1] 《十八大以来重要文献选编》（中），中央文献出版社，2016，第245页。

平供需平衡向高水平供需平衡跃升。

供给侧结构性改革进入深度调整阶段必然会出现"四降一升"现象（经济增速下降、工业品价格下降、实体企业盈利下降、财政收入下降，经济风险发生概率上升），会让一些社会群众不理解（比如房地产调控带来的限购与去杠杆会抑制房价的快速上涨，刺破资本泡沫会带来股市异动与金融平台的失信等），会带来阵痛，甚至伤筋动骨。但正所谓"破茧成蝶总有痛"，这是必须承受的阵痛。习近平坚定地讲，"不能因为有阵痛就止步不前"①。

为了更好地把供给侧结构性改革的各项政策真正贯彻下去、坚持下来，习近平在2014年的经济工作会议上指出："不能简单以生产总值论英雄，既包括对正确开展经济工作的要求，也包括正确判断经济形势的要求。不是经济发展速度高一点，形势就'好得很'，也不是经济发展速度下来一点，形势就'糟得很'。经济发展速度有升有降是正常的，经济不波动不符合经济发展规律。只要波动在合理范围内，就要持平常心，不要大惊小怪，更何况我们具有宏观调控的主动性。我们要增强忧患意识，但也不能过了头，不要杞人忧天。"② 并且特别指出："面对传统经济发展方式积累的矛盾和问题，如果一直迟疑和等待，不仅会丧失窗口期的宝贵机遇，而且还会耗尽改革开放以来积累下来的宝贵资源。"③

中国共产党之所以能面对阵痛不退缩，源自在坚持底线思维基础上的定力。对中国共产党来讲，只要做到对最坏的情景心中有数，同时通过工作确保不出现最坏的情景，坚决守住金融风险、社会民生、生态环境等底线，就能迎难而上、化危为机。更何况新常态下，中国经济增速虽然放缓，实际增量依然可观，而且中国经济增长更趋平稳，增长动力更为多元。以党的十八大以来确定的战略和所拥有的政策储备，中国共产党应对各种可能出现的风险是有足够信心的，也是有足够能力的。

---

① 《习近平关于社会主义经济建设论述摘编》，中央文献出版社，2017，第120页。
② 《十八大以来重要文献选编》（中），中央文献出版社，2016，第246页。
③ 《十八大以来重要文献选编》（中），中央文献出版社，2016，第828页。

2. 勇于改革攻坚的政策定力

党的十八大以来，中央全面深化改革领导小组召开了 39 次会议，2018 年 3 月才成立的中央全面深化改革委员会也已经召开 3 次会议。据不完全统计，在这些会议上出台的改革方案、改革政策达上千项，其涉及范围之广、触及利益之深、推进力度之大前所未有。这与党的十八大以来中国社会的改革特点密切相关，更与党的十八大以来以习近平同志为核心的党中央将改革进行到底的坚定意志密切相关。如果之前的改革是"逢山开路，遇水架桥"，那么党的十八大以来全面深化改革遇到的山无疑更陡，水无疑更深。2014 年 2 月 7 日，习近平在俄罗斯索契接受俄罗斯电视台专访时指出："中国改革经过三十多年，已进入深水区，可以说，容易的、皆大欢喜的改革已经完成了，好吃的肉都吃掉了，剩下的都是难啃的硬骨头。"[①] 2016 年 4 月，习近平在安徽考察时再次强调，"啃硬骨头多、打攻坚战多、动奶酪多，是新一轮改革的特点"[②]。这些"硬骨头"，有的牵涉复杂的部门利益，有的在思想认识上难以统一，有的要触动一些人的"奶酪"。比如，党的十八届三中全会提出要"形成合理有序的收入分配格局"[③]，调节过高收入，清理规范隐性收入，取缔非法收入。又如，在一定程度上存在的权力部门化、部门利益化、利益个人化等，深为人民群众所诟病，是全面深化改革必须"革"去的，但也已经固化为"樊篱"而日益坚硬。什么叫改革攻坚的政策定力？就是明知山有虎、偏向虎山行，一分部署、九分落实，抓铁有痕、踏石留印，确保所有改革一经提出必定相继落地、渐次开花。

这一定力来自中国共产党勇于承受改革压力和改革代价的历史自觉。中国共产党人认识到，全面深化改革，首先要刀刃向内、敢于自我革命，重点要破字当头、迎难而上。2016 年 6 月 27 日，习近平在中央全面深化

---

① 《习近平关于全面深化改革论述摘编》，中央文献出版社，2014，第 51 页。

② 《习近平安徽调研关注几件大事》，新华网，2016 年 4 月 27 日，http：//www.xinhuanet.com/politics/2016-04/27/c_ 1118755313.htm。

③ 《中共中央关于全面深化改革若干重大问题的决定》，人民出版社，2013，第 45 页。

改革领导小组第二十五次会议上指出："改革是一场革命，改的是体制机制，动的是既得利益，不真刀真枪干是不行的。"① 矛盾越大，问题越多，越要攻坚克难、勇往直前，敢于啃硬骨头，敢于涉险滩，敢于向积存多年的顽瘴痼疾开刀。如果一个政党能做到自己对自己动刀子，自己"革"自己的"命"，还有什么硬骨头啃不下来，有什么雷区不敢蹚呢？

3. 全面从严治党永远在路上的政策定力

对党的十八大以来全面从严治党取得的成果，人民群众给予了很高评价，但是中国共产党并没有沾沾自喜、盲目乐观，而是发出了全面从严治党永远在路上的继续进军令。

八项规定执行起来会不会是一阵风，或者流于形式？面对人民群众的担心，2013 年 1 月 22 日，习近平在第十八届中央纪律检查委员会第二次全体会议上明确指出："发布八项规定只是开端、只是破题，还需要下很大功夫。我们要以踏石留印、抓铁有痕的劲头抓下去，善始善终、善作善成，防止虎头蛇尾，让全党全体人民来监督，让人民群众不断看到实实在在的成效和变化。"② 党的群众路线教育实践活动结束后会不会曲终人散？"四风"问题会不会又"涛声依旧"？习近平讲，我们的态度是作风建设永远在路上，永远没有休止符，必须抓常、抓细、抓长，持续努力、久久为功，绝不允许出现"烂尾"工程，决不能让"四风"问题反弹回潮。

"蠹众而木折，隙大而墙坏。"中国共产党是把党风廉政建设和反腐败斗争提到关系党和国家生死存亡的高度来认识的，是深刻总结了古今中外的历史教训的。2015 年 1 月 13 日，习近平在第十八届中央纪律检查委员会第五次全体会议上指出："不得罪腐败分子，就必然会辜负党、得罪人民。是怕得罪成百上千的腐败分子，还是怕得罪十三亿人民？不得罪成百上千的腐败分子，就要得罪十三亿人民。这是一笔再明白不过

① 《习近平主持召开中央全面深化改革领导小组第二十五次会议强调　聚集改革资源激发创新活力　更加富有成效抓好改革工作》，《人民日报》2016 年 6 月 28 日。

② 《习近平关于全面从严治党论述摘编》，中央文献出版社，2016，第 149 页。

的政治账、人心向背的账！"① 在反腐败斗争推进到胶着状态时，习近平强调，反腐败不是刮一阵风，不会搞一段时间就会过去，枪口永远指向腐败，露头就打；不要把当前经济下行压力增大与反腐败力度加大扯在一起，不要把一些干部不作为当作反腐败的负效应。"深入推进反腐败斗争，持续保持高压态势，做到零容忍的态度不变、猛药去疴的决心不减、刮骨疗毒的勇气不泄、严厉惩处的尺度不松，发现一起查处一起，发现多少查处多少，不定指标、上不封顶，凡腐必反，除恶务尽。"② 中国共产党的反腐败不是看人下菜的"势利店"，不是争权夺利的"纸牌屋"，也不是有头无尾的"烂尾楼"，没有免罪的"丹书铁券"，也没有"铁帽子王"。"不管级别有多高，谁触犯法律都要问责，都要处理，我看天塌不下来。"③ "哪有动不了的人?!"④ 习近平斩钉截铁的话语就是中国共产党全面从严治党政策定力的主心骨。

开弓没有回头箭，反腐没有休止符，全面从严治党永远在路上。习近平在党的十九大报告中强调："巩固压倒性态势、夺取压倒性胜利的决心必须坚如磐石。"⑤ 党的十九届一中全会闭幕后，习近平在率新一届中央政治局常委同中外记者见面时又强调："全面从严治党永远在路上，不能有任何喘口气、歇歇脚的念头。"⑥ 以强烈的历史责任感、深沉的使命忧思感、顽强的意志品质，以抓铁有痕、踏石留印的劲头持续抓下去。这就是中国共产党全面从严治党政策定力的最好宣示。

---

① 《习近平关于全面从严治党论述摘编》，中央文献出版社，2016，第186页。

② 《习近平关于党风廉政建设和反腐败斗争论述摘编》，中国方正出版社、中央文献出版社，2015，第102~103页。

③ 《习近平关于党风廉政建设和反腐败斗争论述摘编》，中国方正出版社、中央文献出版社，2015，第110页。

④ 《习近平关于全面从严治党论述摘编》，中央文献出版社，2016，第190页。

⑤ 习近平：《决胜全面建成小康社会　夺取新时代中国特色社会主义伟大胜利——在中国共产党第十九次全国代表大会上的报告》，人民出版社，2017，第67页。

⑥ 《习近平在十九届中共中央政治局常委同中外记者见面时强调　新时代要有新气象更要有新作为　中国人民生活一定会一年更比一年好》，《人民日报》2017年10月26日。

四　处变定力

处变定力是战略定力的试金石。大国的复兴从来不可能独善其身，良好的外部环境来自正确的国际关系处理、应对与创造。习近平指出，"当今世界，机遇和挑战并存。风云变幻，最需要的是战略定力"①。在复杂多变的国际局势中平心静气、静观其变，用正确的方法做我们认定正确的事情，不被乱花迷眼，不被浮云遮眼，"任凭风浪起，稳坐钓鱼船"，讲究的就是处变定力。

1. 不急不躁参与全球治理体系变革与建设的定力

当今世界是一个矛盾的世界。"一方面，物质财富不断积累，科技进步日新月异，人类文明发展到历史最高水平。另一方面，地区冲突频繁发生，恐怖主义、难民潮等全球性挑战此起彼伏，贫困、失业、收入差距拉大，世界面临的不确定性上升。"② 矛盾呼唤调整，构建新型国际关系；矛盾造就变革，推动全球治理体系变革。这一切为中国社会参与全球治理体系建设提供了广阔的空间。党的十八大以来，中国共产党领导中国社会坚定不移走和平发展道路，积极构建以合作共赢为核心的新型国际关系，推动形成人类命运共同体和利益共同体。从金砖伙伴关系到新型大国关系，从全面战略伙伴关系到与邻为善的周边国家关系，中国共产党以足够的战略定力和战略自信稳步推进。习近平在 2012 年中央经济工作会议上指出："从历史上看，新兴大国出现必然带来国际格局调整，必然遭到守成大国遏制。这也是我国在今后较长时期内将面临的重大挑战。我们要充分认识这种战略变化的客观必然性，把握好大国关系演变的特点，保持战略清醒和战略定力。"③ 世界上本无"修昔底德陷阱"，但大国之间如果一再发生战略误判，就可能自己给自己造成"修昔底德陷阱"。处变定力就是面对错综复杂的国际关系，既不三人成虎，

---

① 《全国政协举行新年茶话会》，《人民日报》2014 年 1 月 1 日。
② 《习近平谈治国理政》第 2 卷，外文出版社，2017，第 476 页。
③ 《习近平谈政治定力和战略定力》，共产党员网，2015 年 5 月 18 日，https：// news. 12371. cn/2015/10/28/ARTI1445970066136106. shtml。

也不疑邻盗斧，更不戴着有色眼镜观察对方；在形势研判与决策中不因一时一事或某些人、某些国家的言论而受到影响，更时刻警惕不掉入别人故意设置的各种陷阱。

中国共产党一再强调，虽然世界上很多国家特别是广大发展中国家都希望国际体系朝着更加公正合理的方向发展，但这并不是推倒重来，也不是另起炉灶，而是与时俱进、改革完善，这符合世界各国和全人类共同利益。中国社会是现行国际体系的参与者、建设者、贡献者，中国坚决维护以《联合国宪章》宗旨和原则为核心的国际秩序和国际体系。2015年9月28日，习近平在第七十届联合国大会上再次申述："中国将始终做世界和平的建设者，坚定走和平发展道路，无论国际形势如何变化，无论自身如何发展，中国永不称霸、永不扩张、永不谋求势力范围。"[1]

2. 脚踏实地举起21世纪全球化旗帜的定力

近些年来，一些国家特别是西方发达国家政策内顾倾向加重，保护主义抬头，"逆全球化"思潮暗流涌动。经济全球化既不是"阿里巴巴的山洞"，也不是"潘多拉的盒子"，把世界乱象简单归咎于经济全球化，既不符合事实，也无助于问题解决。经济全球化是社会生产力发展的客观要求和科技进步的必然结果，也是世界走向发展的必由之路。当然，21世纪经济全球化也要有新的形态、新的模式。新一轮科技和产业革命正孕育兴起，国际分工体系加速演变，全球价值链深度重塑，这些都给经济全球化赋予新的内涵。习近平在世界经济论坛2017年年会开幕式上的主旨演讲中指出："我们要主动作为、适度管理，让经济全球化的正面效应更多释放出来，实现经济全球化进程再平衡；我们要顺应大势、结合国情，正确选择融入经济全球化的路径和节奏；我们要讲求效率、注重公平，让不同国家、不同阶层、不同人群共享经济全球化的好处。"[2] 中国的"一带一路"建设就是从东方走向西方，从发展中国家走向发达国家，从中国走向世界的一种新的全球化。这种模式相当

---

① 《习近平谈治国理政》第2卷，外文出版社，2017，第525页。
② 《习近平谈治国理政》第2卷，外文出版社，2017，第478~479页。

于对西方全球化发展的对冲，这种对冲可以让世界经济更加有活力。①

"一带一路"倡议是习近平在 2013 年秋提出的②。五年来，在中国共产党以真诚换善意、用行动求认同的努力下，全球 100 多个国家和国际组织支持和参与，"一带一路"倡议逐渐从理念转化为行动，从愿景转变为现实。2016 年第七十一届联合国大会通过的决议中写入"一带一路"倡议，得到 193 个会员国一致赞同。2017 年 5 月 14 日，"一带一路"国际合作高峰论坛在北京举办，29 位外国元首和政府首脑以及 140 多个国家和 80 多个国际组织约 1600 名代表出席高峰论坛。③ 2017 年，中国与"一带一路"相关国家的进出口总额达到 14403.2 亿美元，同比增长 13.4%，高于我国整体外贸增速 5.9 个百分点，占中国进出口贸易总额的 36.2%，极大地带动了沿路沿边国家的经济发展④。中国共产党倡议并推进开创了合作共赢新模式、和谐共存大家庭的全球化正在渐次展开，健步走上世界经济政治舞台。

3. 行稳致远推动构建人类命运共同体的定力

党的十八大以后，以习近平同志为主要代表的中国共产党人就开始酝酿"人类命运共同体"的构想。2013 年 3 月 23 日，习近平首访俄罗斯，在莫斯科国际关系学院演讲时就提出："这个世界，各国相互联系、相互依存的程度空前加深……越来越成为你中有我、我中有你的命运共同体。"⑤ 随后通过"中国—东盟命运共同体"（2013 年 10 月 3 日在印尼国会演讲《携手建设中国—东盟命运共同体》）、"周边命运共同体"（2014 年中央外事工作会议）、"亚洲命运共同体"（2015 年 3 月 28 日博

---

① 辛鸣：《论当代中国发展战略的构建》，《中国特色社会主义研究》2016 年第 1 期。

② 2013 年 9 月 7 日，习近平在哈萨克斯坦纳扎尔巴耶夫大学演讲中提出共同建设"丝绸之路经济带"；2013 年 10 月 3 日，习近平在印度尼西亚国会演讲中提出共同建设 21 世纪"海上丝绸之路"。

③ 参见《29 位外国元首、政府首脑确认出席"一带一路"国际合作高峰论坛》，《人民日报》2017 年 5 月 12 日。

④ 参见《"一带一路"贸易合作大数据报告 2018》，国家信息中心，2018 年 5 月 8 日，http://www.sic.gov.cn/News/553/9207.htm。

⑤ 《习近平谈治国理政》，外文出版社，2014，第 272 页。

鳌亚洲论坛主旨演讲《迈向命运共同体 开创亚洲新未来》）、"中国和非洲历来是命运共同体和利益共同体"（2015年7月9日在俄罗斯乌法会见时任南非总统的祖马）等一系列相关概念与论述不断对其进行丰富深化，到2015年9月28日出席第七十届联合国大会时正式提出"人类命运共同体"的构想。如何让和平的薪火代代相传，让发展的动力源源不断，让文明的光芒熠熠生辉？中国共产党旗帜鲜明地讲，中国方案是构建人类命运共同体，实现共赢共享，共同建设一个持久和平、普遍安全、共同繁荣、开放包容、清洁美丽的世界。

五年多来，这一构想越来越得到世界的认同，成为世界共识。联合国安全理事会、联合国人权理事会、联合国负责裁军和国际安全事务的第一委员会等组织多次将"人类命运共同体"纳入其决议①。当然，构建人类命运共同体是一个历史过程，不可能一蹴而就，也不可能一帆风顺，需要付出长期艰苦的努力。中国共产党人也认识到，决定世界政治经济格局的，归根结底是大国力量对比，最终靠的还是实力，这是历史铁律。中国要为人类不断作出新的更大的贡献，首先要集中精力做好自己的事。审时度势、内外兼顾、趋利避害，善于从国际形势和国际条件的发展变化中把握方向、用好机遇、创造条件发展自己、做强自己，这是战略定力题中应有之义。在这一基础上通过推动中国发展给世界创造更多机遇，通过深化自身实践探索人类社会发展规律并同世界各国分享。"我们不'输入'外国模式，也不'输出'中国模式，不会要求别国'复制'中国的做法。"②

---

① 联合国社会发展委员会第55届会议于2017年2月10日协商一致通过"非洲发展新伙伴关系的社会层面"决议，"构建人类命运共同体"理念载入联合国决议；联合国人权理事会第34次会议于2017年3月23日通过关于"经济、社会、文化权利"和"粮食权"两个决议，"构建人类命运共同体"理念载入联合国人权理事会决议；第72届联大负责裁军和国际安全事务的第一委员会（联大一委）会议于2017年11月1日通过"防止外空军备竞赛进一步切实措施"和"不首先在外空放置武器"两份安全决议，"构建人类命运共同体"理念载入联合国安全决议。

② 习近平：《携手建设更加美好的世界——在中国共产党与世界政党高层对话会上的主旨讲话》，《人民日报》2017年12月2日。

面对百年未有之大变局的世界，中国共产党在世界舞台上进退有度、游刃有余，其处变定力来自习近平在中央外事工作会议上提出的"正确的历史观、大局观、角色观"①。正确历史观，就是"不仅要看现在国际形势什么样，而且要端起历史望远镜回顾过去、总结历史规律，展望未来、把握历史前进大势"②。"世界潮流，浩浩荡荡，顺之则昌，逆之则亡。"③ 一个国家、一个民族要振兴，必须在历史前进的逻辑中前进，在时代发展的潮流中发展，世界同样如此。正确大局观，就是"不仅要看到现象和细节怎么样，而且要把握本质和全局，抓住主要矛盾和矛盾的主要方面"④。既把握住世界多极化加速推进的大势、经济全球化持续发展的大势、国际环境总体稳定的大势、各种文明交流互鉴的大势，又要重视大国关系深入调整的态势、世界经济格局深刻演变的动向、国际安全挑战错综复杂的局面、不同思想文化相互激荡的现实，不在林林总总、纷纭多变的国际乱象中迷失方向、舍本逐末。正确角色观，就是"不仅要冷静分析各种国际现象，而且要把自己摆进去，在我国同世界的关系中看问题，弄清楚在世界格局演变中我国的地位和作用，科学制定我国对外方针政策"⑤。青山遮不住，毕竟东流去。求新求变已经成为当今世界心声，公平正义和人类命运共同体越来越成为世界共识，发达国家与发达国家，发达国家与发展中国

---

① 《习近平在中央外事工作会议上强调　坚持以新时代中国特色社会主义外交思想为指导　努力开创中国特色大国外交新局面》，《人民日报》2018 年 6月 24 日。

② 《习近平在中央外事工作会议上强调　坚持以新时代中国特色社会主义外交思想为指导　努力开创中国特色大国外交新局面》，《人民日报》2018 年 6月 24 日。

③ 《习近平谈治国理政》，外文出版社，2014，第 266 页。

④ 《习近平在中央外事工作会议上强调　坚持以新时代中国特色社会主义外交思想为指导　努力开创中国特色大国外交新局面》，《人民日报》2018 年 6月 24 日。

⑤ 《习近平在中央外事工作会议上强调　坚持以新时代中国特色社会主义外交思想为指导　努力开创中国特色大国外交新局面》，《人民日报》2018 年 6月 24 日。

家，不同文明、不同宗教之间多样化的利益诉求、多样化的价值诉求、多样化的行为模式客观形成巨大的战略回旋空间。而我国正处于近代以来最好的发展时期，中国从来没有如此走近世界舞台中央，从来没有如此的底气与资格。国际国内战略机遇、历史机遇风云际会，中国共产党一定能在建设一个更加美好世界的宏伟实践中为人类作出更大贡献。

五　结语：战略定力辩证法

战略定力核心要义是"定"，正所谓"泰山崩于前而色不变"。1980年1月16日，邓小平在中共中央召集的干部会议上讲了一番话："现在要横下心来，除了爆发大规模战争外，就要始终如一地、贯彻始终地搞这件事，一切围绕着这件事，不受任何干扰。就是爆发大规模战争，打仗以后也要继续干，或者重新干。我们全党全民要把这个雄心壮志牢固地树立起来，扭着不放，'顽固'一点，毫不动摇。"① 这番话中虽然没有出现"战略定力"一词，但它是对战略定力最形象、最深刻的阐述。今天的中国就要对我们认准的方向、定好的方略"'顽固'一点"。党的十八大以来形成的良好态势、党的十九大以来制定的路线方针政策就要坚定不移地贯彻下来、落实下去，这就是当代中国共产党战略定力最鲜明的标志。

战略定力的"定"在于不要急于求成。从站起来、富起来走向强起来，从大国迈向强国，全面建成社会主义现代化强国乃至实现中华民族伟大复兴，不会立竿见影，不可能一蹴而就。党的十八大以后习近平多次强调"社会主义初级阶段是当代中国的最大国情、最大实际"②。党的十九大重申"我国仍处于并将长期处于社会主义初级阶段的基本国情没有变，我国是世界最大发展中国家的国际地位没有变"③。这就要求当代

---

① 《邓小平文选》第2卷，人民出版社，1994，第249页。
② 《习近平谈治国理政》，外文出版社，2014，第10页。
③ 习近平：《决胜全面建成小康社会　夺取新时代中国特色社会主义伟大胜利——在中国共产党第十九次全国代表大会上的报告》，人民出版社，2017，第12页。

中国"不仅在经济建设中要始终立足初级阶段,而且在政治建设、文化建设、社会建设、生态文明建设中也要始终牢记初级阶段;不仅在经济总量低时要立足初级阶段,而且在经济总量提高后仍然要牢记初级阶段;不仅在谋划长远发展时要立足初级阶段,而且在日常工作中也要牢记初级阶段","在相当长时期内,初级阶段的社会主义还必须同生产力更发达的资本主义长期合作和斗争,还必须认真学习和借鉴资本主义创造的有益文明成果,甚至必须面对被人们用西方发达国家的长处来比较我国社会主义发展中的不足并加以指责的现实"①。对此,我们必须有很强大的战略定力,坚决抵制抛弃社会主义的各种错误主张,自觉纠正超越阶段的错误观念。

战略定力的"定"还在于不要惊慌失措。从来良药苦口、针砭刺骨,一个世界上最大的发展中经济体转型,吐故纳新,怎么可能没有阵痛,怎么可能没有代价?刺破"艳若红花"的脓肿当然会鲜血淋漓,但这是走向健康的开始。战略定力的"定"更在于不要幻想一团和气。被民粹、保守、傲慢蒙蔽了心智的霸权大国怎能习惯被分走本不只属于他们却自以为是他们专有的那杯羹!所以,国家之间的贸易摩擦背后不是对规则的遵守与不遵守,而是心胸狭隘的遏制与顺应时代发展之间的博弈。在这一过程中我们当然会付出代价,甚至还要付出我们尚未预见到的代价。但一个志在复兴的民族怎么可能永远做别人的低端打工者?一个走向富强的大国怎能没有国之重器,没有技术撒手锏?否则,等国际分工彻底定型后,将会连贸易摩擦的可能都没有了。

在全面深化改革上,战略定力之"定"益发吃劲。改革不仅意味着改变,还意味着坚守,不仅意味着"必须变",还意味着"不能变",否则就会犯颠覆性错误。从一定意义上说,改革中的"不变"比"改变"更重要,这是改革辩证法,同样是战略定力辩证法。

但是,战略定力并不意味着一成不变,而是要把握好变和不变的关系,在应该变的时候一定要尽快变、深刻变、彻底变。稳中求进作为治

---

① 《十八大以来重要文献选编》(上),中央文献出版社,2014,第76、117页。

国理政的根本原则，稳是前提、大局，进是方向、目的。至于何时稳、何时进，关键要把握住"度"，在发展的速度、改革的力度、社会的稳定程度、环境资源的可承受度等之间找平衡点，当进则进，宜稳则稳。党的十八大以来，中国共产党在关于社会主要矛盾的判断、关于新发展理念、关于新战略安排方面，就充分体现了战略定力辩证法中"变"的一面。

从1981年党的十一届六中全会到2017年党的十九大，经过30多年的奋斗，中国社会已经告别贫困、跨越温饱，即将实现全面小康，中国社会已经成为世界上第二大经济体并且依然继续前行。我国社会生产力水平总体上显著提高，社会生产能力在很多方面进入世界前列，我国社会主要矛盾从人民日益增长的物质文化需要同落后的社会生产之间的矛盾转化为"人民日益增长的美好生活需要和不平衡不充分的发展之间的矛盾"①。这一变化是关系全局的历史性变化。与"日益增长的物质文化需要"相比，"美好生活需要"内容更广泛，不仅包括既有的"日益增长的物质文化需要"这些客观的"硬需要"的全部内容，更包括在此基础上衍生出来的获得感、幸福感、安全感以及尊严、权利、当家作主等更具主观色彩的"软需要"。满足"软需要"，解决发展起来以后的矛盾，当然要有新理念、新方略、新办法，在这些方面中国共产党要勇于大变、深刻变。

在世界经济大调整大变革的背景下，我国发展的环境、条件、任务、要求等也都发生了新的变化。我国发展仍处于重要战略机遇期，但战略机遇期的内涵已经发生深刻变化，经济发展进入新常态，转方式、调结构的要求日益迫切。面对这种新变化新情况，再坚持粗放发展模式、简单地追求增长速度，显然行不通，必须确立新发展理念来引领和推动我国经济发展。2015年10月26日，习近平在作关于《中共中央关于制定国民经济和社会发展第十三个五年规划的建议》的说明时指出："面对

---

① 习近平：《决胜全面建成小康社会　夺取新时代中国特色社会主义伟大胜利——在中国共产党第十九次全国代表大会上的报告》，人民出版社，2017，第11页。

经济社会发展新趋势新机遇和新矛盾新挑战，谋划'十三五'时期经济社会发展，必须确立新的发展理念，用新的发展理念引领发展行动。"①中国社会以创新发展解决动力问题，以协调发展解决不平衡问题，以绿色发展解决人与自然和谐问题，以开放发展解决内外联动问题，以共享发展让人民拥有更多"获得感"，正是对传统发展方式的彻底改变，也是以新发展理念引领新发展模式的具体体现。

发展理念变化了，发展战略也会随之变化。党的十九大提出的"两步走"的战略是对中国特色社会主义进入新时代作出的重大战略安排，也是对我国20世纪80年代提出的"三步走"战略目标的重大调整。当年"三步走"战略目标是到新中国成立一百年时，基本实现现代化，把我国建成社会主义现代化国家。现在"两步走"的实现时间没有变，现代化目标的标准却在提高。首先是把实现基本现代化作为第一步走的目标提前到了2035年，到2050年的第二步走的目标则提升为"全面现代化"，从"现代化国家"提升为"现代化强国"，而且全面现代化的内容也更加全面，在"富强民主文明和谐"之后又加上了"美丽"这一要求。走向现代化的目标坚定不移，走向现代化的标准在提高。这充分体现了以习近平同志为主要代表的中国共产党人不忘初心、牢记使命，勇于担当、自我加压的崇高实践品格。

其实，"稳"也好，"改"也好，是辩证统一、互为条件的。一静一动，静有担当，动有秩序，中国共产党的战略定力就在其中。

每隔一段时间，从工作"热运行"中进行一些"冷思考"，是领导干部提高战略思维能力、增强战略定力的重要手段。随着中国特色社会主义进入新时代，世界格局进入深度变革调整期，中国共产党统揽"四个伟大"的实践将会更加波澜壮阔，所面临的"四大考验"和"四种危险"会更加复杂和紧迫、更加尖锐和严峻，涵养战略定力只有进行时没有完成时。当然，改革开放的伟大成果、中国特色社会主义的伟大成果、党的十八大以来的历史性变革与成就，也夯实了中国共产党人战略定力的坚实实践基础与强大物质基础。"站立在960万平方公里的广袤土地

---

① 《十八大以来重要文献选编》（中），中央文献出版社，2016，第774页。

上，吸吮着中华民族漫长奋斗积累的文化养分，拥有 13 亿中国人民聚合的磅礴之力，我们走自己的路，具有无比广阔的舞台，具有无比深厚的历史底蕴，具有无比强大的前进定力。"① 中国共产党人有这个信心，也有这个底气。

---

① 《习近平谈治国理政》，外文出版社，2014，第 29 页。

治国理政的哲学境界*

辛　鸣

不论是治国理政的理论还是治国理政的实践，都一定要有也一定会有哲学矗立其后。哲学观念的好与坏主导着治国理政的成与败，哲学境界的高与低决定着治国理政的优与劣。

哲学观念的好与坏只是一种通俗的说法，在严格意义上是指哲学客观存在的"精致"与"粗俗"之分、"唯物"与"唯心"之别、"辩证法"与"形而上学"之异，乃至"科学"与"非科学"的不同。所以，尽管不宜简单地用一两句话或一两个论断对某种哲学盖棺论定，但对既定的哲学主体而言，何为正确的哲学观，把什么样的哲学视为好的哲学，一定是有明确立场宣示和价值导向的。中国共产党就旗帜鲜明地把马克思主义哲学作为自己的思想理论武器，坚定不移地用马克思主义哲学引领治国理政的理论和实践的创新，关于这一点毋庸多言。真正需要关注的是在哲学观选定之后，我们能否深刻理解和领悟这一哲学观，能否正确有效地运用这一哲学观，能否让这一哲学观的立场、观点、方法、精髓、价值、力量全面而不偏颇、切实而不空洞、充分而不肢解地体现在现实的思想理论创造和实践创造中。这检验的是哲学的境界，显示的也是哲学的境界。

党的十八大以来，中国共产党在治国理政的理论创新方面取得了重大突破，在治国理政的实践创新方面取得了辉煌绩效。在这"重大突破"与"辉煌绩效"的背后是对马克思主义哲学的深刻领悟、科学运用与自觉创新，这"重大突破"与"辉煌绩效"也正是治国理政哲学境界

---

* 本文原载于《哲学研究》2017年第10期，收入本书时有改动。

的现实外化。通过梳理、观察、分析中国共产党治国理政的理论逻辑与实践逻辑所体现出来的哲学境界，不仅对于深入学习贯彻习近平总书记系列重要讲话精神和党中央治国理政新理念新思想新战略意义重大，而且对于更加自觉地顺应和推进当代中国治国理政大趋势意义重大，对于更好地坚持和发展马克思主义哲学，构建当代中国马克思主义哲学的崭新形态，具有同样重大的意义。

一　把人民至上作为治国理政的核心要义

"依靠谁，为了谁"，是治国理政首先要面对并且贯穿始终的大问题。在不同的社会中对这一问题的回答及回答方式是迥然不同的：或"明修栈道，暗度陈仓"，或"顾左右而言他"，或根本不讨论这一问题（其实回避回答本身也已经是一种回答）。中国共产党对这一问题的回答历来旗帜鲜明并一以贯之，这就是"人民至上"。

人民群众不仅是物质财富的创造者，也是精神财富的创造者，更是社会变革的决定性力量，这是历史唯物主义最基本的观点。马克思恩格斯在《神圣家族》中明确提出，"历史活动是群众的活动"，决定历史发展的是"行动着的群众"①。从毛泽东的"人民，只有人民，才是创造世界历史的动力"②，到习近平的"人民立场是马克思主义政党的根本政治立场，人民是历史进步的真正动力，群众是真正的英雄，人民利益是我们党一切工作的根本出发点和落脚点"③，中国共产党不仅是这样认识的，也是这样实践的。

当然，"人民至上"这一治国理政的核心要义在不同的历史时期和不同的社会发展阶段，会有不同的表述方式和实现形式。党的十八大以来，中国共产党将其凝练为"以人民为中心"，并以此统领治国理政的

---

① 《马克思恩格斯文集》第1卷，人民出版社，2009，第287页。
② 《毛泽东选集》第3卷，人民出版社，1991，第1031页。
③ 《中共中央政治局召开民主生活会　中共中央总书记习近平主持会议并发表重要讲话》，人民网，2016年12月28日，http：//cpc. people. com. cn/n1/2016/1228/c64094-28981579. html。

各个方面。习近平提出，经济社会发展要"着力践行以人民为中心的发展思想"①；党的文艺工作、新闻舆论工作要"坚持以人民为中心的创作导向"②；"网信事业要发展，必须贯彻以人民为中心的发展思想"③；"我国哲学社会科学要有所作为，就必须坚持以人民为中心的研究导向"④；等等。在中国，"以人民为中心"不是抽象的、玄奥的概念，不是纯粹的思想实验，而是经济社会发展、政治文化建设乃至外交国防各个环节的基本遵循与现实形态。

（一）在回应人民的期待，不断增强人民群众获得感方面体现以人民为中心

中国共产党治国理政从改善人民生活、增进人民福祉切入，要让人民群众有"更好的教育、更稳定的工作、更满意的收入、更可靠的社会保障、更高水平的医疗卫生服务、更舒适的居住条件、更优美的环境"⑤。在"7·26"讲话中，习近平又加上了一个"更"——"更丰富的精神文化生活"。所有这些给予人民群众的都是实实在在的获得感，但是这些还远远不够。对中国共产党来说，治国理政不仅要增加人民群众的绝对获得感，更要增加人民群众的相对获得感；不仅要有物质层面的获得感，更要有精神层面的获得感。

马克思在《雇佣劳动与资本》中讲："一座房子不管怎样小，在周围的房屋都是这样小的时候，它是能满足社会对住房的一切要求的。但是，一旦在这座小房子近旁耸立起一座宫殿，这座小房子就缩成茅舍模样了。这时，狭小的房子证明它的居住者不能讲究或者只能有很低的要

---

① 《习近平关于全面建成小康社会论述摘编》，中央文献出版社，2016，第158页。

② 习近平：《在文艺工作座谈会上的讲话》，人民出版社，2015，第13页。

③ 习近平：《在网络安全和信息化工作座谈会上的讲话》，人民出版社，2016，第5页。

④ 习近平：《在哲学社会科学工作座谈会上的讲话》，人民出版社，2016，第12页。

⑤ 《习近平关于社会主义经济建设论述摘编》，中央文献出版社，2017，第19页。

求；并且，不管小房子的规模怎样随着文明的进步而扩大起来，只要近旁的宫殿以同样的或更大的程度扩大起来，那座较小房子的居住者就会在那四壁之内越发觉得不舒适，越发不满意，越发感到受压抑。"① 他指出，产生这种心理感觉的原因是："我们的需要和享受是由社会产生的；因此，我们在衡量需要和享受时是以社会为尺度，而不是以满足它们的物品为尺度的。因为我们的需要和享受具有社会性质，所以它们是相对的。"② 对于政治上是国家主人的中国社会广大人民群众来说，如果他们的"小房子"与一些社会群体的"宫殿"相比差距太大，这样的获得感就很难让人满意，这样的治国理政就很难说是"以人民为中心"。

所以，中国共产党把全面消除贫困作为实现第一个百年奋斗目标的前置性要求，守住底线，补上短板，全面小康一个都不能少；把共享发展作为新发展理念最重要的内容，使发展成果更多更公平地惠及全体人民，力争让共同富裕这一本质要求更加充分地体现在现实生活中。

（二）以人民为中心的"人民至上"，不仅是为人民治国理政，更要能让人民治国理政

人民"共享"归根结底来自人民"共建"。通过制度安排与政策设计，让人民群众当家作主的权利得到更充分的保障是中国共产党治国理政的头等大事。党的十八大以来，在坚持和完善人民代表大会制度的基础上，积极有效地推进社会主义协商民主就是其中最具有代表性的一项制度创新。

一个国家人民的民主权利，不仅表现在选举时有投票的权利，更体现在日常政治生活中有持续参与的权利。协商民主填补了选举民主之外的权利空白，有效解决了现代民主制度中"权利跛脚"的问题。近现代政治学研究表明，不仅投票中的策略运用会改变民主的本意，民主投票本身就有自相矛盾的规则困境③。在这样的背景下，仅仅依靠选举票数

---

① 《马克思恩格斯选集》第 1 卷，人民出版社，1995，第 349 页。

② 《马克思恩格斯选集》第 1 卷，人民出版社，1995，第 350 页。

③ 关于这一点，可参见 18 世纪孔多塞的"投票悖论"与 20 世纪的"阿罗不可能定理"，两者都有严格而清晰的数学证明。

很难赢得社会群体的真正认同与接受。这种政治现象在现代西方社会已然出现。民主未必仅仅体现在"一人一票"的直选上,在选举民主的同时,辅之以协商民主,通过集思广益、民主决策,民主的结果就会更有民意、更得民心。中国共产党这一治国理政的实践表明,选举民主是民主的重要形式,却不是唯一形式,通过选举以外的制度和方式让人民参与国家生活和社会生活的管理也是十分重要的。真正的民主不仅需要完整的制度程序,而且需要完整的参与实践。社会主义协商民主制度让"人民当家作主"可以通过实实在在的行为体现在国家政治生活和社会生活的全过程中。

(三) 通过全面从严治党,把中国共产党打造成人民群众改造历史的锐利武器

党的十八大以来,中国共产党治国方略中最亮丽的莫过于全面从严治党。可能有人认为这是中国共产党自身建设的事情,与以人民为中心没有关系或至少关系不大,其实不然。全面从严治党的直接目的当然是让中国共产党更先进、更优秀、更强大,但是建设一个世界上最强大的政党,归根结底是为了让人民群众有更管用、更好用的工具来创造历史、改变世界。人民群众通过中国共产党让自己真实拥有了创造历史的现实力量。毛泽东在中国共产党七大上提出,"群众是从实践中来选择他们的领导工具、他们的领导者。被选的人,如果自以为了不得,不是自觉地作工具,而以为'我是何等人物'!那就错了。我们党要使人民胜利,就要当工具,自觉地当工具。……这是唯物主义的历史观"①。中国共产党把自己定位为"先锋队"本身就是一种对工具身份的自觉担当。正因为是工具,"党除了工人阶级和最广大人民群众的利益,没有自己特殊的利益"②,并且"随时准备为党和人民牺牲一切"③。有了这样一个名副其实的政党,有了这样一个党领导下的国家和政府,人民群众就更有

---

① 《毛泽东文集》第 3 卷,人民出版社,1996,第 373~374 页。
② 《十二大以来重要文献选编》(上),人民出版社,1986,第 67 页。
③ 《十二大以来重要文献选编》(上),人民出版社,1986,第 71 页。

力量、有途径、有手段在与市场、资本等外在力量的博弈中占据主动地位，按自己的意志塑造市场、驾驭资本，让市场与资本"为我所用"，而不是"反客为主"。

二　以创新为魂激发治国理政的澎湃动力

以改变世界为己任的马克思主义哲学在实现人类社会哲学的重大历史转向的同时，也塑造出了改变世界的哲学品格，这集中体现在马克思主义哲学的辩证法中。这一品格在当代中国共产党人治国理政的过程中突出表现为"创新"。党的十八大以来，中国共产党把创新作为"一个民族进步的灵魂""一个国家兴旺发达的不竭动力""中华民族最深沉的民族禀赋"① 而大力倡导、大力践行，治国理政的道路、理论、制度都在不断创新。

道路在创新。经过百余年的抗争、90多年的奋斗、60多年的探索、30多年的改革，在"草鞋没样，边打边像"② 的实践中，中国特色社会主义道路越来越清晰。从社会主义市场经济到"五位一体"总体布局，从"四个全面"战略布局到"四个伟大"战略要求，从中国式的现代化到国家治理体系和治理能力的现代化，从引领经济新常态到践行新发展理念，从蹄疾步稳的改革节奏到稳中求进的工作总基调，以习近平同志为主要代表的新一代中国共产党人在这条道路上不断谱写出新的篇章。

理论在创新。在90多年来马克思主义中国化两次历史性飞跃的基础上，习近平总书记系列重要讲话精神和党中央治国理政新理念新思想新战略，在深刻思考并回答什么是中华民族的伟大复兴、如何实现中华民族伟大复兴这一根本问题的同时，对中国共产党应该有什么样的担当、中国的国家治理应该走什么样的道路、中国与世界应该是什么样的关系等时代提出的重大理论与现实问题作出了更进一步的科学回答，作为马克思主义中国化的最新成果，中国特色社会主义理论体系的最新发展，

---

① 《习近平谈治国理政》，外文出版社，2014，第59页。
② 《毛泽东文集》第3卷，人民出版社，1996，第284页。

当代中国最鲜活的马克思主义，实现了再一次伟大的历史性飞跃。

制度在创新。围绕完善和发展中国特色社会主义制度，推进国家治理体系和治理能力现代化这一总目标，把顶层设计和"摸着石头过河"相结合，通过既改革不适应实践要求的制度和体制机制，又不断构建新的制度和体制机制，在重要领域和关键环节上取得决定性成果，使各方面制度和体制机制更加科学、更加完善、更加成熟、更加定型。

（一）对创新的高度自觉与充分自信

坚持和发展中国特色社会主义事业，进而实现中华民族伟大复兴的中国梦本来就是一条崭新的道路。一方面，我们必须以全新的理论推进全新的实践，走前人没有走过的路；另一方面，就算已经找到了这样一条正确的道路，也就是我们正在走的中国特色社会主义道路，正像恩格斯当年所讲的"我认为，所谓'社会主义社会'不是一种一成不变的东西，而应当和任何其他社会制度一样，把它看成是经常变化和改革的社会"①，中国共产党的治国理政仍然需要不断创新。

中国共产党当然要充分肯定这些年来革命建设改革所取得的一切成果，对其给予多高的评价都不为过。但是，面对中华民族伟大复兴的中国梦，面对人民群众过上更好生活的新期待，面对中国共产党人的伟大理想，这一切只能是继续奋起前行的台阶，不能成为包袱，更不能成为羁绊。"辩证法对每一种既成的形式都是从不断的运动中，因而也是从它的暂时性方面去理解；辩证法不崇拜任何东西，按其本质来说，它是批判的和革命的。"② 马克思在《资本论》第 1 卷第 2 版跋中的这句话，正是当代中国共产党人勇于创新的精神面貌的现实写照。

而且，当代中国共产党人对自己的理论与实践创新也有自信的资格。过去有个比方：中国社会改革开放 30 年走过了西方社会 300 年的历程。这句话还可以接着说下来：党的十八大以来这五年也相当于走过了过去 40 年的历程。正因为这五年来解决了许多长期想解决而未解决的难题，

---

① 《马克思恩格斯文集》第 10 卷，人民出版社，2009，第 588 页。
② 《马克思恩格斯文集》第 5 卷，人民出版社，2009，第 22 页。

办成了许多过去想办而未办成的大事，所以党和国家事业发生了历史性变革，中国发展站到了新的历史起点上，中国特色社会主义进入了新的发展阶段。对于在这伟大实践中产生出来的伟大思想理论创新，没有丝毫理由妄自菲薄。

（二）通过进行伟大斗争来为创新开辟道路

创新是一种"破坏性的创造"，是在否定中前进，必然会引发既有状态维护者的反对与阻碍。中国共产党治国理政的创新更是如此，既有利益格局、既有行为模式、既有思想观念、既有价值标准等，都会力求维持现状。要想为创新"杀出一条血路"，不能沉迷于田园牧歌，不要幻想一团和气，而要随时准备进行具有许多新的历史特点的伟大斗争。

"必须准备进行具有许多新的历史特点的伟大斗争"[1]，五年来，这句话越来越成为中国社会的共识，成为中国社会的一种精神状态，成为中国共产党治国理政创新的重要保障。中国不渲染斗争，但不回避斗争。准备好斗争，或许就没有斗争；不准备斗争，斗争必将找上门来。这就是辩证法。当然，在中国社会进入发展起来以后的阶段，进入从大国迈向强国的阶段，斗争会呈现出一系列新的特点。正像邓小平当年指出的，"发展起来以后的问题不比不发展时少"[2]，甚至可能更复杂、更棘手。但是，进行治国理政的创新必须有这"惊险的一跃"。

（三）自我革命为创新准备条件

在相当长一段时间里，"革命"一词在中国被有意无意地回避了，其实大可不必。革命就其本源意义来讲是革故鼎新，是辞旧迎新；其方法论的特点是根本性的变化、深层次的变动，是完全彻底的改变；其价值指向是向好、向新、向善，正所谓"苟日新，日日新，又日新"。在哲学的层面上，"革命""改革""创新"相当于同语反复，其价值指向与实践归宿是完全一致的。党的十八大以来，习近平不止在一个场合、

---

① 《十八大以来重要文献选编》（上），中央文献出版社，2014，第11页。
② 《邓小平年谱（1975—1997）》（下），中央文献出版社，2004，第1364页。

不止一次谈到"革命"。从"革命理想高于天"到"不忘革命初心"再到"大力弘扬将革命进行到底精神",革命的情怀溢于言表。革命当然是为了最终改造客观世界,但改造客观世界首先要改造主观世界。所以,对于今日中国共产党来说,革命最关键的是自我革命,革命精神最突出的是自我革命的精神。

在60多年的长期执政,特别是近40年的改革开放的过程中,中国共产党的一些成员甚至包括一些领导干部已经有意无意地被各种利益集团"围猎",蜕化成代表既得利益的人,开始背离初心、背叛信仰;他们的一些行为、一些做法已经开始严重阻碍中国朝着更加持续健康、公平正义、文明进步的社会前进;由他们设计主导的一些体制、机制已经开始蜕化为小圈子、小群体利益的避风港。革命者首先要自我革命。中国共产党的伟大不在于不犯错误,而在于从不讳疾忌医,能一次又一次地拿起手术刀来革除自身的病症、解决自身的问题。中国共产党不仅勇于对近现代以来西方社会制度、社会发展模式进行彻底的革命,勇于对既有保守僵化教条的制度体制及发展模式进行坚决的革命,还勇于对在发展中国特色社会主义事业过程中出现的那些我们自己这数十年来亲手推动的、亲自实践的、曾经管用也好用的但现在越来越不能用也不应该用的制度体制及发展模式进行义无反顾的革命。在不断革命的过程中推动治国理政的创新。

"对实践的唯物主义者即共产主义者来说,全部问题都在于使现存世界革命化,实际地反对并改变现存的事物。"① 当代中国共产党人用"创新"实践着共产主义者这一永恒的哲学使命,并赋予它崭新的时代形态。

三　用不忘初心守护治国理政的精神家园

治国理政必须"变",要与时俱进,要因事而异;治国理政又"不能变",要保证确定性,要保持连续性。当代中国共产党人以创新为魂

---

① 《马克思恩格斯文集》第1卷,人民出版社,2009,第527页。

激发治国理政的澎湃动力，变的是机制、模式；用不忘初心守护治国理政的精神家园，不变的是价值、规律。"中国是一个大国，决不能在根本性问题上出现颠覆性错误，一旦出现就无法挽回、无法弥补。"① 什么是颠覆性的错误？就是在治国理政的过程中忘记了初心，丢掉了精神家园，失去了根与魂。

（一）不忘中国共产党的初心

"不忘初心"，是习近平在庆祝中国共产党成立 95 周年大会上的讲话中提出的一个重要命题。何为一个政党的初心？就是政党的信仰、主义、宗旨、立场，就是对从哪里来、到哪里去、要做什么、为谁而做等治国理政基本问题的自觉与坚守。"党的最终目标，是实现共产主义的社会制度"，"全心全意为人民服务，不惜牺牲个人的一切，为实现共产主义奋斗终身"②。《中国共产党章程》中的这些要求就是对中国共产党的初心最科学、最准确的概括。

作为一个成立近百年、执政近 70 年的政党，走的路远了，走的时间长了，难免会发生这样那样的变化，但是初心不能忘，初衷不能丢，这是我们党区别于其他政党最本质的地方。如果中国共产党不信仰共产主义，还是共产党吗？如果中国共产党不坚持马克思主义，还是马克思主义政党吗？有人说，中国共产党是中国社会唯一法定的执政党，只要把执政能力做强做大，其他方面无所谓。其实不然。中国共产党的执政来自宪法的赋权，更来自历史和人民的选择。历史和人民为什么选择中国共产党？是因为对中国共产党信仰主义宗旨的信任与期待。这个逻辑不能反过来说，反过来就大错特错。我们讲中国共产党是伟大的政党，这伟大来自信仰主义宗旨的伟大；我们要建设世界上最强大的政党，这强大同样来自信仰主义宗旨的强大。习近平在"7·26"讲话中明确提出"四个伟大"，这既是对中国共产党初心的切实回归，又是对中国共产党初心的坚定宣示。不要也不能曲解"四个伟大"的政治意蕴。对中国共

---

① 《习近平谈治国理政》，外文出版社，2014，第 348 页。
② 《十二大以来重要文献选编》（上），人民出版社，1986，第 63、69 页。

产党来说，这"四个伟大"绝非华丽的头衔，而是沉甸甸的责任。一个勇于伟大的政党是能让人民信赖的政党，一个敢于伟大的政党是能带领人民创造奇迹的政党。做到"四个伟大"需要的是担当、是付出，甚至可能是牺牲，非真正有共产主义觉悟者不能如此，也不愿意如此。党的十八大以来，中国共产党之所以能赢得国内的信赖支持、海外的尊重钦佩，就是因为人们看到了中国共产党的初心在回归、在彰显、在光大。

（二）不忘中华民族和中国社会的初心

政党有初心，一个民族、一个社会也有初心。中华文化就是中华民族和中国社会的初心。文化是一个民族、一个社会的"精神家园""基因身份证"，让一个民族在世界民族之林标注出"这一个"。随着现代社会的发展，整个世界趋同的态势越来越明显。但是，经济技术的趋同不能消解国家民族的"精神独立"。为什么做出这样的选择，为什么倡导那样的价值，其深层的依据来自文化初心。守住文化初心，就守住了精神家园，就不会在精神层面上人云亦云，就会更有战略定力，就会更加自信。习近平讲道："体现一个国家综合实力最核心的、最高层的，还是文化软实力，这事关一个民族精气神的凝聚。我们要坚持道路自信、理论自信、制度自信，最根本的还有一个文化自信。"[1]

我们讲的文化初心当然是有具体内容的中华优秀传统文化，但更主要的是"跨越时空、超越国度、富有永恒魅力、具有当代价值的文化精神"[2]。坚守文化初心不是停留于对中国传统文化中具体文化内容的简单重复，而是对其中所蕴含的文化精神的阐幽发微，要通过创造性转化、创新性发展来实现中华文化从"过去完成时"走向"现在进行时"。

（三）重视治国理政的"化育"与"生长"之功

守望初心不是故步自封，不是因循守旧，而是为了更好地前进。不

忘本来才能走向未来，守住精神原点才有真发展。这种前进与发展不是生搬硬套，不是机械拼接，不是突如其来，而是潜移默化的"化育"与日积月累的"生长"。

中国共产党治国理政当然要善于把人类文明的一切成果，包括近现代西方的文明成果坦坦荡荡、大大方方地"拿来"，不断学习他人的好东西。但是，拿来之后要"化育"，把他人的好东西化成我们自己的东西。当通过政治革命把马克思主义的种子、社会主义的种子播种下去之后，这种子就在中华文化的沃土中生根发芽，成为中国化的马克思主义和中国特色社会主义。

国家治理体系同样要在国情的土壤中"生长"出来才有生命力。治国理政当然要有一套科学有效、系统规范的治理体系。但是一个国家选择什么样的治理体系，是由这个国家的历史传承、文化传统、经济社会发展决定的，要在国家历史传承、文化传统、经济社会发展的基础上长期发展、渐进改进、内生性演化。简而言之，就是"生长"。要"生长"形成一套相对完备的制度体系需要很长的历史时期。中国共产党人讲，巩固和发展社会主义制度需要几代人、十几代人甚至几十代人的持续努力。换算成时间概念，这将是成百上千年的"生长"。一个有作为、负责任的政党设计、培育和发展国家治理体系，必须甘于打基础、善于打基础。不要指望像搭积木似的搭出一栋治理体系的"摩天大楼"，也不能想象突然就搬来一座治理体系上的"飞来峰"。

四　贡献中国方案传递治国理政的天下情怀

习近平在"7·26"讲话中指出，"中国特色社会主义是改革开放以来党的全部理论和实践的主题"[①]。自从中国共产党在十二大上提出"建设有中国特色的社会主义"这一科学论断后，以后的历次党代会报告题

---

① 《习近平在省部级主要领导干部"学习习近平总书记重要讲话精神，迎接党的十九大"专题研讨班开班式上发表重要讲话强调　高举中国特色社会主义伟大旗帜　为决胜全面小康社会实现中国梦而奋斗》，《人民日报》2017年7月28日。

目都要写入"中国特色社会主义",今年的十九大也不会例外。中国共产党人坚持"特色"一以贯之,"咬定青山不放松"。在这强大的战略定力背后,是对历史经验教训的记取,也是对马克思主义哲学方法论的自觉遵循。毛泽东当年讲中国是特别愿意向外国学习的,君主立宪制、议会制、多党制、总统制等都学过试过,但总是"老师欺负学生",社会依旧一盘散沙,积贫积弱。后来找到了马克思主义,找到了社会主义,让中国站了起来,但由于经验不足一度受苏联模式影响比较大,走了一些弯路。只有走上中国特色社会主义道路才真正走上了成功的道路。这一道路的秘诀就是把马克思主义的普遍原理与中国实际紧密结合,把社会主义的科学构想与中国国情紧密结合,形成自己的特色并将之发扬光大。"中国特色"让中国不仅站了起来、富了起来,而且已经开始从大国迈向强国的新征程;让占世界近五分之一人口的社会民众不仅已经总体小康,而且即将实现全面小康,并开始向全面现代化迈进。当西方陷入发展经济步履蹒跚、治理社会力不从心的困境时,"中国特色"让中国"风景这边独好"。

作为马克思主义者,中国共产党深知中华民族的伟大复兴不能独善其身,建设社会主义、实现共产主义更是一项世界性的事业。在坚持"中国特色"的同时从来没有放弃过世界眼光,没有淡化过全球意识,而是始终把中国国家治理与全球治理放在一起谋划,在担负起优化改善全球治理责任的同时实现对国家的更好治理。这一点突出体现在对待经济全球化的立场与态度上。作为马克思主义者,中国共产党人清醒地认识到,推动人类社会文明进步的力量只有在世界历史的意义上才可能真正存在,更加美好的人类社会发展状态也只有在世界历史的意义上才可能真正实现。所以,习近平不仅在各种国际场合,从 G20 杭州峰会到亚太经合组织领导人会议,再到世界经济论坛上倡导推动经济全球化,更通过提出"一带一路"倡议、创建自由贸易区、建设亚洲基础设施投资银行等推进全球经济治理,这事实上建构起了 21 世纪经济全球化的新样态。

经济全球化是一种伴随社会生产力的发展而出现的客观经济社会现象,它究竟是造福人类还是危害世界,取决于对经济全球化理念的选择与制度的设计。当代中国倡导推动的经济全球化之所以有别于传统的经济全球化、优越于传统的经济全球化，是因为中国倡导的经济全球化背后的价值理念更先进。传统的经济全球化把世界作为大国和资本的"跑马场"，运行模式是零和博弈甚至负和博弈，经济全球化的结果是穷国越穷富国越富。所谓世界是平的，对于跨国公司、跨国资本来说确实是平的，一马平川、横行直撞，但对于前发展和发展中国家及其民众的权利来说恐怕难有平等可言，更多的时候是"为他人作嫁衣裳"，甚至可能是"人为刀俎，我为鱼肉"。而中国则以一种天下情怀来建构 21 世纪的经济全球化，其核心价值理念是习近平提出的"人类命运共同体"。人类命运共同体把世界看作一个你中有我、我中有你的命运共同体，让所有人荣辱与共，不论大国小国，不论发达还是欠发达，在国际经济合作中权利平等、机会平等、规则平等，在共赢、共商、共建、共享中，让世界各国人民梦想成真。

不要因为使用了"特色"这个词，就认为"中国特色"只是一种区域性的解决方案。中国的实践对中国之外的其他国家也是有效的，是有借鉴意义的。对发展中国家来说，意味着走向现代化并不是只有西方发达国家走过的"独木桥"，"中国方案"提供了一条极其可靠而又现实的途径；对于一些发达国家来说，要想走出自己造就的国际乱局、国内困境、经济全球化两难，"中国方案"也是一剂良药而且还不苦口。所以，习近平讲："中国共产党人和中国人民完全有信心为人类对更好社会制度的探索提供中国方案。"①

从"中国特色"到"中国方案"，体现的是对人类社会发展规律的深刻认知与自觉运用。"中国方案"不是说把中国的具体制度体制复制到世界，而是以一种新世界观、新价值观和新方法论，为世界提供一种新的发展可能、一种新的图景。中国共产党人是唯物主义者，但并不否认在很多时候改变了世界观也就改变了世界。从"人类命运共同体"到"一带一路"，再到文明多样性的"美人之美，美美与共"，以及全球治

---

① 习近平：《在庆祝中国共产党成立 95 周年大会上的讲话》，人民出版社，2016，第 14 页。

理体制的"并育而不相害""并行而不相悖"等,当这些理念越来越为世界所接纳、所认同、所践履时①,世界将会呈现出一种崭新的面貌,中华民族伟大复兴也就有了一个良好的外部环境。

五 结语:知行合一开辟新境界

马克思曾经展望过一个时代:"那时哲学不仅在内部通过自己的内容,而且在外部通过自己的表现,同自己时代的现实世界接触并相互作用。"② 而当代中国社会正进入这样一个时代,当代中国共产党人正用自己的作为拥抱这一时代,使得马克思主义哲学更加显示出作为"面对世界的一般哲学"、作为"当代世界的哲学"这一时代的精神上的精华之特质。

马克思主义哲学这一锐利思想武器之所以在中国共产党的革命、建设、改革以及治国理政的实践中越用越顺手、越来越锐利,就在于中国共产党人紧紧抓住了马克思主义哲学实事求是与解放思想的精髓,并将其贯穿革命、建设、改革以及治国理政实践的全过程。但是马克思主义哲学在发展,中国共产党掌握运用马克思主义哲学的能力与本领、水平与境界也在提高。深入观察分析党的十八大以来以习近平同志为主要代表的新一代中国共产党人的治国理政,我们可以看到在实事求是与解放思想这一精髓贯穿始终的同时,有一种新的特征、新的要求、新的精神尤为突出并且统领着治国理政的理论与实践创新,那就是"知行合一"。

把人民至上作为治国理政的核心要义,坚持以人民为中心的发展思

---

① 事实上这已经是现实,而不再只是一种设想和愿望。2017 年 2 月 10 日,"构建人类命运共同体"理念首次在联合国社会发展委员会第 55 届会议上被写入联合国决议,随后若干联合国决议皆使用这一提法。2017 年 9 月 11 日,第 71 届联大又把"共商、共建、共享"作为原则写入"联合国与全球经济治理"决议。此外,中国提出的"大众创业、万众创新"也进入联合国关于纪念"世界创新日"的决议。"中国理念"走向世界的内容越来越多,频率越来越高。

② 《马克思恩格斯全集》第 1 卷,人民出版社,1995,第 220 页。

想，自觉作人民群众的工具，为增强人民创造历史的力量而全面从严治党，把历史唯物主义关于人民主体的思想落实在治国理政的实践中，体现的是对马克思主义哲学历史观的知行合一；以创新为魂激发治国理政的澎湃动力，不断推进道路、理论、制度创新，在创新发展中实现自我超越，不断自我革命，在改造客观世界的同时改造主观世界，体现的是对马克思主义哲学辩证法的知行合一；用不忘初心守护治国理政的精神家园，守住中国共产党的初心，守住中华民族和中国社会的初心，不割裂历史，不摒弃传统，坚定"四个自信"，体现的是对马克思主义哲学价值论的知行合一；在坚持中国特色的同时积极贡献中国方案，在实现中华民族伟大复兴的同时推动世界和谐繁荣进步，创造性地回答国家治理中的普遍性与特殊性的关系问题，体现的是对马克思主义哲学方法论的知行合一。

知行合一是中国哲学的基本命题，也是中国哲学的基本功夫。知行合一对于以实践为基本品格的马克思主义哲学的意义尤其重大。在一定意义上，马克思主义哲学的精髓实事求是与解放思想也存在一个知行合一的问题。党的十八大以来，以习近平同志为主要代表的中国共产党人坚持运用马克思主义哲学引领治国理政最鲜明的特征就是知行合一。"我们说了不是白说，说了就必须做到"，"说到的就要做到，承诺的就要兑现，中央政治局同志从我本人做起"①，以知之深推动行之笃，用行之实促进知之更新、更深。

化历史必然为实践自觉，变理论应然为行为实然。知行合一，不仅开辟了当代中国治国理政的新境界，也开创了当代中国马克思主义哲学的新境界。

---

① 《习近平关于党风廉政建设和反腐败斗争论述摘编》，中国方正出版社、中央文献出版社，2015，第68、71页。

第六编　中国经济学

新时代中国特色社会主义政治经济学的创新发展*

张占斌

中国特色社会主义进入新时代，当今中国正处在从富起来到强起来的关键时期，中国共产党人面临新时代的新的"赶考"任务。以习近平同志为核心的党中央及时总结新的生动实践，不断推进理论创新，在一些重大问题上提出了许多重要论断，构建了新时代中国特色社会主义政治经济学。这些理论成果是马克思主义政治经济学中国化的最新成果，是习近平新时代中国特色社会主义思想的重要内容，有力指导了我国经济发展实践，开拓了当代马克思主义政治经济学新境界。

一 新时代中国特色社会主义政治 经济学的理论品格和实践特色

新时代中国特色社会主义政治经济学形成于"两个大局"即"世界百年未有之大变局"和"中华民族伟大复兴的战略全局"的历史进程中，具有鲜明的时代性、人民性、科学性、创新性、自主性、系统性、开放性、全球性。

---

* 国家社会科学基金重大项目"开启全面建设社会主义现代化国家新征程研究"（21ZDA001）、中共中央党校（国家行政学院）2021年重点科研项目"习近平新时代中国特色社会主义经济思想专题研究"的阶段性成果。本文原载于《马克思主义与现实》2021年第3期，收入本书时有改动。

（一）发展主题的时代性：凸显新时代的中国"强起来"

实践是理论的源泉。"强起来"，既是认识和理解中国特色社会主义新时代的标识，也是研究和探索新时代中国特色社会主义政治经济学主题的要旨。新时代中国特色社会主义政治经济学立足于新时代中国特色社会主义的伟大实践，着眼于新时代全面建成小康社会、全面建设社会主义现代化国家的历史使命，服务于"强起来"的时代发展主题，强调坚持和完善社会主义基本经济制度，建设高起点、高水平、高标准的市场经济体制，建设现代化经济体系，推动经济从高速增长转向高质量发展，为中华民族实现从富起来到强起来的伟大飞跃提供坚实的理论指导。

（二）发展目的的人民性：坚持以人民为中心的发展思想

坚持以马克思主义为指导，核心要解决好"为了谁"的问题。"我们的党是全心全意为人民服务的党，我们的国家是人民当家作主的国家，党和国家一切工作的出发点和落脚点是实现好、维护好、发展好最广大人民根本利益。"[1] 新时代中国特色社会主义政治经济学与西方经济学的根本区别在于为谁立说、为谁服务。西方经济学强调利润最大化，迷信资本的作用和力量，忽视劳动者的根本利益，虽然在特定时期、在一定程度上能促进经济增长，但不能从根本上满足人民的需要，不能从根本上解决资本主义经济的根本矛盾。新时代中国特色社会主义政治经济学坚守人民立场，强调经济效益和社会效益的统一、市场价值和社会价值的统一，以实现最大多数人的根本利益为目标，以保障和改善民生为重点，扎实推进共同富裕，切实保障全体人民更高层次的需求，不断提高人民群众的获得感，向高品质生活和人的全面发展迈进。

（三）发展方式的科学性：正确处理经济基础与上层建筑的关系

中国共产党领导是中国特色社会主义最本质的特征，是中国特色社

---

① 习近平：《在哲学社会科学工作座谈会上的讲话》，人民出版社，2016，第12页。

会主义的最大制度优势。加强党对经济工作的集中统一领导，正确处理好政府和市场的关系，贯穿于新时代中国特色社会主义政治经济学形成与发展的全过程。我们要发挥好党总揽全局、协调各方的优势，不断加强党对经济工作的集中统一领导，不断提高党领导经济工作的能力和水平。新时代中国特色社会主义政治经济学既强调市场在资源配置中的决定性作用，又强调更好发挥政府作用，着力于有效市场和有为政府的"双强"结合。这是人类历史上资源配置方式和发展方式的重大创造，与奉行"市场原教旨主义"的资本主义市场经济模式有本质区别，是新时代党在理论和实践上的重大突破，标志着党对社会主义市场经济认识的不断深化和驾驭能力的不断提升，彰显了新时代中国特色社会主义政治经济学的思想智慧和理论力量。

（四）发展理念的创新性：用新发展理念实现经济高质量发展

新时代中国特色社会主义政治经济学提出创新、协调、绿色、开放、共享的新发展理念，拓宽了马克思主义政治经济学的研究对象。新发展理念是一个系统的理论体系，是在分析国内外发展大势、深刻总结国内外发展经验教训的基础上，针对我国发展中的突出矛盾和问题提出来的，集中体现了转变发展方式、优化经济结构、转换增长动力的迫切要求，回答了关于发展的目的、动力、方式、路径等一系列理论和实践问题，阐明了我们党关于发展的政治立场、价值导向、发展模式、发展道路等重大政治问题。新发展理念指明了实现高质量发展的必由之路，是引领我国发展全局深刻变革的科学指引，是我国高质量发展必须坚持的重要遵循。新发展理念的提出，体现了我们党对新的发展阶段、发展条件、发展主题、发展思路的深刻洞察和科学把握，标志着党对发展规律的认识达到了新的高度。

（五）发展格局的自主性：新发展格局是事关全局的系统性深层次变革

党的十八大以来，围绕落实新发展理念、推动高质量发展、扩大对外开放，党和国家推出了一系列重大改革举措，形成了一系列理论成果、制度成果、实践成果，这是构建新发展格局的显著制度优势和坚实改革基础。在中国特色社会主义即将进入新发展阶段之际，习近平提出要加快形成以国内大循环为主体、国内国际双循环相互促进的新发展格局。这是根据我国发展阶段、环境、条件变化作出的战略决策，是事关全局的系统性深层次变革。构建新发展格局最本质的特征是实现高水平的自立自强。因此，构建新发展格局必须具备强大的国内经济循环体系和稳固的基本盘，必须把扩大内需作为战略基点，形成完整的内需体系。要善于运用改革思维和改革办法，更加注重以深化改革开放增强发展内生动力，发挥好改革关键一招的作用，在战略上布好局，在关键处落好子，把实施内需战略和深化供给侧结构性改革结合起来，以创新驱动、高质量供给引领和创造新需求，发挥好"中国制造＋中国消费"这个超大规模市场优势，推动形成需求牵引供给、供给创造需求的更高水平的动态平衡。

（六）发展路径的系统性：全面协调推进社会主义现代化建设

系统观念是马克思主义基本原理的基本观点，是我们党领导革命、建设和改革的重要指南，也是新时代基础性的思想和工作方法。党的十八大以来，习近平多次强调要增强系统思维，在党的十九届五中全会上强调坚持系统观念是制定"十四五"规划和2035年远景目标纲要必须遵循的原则。新发展阶段，我国经济社会系统越来越复杂，具有更强的综合性、动态性和系统性。面对日益复杂的经济社会系统，我们要更加自觉地运用系统观念和方法分析和解决实际问题，全面深化供给侧结构性改革。加强前瞻性思考、全局性谋划、战略性布局、整体性推进，在多重目标中寻求动态平衡，统筹发展和安全，加快建设现代化经济体系，加快构建以国内大循环为主体、国内国际双循环相互促进的新发展格局，着力固根基、扬优势、补短板、强弱项，注重防范化解重大风险挑战，实现发展质量、结构、规模、速度、效益、安全相统一。

（七）发展内容的开放性：站在时代前列与时俱进的开放创新

新时代中国特色社会主义政治经济学具有强烈的开放性，是与我们所处的时代紧密联系在一起的。面对"两个大局",坚持和完善中国特色社会主义制度、推进国家治理体系和治理能力现代化,结合新的时代条件和社会主义现代化客观进程,以全新的视野深化对共产党执政规律、社会主义建设规律、人类社会发展规律的认识,推动理论创新、制度创新、实践创新,给新时代中国特色社会主义政治经济学提供了丰富的实践营养和开放发展的历史大舞台,为与时俱进的创新注入了时代的开放色彩。

(八)发展维度的全球性:在高水平开放合作中推动构建人类命运共同体

马克思主义是关于人类社会发展规律的理论。新时代中国特色社会主义政治经济学不仅是中国经济发展经验的总结,也蕴含着丰富的经济全球化思想。中国坚定不移全面扩大对外开放,推动"一带一路"建设,加快构建开放型经济新体制,积极参与全球经济治理,倡导发展开放型世界经济,把中国的发展与世界的发展紧密结合起来,把中国深度开放和积极参与全球化进程紧密结合起来。这些举措拓展了发展中国家的现代化之路,也加快了中国推动国际合作和全球治理的历史进程。中国推动"一带一路"建设、构建人类命运共同体的努力,体现了新时代中国共产党人为世界谋大同的新发展观、新合作观和新文明观,体现了中国作为发展中国家的大国责任情怀和理想胸襟,也体现了新时代中国特色社会主义政治经济学的国际视野和人类关怀。

二 新时代中国特色社会主义政治经济学的理论内涵和创新发展

新时代中国特色社会主义政治经济学是马克思主义政治经济学中国化的最新理论创新成果,具有丰富而深刻的理论内涵,体现了理论创新的时代高度。

(1)阐明了中国特色社会主义进入新时代和新发展阶段的历史方位,提出了全面建成小康社会进而开启全面建设社会主义现代化国家的时代主题，奠定了新时代中国特色社会主义政治经济学创新发展的立论基点。历史方位与时代主题的确定是新思想新理论形成和发展的前提条件和重要基础。从社会主义生产方式发展基本规律看，"每一历史时代的经济生产以及必然由此产生的社会结构，是该时代政治的和精神的历史的基础"①。中国特色社会主义进入新时代新阶段是我国生产力根本性跃升的必然结果。在以"强起来"为主题的时代背景下，新时代中国特色社会主义政治经济学以解决经济改革和发展的重大问题为导向，把握时代脉搏、聆听时代声音，把问题意识和辩证思维相结合，具有鲜明的时代特征。从新时代的"客观事实"到"问题导向"，再以"问题导向"倒逼"理论创新"，这不仅是我国改革开放以来经济体制改革的现实路径，也是新时代中国特色社会主义政治经济学形成的内在逻辑，为我们全面建设社会主义现代化强国提供了理论支撑。当前，我国发展进入新时代新阶段，时代特征和时代使命为我国社会主义发展重新确定了时代坐标与历史方位，发展了马克思主义政治经济学的时代理论，奠定了新时代中国特色社会主义政治经济学创新发展的立论基点。

（2）阐明了中国特色社会主义最本质特征和最大优势，就是坚持中国共产党的领导、坚持党对经济工作集中统一领导，明确了新时代中国特色社会主义政治经济学创新发展的政治方向。马克思主义唯物史观认为，经济基础与上层建筑的矛盾运动是社会形态历史演进的基本动因。在人类社会历史发展进程中，政治是经济的集中反映，党的领导权问题是政治的核心问题。坚持加强党的集中统一领导，是马克思主义政党所承担历史使命和时代责任的必然要求。习近平关于"中国特色社会主义最本质的特征是中国共产党领导"② 的重要论述，深刻揭示了党的集中统一领导与中国特色社会主义的密切关系，反映了"坚持加强党对经济工作的集中统一领导"③ 是这一质的规定性在经济工作中的具体要求和生动体现。由于"党的领导是中国特色社会主义最本质的特征"④，也是

---

① 《马克思恩格斯文集》第2卷，人民出版社，2009，第9页。
② 《习近平谈治国理政》第3卷，外文出版社，2020，第94页。
③ 《习近平谈治国理政》第3卷，外文出版社，2020，第234页。
④ 《十八大以来重要文献选编》（下），中央文献出版社，2018，第141页。

"中国特色社会主义制度的最大优势"①，党的领导当然也是新时代中国特色社会主义政治经济学"最本质的特征"和"最大优势"。习近平强调，"坚持党的领导，发挥党总揽全局、协调各方的领导核心作用，是我国社会主义市场经济体制的一个重要特征"②，并在实践中形成了党对经济工作的集中统一领导的丰富实现形式，包括：协调各方利益，保证发展思想的人民性；引领发展方向，保证发展理念的先进性；谋划发展格局，保证发展战略的时代性；推进全面改革，保证发展制度的优越性；促进对外开放，保证发展条件的开放性；完善顶层设计，保证发展政策的协调性；制定发展规划，保证发展举措的导向性；注重稳中求进，保证发展环境的安全性；秉持系统观念，保证发展内涵的系统性；推动强强（强政府—强市场）结合，保证发展手段的有效性；等等。加强党对经济工作的集中统一领导，要在职能配置上更加科学合理，在体制机制上更加完备完善，在运行管理上更加高效。这为新时代中国特色社会主义政治经济学创新发展明确了政治方向。

（3）阐明了坚持以人民为中心的发展立场，彰显摆脱贫困、改善民生、促进公平、逐步实现共同富裕的社会主义本质特征和价值取向，确立了新时代中国特色社会主义政治经济学创新发展的时代主线。"以人民为中心的发展思想解决了'为什么人、由谁享有'这个发展的根本问题，坚持发展为了人民、发展依靠人民、发展成果由人民共享，深化了马克思主义关于人民群众创造历史的观点，体现了中国特色社会主义的本质特征和社会主义市场经济发展的根本目的"③，体现了人民群众作为历史主体与价值主体的统一性。新时代中国特色社会主义政治经济学强调统筹效率与公平，追求共享发展、共同富裕，不断实现人民对美好生活的向往。对于邓小平的社会主义本质和共同富裕思想，习近平作出了高度评价并进行了新时代的接续转化，他强调："邓小平同志指出，社

---

① 《十八大以来重要文献选编》（下），中央文献出版社，2018，第 285 页。
② 《习近平谈治国理政》，外文出版社，2014，第 118 页。
③ 张占斌：《常怀忧民爱民为民惠民之心——深入学习贯彻以人民为中心的发展思想》，《人民日报》2017 年 2 月 22 日。

会主义的本质，是解放生产力，发展生产力，消灭剥削，消除两极分化，最终达到共同富裕。党的十八届五中全会鲜明提出要坚持以人民为中心的发展思想，把增进人民福祉、促进人的全面发展、朝着共同富裕方向稳步前进作为经济发展的出发点和落脚点。"① 习近平对社会主义本质要求的理解和定位，是对新时代中国特色社会主义消除贫困时代课题的直接回应，是21世纪马克思主义反贫困理论和实践的新发展，确立了新时代中国特色社会主义政治经济学创新发展的时代主线。

（4）阐明了我国社会主要矛盾已经转化为人民日益增长的美好生活需要和不平衡不充分的发展之间的矛盾，更加注重、更加强调统筹发展与安全，揭示了新时代中国特色社会主义政治经济学创新发展的重点难点。对社会主要矛盾的判断是党和国家制定大政方针和长远战略的重要依据。"中国特色社会主义进入新时代，我国社会主要矛盾已经转化为人民日益增长的美好生活需要和不平衡不充分的发展之间的矛盾。"② 新时代人民对美好生活的需要体现为不仅对物质文化生活提出了更高要求，而且在民主、法治、公平、正义、安全、环境、医疗、健康等方面的要求日益增长。当前，发展不平衡不充分问题是影响人民美好生活需要的最主要因素。发展不平衡，主要是指各区域各领域各方面发展不够平衡，包括经济社会各个领域各个方面不够平衡，就业、教育、医疗、居住、养老等主要民生领域的短板没有解决，特别是这场疫情大考暴露了我国在公共卫生体系建设上的短板和不足；发展不充分，主要是指仍不能满足14亿人对不同产品结构和质量的需求，不能满足人民对各种服务的需求，在一些地区、一些领域、一些方面还存在发展不足的问题。我国社会主要矛盾的转化对经济社会发展提出了许多新要求，是关系全局的历史性变化，丰富和发展了关于社会主义主要矛盾的理论，深刻揭示了社会主义社会中经济运行的主要经济规律。新冠肺炎疫情给全球经济造成严重冲击，也给我国经济安全带来严峻挑战。习近平强调处理好发展和

---

① 《十八大以来重要文献选编》（下），中央文献出版社，2018，第4页。
② 习近平：《决胜全面建成小康社会　夺取新时代中国特色社会主义伟大胜利——在中国共产党第十九次全国代表大会上的报告》，人民出版社，2017，第11页。

安全的关系，努力实现安全发展是治国理政的一个重大原则。要坚定不移贯彻新发展理念，统筹发展和安全。必须坚持总体国家安全观，做好较长时间内应对外部和内部环境变化的准备，筑牢国家经济安全的防线，维护国家经济安全、产业安全，真正实现更为安全的发展。这揭示了新时代中国特色社会主义政治经济学创新发展的重点难点。

（5）阐明了我国经济发展进入新常态的趋势性特征，提出贯彻新发展理念，以深化供给侧结构性改革为主线，建设现代化经济体系，推动经济从高速增长转向高质量发展，建构了新时代中国特色社会主义政治经济学的理论框架。党的十八大以来，面对极其错综复杂的国内外经济形势，以习近平同志为核心的党中央审时度势，始终坚持以发展的眼光看待问题和解决问题，从我国经济发展的阶段性特征出发，作出我国经济发展进入新常态的战略判断，并将发展尤其是促进经济高质量发展贯穿于历史逻辑始终。新发展理念是针对我国经济发展进入新常态提出的治本之策。新发展理念集发展动力、发展机制、发展条件、发展环境、发展目标等于一体，既反映了促进生产力系统结构优化和功能改善的内在特性，以及发展生产力的具体路径和保护生产力的现实要求，又体现了调节完善社会主义生产关系，全面构建以促进社会生产力发展为中心的发展理念。可以说，新发展理念把经济规律、生产力规律、科学规律、社会发展规律和自然规律结合起来，揭示客观规律的运行轨迹，提高遵循客观规律的自觉性，真正做到按客观规律办事。新发展理念成为新时代高质量发展的新要求，也是我国经济走向高质量发展的评判标准。马克思指出，供给与需求是一对矛盾关系，其中起决定作用的是供给的力量，需求对供给起到反作用。在不同的历史发展阶段，供给方与需求方各自的作用是不同的，政策上选择哪一方作为突破口也是不同的。新时代提出的供给侧结构性改革，同西方经济学的供给学派不是一回事。"供给侧结构性改革，重点是解放和发展社会生产力，用改革的办法推进结构调整，减少无效和低端供给，扩大有效和中高端供给，增强供给结构对需求变化的适应性和灵活性，提高全要素生产率。"[1] 供给侧结构

---

[1] 《十八大以来重要文献选编》（下），中央文献出版社，2018，第173页。

性改革理论是新时代中国特色社会主义政治经济学的创新性成果，丰富了社会主义经济运行和改革的理论范畴，为经济发展和改革指明了重点和方向，明确了建设现代化经济体系是跨越关口的迫切要求和我国发展的战略目标，提供了新时代中国特色社会主义政治经济学创新发展的中国方案。

（6）阐明了发挥社会主义制度优势和国家治理现代化的极端重要性，强调"两个毫不动摇"，注重把社会主义基本经济制度优势转变为经济治理效能，增强了新时代中国特色社会主义政治经济学创新发展的理论自信。习近平指出："必须完整理解和把握全面深化改革的总目标，这是两句话组成的一个整体，即完善和发展中国特色社会主义制度、推进国家治理体系和治理能力现代化。"[①] 这一总目标明确回答了推进各领域改革最终是为了什么、要取得什么样的整体效果这一重大问题，体现了中国改革的根本前提与实现途径的有机统一。其中，完善和发展中国特色社会主义制度是推进国家治理体系和治理能力现代化的根本前提，而推进国家治理体系和治理能力现代化是完善和发展中国特色社会主义制度的现实途径。经济制度是生产关系的总和，生产关系是人们在生产过程中所形成的人与人之间的关系，包括生产资料归谁所有、人们在生产中的地位和相互关系、产品如何分配。这表明经济制度不仅包括生产资料所有制形式，还包括社会生产成果的分配方式，以及经济社会发展不可回避的与公平、效率要求相适应的社会生产组织方式和交换方式等问题。党的十九届四中全会关于社会主义基本经济制度的最新表述，即公有制为主体、多种所有制共同发展，按劳分配为主体、多种分配方式并存，社会主义市场经济体制三项制度并存，均作为社会主义基本经济制度，揭示了坚持和完善社会主义基本经济制度与坚定中国特色社会主义自信的内在联系和互动关系，是对马克思关于社会基本经济制度理论在中国社会主义基本经济制度问题中的运用。习近平的这一重要论述，突出了社会主义生产关系中所有制结构体系和分配制度格局的基本特征，强调了社会主义经济体制中社会主义制度和市场经济有机结合的基本特征，凸显了中国特色社会主义基本经济制度的创新性本质规定和显著制

----

① 《习近平谈治国理政》，外文出版社，2014，第105页。

度优势。

（7）阐明了社会主义条件下政府与市场的互动关系，强调充分发挥市场在资源配置中的决定性作用，更好发挥政府作用，实现有效市场和有为政府更好结合，确定了新时代中国特色社会主义政治经济学资源配置创新发展的基本范式。如何认识和处理政府与市场的关系是社会主义市场经济改革的核心，从"计划经济为主、市场调节为辅"到"社会主义有计划商品经济"，再到"使市场在国家宏观调控下对资源配置起基础性作用"，再到"发挥市场在资源配置中的决定性作用，更好发挥政府作用，推动有效市场和有为政府更好结合"，贯穿于改革发展全过程和中国特色社会主义政治经济学形成与发展的始终①。党的十八届三中全会通过的《中共中央关于全面深化改革若干重大问题的决定》提出使市场在资源配置中起决定性作用，从根本上提升了我国市场经济体制的内涵，标志着我国社会主义市场经济理论的再次突破；在强调市场重要功能的同时，还强调"市场在资源配置中起决定性作用，并不是起全部作用"②，这表明市场的决定性作用是有明确的范围限定的，即市场起决定性作用的范围领域只是资源配置，并不是在分配等其他一切社会经济活动中都能起决定性作用；同时，市场在资源配置中只是起决定性作用，而不是起全部作用，更不是不要政府的作用③。"更好发挥作用"的政府职能定位将政府与市场二者间的关系提升到分工合作、和谐互补的正和博弈新高度。党的十九届四中全会把社会主义市场经济体制上升为基本经济制度，为推动经济高质量发展、建设现代化经济体系提供了理论支撑和制度支撑，体现了党对完善社会主义市场经济体制的认识和标准升华到了新的时代高度。建设高水平社会主义市场经济体制，在关键性基础性重大改革上突破创新，推动"四化"同步和区域协调、城乡统筹，把土地改革、精准脱贫与乡村振兴结合起来，确定了新时代中国特色社

---

① 参见张占斌、钱路波《论构建中国特色社会主义政治经济学》，《管理世界》2018年第7期。

② 《习近平谈治国理政》，外文出版社，2014，第77页。

③ 参见张占斌、钱路波《论构建中国特色社会主义政治经济学》，《管理世界》2018年第7期。

会主义政治经济学研究资源配置的基本范式，更加夯实了新时代中国特色社会主义政治经济学的理论基石。

（8）阐明了更加注重解放、发展和保护生产力，强调全面深化改革和更高水平开放，在更大程度上释放改革红利和发展动力，利用国际国内两个市场、两种资源，构建以国内大循环为主体、国内国际双循环相互促进的新发展格局，刻画了新时代中国特色社会主义政治经济学创新发展的演进方向。马克思主义政治经济学从诞生之日起，就以生产力和生产关系之间的关系为研究主题。习近平从构建新时代中国特色社会主义政治经济学的历史逻辑出发，明确提出"要坚持中国特色社会主义政治经济学的重大原则，坚持解放和发展社会生产力"①，把社会主义初级阶段的根本任务就是发展生产力摆在了显著位置。同时还强调："市场主体是经济的力量载体，保市场主体就是保社会生产力。要千方百计把市场主体保护好，为经济发展积蓄基本力量。"② 据此，新时代中国特色社会主义政治经济学对生产力的研究拓展为三个维度：一是解放生产力，二是发展生产力，三是保护生产力。将这三个维度进行统一协调研究，并从发展生产力的角度研究生产关系，是马克思主义政治经济学研究对象的重大突破。可以说，新时代中国特色社会主义政治经济学就是要建立解放、发展和保护生产力的系统化的经济学说，并在生产力与生产关系的统一中把握经济发展规律。围绕"解放、发展、保护"生产力的目标任务，《中共中央关于全面深化改革若干重大问题的决定》指出，"改革开放是党在新的时代条件下带领全国各族人民进行的新的伟大革命，是当代中国最鲜明的特色"，"是决定当代中国命运的关键抉择，是党和人民事业大踏步赶上时代的重要法宝"③。当前，面对结构性、体制性、周期性问题相互交织所带来的困难和挑战，"必须更加注重改革的系统性、整体性、协同性"④，发挥好改革关键一招的重要作用，抓紧补短板、堵漏洞、强弱项。用改革的办法让我们的制度优势充分发挥出来，

---

① 《中央经济工作会议在北京举行》，《人民日报》2015 年 12 月 22 日。
② 习近平：《在企业家座谈会上的讲话》，人民出版社，2020，第 3 页。
③ 《十八大以来重要文献选编》（上），中央文献出版社，2014，第 511 页。
④ 《十八大以来重要文献选编》（上），中央文献出版社，2014，第 512 页。

带动生产力的发展。积极发挥我国作为世界最大市场的潜力和作用,通过依靠自己的强大内需,增强我国经济的韧性和弹性,支撑我国经济的健康有序循环。立足国内大循环,在扩大开放中谋篇国内国际双循环,实现国内国际双循环相互促进。这既是中国经济高质量发展的内在需要,也是全球经济发展新趋势的客观要求,同时体现了中国作为全球第二大经济体的国际担当。

(9)阐明了在改革开放过程中坚持问题导向和稳中求进的工作总基调,着力推动解决我国发展面临的一系列突出矛盾和问题,突出了新时代中国特色社会主义政治经济学创新发展的实践舞台的聚焦点。新时代中国特色社会主义政治经济学问题意识鲜明,坚持以问题导向部署经济发展新战略。习近平强调,"要有强烈的问题意识,以重大问题为导向,抓住关键问题进一步研究思考,着力推动解决我国发展面临的一系列突出矛盾和问题","改革是由问题倒逼而产生,又在不断解决问题中得以深化"①。从"问题意识"到"问题倒逼",既是解决中国现实经济发展问题的科学方法,也是中国经济改革的路径。在强调问题导向的同时,还强调坚持稳中求进的工作总基调。"稳中求进工作总基调是我们治国理政的重要原则,也是做好经济工作的方法论。"② 稳中求进,稳字当头。"稳"的重点是稳住经济运行,尤其是在疫情防控常态化的前提下,只有稳住经济基本盘,兜住民生底线,才能在稳的基础上积极进取,牢牢把握发展主动权。要扎实做好稳就业、稳金融、稳外贸、稳外资、稳投资、稳预期的"六稳"和保居民就业、保基本民生、保市场主体、保粮食能源安全、保产业链供应链稳定、保基层运转的"六保"任务。坚持稳中求进,关键是把握好"稳"和"进"的平衡,这为新时代中国特色社会主义政治经济学创新发展提供了实践舞台。

(10)阐明了以参与全球治理和"一带一路"建设为重点推动开放合作,强调站在历史正确一边,推动构建人类命运共同体,拓宽了新时

---

① 《习近平谈治国理政》,外文出版社,2014,第74页。

② 《习近平关于社会主义经济建设论述摘编》,中央文献出版社,2017,第332页。

代中国特色社会主义政治经济学创新发展的世界眼光。从理论认识上看，马克思的交往理论以及对人类历史上不同种类共同体特征的阐释对于我们认识共同体具有重要意义。交往理论是马克思对人类历史进行社会形态种类划分的重要工具。在马克思的论述框架中，人类交往、生产方式、社会分期三者构成一条有机结合的循环链。随着交通工具、通信手段、生产方式等物质资料的迅速革新，交往不断外延进而扩展成为民族交往和国际交往，全球化与世界历史也就随之产生并发展起来。交往自然会形成共同体，马克思全面而深刻地剖析了人类历史上存在过的不同种类共同体，系统地阐发了共同体的性质特征、产生原因及演变过程，并对其未来发展趋势作出了预测。进入 21 世纪，伴随马克思主义共同体理论的中国化，习近平创造性地提出构建人类命运共同体，为当今世界纷繁复杂的治理难题提供了新的解决思路。阶级与私有制尚未消亡，世界尚未达到构筑真正共同体的历史条件，但人类能够不断能动地破除现有交往关系中的历史局限和内在矛盾，历史性地推动实现"自由人联合体"的漫长而又伟大的进程。"各国人民同心协力，构建人类命运共同体，建设持久和平、普遍安全、共同繁荣、开放包容、清洁美丽的世界。"①在当今世界面临的主要问题中，南北经济发展失衡、经济全球化失速、各国经济政策失调占据重要分量。南北发展差距和数字鸿沟限制了人类发展潜力的发挥，是全球需求不足、国际投资和贸易萎缩的重要根源。为此，中国将加大对发展中国家的援助力度，促进缩小南北发展差距，推动实现共同发展。在国际格局深度调整、全球治理体系加快变革的关键历史时刻，以习近平同志为核心的党中央统筹国际国内两个大局，加快推进"一带一路"建设，为构建人类命运共同体提供了重要平台。放眼国际，"一带一路"建设完成总体布局，绘就了一幅"大写意"，构建人类命运共同体倡议已被多次写入联合国文件，正在从理念转化成行动。人类命运共同体理念是马克思真正共同体思想中国化的最新成果。

---

① 习近平：《决胜全面建成小康社会　夺取新时代中国特色社会主义伟大胜利——在中国共产党第十九次全国代表大会上的报告》，人民出版社，2017，第 58~59 页。

三　新时代中国特色社会主义政治经济学
创新发展的理论意义和实践价值

新时代中国特色社会主义政治经济学立足于我国新时代国情和发展实践，注重揭示新时代新特点新规律，总结提炼发展实践的阶段性特征和规律性成果，对于推动新时代中国特色社会主义的理论创新和伟大实践具有重要意义。

（1）新时代中国特色社会主义政治经济学具有重大的价值意义，为新时代推进中国特色社会主义事业提供了立场遵循。"人民"作为社会生活和社会运动中的绝大多数人，既是历史唯物主义的一个重要范畴，也是共产主义运动的出发点和归宿。对此，马克思恩格斯在《共产党宣言》中就指出："过去的一切运动都是少数人的，或者为少数人谋利益的运动。无产阶级的运动是绝大多数人的，为绝大多数人谋利益的独立的运动。"① 这一重要论述表明共产主义运动的出发点和立足点就是为广大人民群众谋利益，它的依靠力量也就是广大人民群众，从而明确了马克思主义政党的品质与属性规定。党的十八大以来，以习近平同志为核心的党中央在推进马克思主义政治经济学中国化的历史进程中，继续秉承马克思主义政治经济学的光荣传统和阶级立场，时刻关注人民群众对切身利益的追求、对美好生活的向往，始终把以人民为中心的发展思想贯穿于治国理政的全过程。以人民为中心不能只停留在口头上，而是要体现在经济社会各个环节，要坚持人民主体地位，做到发展为了人民、发展依靠人民、发展成果由人民共享。党的十八大以来，我国精准脱贫、防控疫情等一系列实践都表明，以人民为中心为新时代推进中国特色社会主义事业提供了立场遵循，是中国特色社会主义道路的力量之源、动力之源。

（2）新时代中国特色社会主义政治经济学具有重大的创新意义，为新时代推进中国特色社会主义伟大事业提供发展理念和制度支撑。经过

---

① 《马克思恩格斯文集》第 2 卷，人民出版社，2009，第 42 页。

改革开放 40 多年的发展，中国成功地跻身中等收入国家行列，面临的形势和任务也发生了重大变化。以习近平同志为核心的党中央明确了新时代的奋斗目标和面临的主要矛盾以及主要任务，提出了创新、协调、绿色、开放、共享的新发展理念，这是认识和解决新时代中国发展问题的最新理论成果，科学回答了关系我国长远发展的重大理论和现实问题，创新性、深刻性和系统性地升华了党对经济社会发展规律的认识，是实现全面建成小康社会和中华民族伟大复兴的行动指南。新发展理念是习近平新时代中国特色社会主义经济思想的主要内容，丰富发展了中国特色社会主义政治经济学。社会主义基本经济制度是党和人民在长期实践探索中形成的科学制度体系，是中国特色社会主义制度的 13 个显著优势之一，是党和人民的伟大创造。把社会主义市场经济体制上升为基本经济制度，把两个所有制方面的毫不动摇，扩展到分配、交换、流通领域。三项制度构成了优势互补、相互叠加、相互完善、互相支撑、互相促进的基本经济制度"生态链和生态圈"，这个"生态链和生态圈"的形成，使社会主义基本经济制度更加完善、更加稳固、更加成熟，增强了我们对坚定中国特色社会主义"四个自信"的深刻理解和实际把握。

（3）新时代中国特色社会主义政治经济学具有重大的理论意义，拓展了马克思主义政治经济学在 21 世纪发展的新视野和新境界。恩格斯说过："一个民族要想站在科学的最高峰，就一刻也不能没有理论思维。"[1]中华民族要实现伟大复兴中国梦，同样一刻都不能没有理论思维。坚持和发展中国特色社会主义，既是实践的探索，也是理论的探索。"中国是一个大国，决不能在根本性问题上出现颠覆性错误，一旦出现就无法挽回、无法弥补。要防止出现颠覆性错误，就要深入认识共产党执政规律、社会主义建设规律、人类社会发展规律。"[2] 我们党历来高度重视理论创新和理论建设，通过理论创新指导中国的实践是我们的看家本领。中国共产党成立后，在马克思主义指导下，通过马克思主义中国化，通过不断的理论创新，中华民族实现了从站起来、富起来到强起来的伟大

---

① 《马克思恩格斯文集》第 9 卷，人民出版社，2009，第 437 页。
② 习近平：《在全国党校工作会议上的讲话》，人民出版社，2016，第 14 页。

飞跃。中国特色社会主义进入新时代，中国共产党人仍然需要不断进行理论创新，牢牢把握三大规律，在统筹推进"五位一体"总体布局、协调推进"四个全面"战略布局中，更有自信地坚持和发展新时代中国特色社会主义。新时代中国特色社会主义政治经济学体现了社会经济发展的一般规律，同时又超越了传统社会主义政治经济学的理论框架，积极应对21世纪全球经济发展的时代挑战，主动回应了发展21世纪马克思主义政治经济学的现实基础和实践需要。

（4）新时代中国特色社会主义政治经济学具有重大的实践意义，为新时代建设社会主义现代化强国提供了道路指引和方向遵循。马克思说："全部社会生活在本质上是实践的。"① 实践性是马克思主义理论区别于其他理论的显著特征。理论一旦脱离实践，就会成为僵化的教条，失去活力和生命力。实践如果没有正确理论的指导，也容易"盲人骑瞎马，夜半临深池"。新时代中国特色社会主义政治经济学总结了各个阶段经济建设的宝贵经验，揭示了新时代经济发展的本质要求和内在规律，为推动经济高质量发展指明了方向。新时代，改革发展稳定任务之重、矛盾风险挑战之多、治国理政考验之大，前所未有。我们要赢得优势、赢得主动、赢得未来，必须以新时代中国特色社会主义政治经济学的科学理论为指导，不断提高运用科学理论指导应对重大挑战、抵御重大风险、克服重大阻力、化解重大矛盾、解决重大问题的能力，用更宽广的视野、更长远的眼光来思考把握未来发展面临的一系列重大问题，不断开拓新时代中国特色社会主义政治经济学的新境界。

（5）新时代中国特色社会主义政治经济学具有重大的世界意义，为世界社会主义和其他后发国家贡献了中国方案和中国智慧。习近平指出："中国特色社会主义进入新时代，在中华人民共和国发展史上、中华民族发展史上具有重大意义，在世界社会主义发展史上、人类社会发展史上也具有重大意义。"② 中国进入新时代宣告了"历史终结论""社会主

---

① 《马克思恩格斯文集》第1卷，人民出版社，2009，第501页。
② 习近平：《决胜全面建成小康社会　夺取新时代中国特色社会主义伟大胜利——在中国共产党第十九次全国代表大会上的报告》，人民出版社，2017，第12页。

义失败论""中国崩溃论"的破产，在世界范围内重振了社会主义的信心。中国特色社会主义进入新时代拓展了后发国家现代化的途径，打破了发展中国家对西方国家现代化的路径依赖，为发展中国家提供了路径选择，为人类社会贡献了中国方案。新时代中国特色社会主义政治经济学揭示了中国特色社会主义经济的特殊规律，同时也契合了人类发展的普遍规律，既具有民族性，也具有世界性，是中国和全世界的共同财富。新时代中国特色社会主义政治经济学关于新发展理念、资源配置、供给侧结构性改革、精准脱贫、市场经济运行、经济转型、开放经济等方面的理论，为发展中国家的理论创新和经济发展提供了重要经验和启示，为转型国家的经济结构调整提供了重要借鉴。

加快构建新发展格局：当代马克思主义政治经济学的新成果*

张占斌

2020 年 4 月以来，习近平总书记讲话中多次提出加快构建以国内大循环为主体、国内国际双循环相互促进的新发展格局。党的十九届五中全会提出了全面建设社会主义现代化国家，加快构建新发展格局的战略构想。党的十九届六中全会再次强调推动高质量发展，统筹发展和安全，加快构建新发展格局。这些重要的思想，成为"十四五"规划和 2035 年远景目标纲要的重要内容、突出特色，为把握中华民族伟大复兴的战略全局和世界百年未有之大变局，全面建设社会主义现代化国家提供了方向性引领。构建新发展格局开启了当代马克思主义政治经济学新篇章，是当代马克思主义政治经济学的最新成果，其理论与实践体现了重要的趋势特征，需要我们把握好几对重要关系。

一 从马克思主义政治经济学看构建新发展格局

构建新发展格局有其深刻的理论逻辑，与马克思主义政治经济学一脉相承，是中国特色社会主义政治经济学的重要组成部分，开拓了马克思主义政治经济学新境界。

* 国家社会科学基金重大项目"开启全面建设社会主义现代化国家新征程研究"（21ZDA001）、国家社会科学基金重点项目"新时代中国特色社会主义政治经济学创新发展研究"（21AKS014）的阶段性成果。本文原载于《中共中央党校（国家行政学院）学报》2022 年第 1 期，收入本书时有改动。

（一）构建新发展格局继承了社会再生产理论

构建新发展格局符合马克思社会再生产理论的基本原理，是社会再生产理论在社会主义市场经济条件下的具体应用。

一方面，构建新发展格局体现了社会再生产的过程。从产业资本出发，马克思提出资本循环的总公式 $G-W\cdots P\cdots W'-G'$，即当劳动力成为可交换的商品，货币转化为资本 G，购买原材料和劳动力 W 后组织生产 P，形成新的商品 W'，从新的商品 W' 到新的资本 G' "是商品的惊险的跳跃。这个跳跃如果不成功，摔坏的不是商品，但一定是商品所有者"[1]。与产业资本循环类似，货币资本、生产资本和商品资本循环都遵循空间并存、时间继起原则，只有这样，单一资本才能形成一个循环。社会再生产的过程，是无数个单一资本循环交叠的过程，生产、分配、交换、消费是构成一个总体的各个环节，其中物质资料的生产是一切社会生活的基础，"一定的生产决定一定的消费、分配、交换和这些不同要素相互间的一定关系。当然，生产就其单方面形式来说也决定于其他要素"[2]。"构建新发展格局的关键在于经济循环的畅通无阻，就像人们讲的要调理好统摄全身阴阳气血的任督二脉。"[3] 通过各种生产要素组合在生产、分配、流通、消费各环节的有机衔接，经济活动实现循环流转。

另一方面，构建新发展格局能够满足持续扩大的社会再生产。马克思将社会总生产分为生产资料、消费资料两大部类，要想实现社会再生产，需要两大部类满足一定的物质补偿和价值补偿条件。如果是简单再生产，生产资料部类的可变资本和剩余价值之和需要等于消费部类的不变资本；如果是扩大再生产，生产资料部类原有的可变资本、追加的可变资本与资本家用于个人消费的剩余价值之和，必须等于消费资料部类原有的不变资本与追加的不变资本之和。两大部类的关系构成了经济中的技术、分配、需求和生产结构，需求结构由技术结构和分配结构

---

① 《马克思恩格斯全集》第 23 卷，人民出版社，1972，第 124 页。
② 《马克思恩格斯选集》第 2 卷，人民出版社，2012，第 699 页。
③ 习近平：《把握新发展阶段，贯彻新发展理念，构建新发展格局》，《求是》2021 年第 9 期。

决定，这是货币资本转化为生产资本的基础；生产结构也由技术结构和分配结构决定，这是生产资本转化为商品资本的基础；生产结构与需求结构相适应，这是商品资本转化为货币资本的条件①。构建新发展格局以供给侧结构性改革为主线，注重需求侧管理，通过调整技术、分配、需求和生产结构，满足了社会再生产的条件，也将推动社会再生产的不断扩大。

（二）构建新发展格局延续了分工理论

分工是"政治经济学的一切范畴的范畴"②，从各个层面看，构建新发展格局是马克思分工理论的延续。

从宏观层面看，社会分工是促进生产、分配、流通、消费的重要机制。马克思将劳动的社会分工称为"第一类分工"，其表现在于"每一个商品所有者或生产者在另一个人面前都代表一个特殊的劳动部门，而这些特殊的劳动部门的总体即它们作为社会劳动整体的存在要以商品交换为媒介，或进一步说要以商品流通为媒介"③。这些商品所有者或生产者相互独立，也相互对立，在某种程度上形成了合作与竞争的关系，通过市场化机制有效配置资源。构建新发展格局就是要通过以社会分工为基础，使市场在资源配置中起决定性作用，更好发挥政府作用，促进生产关系的调整和生产力的发展。

从微观层面看，工厂内部分工是提高劳动生产率的重要方式。马克思将工厂内部分工称为"第二类分工"，"第二类分工发生在一个特殊的使用价值当作特殊的、独立的商品进入市场或进入流通之前的生产中"④。这里的生产者并不表现为独立的工人，"因为他们只有通过协作才能生产出一个完整的商品，即一般商品，其中每一个人不是代表一种

---

① 参见李帮喜等《价值循环、经济结构与新发展格局：一个政治经济学的理论框架与国际比较》，《经济研究》2021 年第 5 期。
② 《马克思恩格斯全集》第 47 卷，人民出版社，1979，第 304 页。
③ 《马克思恩格斯全集》第 47 卷，人民出版社，1979，第 303 页。
④ 《马克思恩格斯全集》第 47 卷，人民出版社，1979，第 303 页。

特殊劳动，而只代表联合、汇集在一种特殊劳动中的个别操作"①。而"第二类分工……会缩短生产某种使用价值所需要的劳动，因而就为一个新的社会劳动部门腾出了劳动……第二类分工能够通过它的分解过程把一个专业划分为若干部分"②，这意味着工厂内部分工极大地提高了劳动生产率。改善和调节劳动分工是构建新发展格局的题中应有之义，构建新发展格局以新发展理念为引领，就是要通过创新特别是科技的自主创新，同时加上倡导热爱劳动、勤奋创造的工匠精神，推动产业升级转型，迈向产业链中高端，不断提高整个社会的生产率，提升生产质量和效益。

（三）构建新发展格局拓展了世界市场理论

根据马克思对世界市场的界定，世界市场既包括其他国家的国内市场，又包括与国际市场相关联的本国国内市场，即世界市场是各国国内市场的总和，构建新发展格局拓展了世界市场理论。

一方面，要注重利用世界市场。世界市场的出现需要具备一些条件，比如集市的兴起和城市的发展、新航路的开辟、工业革命，以及交通运输、通信的发展等③。特别是工业革命，大工业建立了世界市场，世界市场引起了商业、航海业和陆路交通工具的大规模的发展。"当国内循环不足以满足新的商品 W' 到新的资本 G' 跳跃的需求，便开始转向国际循环"④，无数个国际循环交叠促进世界市场的发展。经济全球化与世界市场在内涵和外延上具有一致性，是社会生产力发展的客观要求和科技进步的必然结果。2001 年中国加入世界贸易组织，既从世界市场中受益，又为世界经济作出了巨大的贡献，中国的发展离不开世界，世界的繁荣也需要中国。构建新发展格局要求坚持经济全球化的方向，继续坚持对外开放的基本国策，仍然需要注重利用世界市场和国际资源。

---

① 《马克思恩格斯全集》第 47 卷，人民出版社，1979，第 304 页。
② 《马克思恩格斯全集》第 47 卷，人民出版社，1979，第 305 页。
③ 参见杨圣明、王茜《马克思世界市场理论及其现实意义——兼论"逆全球化"思潮的谬误》，《经济研究》2018 年第 6 期。
④ 张占斌、王学凯：《新发展格局的内在逻辑与需求侧管理》，《开放导报》2021 年第 2 期。

另一方面，更要注重以本国国内市场为主。当经济全球化发展较为顺畅时，世界市场可以很好地形成有机的统一整体，各参与主体可以充分享受全球化、多边化带来的好处。"大工业便把世界各国人民互相联系起来，把所有地方性的小市场联合成为一个世界市场……"① 但是2008年国际金融危机以来，国际循环暴露出极大的脆弱性，甚至作为经济全球化必要阶段的区域经济一体化，都暴露出极大的不稳定性，最为典型的便是"英国脱欧"。当然，更为重要的是中国进入了新发展阶段，过去出口导向的模式变得越来越不可持续。构建新发展格局，既要在更大范围、更宽领域、更深层次推进对外开放，更要以我国国内大循环为主体，推进高水平制度型开放，发挥国际循环服务国内循环的作用，这是构建新发展格局对世界市场理论的拓展，展现了马克思主义政治经济学与时俱进与中国实际相结合的特点。

（四）构建新发展格局创新了大国竞争优势理论

马克思并未对大国经济进行专门研究，但资本有机构成理论、空间生产理论和世界市场理论等，都暗含着大国经济发展的逻辑。美国经济学家钱纳里和赛尔昆对多个国家进行统计分析，发现大国经济普遍采取内向型的发展政策，这种内向型政策表现在国内资源积累、资源配置、国际贸易等方方面面②。"大国经济的优势就是内部可循环"③，这是大国经济与小国经济的重要区别。不论是从历史视角下大国崛起经验看，还是从当前视角下大国经济的发展模式看，大国竞争优势并非来源于外生性的机遇，而是来源于内生性的动力。18世纪60年代第一次工业革命以来，英国、美国等都是依靠自身的科技创新，提升了综合实力，形成了大国竞争优势。构建新发展格局在强调国内国际双循环的基础之上，更加强调以国内大循环为主体，充分表明了中国作为大国经济发展到了

---

① 《马克思恩格斯全集》第4卷，人民出版社，1958，第361页。

② 参见霍利斯·钱纳里、莫尔塞斯·赛尔昆《发展的格局：1950—1970》，李小青等译，中国财政经济出版社，1989，第81页。

③ 习近平：《国家中长期经济社会发展战略若干重大问题》，《求是》2020年第21期。

一定程度之后的内在发展逻辑，展现了大国竞争新优势理论，是当代马克思主义政治经济学的突破和创新。

（五）构建新发展格局发展了全体人民共同富裕理论

马克思恩格斯设想的未来社会的特点是物质资料极大丰富、人民精神境界极大提高、每个人全面而自由地发展，中国共产党将这一设想与中国实际相结合，提出全体人民共同富裕理论。"共同富裕是社会主义的本质要求，是中国式现代化的重要特征"①，要求解决发展不平衡不充分问题。这与构建新发展格局的要求相契合，可以说共同富裕是构建新发展格局的"必答题"，二者相互支撑、互为条件。特别是，新发展格局以扩大内需为战略基点，而扩大内需离不开人人享有的合理分配格局，通过"构建初次分配、再分配、三次分配协调配套的基础性制度安排，加大税收、社保、转移支付等调节力度并提高精准性，扩大中等收入群体比重，增加低收入群体收入，合理调节高收入，取缔非法收入，形成中间大、两头小的橄榄型分配结构"②，推动全体人民共同富裕取得实质性进展，是构建新发展格局的题中应有之义。

二 加快构建新发展格局的战略价值

加快构建新发展格局是基于我国发展阶段、环境和条件变化而作出的重大战略抉择，是正确把握社会主义建设规律的必然结果，体现了中国特色社会主义的优势，彰显了中国式现代化道路对西方国家崛起之路的超越和创造人类文明新形态的新进展。

（一）走向社会主义现代化强国的必然要求

我国已全面建成小康社会，开启了全面建设社会主义现代化国家的新征程，这是一个从站起来、富起来走向强起来的新发展阶段，必须加

---

① 习近平：《扎实推动共同富裕》，《求是》2021年第20期。
② 习近平：《扎实推动共同富裕》，《求是》2021年第20期。

快构建新发展格局。

从国际上看，错综复杂的国际环境促使我国加快构建新发展格局。当今世界正经历百年未有之大变局，机遇和挑战并存，但不稳定性不确定性明显增加。以中国和美国的关系为例，2020 年中国的经济规模已超过 100 万亿元，占美国经济总量的 70% 多，尤其是中国国家科技力量加快成长，在某些高科技领域呈现与美国 "并跑" 甚至赶超之势。为了维护自身的霸权地位，美国单方面挑起中美经贸摩擦，利用国家力量打压中国高科技企业，加大对华高技术产品出口限制，进行所谓的 "脱钩" 和 "去中国化"，打破了原有的国际大循环，使得中国参与的国际产业链出现 "断链" 风险。这警示我们必须立足调整经济发展格局，维护我国产业链供应链的安全和稳定并提升竞争力，特别要注重防范各种 "黑天鹅" "灰犀牛" 事件引发的巨大风险，防止中国迈向现代化强国的进程被干扰、被打断。

从国内来看，我国原有发展模式已难以为继。改革开放后的一段时间，我国发挥了劳动力密集和价格较低的比较优势，抓住了美国、欧洲国家、日本等发达国家产业向外转移的机会，大量引进外资，大力发展对外贸易，形成了市场和资源（如矿产资源）"两头在外" "大进大出" 的发展模式，对我国抓住经济全球化机遇、快速提升经济实力、改善人民生活发挥了重要作用。但是，伴随时间的推移和技术的变革，我国 "世界工厂" 的比较优势逐渐发生变化，原有发展动力逐步衰减。总体上看，我国中低端出口的潜力和外贸优势正逐步衰减。这表明，必须通过构建新发展格局，强化我国的科技战略支撑，推动产业从中低端向中高端攀升，抢占科技、产业和经济发展的制高点，重塑我国经济发展和对外合作的新优势，这是走向社会主义现代化强国的必然要求。

（二）发挥中国独特发展优势的现实选择

构建以国内大循环为主体、国内国际双循环相互促进的新发展格局，必须具备一些先天优势或潜在优势，而中国完全具备独特的发展优势，即我国具有超大规模经济体的优势。

一个国家要实现以国内大循环为主体的高效经济循环，前提是具有较大经济规模。人口少、资源不丰富的国家，很难形成较为完整的国民经济体系，只有深度融入国际大循环才能实现经济有效运转。例如新加坡，其拥有电子、金融、港口等优势产业，人均收入水平高但经济规模小，不可能形成自己相对独立的国内经济循环。而一些经济规模较大的国家则有可能形成国内相对独立的自我循环。比如美国在南北战争后出台一系列保护国内产业的政策，形成国内统一大市场，充分利用市场规模大的优势构建了国内经济大循环，仅用 30 年左右的时间，美国经济总量就超过了英国①。

超大市场规模，是我国形成内部大循环、促进国内国际双循环的基础。经过改革开放以来 40 多年的发展，我国经济快速成长，国内大循环的条件和基础日益完善。我国已成为世界第二大经济体、制造业第一大国、货物贸易第一大国，有雄厚物质基础、丰富人力资源、完整产业体系、强大科技实力和持续提升的宏观经济治理能力，这既是我国增强国内大循环主体地位的重要保障，也是支撑我国深度融入国际经济循环的底气所在。我们有条件、有能力充分发挥大国经济的规模效应和集聚效应，更好地利用国内国际两个市场、两种资源。

（三）超越西方国家崛起之路的崭新模式

大国崛起有不同的模式，与西方国家崛起不同，中国选择了一条依靠自我发展的崭新模式，构建新发展格局体现了对西方国家崛起之路的超越。

构建新发展格局强调以国内大循环为主体，志在推动共同富裕取得实质性进展。当前全球收入不平等问题突出，一些国家贫富分化，中产阶层塌陷，美国最富有的 1% 人口占有了全国 40% 的财富，而 80% 人口仅拥有大约 7% 的财富②。构建新发展格局的一个重要任务是进一步促进社会公平正义，推动人民生活水平显著提高，形成强大的国内市场。因

---

① 吴强：《构建新发展格局：对西方国家崛起之路的超越》，中央党校（国家行政学院）中青一班结业论文，2021，第 1 页。

② 吴强：《构建新发展格局：对西方国家崛起之路的超越》，中央党校（国家行政学院）中青一班结业论文，2021，第 1 页。

此，让广大人民群众共享改革发展成果，与构建新发展格局具有高度的统一性。在新发展阶段，我国将加快构建完整的内需体系，更加强调统筹经济发展和人民生活水平提高，在提高劳动生产率的基础上循序渐进提高人民收入水平，努力使居民收入增长快于经济增长；更加强调统筹三次分配领域相关政策，提高收入分配质量、缩小收入差距，朝着全体人民共同富裕迈进。

构建新发展格局强调国内国际双循环相互促进，坚定不移扩大对外开放。为了保护自身产业的竞争能力，以美国为代表的西方国家在工业化过程中，大多实行贸易保护主义。美国从南北战争结束到19世纪末，平均关税高达30%~50%。2008年国际金融危机以来，美国更是大搞贸易投资保护主义，试图将资本和传统制造业拉回国内。与之形成鲜明对比的是，中国坚决扛起自由贸易的大旗。党的十八大以来，我国以"一带一路"建设为重点，推动形成陆海内外联动、东西双向互济的开放格局。新发展格局不是封闭的国内循环，而是开放的国内国际双循环，中国开放的大门不会关闭，只会越开越大。

（四）有利于世界经济的恢复和国际贸易合作的开展

我国作为经济大国，不仅能够以扩大开放促进国内大循环，而且能以强大的供给和需求能力为畅通国际大循环作出不可替代的贡献，推动全球经济稳步复苏和增长。

当前全球疫情持续蔓延，世界经济形势依然复杂严峻，中国将通过畅通国内大循环推动经济高质量发展，带动世界经济复苏，继续推动规则、规制、管理、标准等制度性开放，不断提高知识产权保护水平，为外商投资提供更加公平透明、可预期的营商环境，必将为全球经济注入更强动力，带来更大的新机遇。中国通过畅通国内国际大循环，加大了对世界其他国家商品供给，通过进博会、广交会、服贸会、消博会以及义乌等5000多个专业批发市场，构建了国际贸易大循环中最活跃的商贸平台。通过提供大市场、搭建大平台、疏通大渠道，为稳定全球产业链供应链作出了独特的贡献。中国经济和对外贸易的稳定发展有利于全球消费者，中国已成为WTO诸多成员的主要贸易伙伴，中国市场对包括发展中国家在内的许多国家的经济发展都非常关键。近年来中国服务业贸易促进了经济转型，带动了服务贸易发展，跨境贸易快速增长，稳定了全球供应链，使全球消费者从中受益。另外我国充分发挥超大规模市场优势，在贸易、投资、人员、技术、数据等领域与世界经济联系日益密切，中国的发展将给世界经济带来新机遇。《区域全面经济伙伴关系协定》（RCEP）已于2022年1月1日正式生效，另外中国也在积极申请加入《全面与进步跨太平洋伙伴关系协定》（CPTPP），必将为世界经济发展作出新贡献。

三　加快构建新发展格局的趋势特征

与"两头在外""大进大出"的旧发展格局相比，构建新发展格局将呈现一些不同的趋势特征。

（一）从二元体制变为统一大市场

新中国成立之初，我国实行一元计划体制，改革开放打破了这一禁锢，从一元计划体制向二元计划与市场并存转轨，二元体制发挥着重要的作用，但也存在制度规则不够统一、要素资源流动不畅、地方保护和市场分割等突出问题。新时代构建新发展格局，就是要打破二元体制，建设全国统一大市场。

一是制定统一的法律和制度规则。我国有统一的法律，但是在一些具体规则上赋予了各部门、各地方一定的自主权，导致了制度规则的不统一，这是阻碍建设全国统一大市场的制度性根源。中央全面深化改革委员会已经审议通过《关于加快建设全国统一大市场的意见》，未来的政策举措要着眼于制度建设，致力于完善市场基础制度规则、推进市场设施高标准联通、加快要素和资源市场建设、推进商品和服务市场高水平统一、提升监管治理水平等，不断提高政策的统一性、规则的一致性、执行的协同性①。

---

① 吴强：《构建新发展格局：对西方国家崛起之路的超越》，中央党校（国家行政学院）中青一班结业论文，2021，第1页。

二是促进要素市场化自由流动。在二元体制下，我国资源配置既有市场的力量，比如劳动力转移、农村土地流转，又有计划的力量，比如户籍管制、土地非市场化黏性，其结果是造成了劳动力、土地、资本等要素的体制性剩余①。2020 年中共中央、国务院出台《关于构建更加完善的要素市场化配置体制机制的意见》，对土地、劳动力、资本、技术、数据等要素市场化配置提出了具体要求，旨在破除阻碍要素自由流动的体制机制障碍，促进要素价格市场决定、流动自主有序、配置高效公平。

三是打破地方保护和市场分割。"各自为政、画地为牢，不关心建设全国统一的大市场、畅通全国大循环，只考虑建设本地区本区域小市场、搞自己的小循环"②，是构建新发展格局的误区之一。构建新发展格局，就是要打破地方保护和市场分割，通过建设统一大市场，将资源高效集聚，推动经济增长，不断激励创新，持续优化分工，促进公平竞争。

（二）从依赖国际转向以国内为主体

新中国成立以来，我国大致经历了相对单一的国内循环阶段、以国内循环为主的出口导向阶段、以国际循环为主的全面开放阶段、以国内循环为主的高水平制度型开放阶段③。构建新发展格局，将从依赖国际循环转向以国内大循环为主体。

从国际经验看，以国内大循环为主体是大国经济的特征。根据国际贸易的相关理论，绝对优势理论认为一国应生产和出口具有绝对优势的商品，比较优势理论认为一国应生产和出口具有比较优势的商品，要素禀赋理论认为一国应生产和出口本国相对充裕的生产要素所形成的商品。不论是哪一种理论，都表明了国际贸易的必要性，这种必要性对小国经济更为显著。不过，对大国经济略有不同。以支出法计算国内生产

---

① 参见周天勇《中国改革新阶段：由二元体制并存向一元社会主义市场经济并轨》，《中国经济报告》2021 年第 4 期。

② 习近平：《把握新发展阶段，贯彻新发展理念，构建新发展格局》，《求是》2021 年第 9 期。

③ 参见张占斌、王学凯《新发展格局的内在逻辑与需求侧管理》，《开放导报》2021 年第 2 期。

总值，如果将出口和进口视作国际循环，将消费、投资和政府支出视作国内循环，二者的比值越小表明越是依赖国内循环①。20 世纪 50 年代以来，美国和日本作为大国经济的代表，国际循环与国内循环的比值基本低于 30%，说明这两个经济大国更加依赖国内循环。中国从 1990 年开始，国际循环与国内循环的比值就超过了 30%，最高甚至达到了77.2%（2006），不过伴随构建新发展格局，国际循环与国内循环的比值在达到最高点后逐渐下降，逐步向大国经济以国内大循环为主体的特征靠近。

从国内实践看，以国内大循环为主体具备坚实的条件基础。并非所有国家都能实现国内大循环，这需要具备坚实的条件基础。其一，稳固的物质基础。我国 2010 年超越日本成为世界第二大经济体，2013年超越美国成为第一大货物贸易国（2009 年成为第一大出口国、第二大进口国），2010 年超越美国成为第一制造业大国，同时还是外资流入第一大国、外汇储备第一大国，这些都是以国内大循环为主体的强有力的物质基础。其二，超大规模的市场。我国拥有 14 亿多人的超大规模市场，4 亿多人的中等收入群体，这是任何一个国家都无法比拟的优势。党的十八大以来，我国年最终消费支出对国内生产总值增长贡献率均超过 50%（2020 年除外），已成为全球第二大消费市场。其三，完整的产业体系。从联合国划分的国际工业体系 39 个大类 191 个中类525 个小类看，中国是门类最齐全的国家。2021 年联合国工业发展组织发布全球制造业竞争力指数，对全球 152 个国家和地区的生产和出口制成品的能力、技术深化和升级水平进行评估，中国排在德国之后，位居第二。

（三）从高速增长迈向高质量发展

构建新发展格局最本质的特征是实现高水平的自立自强，过去依靠要素投入的粗放式增长方式确实能在短期实现高速增长，但未来更要迈

---

① 参见张占斌、王学凯《新发展格局的内在逻辑与需求侧管理》，《开放导报》2021 年第 2 期。

向高质量发展。

一是转变发展方式。第二次世界大战后，亚洲、非洲和拉丁美洲一些发展中国家为了摆脱贫穷落后状态，大力引进外资、开放港口，寄希望于自身低廉的资源和国际循环带来繁荣，但结果是大部分国家都陷入了"低收入陷阱"或"中等收入陷阱"。改革开放给我国带来重大的发展机遇，但是发展方式十分粗放，基本依靠低廉的劳动力、扩张的土地、盲目的资本等要素投入，这在某种程度上是必经的发展过程。但是发展中国家的教训表明，以粗放的方式维持超高速增长有害无益，其弊端包括资源过度消耗、生态严重破坏、部分行业产能过剩、普遍的低效率、错过结构调整和科技创新的大好时机等[1]。需要从依靠要素粗放投入的数量增长型发展方式，转变为依靠科技创新的质量效益型发展方式。

二是优化经济结构。经济结构不只是三次产业占比，也包括其他方面。以产业结构为例，要在确保先进制造业地位的同时推进现代服务业发展。实体经济是一国经济的立身之本，制造业是国家经济命脉所系，2008年国际金融危机暴露出的西方国家产业空心化是血的教训，构建新发展格局必须确保以制造业为代表的实体经济占据一定比重；尽管一些发达国家第三产业占经济比重超过80%甚至90%，但对我国而言无须过分追求第三产业占经济的比重，要着力于推进现代服务业的发展，特别是与先进制造业相关的服务业的发展。

三是转换增长动力。增长动力回答的是依靠什么来实现增长的问题，过去依靠大量的要素投入，而且是粗放式的投入。构建新发展格局致力于转换增长动力，未来要依靠创新、协调、绿色、开放、共享。创新是引领发展的第一动力，协调是持续健康发展的内在要求，绿色是永续发展的必要条件和人民对美好生活追求的重要体现，开放是国家繁荣发展的必由之路，共享是中国特色社会主义的本质要求。新发展理念成为构建新发展格局下的新的增长动力。

---

[1]　厉以宁：《转变发展方式迫在眉睫》，《人民日报》2017年1月4日。

（四）从不平衡不充分发展转向平衡充分发展

党的十九大报告提出，我国社会主要矛盾已经转化为人民日益增长的美好生活需要和不平衡不充分的发展之间的矛盾。构建新发展格局就是要从不平衡不充分发展转向平衡充分发展。

一方面，实现不平衡发展到平衡发展。不平衡发展的特征是将有限的资源倾斜用于重点部门、重要地区的发展，试图通过产业关联效应、地区联动效应带动发展。短期见效很快，但长期消极效果明显，表现在国民经济各部门、各地区出现"重大结构失衡"，过度强化了政府和产业政策的作用，抑制了市场发挥作用的空间①。平衡发展的特征在于使市场在资源配置中起决定性作用和更好发挥政府作用，主要依靠市场的力量配置资源，政府对不同部门、不同地区间的资源配置进行适当的引导、调整，确保实现平衡发展。

另一方面，实现不充分发展到充分发展。经济学理论认为，在既定资源和技术条件下，通过组合可以达到生产各种商品的最大数量，这被称作生产可能性边界或曲线。从这个视角看，不充分发展就是没有达到生产商品的最大数量目标，各类要素没有物尽其用，各种要素组合也未发挥出最大限度的功能。构建新发展格局就是要通过要素市场化改革，不断推进土地、劳动力、资本、技术、数据等要素按市场机制配置，同时政府也要发挥一定的调控作用，使得要素和要素组合作用发挥到极致，确保实现充分发展。

四　加快构建新发展格局需要把握的重要关系

构建新发展格局涉及方方面面，需要重点把握国内循环与国际循环、整体循环与局部循环、供给与需求的关系，也需要重点把握供给侧和需求侧的内在关系。

---

① 参见刘志彪《理解高质量发展：基本特征、支撑要素与当前重点问题》，《学术月刊》2018 年第 7 期。

（一） 把握国内循环与国际循环的关系

片面强调"以国内大循环为主体"，或者片面强调"国内国际双循环"，都是认识误区①。国内循环是国际循环的组成部分，国际循环也离不开国内循环，要辩证把握国内循环与国际循环对立统一的关系②。

一方面，国内循环是国际循环的重要组成部分。根据马克思的世界市场理论，所有国家的国内市场总和组成了世界市场，没有各国的国内循环，也就没有所谓的国际循环。尽管经济全球化、区域经济一体化都遭遇了一定的逆流，但全球化的浪潮不会逆转，在市场配置资源起决定性作用的影响下，国际分工、国际贸易、国际投资、国际合作仍然会持续下去。中国作为世界上最大的发展中国家，国内循环本就应是国际循环的重要组成部分。

另一方面，国际循环需要国内循环。改革开放以来，我国取得了举世瞩目的经济成绩，"我国国内生产总值由 3679 亿元增长到 2017 年的 82.7 万亿元，年均实际增长 9.5%，远高于同期世界经济 2.9% 左右的年均增速。我国国内生产总值占世界生产总值的比重由改革开放之初的 1.8% 上升到 15.2%，多年来对世界经济增长贡献率超过 30%。我国货物进出口总额从 206 亿美元增长到超过 4 万亿美元，累计使用外商直接投资超过 2 万亿美元，对外投资总额达到 1.9 万亿美元"③。2008 年国际金融危机以来，全球经济复苏缓慢，但我国仍能保持中高速的增长，已然成为全球经济增长的引擎，国际循环需要中国的国内循环。

（二） 把握整体循环与局部循环的关系

新发展格局由局部循环组成，但更要从整体上把握循环，避免出现

---

① 习近平：《把握新发展阶段，贯彻新发展理念，构建新发展格局》，《求是》2021 年第 9 期。

② 参见董志勇、李成明《国内国际双循环新发展格局：历史溯源、逻辑阐释与政策导向》，《中共中央党校（国家行政学院）学报》2020 年第 5 期。

③ 习近平：《在庆祝改革开放 40 周年大会上的讲话》，《求是》2018 年第 24 期。

一些认识误区①。

一是要着眼于建设全国统一大市场。各部门各顾一块、各地区各管一隅，垂直部门与地方政府的"条块关系"，是多年形成与累积的治理顽疾。构建新发展格局不能只顾部门小循环、地区小循环，而是要立足"全国一盘棋"，从全国的视角建设统一大市场。只有畅通全国的经济循环，各部门、各地区的循环才会更好地畅通。

二是要着眼于建设高层次循环体系。"统筹推进现代流通体系硬件和软件建设，发展流通新技术新业态新模式，完善流通领域制度规范和标准，培育壮大具有国际竞争力的现代物流企业"②，是构建新发展格局的有力支撑。但是畅通物流循环，只是畅通经济循环的一个局部，要从整体上把握畅通经济循环的内涵与外延，着眼于建设高层次的循环体系，而不是满足于低水平的物流，只见树木，不见森林。

三是要着眼于建立均衡的产业结构。当前我国面临一些"卡脖子"挑战，构建新发展格局需要攻克一些难题，但并非要求所有部门、所有地方都专盯"高大上"项目，也并非只要求经济科技部门全权负责，而是要求各部门、各地区根据客观实际和产业基础，打造相对均衡的产业结构，各部门、各地区按照统一部署进行有序分工、协调配合，共同构建新发展格局。

（三）把握供给与需求的关系

"供给"和"需求"是经济学中的重要概念，也是构建新发展格局需要考量的关系，要形成需求牵引供给、供给创造需求的更高水平动态平衡。

一是需求牵引供给。消费者需求是企业生产的指南针，有什么样的需求，就会有什么样的供给。凯恩斯主义认为，出现 1929 ~ 1933 年的大萧条的根本原因在于有效需求不足，应该通过扩大政府开支、实行财政

---

① 参见习近平《把握新发展阶段，贯彻新发展理念，构建新发展格局》，《求是》2021 年第 9 期。

② 《习近平主持召开中央财经委员会第八次会议强调　统筹推进现代流通体系建设　为构建新发展格局提供有力支撑》，《人民日报》2020 年 9 月 10 日。

赤字的方式刺激需求，促进经济增长。这为政府宏观调控提供了理论支撑。构建新发展格局下的需求牵引供给，是既重视数量更重视质量的牵引，通过畅通经济循环，由高质量的需求牵引高质量的供给。

二是供给创造需求。法国经济学家萨伊提出"供给创造自己的需求"定律，即生产者的生产引起了对其他生产者的需求。尽管萨伊定律存在一定争议，但纵观历次工业革命，新的供给都带来了新的需求，第一次工业革命的蒸汽机带来了各类蒸汽动力出行工具需求和消费需求，第二次工业革命的电气动力带来了能源需求，第三次工业革命的信息化带来了消费等各方面需求。构建新发展格局恰逢新一轮科技革命和产业变革，新的供给也将继续创造新的需求。

三是更高水平的供需动态平衡。供需平衡不是简单的供给数量等于需求数量，而是既有数量又有质量的高水平平衡，特别是依靠创新驱动，高质量供给创造高质量需求，高质量需求牵引高质量供给，推动高质量发展。供需平衡也不是短期平衡，而是着眼于长期平衡，特别是这是一种动态的平衡，即有的时候高质量供给可能相对多一些，有的时候高质量需求可能相对多一些，有的时候高质量供给和高质量需求可能完全一致，但在长期内能维持动态平衡。

（四）把握供给侧的内在关系

供给侧主要涉及各类生产要素，构建新发展格局需要把握供给侧的内在关系，深化供给侧结构性改革这条主线。

一方面，坚持创新的核心关键地位。创新在我国现代化建设全局中占据核心地位，构建新发展格局是现代化建设的重要方式，应认识到创新对构建新发展格局的核心关键作用。科技创新可以催生新发展动能，要想实现高质量发展，就必须实现依靠创新驱动的内涵型增长。"要大力提升自主创新能力，尽快突破关键核心技术。这是关系我国发展全局的重大问题，也是形成以国内大循环为主体的关键。"[①]

---

① 习近平：《正确认识和把握中长期经济社会发展重大问题》，《求是》2021年第2期。

另一方面，推进要素市场化配置改革。资源配置是经济学研究的首要问题，过去采用计划配置、"计划为主、市场为辅"配置、市场起基础性作用配置等方式，都曾发挥过一定的作用，但也都暴露出诸多问题。党的十八届三中全会提出"使市场在资源配置中起决定性作用和更好发挥政府作用"，对经济体制改革的核心问题作出了科学、精准的界定，"有效市场"和"有为政府"协调配合、共同发力。构建新发展格局，在供给侧就是要推进要素市场化配置改革，不断挖掘土地、劳动力、资本、技术、数据等各类要素的内在潜力，促进各类要素的作用发挥到最大限度。

（五）把握需求侧的内在关系

需求侧管理在构建新发展格局中占据重要作用，需要把握好需求侧的消费、投资与进出口的关系。

其一，扩大内需是战略基点。内需是中国经济发展的基本动力，构建完整的内需体系，关系我国长远发展和长治久安。"自 2008 年国际金融危机以来，我国经济已经在向以国内大循环为主体转变，经常项目顺差同国内生产总值的比率由 2007 年的 9.9% 降至现在的不到 1%，国内需求对经济增长的贡献率有 7 个年份超过 100%。"① 我国拥有 14 亿多人口、9 亿多劳动力、4 亿多中等收入群体、1.7 亿多受过高等教育或拥有各类专业技能的人才、1 亿多市场主体，具有超大规模市场优势，内需在我国经济发展中始终占有重要地位。未来一个时期，国内市场主导国民经济循环特征会更加明显，经济增长的内需潜力会不断释放。

其二，拓展投资空间起关键作用。资本是极为重要的生产要素，保持投资合理增长，重点优化投资结构，对优化供给侧结构性改革起着关键作用，也是构建新发展格局的关键要素。一些国家陷入"低收入陷阱"或"中等收入陷阱"，有其内在的问题，但都有投资失速的原因。根据世界银行的统计数据，从 20 世纪 80 年代开始，阿根廷、巴西、南

---

① 习近平：《在经济社会领域专家座谈会上的讲话》，《人民日报》2020 年 8 月 25 日。

非等国家的资本形成率基本下滑至20%以下，投资失速带来了经济失速，而同期韩国的资本形成率基本保持在30%以上，因而成为跨越"中等收入陷阱"的代表。未来构建新发展格局，仍需要保持一定的投资增速，同时不断优化投资结构。布局国家重大基础设施的时代已经到来，要适度超前布局。

其三，优化进出口是重要方向。长期以来，我国出口大于进口、数量强于质量，形成了大量的经常项目顺差，这成为美国单方面挑起经贸摩擦的一个借口。事实上，在快速发展的时期，特别是中国作为"世界工厂"，出口大于进口、数量强于质量十分正常，不过在进入新发展阶段后，就不能再只专注于扩大出口、扩大数量，而是要在稳定出口的同时扩大进口、提升质量。中国仍处于世界产业链和价值链中下游，中高技术制造业增加值创造力仍然较低，未来要以迈向产业链和价值链中高端为方向，持续优化进出口。

五　加快构建新发展格局的路径选择

构建新发展格局是一项系统性工程，需要各方面政策的协调配合。畅通国内大循环，需要依靠供给侧的创新和需求侧的扩大内需形成"双驱动"①，促进国内国际双循环则需要依靠高水平的对外开放。

（一）国内大循环的供给侧：坚持创新驱动发展

尽管我国已经成为世界第二大经济体，但仍存在核心关键技术受制于人的"卡脖子"等问题，畅通国内大循环需要坚持供给侧结构性改革，形成创新驱动的发展模式。

一是明确科技创新的主攻方向。科技创新的主攻方向要坚持需求导向，特别是要考虑国家急迫需求和长远需求。早在2018年，《科技日报》就通过系列报道列出了中国被"卡脖子"的关键技术清单，包括光

---

① 参见张占斌《以创新和内需"双驱动"助力构建新发展格局》，《经济日报》2021年1月8日。

刻机、芯片、操作系统、触觉传感器、真空蒸镀机等 35 项。"卡脖子"清单就是国家急迫需求和长远需求，要将"卡脖子"清单变成科研任务清单，要努力发挥社会主义市场经济条件下新型举国体制（能够集中力量办大事+市场经济原则+"两弹一星"精神）的优势，打好关键核心技术攻坚战。

二是提升企业技术创新能力。企业是创新的主体，是实现科技自立自强的创新主体和微观基础。要组建创新联合体，鼓励有条件的企业联合创新，推进产学研政金深度融合；要发挥企业家精神，以更大力度的税收优惠，鼓励企业加大研发投入；要支持协同创新，大型企业、头部企业发挥引领支撑作用，中小微企业广泛参与创新，形成产业链上中下游、大中小企业融通创新；要加强知识产权保护，激励科学家和企业协同合作，促进创新成果转化。

三是深化科技体制机制改革。要深化用人制度改革，既注重引进人才，又注重培育人才，在北京、上海、粤港澳大湾区建设高水平人才高地，力争建设一支富有活力的科技创新主力军队伍；要完善科研项目组织管理和评价机制，以"揭榜挂帅"制度激励人才投身创新，加大研发投入，扩大科研自主权；要完善财政金融支持创新体系，构建以政府投入为主、社会多渠道投入为辅的财政支持机制，完善天使投资、风险投资、股票融资、投贷联动等多种方式的金融支持体系。

（二）国内大循环的需求侧：坚持扩大内需的战略基点

构建新发展格局有赖于扩大内需的战略基点，要以培育完整的内需体系为切入点，从消费、分配、流通等环节①，不断完善需求侧管理。

一是增强消费环节的基础作用。推动传统消费转型升级，以质量品牌为重点，不断提高传统消费质量；培育新型消费，伴随恩格尔系数的下降，医疗卫生、文化旅游、娱乐休闲等新消费支出占比逐渐上升，要顺应信息化、绿色化、健康化、个性化、多样化的新消费趋势，不断培

---

① 参见洪银兴、杨玉珍《构建新发展格局的路径研究》，《经济学家》2021 年第 3 期。

育壮大新型消费；促进线上线下消费融合发展，借助"互联网+"的力量，推进线上消费和线下消费深度融合，赋予消费新活力。

二是扩大分配环节的支撑作用。扩大内需需要提高有支付能力的需求，分配环节至关重要。共同富裕是社会主义的本质要求，是中国式现代化的重要特征，要以共同富裕为目标推动分配环节更加公平、均衡。要着力扩大中等收入群体规模，抓住高校毕业生、技术工人、中小企业主和个体工商户、进城农民工、公务员特别是基层一线公务员及国有企事业单位基层职工等重点，精准施策，推动更多低收入人群迈入中等收入行列；要加强对高收入的规范和调节，以税收、公益慈善、清理整顿等方式合理调节过高收入，"坚决打击内幕交易、操纵股市、财务造假、偷税漏税等获取非法收入行为"[1]。

三是提升流通环节的助力作用。流通体系是畅通国民经济循环的"大动脉"，要把建设现代流通体系作为一项重要战略任务来抓。要强化竞争政策作用，促进形成流通企业自主经营公平竞争、消费者自由选择自主消费、商品和要素自由流动平等交换的现代流通市场；要加大金融产品创新供给，重视金融基础设施建设，完善社会信用体系建设，服务好流通环节上的各类企业，促进商贸兴旺，推动流通体系走向现代化[2]。

（三）国内国际双循环：高水平的对外开放

除了畅通国内大循环，构建新发展格局还需要以高水平的对外开放促进国内国际双循环。

一是建立维护我国产业链安全的有效机制。在新冠肺炎疫情冲击下，许多国家和跨国企业都在考虑重构产业链，构建新发展格局必须考虑产业链安全。要科学布局产业链，明确重点产业与非重点产业区别，确保重点产业安全；要有效提升价值链，通过提高核心竞争力，促进迈向"微笑曲线"的价值链两端；要全力确保供应链，从产业协同的角度提

---

[1]　习近平：《扎实推动共同富裕》，《求是》2021年第20期。

[2]　参见林火灿《打通经济循环堵点　建设现代流通体系——访中央党校（国家行政学院）马克思主义学院院长、教授张占斌》，《经济日报》2020年10月19日。

高供应链的整体配套水平；要构造防护链，建立维护产业链安全的宏观管理、协调服务、信息畅通、风险评估、预测预警和国际合作等机制①。

二是以"一带一路"高质量发展促进高水平对外开放。"一带一路"建设是我国对外开放的总抓手，要推动共建"一带一路"高质量发展。要推进基础设施互联互通，实施重大跨国项目工程，拓展第三方市场合作；要扩大双边贸易和投资，坚持经济全球化、区域经济一体化的方向，以多边合作促进多边贸易、多边投资，建立"一带一路"沿线良性发展的经贸关系；要健全多元化投融资体系，发挥企业在"引进来"和"走出去"中的主体作用，坚持市场导向和债务可持续原则，营造健康可持续的国际投资环境。

三是建设更高水平开放型经济新体制。用足用好改革这个关键一招，推动更深层次改革，实行更高水平开放，为构建新发展格局提供强大动力。深化贸易和投资自由化便利化改革，促进贸易和投资的创新发展，增强贸易和投资的综合竞争力；深化外商投资改革，完善外商投资准入前国民待遇和负面清单管理制度，营造公平有序、充分竞争的外商投资营商环境；深化自由贸易试验区改革，推进自由贸易试验区规则、机制与国际对接，以自由贸易试验区和自由贸易港为试点，建设对外开放新高地。《区域全面经济伙伴关系协定》（RCEP）实施是对外开放新的里程碑，树立了对外开放的新标杆，我们要迎接 RCEP 时代的到来，构建国内国际统一大市场，推动制度型开放，为构建新发展格局提供有力支撑。

---

① 张占斌：《构建国内国际双循环相互促进新发展格局》，《学习时报》2020年 8 月 21 日。

中国经济新常态的趋势性
特征及政策取向[*]

张占斌

习近平总书记在 2014 年 5 月考察河南时首次使用"新常态"这一概念，7 月在党外人士座谈会上再提"新常态"，11 月在 APEC 工商领导人峰会开幕式上首次全面阐释中国经济新常态，12 月在中央经济工作会议上对经济新常态趋势性特征与重点任务作了更深入的阐述。这些重要论述、重大判断、重要部署，表明党对经济建设规律的把握更加成熟，对科学发展的认识更加自觉。中国经济新常态的提出，是立足时代的一项重大的理论创新，是新版的马克思主义政治经济学，是中国特色社会主义市场经济理论的新突破，带有战略性和全局性的历史意义。我们要科学研判经济运行新走势，准确认识经济新常态的趋势性特征，把握重大的发展机遇，妥善应对经济发展中面临的各种风险和困难，以全面深化改革促进创新发展，主动适应和积极引领中国经济新常态。

一 中国经济新常态的丰富内涵和趋势性特征

2014 年 11 月在 APEC 工商领导人峰会开幕式上，习近平主席指出："中国经济呈现出新常态，有几个主要特点。一是从高速增长转为中高速增长。二是经济结构不断优化升级，第三产业、消费需求逐步成为主

＊ 本文研究讨论过程中得到了王小广、王海燕、周跃辉的帮助，特致谢意。本文原载于《国家行政学院学报》2015 年第 1 期，收入本书时有改动。

体，城乡区域差距逐步缩小，居民收入占比上升，发展成果惠及更广大民众。三是从要素驱动、投资驱动转向创新驱动。"① 在 12 月中央经济工作会议上，习近平总书记又从九个方面论述了"新常态"的趋势性变化，强调我国经济正在向形态更高级、分工更复杂、结构更合理的阶段演化，经济发展进入新常态。我们认为，习近平总书记提出经济新常态，在很大程度上是想说明，经过改革开放 30 多年的伟大奋斗，我国已经站在新发展阶段的历史起点，已经是一个有影响力的经济大国。但是，放眼世界来看，还不是真正的世界经济强国，要实现中华民族复兴的中国梦，还有很长的路要走。我们要跨越"中等收入陷阱"，就不能停留在经济大国的认识水平和发展水平上。我们需要科学认识中国经济新常态的趋势性特征，有强烈的问题意识，敢于担当，勇于突破，靠改革和创新着力解决我国发展面临的一系列突出矛盾和问题，开启从经济大国走向经济强国的新征程。

习近平总书记强调的中国经济新常态，是高瞻远瞩的全局性、方向性、战略性的判断，揭示了中国经济潜在增长率的新变化，研判了未来经济发展的新趋势，体现了对国内外宏观经济形势新变化的深谋远虑，表达了对经济增长速度放缓和质量效益提高的深切关注。如果用一句话来解释，那就是"经济结构的全方位优化升级"。如果再展开一些，则具体包括经济增长速度转换、经济发展方式转变、经济增长动力变化、资源配置方式转换、产业结构调整转型、经济福祉包容共享等在内的丰富内涵和重要特征。认识新常态，适应新常态，引领新常态，是当前和今后一个时期我国经济发展的大逻辑。

一是增长速度由超高速、高速向中高速转换。这是经济新常态的表象特征。改革开放 30 多年来，我国经济年均增长率保持了接近两位数的超高速和高速增长。2008 年受国际金融危机影响经济增长速度有所放缓，而 2012 年和 2013 年的经济增速进一步回落到 7.7%。根据国家统计局最新的季度统计数据，预计 2014 年的增长率在 7.4%，经济增速进一

---

① 习近平：《谋求持久发展 共筑亚太梦想——在亚太经合组织工商领导人峰会开幕式上的演讲》，《人民日报》2014 年 11 月 10 日。

步呈现放缓态势。为什么放缓？从国际经验看，经济增速的适度回落是一个国家或地区达到中等收入水平之后的普遍规律，比如，二战后的日本、韩国、德国等一些经济追赶型和工业化崛起型国家，在经历了20世纪六七十年代的持续高速增长之后，皆普遍地出现了经济增速回落的情形。从国际情况看，自2008年的国际金融危机以来，全球经济呈现出"总量需求缓慢增长、经济结构深度调整"的明显特征，尤其是发达国家的经济增长普遍乏力，使得我国的外部需求出现常态性萎缩。从国内情况看，我国经历了30多年高强度大规模开发建设后，能源、资源、环境的制约影响越来越明显，过度依靠要素驱动和投资驱动的经济高速增长模式已难以为继，经济发展面临瓶颈，转型升级迫在眉睫。总的来看，由于中国经济潜在增长率的变化，经济增速放缓是趋势性的，但这并不意味着经济质量和效益的降低。这恰恰是"调速不减势、量增质更优"的发展机遇。由于我国经济有巨大韧性、潜力和回旋余地，在我国真实的城镇化率未达到峰值以前，保持中高速增长是可以期待的。我们要对经济速度的"换挡期"变化保持战略定力，用"平常心"对待中高速增长新常态。

二是发展方式从规模速度型粗放增长向质量效率型集约增长转换。这是经济新常态的基本要求。改革开放30多年来，我国经济发展突飞猛进，取得了举世瞩目的成就。但重规模、重速度导致的发展不平衡、不协调、不可持续等问题也非常突出。"跑马圈地、占山为王"的粗放式增长极为普遍。随着我国消费需求由模仿型排浪式特征向个性化多样化特征转变、出口由单纯的低成本快速扩张向高水平"引进来"大规模"走出去"并重转变、生产要素相对优势由传统人口红利优势向人力资本质量和技术进步优势转变，我们必须转变经济发展方式，打造中国经济升级版。要在改进官员考核手段、提高经济质量和效益、质量型差异化的市场竞争、推进绿色和可持续发展、更加注重保障和改善民生等方面发力，努力提升"中国质量"，实现经济发展方式向质量效率型集约增长转变。

三是产业结构由中低端水平向中高端水平转换。这是经济新常态的主攻方向。长期以来，我国产业发展方式较为粗放，高投入、高消耗、低产出的产业占据很大比重，产业结构主要位于全球价值链的中低端，比较利益不高，存在科技创新能力不足、科技与产业的融合力度不够、产业竞争力不强、核心技术受制于他人等诸多问题。现在看，由于我国传统产业供给能力大幅超出需求，传统人口红利在逐步减少，"刘易斯拐点"正在加速到来。产业结构必须从增量扩张为主转向调整存量、做优增量优化升级，企业兼并重组、生产相对集中不可避免。伴随经济增速下调，各类隐性风险逐步显性化，客观上要求我们主动放慢经济增长速度，为产业结构转型升级预留出充足的空间。2013 年的统计数据表明，我国第三产业增加值占 GDP 比重达 46.1%，首次超过第二产业，2014 年上半年，这一比值业已攀升至 46.6%。同时，新兴产业、服务业、小微企业作用更加凸显，生产小型化、智能化、专业化、个性化逐步成为产业组织的新特征，这些趋势性变化显现了结构优化迹象。经济新常态下，需要进一步大力推动战略性新兴产业、先进制造业等产业的发展，优先发展生产性和生活性服务业，通过逐步化解产能过剩风险等举措，提升我国产业在全球价值链中的地位，努力走出"微笑曲线"的底端，奋力打造"中国效益"。

四是增长动力由要素驱动、投资驱动向创新驱动转换。这是经济新常态的核心内涵。当前，我国经济发展中的石油、天然气等重要矿产资源的对外依存度在不断提高，传统的人口红利在逐步消失，要素的边际供给增量显然已难以支撑传统的经济高速发展路子。过去劳动力成本低是最大优势，现在人口老龄化日趋严重，农业富余劳动力减少，要素的规模驱动力减弱，经济增长将更多依靠人力资本质量和技术进步，必须让创新成为驱动发展新引擎。面对世界科技创新和产业革命的新一轮浪潮，我国存在与其他国家抢占山头和制高点的问题。在巨大的压力下，中国企业主动转型、加强创新的意愿在明显加强，经济增长的动力正逐渐转入创新驱动新常态。课题组的研究表明，2013 年我国全要素生产率水平是 1978 年的近 3 倍，综合来分析，这是体制改革、技术进步、结构优化等一系列因素综合作用的结果。值得指出的是，随着第三次工业革命迎面而来，一些新技术、新产品、新业态、新商业模式的投资机会将会大量涌现，这无疑会成为经济发展新的动力和增长点。

五是资源配置由市场起基础性作用向起决定性作用转换。这是经济新常态的机制保障。改革开放以来，我们坚持市场导向的改革方向，突破了计划经济体制。1992 年党的十四大提出实行社会主义市场经济体制。从以往 20 多年的实践看，我国的经济体制基本上是政府主导的不完善的市场经济，成绩不小，但问题也不少。党的十八届三中全会提出"使市场在资源配置中起决定性作用和更好发挥政府作用"，党的十八届四中全会提出"社会主义市场经济本质上是法治经济"，表明了党对市场经济规律的认识达到了新的高度。在市场起决定性作用的新常态下，我们要尊重市场、理解市场，政府不搞强刺激大放水，主要通过转变职能、简政放权、减税让利、鼓励创业、支持创新，加快形成统一透明有序规范的市场环境，将资源配置的决定权限交给市场；通过市场方式解决好以高杠杆和泡沫化为主要特征的各类风险，既要全面化解产能过剩，也要通过发挥市场机制作用探索未来产业发展方向，不断增强经济内生动力，并通过合理运用区间调控、定向调控和结构性改革等方式来完善市场机制，弥补"市场失灵"，更好发挥政府作用。

六是经济福祉由非均衡型向包容共享型转换。这是经济新常态的发展结果。"人民对美好生活的向往，就是我们的奋斗目标。"[1] 改革开放以来，城乡人民收入增加，人民生活有了很大的改善。但是，由于政府调控不力、市场体制不完善，收入分配差距较大，经济利益的分配仍然存在许多问题。如何释放改革红利，让城乡人民分享经济发展的成果，极为重要。要坚持守住底线、突出重点、完善制度、引导舆论的基本思路，多些雪中送炭，更加注重保障基本民生，更加关注低收入群众生活。随着我国新型工业化、信息化、城镇化和农业现代化的协调发展，新农村建设的加快推进，城乡关系也出现新气象，城乡二元结构正加快向一元结构转型，城乡要素平等交换和公共资源均衡配置呈现出良性循环的态势，以工促农、以城带乡、工农互惠、城乡一体的新型工农城乡关系正在加速形成。国家统计局的数据表明，近几年来，我国农村居民收入

---

[1] 《习近平谈治国理政》，外文出版社，2014，第 4 页。

增速明显快于城镇居民，城乡收入差距正在逐步缩小。同时，居民收入占国民收入比重亦有所提高，收入分配制度改革正在朝着积极的方向发展。此外，区域增长格局与协调发展也在发生重大而可喜的变化，京津冀协同发展、长江经济带等新的区域发展战略正在加紧制定和推进中。新常态下，我们要更加注重满足人民群众需要，更加关注低收入群众生活，更加注重协同发展，更加重视社会大局稳定，使经济福祉逐步走向包容共享型将是长期趋势。

二　我国宏观经济政策的基本取向和预期目标

经济新常态下，我国经济发展所面临的风险和挑战并不是减少了，而是增多了。整体上看，经济发展进入新常态，没有改变我国发展仍处于可以大有作为的重要战略机遇期的判断，改变的是重要战略机遇期的内涵和条件；没有改变我国经济发展总体向好的基本面，改变的是经济发展方式和经济结构。当前和未来一段时间，随着世界多极化、经济全球化趋势的深入发展，国际大环境总体对我国经济发展有利，和平与发展仍是时代主题。但国际关系仍然错综复杂，大国与大国之间的博弈，发达国家与发展中国家之间的较量等，这些外部风险和挑战同样不可小觑。

从短期看，2015 年世界经济预期仍将保持周期性温和复苏态势。国际货币基金组织（IMF）和世界银行先后在 2014 年年中下调年度全球经济增长预期的同时，并没有调低 2015 年的增长预期，其预测 2015 年全球经济增长率将达到 4%。但各国经济复苏则呈现明显的曲折分化特征。美国经济复苏形势有所好转，就业、房地产等主要指标继续改善，消费者信心走高。欧洲国家和日本经济持续徘徊。欧元区受德法意等大国的拖累，复苏进程再度搁浅，通缩压力不断上升。日本"安倍经济学"和"3·11 大地震"灾后重建，使日本经济出现了短期性复苏，但由于长期动力不足和政策效应递减，经济增长的前景不容乐观。新兴经济体集体进入减速调整期，增长放缓势头总体仍在延续，部分国家存在滞涨风险，结构性矛盾依然存在。

从中长期看，我们面临两大挑战和机遇。一是世界经济游戏规则正面临深刻调整。以美国为首的发达国家积极推进跨太平洋伙伴关系协定（TPP）、跨大西洋贸易与投资伙伴关系协定（TTIP），以美联储为中心的六国实行货币互换，对我国深度融入全球经济和产业分工带来新挑战。二是世界正在酝酿新的科技革命和产业变革。新的技术和新的商业模式的应用以及新的投资机会的出现，对传统产业往往具有颠覆性甚至毁灭性冲击，可能会直接破坏现有的产业体系。当然，这对新常态下的中国经济而言，既是挑战，也是机遇。

我们的判断是，2015年全球经济增长好于2014年是大概率事件，但仍然存在诸多的不确定性和不稳定性。基于以上的分析和认识，在新的发展阶段，确定短期和长期发展目标，有三个方面需要重点考虑。

一是发展是硬道理，发展需要保持合理的速度。要看到我们的人均GDP还不高，在世界上排在90位（含地区）以后。我们要牢记中国仍处于并将长期处于社会主义初级阶段这个最大的国情，必须坚持党的基本路线不动摇，坚持以经济建设为中心，把发展作为我们党执政兴国的第一要务。从根本上讲，发展仍然是解决我国所有问题的关键，对此我们不能有丝毫动摇。发展需要一定的速度，这个速度是实现社会比较充分就业所需要的速度，是不带来严重后遗症、经济增长质量较高的速度，是符合经济规律、自然规律和社会规律的速度。

二是抓住创新转型这条主线，提质增效。要实现可持续的中高速增长、可实现的中高端目标，必须依靠创新驱动转型升级。创新是转型升级的最大动力源泉，这里的"创新"不仅仅指科技创新，还涉及发展理念的变革、模式的转型、路径的更新、体制的改变、制度的出新，是一种综合性、系统性、战略性的转变。在从经济大国向经济强国迈进发展的新阶段，只有加快创新转型，才能实现长期的中高速增长，并向经济发展的中高端水平迈进。

三是坚持有为有力原则，实现好的新常态。新常态是一种新境界、新趋势、新方向，好的新常态，不是一种自然、必然的状态，而是一种可能最好的状态，如果不去努力、躺着睡大觉、期盼天上掉馅饼，不解决经济结构中出现的各种问题，好的新常态是不可能实现的。我们必须积极有为，勇于担当，埋头苦干，这样才能"稳中求进"，才能"稳中有进"。当下，要采取措施，解决一些地方官员不作为的突出问题。

在此宏观政策的基本取向下，关于2015年的经济目标，有以下几点看法。

（1）关于经济总量目标。我们的研究认为，将2015年预期经济增长目标定在7%左右，是比较合适的。理由有以下几条。①根据党的十八大提出的到2020年国内生产总值比2010年翻一番的要求，测算表明，年均增速只要达到7.2%就能完成这一目标，而过去的2011年到2014年，我国GDP年均增速预计能达到8.1%。也就是说，未来6年年均增速只要不低于6.6%，就能完成上述目标。当然，7%左右的目标与"十二五"规划的增长目标也是相一致的。②随着我国经济规模的扩大，经济结构的深度调整，这些变化已对就业总量的增长形成强有力的支撑作用，7%左右的增长所带来的实际就业增量比10年前10%以上的增长还要多，特别是服务业的快速发展对就业增长促进作用越来越大。③与实际经济增长率的调整相比，我们对经济增长目标的调整仍然是缓慢的或温和的。改革开放以来的30多年，我国GDP年均增长达到9.9%，最近三年平均为7.7%，降幅为2.2个百分点。但是，经济目标仅仅调整了0.5个百分点，从8%左右降至7.5%左右，若再调低到7%左右，加总起来也仅调整1个百分点。从近几年的实际情况看，社会对经济增速适度放缓的压力承受能力在增强，并不会带来对经济社会大的冲击。④将经济增长目标适度下调，可以适度减轻稳增长压力，为调结构、促改革、惠民生、防风险留出更大的空间。

（2）关于其他经济目标。城镇新增就业目标在1000万人以上，与2014年基本持平。保持城乡居民收入增长与经济增长基本同步。消费价格指数（CPI）增长目标定在3%左右，较2014年有温和提高，这也是防止通货紧缩的需要。同时，有必要确定三大需求的合理增长目标：投资增长15%以上，社会消费品零售总额增长12%~13%，广义货币供应量增长13%左右，出口增长7%左右。

三 以全面深化改革创新适应并引领经济新常态

2015 年是"十二五"规划的最后一年，做好 2015 年的经济工作能为完成"十二五"规划目标和为"十三五"开局奠定坚实基础。新常态下的 2015 年，既是全面深化改革攻坚的关键一年，也是主动适应经济新常态的起步之年，气可鼓而不可泄，要巩固改革良好势头，再接再厉、趁热打铁、乘势而上，推动全面深化改革不断取得新成效。结合中央经济工作会议的精神，对 2015 年的经济工作有以下总体思路上的思考。

（一）优化政策，保持经济中高速增长

中央经济工作会议将"努力保持经济稳定增长"作为 2015 年经济工作主要任务的第一条，足见"保增长"的重要性。应当说，以优化政策为抓手，推动经济平稳增长，无论是财政政策还是金融政策都有很大的优化空间。要用好用活财政金融产业政策，支持实体经济稳步发展。要坚持稳增长靠宏观调控创新、改革激发增长活力这一已被证明行之有效的思路。要进一步优化和完善区间调控和定向调控政策。宏观调控具有较强的动态性，更注重解决长期的稳增长问题，既保持经济运行不滑出合理区间，又通过激活力、优结构、释放长期发展潜力，来增强经济发展的可持续性。可考虑结合"三驾马车"的情况以及行业和区域的变化情况，在重大基础设施、中西部铁路、城际铁路、水利工程、安居工程、城市交通、地下管网、节能环保等方面定向发力。

（二）促进改革，增强经济发展内生动力

中央经济工作会议提出，"要加快行政审批、投资、价格、垄断行业、特许经营、政府购买服务、资本市场、民营银行准入、对外投资等领域改革，使改革举措有效转化成发展动力"[①]。在进一步深化和巩固简政放权、放管结合的同时，要全面推进和落实财税体制改革、户籍制度

[①]《中央经济工作会议在北京举行》，《人民日报》2014 年 12 月 12 日。

改革、国企改革和要素市场化改革等，努力实现改革的重大突破。建议国务院在取消和下放审批事项的进程中，尤其要重点清理取消能源、医疗、医药等领域不必要的生产经营准入限制、行业管理等规定，进一步完善政府核准的投资项目目录，在合适时机可采取投资项目的负面清单管理模式。要进一步规范企业投资前置审批及中介服务环节，逐步建立健全事中、事后监管机制。创新重点领域投融资方式与机制，进一步健全市政基础设施、水利工程等领域的投资运营机制。加快推进利率、汇率和资源品价格等市场化改革。加快推进机关事业单位养老保险制度和工资改革。

（三）调整结构，创造中国经济竞争优势

结构性改革是今后改革的重头戏，也是考验我国经济转型升级的关键。中央经济工作会议提出要"积极发现培育新增长点"，这需要结构性改革来推进。需要在需求结构、投资结构、城乡结构、区域结构、产业结构、分配结构等方面发力。这里有几点需要注意。一是要着力培育新的经济增长点。既包括培育新的消费增长点，也包括形成新的区域增长极。二是要努力优化投资结构。深化国企改革，进一步放宽市场准入，落实促进民间投资的各项政策措施，为激发民间投资的活力营造公平的投资环境。加快制定跨五年规划的棚户区改造、铁路、水利、能源和生态环保等长期重大工程建设。三是要积极推进科技创新和体制创新，要继续大力支持已形成一定规模的新的优势产业，如高铁、核电、光伏、造船和支线飞机等，继续做大做强，努力发展"强国产业""强国技术"。对产能过剩问题，也要有扶有压，既要坚决地淘汰落后的产能，也要积极消化先进的过剩产能，还要结合国际合作适度转移。四是推进以人为核心的新型城镇化建设，主要是落实好新型城镇化发展规划，关键是解决好"三个1亿人"问题。靠新型城镇化的健康发展，来不断优化经济发展空间格局。五是加快和提升服务业发展水平。扩大服务业的对内对外开放，进一步完善促进服务业快速发展的实施细则，强化服务业发展的战略性安排。

（四）改善民生，促进中国经济包容式发展

坚持守住底线、突出重点、完善制度、引导舆论的基本思路，多些雪中送炭，更加注重保障基本民生，更加关注低收入群众生活，更加重视社会大局稳定。我国的基础产业，有的如农业相对弱势，有的如公共基础设施等产业普遍存在投资大、盈利水平低、欠账太多的问题。加强这些短板建设，使短板变长，中国长期稳定发展的可持续性就可以提高。一些民生短板补上，如加强基本社会保障，则有利于扩大消费，增强发展后劲。还有一些民生加强了，如教育和医疗，可以提高人力资源的素质，是推动创新驱动发展战略的重要条件。要继续加大对"三农"的政策支持力度，精准扶贫。要按照中央经济工作会议的战略部署，加快转变农业发展方式。进一步改善贫困地区义务教育薄弱学校基本办学条件，支持社会资本、社会力量兴办教育。加快推进收入分配制度改革，努力形成公开、透明、有序的收入分配格局。要进一步加强生态文明建设，加强生态保护和污染治理，努力使"APEC蓝"成为一种常态。

（五）防范风险，增强经济稳步发展的信心

2015年可能是各种风险更为集中显现的一年，要注意及时防范和化解风险，避免发生区域性和系统性风险。把经济增长稳定在合理区间是最大的防风险。要善于运用底线思维的方法，凡事从坏处准备，努力争取最好的结果，做到有备无患、遇事不慌，牢牢把握主动权。坚持底线思维，是我们应对当前错综复杂形势的科学方法，更是适应经济新常态的治理理念。我们要适应经济新常态、主动有为，就要对经济新常态阶段各种潜在的经济社会风险如房地产风险、地方政府债务风险、金融风险等保持清醒的认识，更好地发挥底线思维的科学预见作用，增强忧患意识和风险意识，未雨绸缪、积极应对经济社会可能出现的各种风险挑战。其中最需要高度警惕的是，随着房地产市场的持续调整，地方融资平台和金融机构的隐性风险将显性化，要保持定力，有足够的耐心，需要分类施策，通过延长处理时间积极化解。

（六）精心谋划，着眼中国经济健康持续发展

2015 年是"十二五"规划收官之年，也是"十三五"规划谋篇布局之年，且"十三五"规划具有"承上起下"的重要作用。"十三五"规划既是一个全面深化改革的规划，也是一个全面实施转型发展战略的规划，以此推进我国体制转型和发展转型目标的实现。"十三五"时期既是实现第一个百年奋斗目标的冲刺阶段，也能为实现第二个百年奋斗目标奠定坚实的基础。要认真研究我国处于经济新常态的新发展阶段所面临的国内外环境变化，准确把握我国经济社会发展的中长期趋势和存在的关键问题，围绕着全面深化改革、全面建成小康社会，对未来五年甚至更长期的发展进行战略谋划。可重点围绕努力跨过"中等收入陷阱"、打造中国经济升级版、从经济大国走向经济强国等战略目标，进行适度超前的战略安排和制度设计。

后 记

为了展示中共中央党校（国家行政学院）马克思主义学院政治过硬、理论自觉、学术精进的学术风范，展示马克思主义学院人学习研究习近平新时代中国特色社会主义思想的最新成果，不断扩大马克思主义学院在国内乃至国际上的政治影响力、学术影响力和社会影响力，自2019年以来，我们先后编辑出版了三批"马克思主义理论研究丛书"，共29册。丛书出版后，得到中共中央党校（国家行政学院）校（院）委会领导和科研部、教务部的重视，并在社会上产生了较大影响，第一批丛书入选中央宣传部"庆祝中华人民共和国成立70周年大型成就展"。

2022年是中国共产党第二十次全国代表大会召开之年。为了向党的二十大献礼，集中展示马克思主义学院标志性研究成果，我们编辑出版《马克思主义研究前沿》（全六卷）学术丛书。各卷分别为《当代中国马克思主义研究》《马克思主义基本原理及经典著作研究》《马克思主义发展史研究》《马克思主义中国化研究》《中国特色社会主义政治经济学研究》《中国道路研究》，主要收录党的十八大以来马克思主义学院学者发表的体现党校特色、代表马克思主义学院学术水准、立足思想前沿的重要研究成果。

本套丛书的编辑出版得到中共中央党校（国家行政学院）领导的大力支持。社会科学文献出版社社长王利民、社会科学文献出版社政法传媒分社总编辑曹义恒及各卷编辑也为本书编辑出版做出了重要贡献，在此一并感谢。由于我们的水平有限，错误之处在所难免，请广大读者批评指正。

丛书编委会

2022 年 9 月 10 日

图书在版编目（CIP）数据

马克思主义研究前沿：全六卷／中共中央党校（国家行政学院）马克思主义学院主编．--北京：社会科学文献出版社，2022.11（2023.12 重印）

ISBN 978-7-5228-0930-4

Ⅰ.①马… Ⅱ.①中… Ⅲ.①马克思主义-发展-中国-文集 Ⅳ.①D61-53

中国版本图书馆 CIP 数据核字（2022）第 192709 号

马克思主义研究前沿（第一卷）

主　　编／中共中央党校（国家行政学院）马克思主义学院

出 版 人／冀祥德
责任编辑／曹义恒
文稿编辑／程丽霞
责任印制／王京美

出　　版／社会科学文献出版社·政法传媒分社（010）59367126
　　　　　　地址：北京市北三环中路甲 29 号院华龙大厦　邮编：100029
　　　　　　网址：www.ssap.com.cn
发　　行／社会科学文献出版社（010）59367028
印　　装／三河市东方印刷有限公司

规　　格／开　本：787mm×1092mm　1/16
　　　　　　印　张：27.75　字　数：418 千字
版　　次／2022 年 11 月第 1 版　2023 年 12 月第 2 次印刷
书　　号／ISBN 978-7-5228-0930-4
定　　价／980.00 元（全六卷）

读者服务电话：4008918866